Das Buch

Der Mensch ist wie jedes Lebewesen ein Produkt der Evolution. Wie aber und warum ist unsere menschliche Gesellschaft so geworden, wie sie ist, so menschlich und unmenschlich zugleich?
Paul Morsbach wendet die Gesetzmäßigkeiten der biologischen Evolution auf die Entwicklung der Gesellschaft an. Wie hat sich das tierische Sozialverhalten zu dem komplexen System unserer aggressiven und widersprüchlichen Gesellschaft entwickeln können? Wie entstand das menschliche Bewusstsein mit seinem Bedürfnis, »gut« und »böse« zu unterscheiden? Welcher Zusammenhang besteht zwischen genetisch manifesten Verhaltensweisen, die alle lebenden Menschen verbinden, und den vielen unterschiedlichen kulturellen Verhaltensweisen, die die Menschen trennen?
Wir erleben eine überraschende und spannende Reise durch die tierische und menschliche Entwicklungsgeschichte und erkennen in unseren sozialen, wissenschaftlichen und kulturellen Bemühungen biologische Verhaltensmuster, die wir längst abgelegt zu haben glaubten – falls wir je von ihnen wussten. Viele unserer Antriebe sind das Ergebnis einer Anpassung an eine längst nicht mehr bestehende Umwelt; das macht sie so verblüffend und paradox, und manchmal auch so gefährlich. Unsere Entwicklung – als Individuen, als Spezies – kann davon abhängen, ob wir solche Verhaltensweisen in uns erkennen und wie wir mit ihnen umgehen.

Der Autor

Paul Morsbach, Jahrgang 1929, verbrachte seine Kindheit und Jugend in München. Nach dem Studium der Physik an der Technischen Universität München war er mehrere Jahre Patentanwalt in Zürich, nach 1965 arbeitete er als selbstständiger Ingenieur für Fördertechnik im In- und Ausland. Parallel zu seiner Berufstätigkeit hat er sich mit Biologie und besonders mit vergleichender Verhaltensforschung beschäftigt, die seit Abschluss seiner Berufstätigkeit 1998 im Mittelpunkt seines Interesses stehen. Paul Morsbach lebt in Berg am Starnberger See.

PAUL MORSBACH

DIE ENTSTEHUNG DER GESELLSCHAFT

NATURGESCHICHTE DES MENSCHLICHEN SOZIALVERHALTENS

Mit einem Vorwort von Josef H. Reichholf

Der Allitera Verlag ist ein BoD™ Verlag der Buch & medi@ GmbH, München. Dieser Verlag publiziert ausschließlich Books on Demand in Zusammenarbeit mit der Books on Demand GmbH, Norderstedt, und dem Hamburger Buchgrossisten Libri. Die Bücher werden elektronisch gespeichert und auf Bestellung gedruckt, deshalb sind sie nie vergriffen. Books on Demand sind über den klassischen Buchhandel und Internet-Buchhandlungen zu beziehen.

Weitere Informationen über den Verlag und sein Programm unter:
www.allitera.de

September 2001
Allitera Verlag
Ein BoD™ Verlag der Buch & medi@ GmbH, München
© 2001 Paul Morsbach
Umschlaggestaltung: Kay Fretwurst, Spreeau
Herstellung: Books on Demand GmbH, Norderstedt
Printed in Germany · ISBN 3-935284-42-X

Inhalt

Persönliche Vorbemerkung	13
Vorwort von Josef H. Reichholf	15

1 Einführung und Programm
1. Krieg und Gesellschaft	17
2. Die Biosphäre. Wie es begann	18
3. Das Verhalten	19
4. Die Wissenschaften vom Menschen	20
5. Warum gibt es Menschen? Warum sind sie so, wie sie sind?	21
6. Leitfaden zum Inhalt	22

Erster Teil
Die Biosphäre und die Evolution. Charles Darwin und die Entstehung der Arten. Die Entstehung der sozialen Gruppen.

2 Lebende Materie
1. Leben und Energie	26
2. Die Erde ohne Biosphäre	27
3. Der Nutzen in der Biosphäre	30
4. Fußangeln bei der Betrachtung biologischer Phänomene	30

3 Die Evolution – Kern biologischer Forschung
1. Die Schöpfungsgeschichte	32
2. Wie entstehen biologische Arten?	33
3. Selektion und Rückkopplung	34
4. Warum entstehen neue Arten? Offene Fragen	35

4 Charles Darwin – Hat er immer Recht?
1. Der geniale Forscher	37
2. Das Individuum, seine Merkmale und die Art	37
3. Das Überleben des »Tüchtigsten«	38
4. Mutationen und Umwelt	39
5. Wer war der »Tüchtigste«?	40
6. Das Streben nach geometrischer Vermehrung	40
7. Der Kampf ums Dasein bei Charles Darwin	41
8. Was geschieht wirklich in der Biosphäre?	42
9. Der innerartliche Kampf um Territorien	45
10. Der menschliche »Kampf ums Dasein«	46

5 Erkenntnistheoretische Überlegungen
1. Die Bedeutung des Begriffes »Wahrheit« in der Naturwissenschaft 47
2. Physikalische und biologische Theorien 48
3. Die Qualitätskontrolle von Theorien 50
4. Erkenntnistheoretische Überlegungen zur Biologie 52
5. Weitere bedenkenswerte Fehlerquellen 56
6. Ein künstlerischer Aspekt 58

6 Reproduktionstreue und Entwicklungstendenzen
1. Der Buchfink 60
2. Das Normbild als Wegweiser 61
3. Das Normbild als Hilfe bei der Entwicklung von Arten 63
4. Die unbehaarte Frau 64

7 Wann entstehen neue Arten? Die auslösenden Impulse
1. Ein Gedankenexperiment – Die Insel 66
2. Die klassische Entstehung neuer Arten 67
3. Die chaotische Entstehung von Arten. Die Buntbarsche im Viktoria-See 68
4. Die Finken auf dem Galapagos-Archipel 70
5. Das Ende der Kreidezeit 71
6. Die geographische Aufteilung von Arten 72

8 Die Abgrenzung – Ein Werkzeug der Selektion
1. Nach dem Chaos 73
2. Die begrenzte Lebensdauer von Individuen 74
3. Die sexuelle Fortpflanzung 75
4. Die Abgrenzung als weiteres Beschleunigungsmerkmal 75
5. Die verschiedenen Formen der Abgrenzung 77
6. Die Abgrenzung in Konkurrenz zur Anpassung an die Umwelt 78

9 Das soziale Verhalten von Tieren
1. Die Ethologie: Wissenschaft von tierischem und menschlichem Verhalten 80
2. Die Einzelgänger. Der Igel 81
3. Tierische Gesellschaften 82
4. Die Evolution des »gruppendienlichen Verhaltens« 84
5. Die Gruppenselektion als biologisch-historisches Phänomen 86
6. Das Problem mit der Gruppenselektion 87

10 Die genetische Weitergabe gruppendienlichen Verhaltens
1. Die Streuung von Merkmalen 89
2. Der Rückkopplungskreis der sozialen Verhaltensweisen 93

    3. Die Variationsbreite innerhalb von Arten   94
    4. Die Seele der weißen Ameise   95

11 Rätselhafte Verhaltensweisen
    1. Gibt es tierisches Verhalten im Interesse der Art?   97
    2. Blick in die Vergangenheit der Arten   98
    3. Unfreundliche Verhaltensweisen gegen Individuen der gleichen Art   99
    4. Warum verschwinden die rätselhaften Verhaltensweisen nicht?   100
    5. Die Soziobiologie   101
    6. Die Bedeutung der Gene in der Soziobiologie   102
    7. Bedenken gegen die Soziobiologie   102
    8. Ein alternativer Ansatz   103
    9. Die Entwicklung der Biosphäre – Ein historischer Prozess   104

Zweiter Teil
Merkwürdige menschliche Verhaltensweisen und das Leben der ersten Hominiden in der ostafrikanischen Savanne – Ein Puzzle

12 Vom Baumbewohner zum Savannenläufer
    1. Der Abschied vom Wald   108
    2. Die Welt der ersten Hominiden   109
    3. Persistierende Merkmale. Der Ursprung der Agoraphobie   112
    4. Die Lust am Laufen. Das Programm zum Überleben   114
    5. Die Lust am Training. Der Lohn des Siegers beim Wettlauf   116

13 Die Probleme des Läufers in der Savanne
    1. Die erste logistische Klippe   119
    2. Vorhandenes Gerät und neuer Zweck   120
    3. Die Sexualität als Bindeglied   121
    4. Sexualität und Alimentation   123
    5. Die Paarbildung – Wo könnte sie herkommen?   125
    6. Die weibliche Stimme   126

14 Die erste Gesellschaft – Der Urklan
    1. Von den Waldbewohnern zu den Australopithecinen   128
    2. Was gab es vor den tierischen Gruppen? Der Zwiespalt konkurrierender Verhaltensweisen   129
    3. Die Schimpansen   130
    4. Die Organisation des Urklans und das Alphatier   132
    5. Die Größe des Urklans   132

15 BRUTPARASITISMUS BEI DEN HOMINIDEN
   1. Parasitismus und Opportunismus   135
   2. Brutparasitismus – Warum sind es nur Einzelfälle?   136
   3. Vergewaltigung bei Tieren   137
   4. Die Vergewaltigung bei den Hominiden   138

16 DIE HOMOSEXUALITÄT
   1. Die tierische Homosexualität   140
   2. Die menschliche Homosexualität   141
   3. Die Probleme des Urklans   142
   4. Die Homosexualität im Dienst des Urklans   142
   5. Die Männerbünde   143

DRITTER TEIL
*Von den ersten Hominiden zum Homo sapiens.
Auf den Pfaden der Paläoanthropologie*

17 DIE PALÄOANTHROPOLOGIE. ZIELE UND PROBLEME
   1. Die Aufgabe   146
   2. Die Zuordnung der hominiden Fossilien zu Arten   148
   3. Die Baumstruktur bei der Entstehung von Arten   149

18 DIE GESCHICHTE DER AUSTRALOPITHECINEN
   1. Von den Anfängen zum Australopithecus afarensis   151
   2. Die späten Australopithecinen   153
   3. Die Vermehrung der hominiden Arten vor 2,5 Millionen Jahren 155

19 DER ERSTE MENSCH
   1. Der Homo habilis   157
   2. Der Homo erectus   158
   3. Was macht den Menschen zum Menschen?   158
   4. Was nicht im Vordergrund stand   160
   5. Der wahrscheinliche Grund   161

20 DIE SELEKTION ZUR MENSCHLICHEN GESELLSCHAFT
   1. Die Konkurrenz zwischen den Gruppen   163
   2. Das menschliche Gedächtnis   164
   3. Die geschlossene anonyme Gesellschaft und die Sprache   165
   4. Gemeinschaftserlebnisse und die Musik   166
   5. Die Geburt des Witzes   167
   6. Klein gedruckte Spielregeln   168

21 DER KRIEG
   1. Ein biologisches Phänomen   171
   2. Die kriegerischen Qualitäten   172
   3. Die Selektion zur leistungsfähigen Gruppe   174

22 DER WEG ZUM HOMO SAPIENS
   1. Was kennzeichnet den Homo sapiens?   177
   2. Wo kommt der moderne Mensch her? Die zwei Theorien   178
   3. Die Paläogenetik   179
   4. Überlegungen zu den beiden Theorien   180
   5. Der Neandertaler   181
   6. Die Menschwerdung. Ein kurzer Überblick   183

VIERTER TEIL
Bewusstsein und Gewissen in der Vergangenheit und in der heutigen Gesellschaft. Das biologisch kulturelle Kontinuum und der Weg in die Zukunft mit dem Blick auf die Vergangenheit

23 ÜBER DAS BEWUSSTSEIN
   1. Bewusstsein und Biologie   186
   2. Die Leistung des Bewusstseins   186
   3. Das tierische Bewusstsein   188
   4. Gibt es einen prinzipiellen Unterschied?   189

24 VON TIERISCHEN UND MENSCHLICHEN ENTSCHEIDUNGEN
   1. Das Steuersystem   191
   2. Individuelle Entscheidungen   192
   3. Die Bewertung der Signale   193
   4. Das Leib-Seele-Problem aus biologischer Sicht   195
   5. Die Entwicklungsgeschwindigkeit der Evolution   196

25 DAS BEWUSSTSEIN DER INDIVIDUEN VON IN GRUPPEN LEBENDEN ARTEN
   1. Die zusätzlichen Aufgaben des Bewusstseins   198
   2. Die ideale Welt bei der Entstehung des sozialen Bewusstseins   199
   3. Die Begründung für ein Modell des menschlichen psychischen Apparates   199
   4. Die Grundvorstellung   200

26 DIE ANTRIEBE
   1. Selbsterhaltung und Fortpflanzung   203

	2. Die Herstellung von Ordnung	203
	3. Der stammesgeschichtliche Sozialcode	205
	4. Die öffentliche Wertschätzung. Das »Ego«	206
	5. Der kulturelle Sozialcode	207
	6. Die Männerbünde	209
27	HILFSFUNKTIONEN UND ARBEITSMETHODEN	
	1. Der Intellekt	211
	2. Individuelle Erfahrung, Gedächtnis und Assoziation	212
	3. Die Substitution	213
	4. Personalisierung und Kausalität	215
	5. Die Aufmerksamkeit	215
28	DAS GEWISSEN – WAS »GUT« UND »BÖSE« IST	
	1. Der Anwalt der Gruppe	217
	2. Die unterschiedlichen Wertesysteme	218
	3. Die Natur der Wertesysteme	219
29	DAS FEINDBILD	
	1. Der Ursprung	222
	2. Das Feindbedürfnis	222
	3. Der Antisemitismus	223
	4. Organisierte Minderheiten	225
	5. Die Virulenz der Xenophobie	225
30	HISTORISCHE ABLÄUFE	
	1. Der biologische Kontext	228
	2. Das Christentum	229
	3. Die Kirche	231
	4. Der Nationalsozialismus	233
31	DER HEUTIGE GESELLSCHAFTLICHE ALLTAG	
	1. Die veränderte Umwelt	237
	2. Spontane Gruppen	237
	3. Der Stoffwechsel von Gruppen	238
	4. Das Geflecht der gewinnorientierten Firmen	238
	5. Verschränkte Systeme	239
	6. Das persönliche Profil	240
32	DAS BIOLOGISCH–KULTURELLE KONTINUUM	
	1. Kultur und Biologie	241
	2. Die Kultur	241
	3. Die Ordnung der Biosphäre	242

	4. Aus der Werkstatt der Technik	244
	5. Die bildende Kunst	246
	6. Gesellschaftliche Organisationen	248
	7. Das Kontinuum	249
	8. Der Biologismus	250
33	DIE ZEIT	
	1. Die Evolution der Evolution	251
	2. Die Evolution und die Zeit	252
	3. Gesellschaft, Forschung und Technik	254
	4. Die Vergangenheit steuert die Zukunft	255
34	QUINTESSENZ	
	1. Die menschliche Gesellschaft	257
	2. Der vernebelte Blick in die Zukunft	258
	3. Gibt es kulturelle Todsünden?	258
	4. Die reale Welt im Bewusstsein der Menschen in den modernen Industriestaaten	259
	5. Ein Denkanstoß	260
	6. Besteht ein Widerspruch zur Kultur?	262
	7. Die Zukunft	262
	MERKSÄTZE	264
	LITERATUR	268
	INDEX	271
	DANKSAGUNG	275

*Ganz allein durch die Aufklärung der Vergangenheit
lässt sich die Gegenwart begreifen*

Johann Wolfgang von Goethe

In Gedenken an Thomas Morsbach
1956–1990

Persönliche Vorbemerkung

Das Entsetzen über die Verbrechen des Naziregimes hat mich mein ganzes Leben lang nicht los gelassen.

Die Täter und die Opfer waren Menschen, Wesen der gleichen Art. Warum konnten Menschen so etwas tun? Die Antwort, die Nazis seien abgrundtiefe Verbrecher gewesen, konnte nicht befriedigen. Warum wurden sie das? Lassen sich historische Abläufe auf persönliches Fehlverhalten reduzieren?

Menschen haben sich aus Tieren entwickelt. Im Verlauf der Entwicklung wurden sie zu Verhaltensweisen befähigt, die im Tierreich unbekannt sind. Diese Verhaltensweisen haben zu Krieg und Völkermord, auch zu den Weltkriegen des letzten Jahrhunderts und zum Holocaust geführt. Müssen wir dies verständnislos hinnehmen, als Zufall oder historische Notwendigkeit?

Ich wollte diesen Fragen auf den Grund gehen. Nur naturwissenschaftliche Analysen konnten zu brauchbaren Aussagen führen. Ausgangspunkt der Untersuchungen musste die biologische Evolution sein. Wie bilden sich Tierarten, wie bilden sich Gruppen von Tieren? Welchen Einflüssen waren die Hominiden bei der Entwicklung zum Menschen ausgesetzt? Wie haben sie denken gelernt? Welche Rolle spielte das Bewusstsein, wie kam es zu den Bewertungen »gut« und »böse«, und wie funktionierten die frühen menschlichen Gesellschaften?

Nur durch die Aufklärung der Vergangenheit können wir die Gegenwart begreifen. Nur durch das Begreifen unserer biologischen Vorgeschichte können wir lernen, uns selbst zu verstehen.

Berg, im Juni 2001

Vorwort

Es hat sich ergeben und bewährt: Auf diesem Kernsatz der Evolutionsbiologie baut das Werk auf, das nichts Geringeres anstrebt als verständlich zu machen, warum unsere menschliche Gesellschaft so geworden ist, wie sie ist; so menschlich und unmenschlich zugleich.

Wie alles andere Leben ist auch der Mensch, sind wir alle, ein Produkt der Evolution und damit derzeitiger Zwischenzustand in einem Fluss der Zeit; nicht Ziel und wahrscheinlich auch nicht Zweck dieser Evolution. Es hat sich ergeben, dass der Mensch zum Menschen wurde. Und es würde auch in Ordnung sein, wie bei den anderen Lebewesen, die ebenso geworden sind, wie sie sind, wenn nicht beim Menschen etwas aufgetaucht und in den Vordergrund geraten wäre, was wir in anderen Organismen kaum oder eher in allgemeiner, »statistischer« Weise vorfinden: eine innerartliche Konkurrenz in einer (selbst)zerstörerischen Dimension. Konrad Lorenz hatte sie das »sogenannte Böse« genannt und die konstruktive Kraft der innerartlichen Konkurrenz zum Wohl der Art herausgestellt.

Inzwischen gehen wir davon aus, dass es in der Evolution primär nicht um das Wohl der Art geht. Die natürliche Auslese, die Selektion, wirkt über die Vermehrung von Individuen; erfolgreich und überlebenstauglich sind diejenigen, welche die meisten Nachkommen in die nachfolgende Generation einbringen können. Die Soziobiologie hat diesen Grundsatz insofern modifiziert, als auch die engeren Verwandten zu dem Erfolg der Individuen hinzugerechnet werden müssen. Sollte also die Menschheit aus Großfamilien bestehen, die miteinander um die Lebensgrundlagen und den wirtschaftlichen Erfolg hier und jetzt konkurrieren, um in der Zukunft weiter präsent sein zu können?

Familieninteressen spielen zwar eine große Rolle in Struktur und Funktion unserer Gesellschaften, in traditionellen mehr als in modernen »fortschrittlichen« Bereichen und Zeiten, dennoch strukturieren sie nicht die Menschheit und die Welt, wie wir sie heute erleben.

Hier, wo die soziobiologischen Bezüge und Beziehungen (zu) diffus werden, setzt Paul Morsbach mit seinen zentralen Überlegungen an. Er rückt »die Gruppe« wieder mehr ins Zentrum und versucht, von biologischen Beispielen und Grundüberlegungen ausgehend, verständlich zu machen, weshalb es sich als vorteilhaft ergeben haben kann, zusammenzuarbeiten, Gruppen zu bilden und zu verteidigen, auch wenn das Band der Verwandtschaft nicht so eng oder gar nicht mehr von Bedeutung ist. Mit der Frische eines aufgeschlossenen, also nicht in fest gefügten Denkkategorien und »Über«Zeugungen befangenen Geistes, der verstehen will und nicht eigenes Fachterritorium (sic!) verteidigen möchte, überschreitet er die Grenzen von Biologie, Anthropologie, Soziologie und Psychologie gerade dort, wo sich diese »Fächer« eigentlich ihrer Natur und Problemstellung nach ohnehin überlagern, aber meistens nicht zu über»schneiden« wagen. Kritik kann ihm daher von allen Fächern sicher sein. Sofern sie konstruktiv ausfällt, und zum besseren Verstehen führt, ohne an einen Glauben zu appellieren, wird sie dem Anliegen des Buches gemäß willkommen sein. Denn die naturwissenschaftliche Denk- und Arbeitsweise schließt die Korrektur von Irrtümern oder die Verbesserung von Wissen nicht nur ein, sondern hat sie in ihrem Kern. Sie ist »hypothetischer Realismus«, also der fortschreitende, unablässige Versuch, sich der Wirklichkeit zu nähern, anstatt sich diese zurechtzubiegen, damit sie in die eigenen Vorstellungen und Konzepte passt. Manches, was in der Knappheit der Darstellung zu sehr als feste Behauptung wirken könnte, ist »ex cathedra« der Naturwissenschaft gesprochen; also von der »Lehrkanzel« aus, von der aus keine Wahrheiten verkündet werden, sondern *Thesen zur Wirklichkeit*. Und diese müssen überprüfbar, korrigierbar und fähig sein, weiterentwickelt zu werden. Korrekturen sind ihr Fortschritt, Verständnis ihre Grundlage, Zweifel ihr Antrieb!

In dieser Art ist »Die Entstehung der Gesellschaft« zu verstehen, und so sollte sie verstanden – und insbesondere diskutiert werden! Denn erst aus dem Verstehen lassen sich Schlussfolgerungen entwickeln.

Paul Morsbach moralisiert nicht; er zeigt auf, was ist und »wie es sich ergeben hat«. Was neben den grandiosen Leistungen in Kultur und Kunst, in Wissenschaft und Technik auch Verderbliches aus dem Menschen emporgekommen ist, wissen wir. Woran es mangelt, wo nach wie vor die größten Schwächen der Menschheit liegen, ist die Umsetzung der Erkenntnisse für einen besseren Umgang mit den Mitmenschen und der Mitwelt. Die Politik kann nicht viel Konstruktives vorweisen, im Vergleich zu all den destruktiven Folgen von »Politik«. Die Religionen sind weithin gescheitert in ihren Versuchen, einen besseren Menschen zu entwickeln, und haben sich eher gegen andere Religionen gewandt. Die Kulturen sind zum Kampf gegeneinander angetreten; innerhalb der Staaten wie auch als Auslöser zwischenstaatlicher Konflikte. Vielleicht haben sie alle zu wenig die Natur des Menschen berücksichtigt, die sich, nach der Meinung von Paul Morsbach, nur aus der biologischen Entwicklungsgeschichte des Menschen wirklich verstehen lässt? Aber mit Fragen beginnen Einsichten; könnten sie beginnen! Mit Fragen zum Menschen beginnt dieses Buch.

Josef H. Reichholf

1 Einführung und Programm

1. Krieg und Gesellschaft

Wir Menschen haben uns durch Evolution aus dem Tierreich entwickelt; Fossilien zeigen uns, wie sich unsere heutige Gestalt herausgebildet hat. Wie aber ist das entstanden, was sich in unseren Köpfen von den Tieren unterscheidet, unser Bewusstsein, unser Gewissen, unser Verlangen in Gesellschaft zu leben, unsere Fähigkeit zu lieben, unsere Freude an Bildern und Musik, aber auch unsere Aggression bis zum Töten? Versuchen wir unseren Werdegang und die hierbei wirksamen Gesetze der Evolution so zu sehen, wie sich dies einem unvoreingenommenen Beobachter aus dem All darstellen würde.

Der Beobachter aus dem All wäre vermutlich über nichts so sehr erstaunt wie über die Kriege, die auf der Erde geführt werden. Die Individuen der intelligentesten irdischen Art organisieren sich in Gruppen, die mit Tötungsabsicht aufeinander losgehen. Jedes Individuum für sich befragt würde versichern, dass es gerne lebt und nur ungern stirbt. Trotzdem setzen die Menschen einer Gruppe Intelligenz und hohe Anteile ihrer wirtschaftlichen Potenz dafür ein, Menschen einer anderen Gruppen effektiv töten zu können.

Bereits in einem alten und bedeutenden literarischen Werk unserer Kultur geht es um den Krieg; es beschreibt, wie vor 3 000 Jahren nach langem trickreichen Kampf die kleinasiatische Siedlung Troja von den Griechen erobert und zerstört wurde. Unsere Geschichte ist voll von Krieg, Mord, Eroberung, Unterdrückung, von Aufständen gegen die Unterdrückung; es geht um Märkte, um Bodenschätze, Erbfolge, kultischen Purismus, oder um so etwas Merkwürdiges wie Ehre. Oft kann man sich des Eindrucks nicht erwehren, dass Kriege ihrer Begründung vorauseilen. Krieg scheint eine mythische Qualität zu haben. Ernst Moritz Arndt hat dies in Worte gefasst:

> »Wie darf denn Krieg sein in der Welt? Du Törichter, geh hin und frage Gott und seine Geschichte und Offenbarung, und sie werden dir antworten; frage das Leben und die Erfahrung des Lebens, und sie werden dir die Welt deuten. Du sollst den Frieden begehren, aber die Welt begehret den Krieg; du sollst den Frieden lieben, aber die Welt hasset die Ruhe. Darum ist Krieg«.[1]

Krieg ist nicht Kampf aller gegen alle. Es sind stets mindestens zwei Parteien, die sich unter Einsatz des Lebens ihrer Mitglieder bekämpfen. »Krieg ist ein Akt der Gewalt, um den Gegner zur Erfüllung unseres Willens zu zwingen.« (Clausewitz). Was sind das für Parteien, die das Leben ihrer Mitglieder gering schätzen, um einer anderen Partei ihren Willen aufzuzwingen? Wie konnte es dazu kommen, dass ein als kultiviert geltendes Volk alle Angehörigen einer Glaubensgemeinschaft, derer es habhaft werden konnte, in eigens hierfür errichteten

Fabriken mit Gas mordete? Der Forscher aus dem All kann nur zu dem Ergebnis kommen: Die Menschen sind rätselhaft und widersprüchlich – sie müssen eine sehr merkwürdige Geschichte durchlebt haben, um so geworden zu sein.

Wir Menschen sind nur in Gesellschaften lebensfähig. Wir brauchen die Nähe von Mitmenschen, wir bedürfen deren Wärme, deren Anteilnahme und deren Zuspruch. Wir wollen in Gemeinschaften eingebunden sein und uns auf Hilfe in Notlagen verlassen können. Unser Denken und Handeln dreht sich um unser Verhältnis zu den Gesellschaften, in die wir eingebunden sind, wie Familie, Gemeinde, Verein, Kirche, Staat und Firma. In allen diesen Gesellschaften wollen wir geachtet werden; wir sind verletzt, wenn uns Respekt versagt und unsere Würde missachtet wird. Einerseits unterwerfen wir uns den Gesetzen der Gesellschaften, wollen aber gelegentlich auch unseren Willen gegen sie durchsetzen. Menschen können für das tatsächliche oder das vermeintliche Wohlergehen ihrer Gesellschaft kämpfen und ihr Leben einsetzen, sie sind dann bestrebt, andere Menschen zu töten, obwohl diese der gleichen Art wie sie selbst angehören. Warum ist dies so, wie kam es zu solchen Menschen?

2. Die Biosphäre – Wie es begann

Die einfachsten, niedersten lebenden Organismen auf der Erde sind vor 3–4 Milliarden Jahren entstanden. Zunächst zeigten erste, durch Zufall entstandene chemische Verbindungen autokatalytische Fähigkeiten; Moleküle waren in der Lage zu bewirken, dass weitere gleichartige Moleküle entstehen. Die Moleküle wurden komplexer; nach vielen Millionen Jahren entstanden im Meer einzellige Wesen, die sich durch Teilen vervielfachen konnten. Zellen schlossen sich im Lauf von unvorstellbaren Zeiträumen zusammen, wurden Pflanzen und Tiere, die das Meer und später das Land besiedelten, soweit es die physikalischen und chemischen Bedingungen zuließen. Pflanzen und Tiere wurden allmählich leistungsfähiger. Der Mensch bildete sich heraus - eine Art, deren Trennung vom Tierreich vor 6,5 Millionen Jahren begann; zu dieser Zeit etwa lebte der letzte Primat, der zugleich Ahn der Hominiden und der heutigen Schimpansen war.[2] Die entstehenden Hominiden lebten in Gruppen, so wie schon vorher die Individuen vieler Tierarten.

Alle Entwicklungen, die zu neuen Pflanzen und Tierarten führten, vollzogen sich nach einem Bildungsgesetz, das wir *Evolution* nennen, und dessen Mechanismus als erster Charles Darwin (1809–1882) beschrieben hat.[3] Demnach bilden sich neue Arten aus vorhandenen älteren, wobei die entstehenden neueren Arten der jeweils gerade existierenden Umwelt besser angepasst waren als ihre Vorgänger. Wir können heute von der Voraussetzung ausgehen, dass alle biologischen Entwicklungen der Evolution folgten; von den ersten autokatalytischen Verbindungen zieht sich eine Kette aufeinander folgender Entwicklungsschritte über viele unterschiedliche Arten, die zum allergrößten Teil schon lange ausgestorben sind, bis hin zu den Arten, die wir heute auf der Erde vorfinden. Zu ihnen gehört der Mensch.

Nicht nur die äußeren Gestalten von Tier und Mensch haben sich durch Evolution gebildet, sondern auch das Verhalten und die Antriebe, die Merkmale jeder Art sind. Die Antriebe zum *gesellschaftsdienlichen Verhalten* von uns Menschen sind Gegenstand dieses Buches.

3. Das Verhalten

Die mechanische Arbeit, die Tiere leisten, kann insgesamt unter dem Begriff *Verhalten* zusammengefasst werden. Es sind dies beispielsweise das Laufen, das Fressen, Fliegen, Schreien, Kommunizieren und Jagen. Alles Verhalten diente wenigstens bei seiner Entstehung dem Erwerb der Energie, die zur Fortsetzung des eigenen Lebens sowie zum Hervorbringen von Nachkommen erforderlich ist.

Die gegenwärtige menschliche Umwelt ist nicht mehr diejenige, in der sich die heute noch bestehenden Antriebe und Verhaltensweisen gebildet haben. In den Industrieländern, also bei einem Drittel der Menschheit, stehen die Herstellung von Lebensmitteln zur energetischen Versorgung und zur Reproduktion von Nachkommen längst nicht mehr im Vordergrund unseres Tuns. Alle Verhaltensweisen freilich, die in uns noch lebendig sind und die wir heute ohne viel darüber nachzudenken vollziehen, erklären sich aus einer früheren Umwelt, die uns Menschen geformt hat. Der Besucher aus dem All könnte zu der Auffassung gelangen, wir Menschen seien freie Individuen. Wir dürfen gehen, wohin wir wollen, wir können uns in einer Gesellschaft unterhalten oder sie im Gegenteil meiden und allein durch einen Wald streifen. Es scheint uns vollkommen freigestellt, einem Mitmenschen zu helfen, wenn er der Hilfe bedarf, oder ihm Schaden zu unserem Vorteil zuzufügen. Für einen außerirdischen Forscher, und auch für uns selbst ist es nicht leicht zu erkennen, inwieweit wir frei entscheiden oder eingeprägten Verhaltensweisen folgen, die auf frühere biologische Entwicklungsstufen zurückgehen. Wir Menschen können tun, was wir wollen. Aber was wollen wir tun? Wir können annehmen:

In unseren Wünschen steckt unsere biologische Vergangenheit.

Wir erfahren Neigungen, folgen diesen, empfinden dabei Lust und Vergnügen. Wenn wir Vergnügen suchen oder Missempfindungen meiden, folgen wir den biologischen Vorgaben, die sich in der Vorgeschichte unserer Stammesentwicklung als nützlich erwiesen haben.

Menschliche Wünsche können spontan entstehen, durch Stimmungen hervorgerufen oder Reaktionen auf äußere Signale sein. Wir brauchen für unsere Energiebilanz Nahrung; keine intellektuelle Überlegung, sondern der Hunger veranlasst uns, Nahrung aufzunehmen; er lässt uns aktiv werden, stellt uns Genuss in Aussicht, sobald wir essen. Wir fürchten uns auf bedrohlichem Terrain und vor allem bei Finsternis; die Furcht lässt uns Gesellschaft suchen, der Erfolg dieser Suche erfüllt uns mit dem Gefühl von Geborgenheit. In einer Gruppe neigen wir dazu, uns anzupassen; eine elementare Furcht macht es uns fast unmöglich, uns gegen eine gemeinsam handelnde Masse aufzulehnen. Unterwerfen wir uns aber der Masse, indem wir uns eingliedern, fühlen wir uns gesichert und erleben stolz die gemeinsame Macht.

So weit solche Triebe und Wünsche der Erhaltung des Lebens und der Reproduktion dienen, macht deren Interpretation keine Schwierigkeiten. Tier und Mensch fühlen sich zu Verhaltensweisen hingezogen, die zur Reproduktion und zur Aufzucht von Nachkommen führen; wer diesen Trieb nicht verspürt oder ihm nicht folgt, verschwindet ohne Nachkommen.

Demgegenüber sind soziale Verhaltensweisen nicht so einfach zu begreifen. Sie waren bei ihrer Entstehung dem Lebenserhalt und der Reproduktion dienlich. Auch unsere sozialen Antriebe, wie die Bereitschaft, für Mitmenschen unserer Umwelt Opfer zu bringen, haben einen biologischen, einen evolutionären Ursprung. Unsere Antriebe erlauben es uns daher, Rückschlüsse auf die Verhältnisse zu ziehen, unter denen sie entstanden sind. Das gilt auch für viele Antriebe und Wünsche, die heutzutage keinen Zusammenhang mehr mit der Reproduktion erkennen lassen. Wir wollen heute forschen, Reichtum anhäufen, musizieren, Bücher schreiben, Abenteuer bestehen; wir wollen in Gemeinschaft leben und vielleicht sogar Macht über die Gesellschaft gewinnen, wir wollen, dass unsere Vorstellung von der Ordnung in der Welt von anderen geteilt wird. Wir wollen mitunter auch Gewalt ausüben, anderen unseren Willen aufzwingen. Was hat das mit den Antrieben zu tun, die wir im Tierreich beobachten?

Wir wissen, wie sich die Gestalt der Hominiden in den letzten 6,5 Millionen Jahren änderte, viele Zwischenstufen sind dokumentiert. Die mentale Entwicklung vom Tier zum Menschen, erkennbar noch in rätselhaften menschlichen Antrieben, ist ein weitgehend weißer Fleck auf der Karte unseres Wissens geblieben.

4. Die Wissenschaften vom Menschen

Die Mutter der Wissenschaften, die Philosophie, befasst sich mit dem Menschen und seiner Gesellschaft. Viele Töchter der Philosophie haben sich Teilaspekten dieses Wissensgebietes gewidmet, so die Anthropologie, die Soziologie, die Geschichtswissenschaften, die Psychologie und die Psychoanalyse. Allen diesen Wissenszweigen ist gemeinsam, dass ihr Auge lediglich die historische Zeit überschaut; ihr Interesse am Menschen setzt erst ein, als der seine biologische Evolution abgeschlossen hatte. Eine solche Betrachtung hat Schwierigkeiten mit der Interpretation von Verhaltensweisen, die unter Bedingungen Eingang in das menschliche Genom gefunden haben, die es längst nicht mehr gibt.

Die Paläoanthropologie bemüht sich, aus Fossilien und aus begleitenden Funden die menschliche Stammesgeschichte zu rekonstruieren. Ihr Augenmerk gilt insbesondere der Frage, wieweit aufgefundene Fossilien zur menschlichen Ahnenreihe gehören, oder zu einer der vielen Nebenlinien, die längst ausgestorben sind. Sie ermittelt weiterhin, unter welchen ökologischen Verhältnissen unsere Vorfahren existiert haben, von welcher Nahrung sie gelebt haben, welche Wanderbewegungen sie unternommen haben und welche Werkzeuge ihnen zur Verfügung standen.

Eine jüngere Disziplin innerhalb der Biologie, die *Ethologie*, beschäftigt sich mit dem Verhalten von Mensch und Tier, wobei ihr besonderes Interesse den sozialen Verhaltensähnlichkeiten zwischen Mensch und Tier gilt. Wir haben der Ethologie die Erkenntnis zu verdanken, dass Verhaltensweisen, nicht anders als körperliche Merkmale, bei Mensch und Tier auf den gleichen Ursprung, nämlich auf die biologische Evolution zurückgehen; bei beiden konnten sie deshalb Eingang in das Genom finden, weil sie sich bei der Bewältigung des Lebens und bei der Erzeugung und der Aufzucht von Nachkommen bewährten.

5. WARUM GIBT ES MENSCHEN? WARUM SIND SIE SO, WIE SIE SIND?

Der erste Teil der Frage ist so wenig zu beantworten wie die Frage, warum es das Weltall gibt, die Sonne, die Erde und das Leben. Über uns hinaus weisende, transzendente Antworten können zwar formuliert werden, sind jedoch nicht beweisbar; sie entziehen sich naturwissenschaftlicher Betrachtung. Dagegen ist eine Frage, warum wir Menschen so geworden sind, wie wir uns wahrnehmen, durchaus naturwissenschaftlichen Überlegungen zugänglich.

In diesem Buch soll untersucht werden, wie die zu uns Menschen führenden Sozialstrukturen entstanden und wie Mensch und Gesellschaft sich in ihrer wechselseitigen Abhängigkeit entwickelten. Die menschliche Gesellschaft soll als Produkt eines biologisch-evolutionären Prozesses erkennbar werden.

Auf zwei nahe liegende Einwände möchte ich sofort eingehen. Kann man über eine Entwicklung, zu der es weder Zeugenaussagen noch Videoaufnahmen noch Beobachtungsprotokolle gibt, überhaupt vernünftige Aussagen machen?

Ja, dies ist möglich. Die Naturgeschichte des menschlichen Sozialverhaltens hat es jedenfalls gegeben, auch wenn uns direkte historische Quellen nicht zur Verfügung stehen. Es gibt eine Reihe von indirekten Hinweisen, die Rückschlüsse auf die Entwicklung erlauben. Wir kennen das Schema des Ablaufs von allen Entwicklungen in der Biosphäre und weiterhin die äußeren Umstände, unter denen sich die Art Mensch entwickelt hat. Schließlich können wir aus heutigen alltäglichen menschlichen Verhaltensweisen wichtige Rückschlüsse ziehen. Die Ergebnisse der Forschung der Paläoanthropologie, der Ethologie, aber auch der Soziologie und der Psychologie werden sich als hilfreich herausstellen. Die Naturwissenschaft bemüht sich häufig aus indirekten Informationen Rückschlüsse auf Geschehnisse zu ziehen, die unseren Sinnen verborgen sind. Unser Vorgehen gleicht dem Zusammensetzen eines Bildes aus kleinen Fragmenten. Nicht die Richtigkeit jedes einzelnen Elementes ist entscheidend, sondern ob sich aus den vielen Partikeln ein Bild gestaltet, das in sich widerspruchsfrei und informativ ist, das wenigstens wahr sein könnte, und das durch weitere Untersuchungen und Überlegungen auf seine Stichhaltigkeit hin überprüfbar ist.

Kann, dies ist der zweite Einwand, die menschliche Gesellschaft überhaupt mit den Mitteln der Naturwissenschaft untersucht werden? Ist es nicht so, dass vielmehr die Geisteswissenschaften[4] unter Führung der Philosophie und ihrer Töchter eine fundiertere Zuständigkeit beanspruchen können?

Der Ausgangspunkt aller Untersuchungen, das Verhalten von in Gruppen lebenden Tieren, insbesondere von nichtmenschlichen Primaten, ist naturwissenschaftliches Areal. Und auch die Entwicklung von Hominiden in der ostafrikanischen Savanne war sicher keine geisteswissenschaftliche Angelegenheit. Aus diesen Anfängen hat sich der moderne Mensch entwickelt. Wahre Wissenschaft ist unteilbar, und die naturwissenschaftliche Betrachtung kann nur eine Bereicherung sein. Sollte sich eine scheinbar prinzipielle Grenze zu den Geisteswissenschaften auftun, dann ist sie es wert, hinterfragt zu werden.

Antrieb für die Unternehmung dieses Buches ist Neugier. Das Wissen um die menschliche Entwicklungsgeschichte wird etliches, was wir als Fixpunkte unserer Wertevorstellungen wahrnehmen, relativieren, wird uns einladen, solche Vorstellungen kritisch zu betrachten. Es geht um Erkenntnisse. Die Untersuchung einer Entstehungsgeschichte und der Gesetze ihrer fortschreitenden Veränderungen können nicht in Verhaltensanweisungen münden; auch dort nicht, wo sie zukünftige Entwicklungen berühren.

Vieles ist spekulativ; Spekulationen sind freilich nichts Schlechtes, wenn sie Erklärungen anbieten und zu Diskussionen führen; die Spekulationen von heute können morgen als gesicherte Erkenntnisse gelten. Wir folgen dem *heuristischen Prinzip*, das die Forschung antreibt und nach immer mehr *Wissen* trachtet – wie es Teil des menschlichen Lebens ist. Ich fühle mich der naturwissenschaftlichen Disziplin verpflichtet; für unterlaufene Verstöße bitte ich um Nachsicht.

6. Leitfaden zum Inhalt

Ein Sachbuch ist keine Enzyklopädie. Ich möchte dazu beitragen, bisher unbekannte Zusammenhänge aufzudecken. Der Stoff ist immens, Verkürzungen und Vereinfachungen sind unvermeidlich. Nicht Vollständigkeit ist mein Ziel, sondern die grundlegenden Beziehungen allgemein verständlich darzulegen.

Das Buch enthält vier Teile. Sie bauen aufeinander auf, sind aber auch unabhängig voneinander verständlich.

Teil 1, Kapitel 2–11, beschäftigt sich mit der Biologie; es sollen die Gesetze erläutert werden, nach denen alle Arten und auch wir Menschen entstanden sind. Kapitel 2 untersucht das Zusammenwirken von Biologie und Energie. Was Leben ist, wissen wir nicht. Wie aber funktioniert es? In den Kapiteln 3 und 4 folgen wir den Spuren von Charles Darwin und seiner Evolutionslehre. Wie funktioniert Evolution, welche Wirkungsmechanismen bestehen? Ein wichtiges Thema bei Charles Darwin ist der *Kampf ums Dasein*. Handelt es sich um ein Naturgesetz? Kapitel 5 beschäftigt sich mit erkenntnistheoretischen Fragen – was ist Wirklichkeit? Woran erkennen wir ein naturwissenschaftliches Gesetz? Es gibt spezielle erkenntnistheoretische Probleme bei der biologischen Forschung, die zu Fehlschlüssen verleiten. Wie können wir versuchen, sie zu vermeiden?

Die Kapitel 6–8 widmen sich mehr im Detail der Entstehung neuer Arten. Warum und wann entstehen sie? Welches sind die Voraussetzungen dafür, dass sie entstehen? Zielen alle Selektionen immer darauf, das Individuum zu verbessern? Wie verbreiten sich Merkmale in einer Population? Einige Überlegungen weichen von heute gängigen biologischen Vorstellungen ab.

Mit Kapitel 9 gelangen wir zur Ethologie und zum sozialen Verhalten von Tieren. Die Kapitel 10 und 11 beschäftigen sich mit besonderen Verhaltensweisen von sozial lebenden Tieren; aus der Systematik der Biologie heraus versuche ich zu erklären, wie diese besonderen Verhaltensweisen verstanden werden können. Meine Erklärungen decken sich nicht mit den Überlegungen der Soziobiologie, einer modernen Richtung in der Biologie, die durch das Schlagwort vom »egoistischen Gen« bekannt geworden ist.

Teil 2, Kapitel 12–16 versucht einen Zusammenhang zwischen menschlichen Verhaltensweisen und dem Leben der ersten Hominiden in der ostafrikanischen Savanne herzustellen. Es ist ein Puzzle. Die menschlichen Verhaltensweisen müssen irgendwo hergekommen sein. Wenn wir sie im Lichte der mutmaßlichen Umwelt und unserer Kenntnisse der Evolution betrachten, entsteht ein weitgehend widerspruchsfreies Bild. Welche Rolle spielt das zweifüßige Laufen, und die Lust an der Geschwindigkeit? Wir kommen mit Kapitel 14 zu der ersten menschlichen Gesellschaft, dem Urklan. Die Sexualität spielt bei uns Menschen eine größere Rolle als bei allen anderen, den tierischen Arten. Im Tierreich gibt es Brutparasitismus. Die ähnliche, menschliche Form des Brutparasitismus, die Vergewaltigung, gibt es bei Tieren erheblich seltener. Ist das erklärbar? Welche Bedeutung kommt der Homosexualität zu?

Teil 3, Kapitel 17–22 beschäftigt sich mit der Paläoanthropologie. Was verraten uns Fossilien über die menschliche Vorgeschichte? Welche Arten, welche Rassen hat es gegeben? Von welchen Wanderungsbewegungen haben wir Kunde? Wo ist der erste Mensch entstanden? In Kapitel 20 wird untersucht, welche Eigenschaften den Menschen zum Menschen gemacht haben. Schließlich wird in Kapitel 22 versucht festzustellen, wo der moderne Homo sapiens herkommt.

Der letzte und 4. Teil, Kapitel 23–34, beginnt mit einer Untersuchung von Bewusstsein und Gewissen; sie konnten sich nur bilden, weil sie reproduktive Funktionen erfüllen. Dem Bewusstsein kommt besondere Bedeutung bei den Tieren zu, die in sozialen Verbänden leben, und somit auch bei uns Menschen; hiervon handelt Kapitel 24.

Es gibt viele menschliche Antriebe. In Kapitel 26 wird versucht, diese Antriebe zu ordnen, zusammenzufassen und zu erläutern; welche äußeren Umstände waren für deren Entstehung verantwortlich? Ein zentraler Punkt jeder Untersuchung menschlichen Verhaltens ist das Gewissen. Gibt es für unsere Qualifizierung von »guten« und »bösen« Taten eine biologische Erklärung? Unser politisches Leben, unsere Geschichte wird von Fremdenfeindlichkeit beherrscht. Sie hat biologische Aspekte, die zu kennen nützlich ist. (Kapitel 29) Wie erklären wir, mit unserem biologischen Rüstzeug, historische Geschehnisse? Einige Beispiele sind in konzentrierter Form in Kapitel 30 erläutert.

Die Antriebe, die wir in Kapitel 26 katalogisiert haben, beherrschen unseren Alltag. Erkennen wir sie noch? (Kapitel 31) Die biologische Entwicklung des menschlichen Sozialverhaltens führt bis in unsere heutige kulturelle Welt. Eine Grenze ist nicht zu definieren; wir können also von einem biologisch–kulturellen Kontinuum sprechen. Wenn dies so ist, dann müssen Merkmale der Evolution auch im kulturellen Bereich erkennbar sein. Ein Nachweis wird in Kapitel 32 versucht.

Die Evolution macht eine eigene Evolution durch, ihre Methoden verfeinern sich, die Entwicklungszeiten verkürzen sich. Der Ablauf wiederholt sich nicht, die menschliche Geschichte und die Geschichte der belebten Natur sind Einbahnstraßen. Wie geht es weiter? Sind wir, soweit die Menschheit als Ganzes betroffen ist, an der Zukunft überhaupt so weit interessiert, dass wir sie zu beeinflussen suchen? Diese Frage ist auch Gegenstand des letzten, zusammenfassenden Kapitels 34. Die Geschichte geschieht; es ist zu bezweifeln, ob wir überhaupt in der Lage sein können, ihr eine neue Richtung zu geben. Ein Denkanstoß sollte uns wenigstens ermöglichen, die Welt gelegentlich so zu sehen, wie sie sich dem Besucher aus dem Weltall darstellen würde.

Anmerkungen

[1] Zitiert nach Brem, Bruno (Hrsg.): Soldatenbrevier, Wien/Leipzig 1939.
[2] Es ist nicht rein spekulativ, wann der letzte gemeinsame Vorfahr gelebt hat. Es wird heute allgemein angenommen, dass dies vor etwa 6,5 Millionen Jahren gewesen ist. Der wahrscheinliche Bereich liegt zwischen 5 und 8 Millionen Jahren.
[3] Darwin, Charles: On the Origin of Species by means of natural selection, or the Preservation of favoured Races in the Struggle for Life, London 1859
[4] Der Ausdruck »Geisteswissenschaften« ist gebräuchlich, wegen seiner Nähe zur Theologie aber missverständlich; er könnte nahe legen, dieses Sachgebiet eben nicht als wissenschaftlich wahrzunehmen. Der modernere Ausdruck »Kulturwissenschaften« vermeidet diese Schwierigkeit; es wäre wünschenswert, dass er sich durchsetzt.

Erster Teil

Die Biosphäre und die Evolution.
Charles Darwin und die Entstehung der Arten.
Die Entstehung der sozialen Gruppen

2 Lebende Materie

1. Leben und Energie

Menschen, Tiere und Pflanzen bestehen aus lebender Materie. Diese Form der Materie wird von der Biologie erforscht, sie folgt eigenen Bildungsgesetzen im Rahmen der nach wie vor gültigen Gesetze der Physik und Chemie.

Nach den Gesetzen der Physik verharrt ein Stück Materie in Ruhe oder gleichförmiger Bewegung, solange nicht äußere Kräfte darauf einwirken. Ein chemischer Prozess, der in einem geschlossenen System abläuft, kommt nach gewisser Zeit zum Stehen, d. h. er gelangt in ein Gleichgewicht; die beteiligte Materie verbleibt in stabilen Verbindungen. Für lebende Materie gibt es einen solchen Zustand stabiler Ruhe nicht. Zum Fortbestehen benötigt sie Energie. In lebenden Systemen laufen immer energetische Prozesse ab. Da es sich vornehmlich um chemische Reaktionen handelt, sagt man, lebende Systeme seien durch Stoffwechsel gekennzeichnet. Wird die Zufuhr von Energie unterbrochen oder auch nur gestört, d.h. unterbleibt ausreichender Stoffwechsel, hört solche Materie auf, lebendig zu sein und gelangt zur Ruhe, sie stirbt.[1]

Die benötigte Energie zur Aufrechterhaltung aller irdischen lebenden Materie stammt nahezu vollständig aus dem Sonnenlicht, das die Erde erreicht. Ein ständiger Strom von Lichtquanten trifft die Erde und wird dort entweder in andere Energieformen umgewandelt oder in den Weltraum zurück reflektiert. Gelangen Lichtquanten auf bestimmte Arten lebender Organismen, entstehen dort aus Wasser, Kohlendioxid der Luft, Phosphaten und Stickstoff chemische Verbindungen auf der Basis von Kohlenwasserstoffen, die zu Trägern der lebenden Materie werden. Wir nennen diesen Prozess *Fotosynthese*; hierbei wird der Sauerstoff freigesetzt, den wir zum Atmen benötigen.[2]

Grundsätzlich kann vorhandene Energie nicht verloren gehen. Jeder Prozess, der anscheinend Energie verbraucht, verwandelt sie nur in eine andere Form. Die von der Sonne eingefangene Energie wird als Kohlenwasserstoffverbindung gespeichert. Durch deren »Verbrennen« kann die chemisch gebundene Energie wieder freigesetzt werden, wobei sie als mechanische Arbeit und als Wärme nutzbar wird. Chemisch ist dies eine in Stufen ablaufende Oxidation der Kohlenwasserstoffe mit dem Sauerstoff der Luft; Endprodukte dieser Oxidation sind wieder Wasser und Kohlendioxid. Jeder lebende Organismus hat – wie alle weitgehend abgeschlossenen Systeme – eine ausgeglichene Energiebilanz. Mensch und Tier nehmen chemische Energie auf, sind dadurch lebensfähig und speichern sie oder verwandeln sie in Wärme, die sie an die Umwelt abgeben.

Eine solche ausgeglichene Energiebilanz könnte den fehlerhaften Schluss zulassen, lebende Materie sei möglicherweise ohne Energiezufuhr existenzfähig. Das ist nicht der Fall. Die Energie, die ein Organismus aufnimmt, ist qualitativ verschieden von der Energie, die er abgibt. Es gibt unterschiedliche Formen von Energie, gut nutzbare und geringerwertige, am Ende aller energetischen Prozesse steht die nicht mehr zu nutzende Wärme niedriger Temperatur. Die von der Sonne stammende Energie fließt durch lebende Systeme hindurch; jedes System lebt durch diese Energiepassage, es reicht die Energie an ein nächstes System oder an die Umwelt weiter. Unter Verwendung von Energie wird die lebende Materie gebildet, aus der jedes Lebewesen besteht. Man könnte sagen, die Lebewesen – zum Beispiel Pflanzen – »leihen« sich die Energie, um sie später, am Ende des Lebens, an die Umwelt zurückzugeben. Dieser Prozess der Rückgabe kann sich verzögern. In Holz und Kohle, in Gas und Öl steht uns Energie zur Verfügung, die vor Millionen Jahren von Lebewesen aus Sonnenlicht gewonnen und gespeichert wurde.

Dieser Energiestrom durch die lebenden Systeme kann mit zu Tale fließendem Wasser verglichen werden. Auf seinem Weg bewegt es Mühlräder und durchfließt möglicherweise ein Speicherbecken; die Menge des vom Berg herabfließenden Wassers bleibt dennoch konstant. Aus dem über sie fließenden Wasser beziehen die Mühlräder Nutzen. Lebende Organismen entsprechen solchen Mühlrädern mit Speicherbecken; die Organismen ziehen Nutzen aus der sie durchfließenden Energie; sie bewirkt, dass die Organismen leben. Je weiter das Wasser zu Tal gelangt, desto weniger kann es leisten, im Tal ist es energetisch nicht mehr verwertbar. Ähnliches gilt für die Energie; je mehr lebende Systeme sie passiert, desto nutzloser wird sie.

Physiker erklären das, was hier ein wenig unüblich als »Nutzbarkeit der Energie« bezeichnet worden ist, mit dem Begriff »Entropie«; sie ist eine Bestimmungsgröße eines abgeschlossenen Systems; ein solches System kann viel oder wenig Entropie enthalten. Man muss sich dabei an die zunächst ungewohnte Tatsache gewöhnen, dass ein hoher Entropiegehalt einer geringeren Nutzbarkeit der Energie entspricht, ein geringer Entropiegehalt einer hohen Nutzbarkeit.[3]

Die physikalische Größe Entropie ist ein Maß für Ordnung. Denken wir uns ein abgeschlossenes System, bestehend aus einem Behälter mit heißem Gas, welches entsprechend schnelle und somit energiereichen Molekülen aufweist, und einem weiteren Behälter mit kaltem Gas, also langsamen Molekülen. Dieses System ist relativ ordentlich und aufgeräumt. Die Entropie des aus den beiden Behältern bestehenden Systems ist gering. Bei der Vermischung der Gase wird die gespeicherte Energie freigesetzt und kann Arbeit leisten, das heiße Gas kann beispielsweise einen Kolben bewegen und hierbei Gewichte anheben. Nach Abschluss des Arbeitsprozesses sind alle Moleküle, schnelle und langsame, vermischt und für das System kann nur noch eine Mischtemperatur ermittelt werden. Die Ordnung des Systems ist verloren gegangen, man sagt, die Entropie hat durch diesen Arbeitsprozess zugenommen. Bei diesem Prozess hat sich die Gesamtenergie des abgeschlossenen Systems nur um die geleistete mechanische Arbeit verringert.

Einer der wichtigsten physikalischen Lehrsätze, der Zweite Hauptsatz der Thermodynamik, der solche Verhältnisse beschreibt, sagt, dass alle energetischen Prozesse so ablaufen, dass ihre Entropie zunimmt. Das Gesetz gilt uneingeschränkt auch für lebende Systeme. Lebende Materie lebt demnach in ihrer Gesamtheit und in jedem Teilbereich von der Entropievermehrung. Jeder Organismus ist ein Reaktor, der Nutzen daraus zieht, dass er die Entropie bei der Energiepassage vergrößert.

Betrachten wir die Sonnenenergie in der Biosphäre, dem Reaktionsraum lebender Vorgänge. Aus den Kohlenwasserstoffverbindungen, die sich durch die Energie der Lichtquanten bilden, entstehen Blätter, Äste, Stämme und Wurzeln, aber auch Blüten und Früchte. In solcher Materie ist die Energie akkumuliert und insofern der Prozess der Entropiezunahme angehalten. Früchte und Bestandteile von Pflanzen werden von Tieren verzehrt, die dann die Energie wieder nutzen, zum Beispiel dadurch, dass sie laufen oder fliegen, Nachkommen erzeugen und ihre Körper auf einer solchen Temperatur halten, dass diese funktionieren können; hierbei wird Wärme an die Umwelt abgegeben. Tiere können auch von anderen Tieren gefressen werden, oder Parasiten beherbergen; beide gewinnen dann ihrerseits die zum Leben notwendige Energie.

Bei all diesen Prozessen vermehrt sich unablässig die Entropie. Nach dem Absterben, der Beendigung der organisierten eigenen Nutzung von Energie, nach dem Herabfallen der Blätter von den Bäumen, wird der Energiegehalt der verbliebenen organischen Materie durch Aasfresser, Insekten oder Bakterien genutzt, wiederum bei Wärmeabgabe und, gleich bedeutend, Entropiezunahme. Die Entropie nimmt auch zu, wenn wir fossile Brennstoffe wie Öl, Gas oder Kohle verheizen. Chemisch gesehen ist auch dieser Prozess wieder eine Oxidation mit dem Luftsauerstoff, dessen Endprodukt wieder Kohlendioxid und Wasser ist, die sich durch Fotosynthese in hierzu fähigen pflanzlichen Organismen wieder in lebende Materie verwandeln können.

Es ist eine oft gehörte Meinung, dass der organische Aufbau von Materie, sei es Holz oder der menschliche Denkapparat, unter den materiellen Bausteinen eine erhebliche Ordnung schaffe, und dass insofern die Entropie abnehme. Der Zweite Hauptsatz der Thermodynamik werde gleichsam durch das Leben überlistet. Leider ist das nicht der Fall. Die Entropieabnahme durch die Bildung von Ordnung in organischer Materie ist um ein Vielfaches geringer als die Entropiezunahme bei der Herstellung dieser biologischen Materie; auch in der Biosphäre ist das Endprodukt immer Wärme geringer Temperatur.

2. Die Erde ohne Biosphäre

Was geschähe mit der hochwertigen Sonnenenergie, würde es auf der Erde keine Biosphäre geben? Ein größerer Anteil des Sonnenlichts würde wegen des Fehlens biologischer Materie gleich wieder in den Weltraum zurückreflektiert. Die auf unserem Planeten verbleibende Energie würde fast unmittelbar in eine wertlose Form verwandelt, nämlich in Wärme; entsprechend nähme die Entropie in einem ausschließlich thermischen Prozess zu. Auch alle von lebenden Organismen aufgenommene Sonnenenergie endet, nach entscheidender Förderung biologischer Prozesse, als Wärme oder potenziell wärmespendendes Material wie Holz, Erdöl, Kohle oder Erdgas. Die Wärme wird als geringerwertige Strahlung an den Weltraum abgegeben; wäre dies nicht so, müsste sich die Erde zunehmend erwärmen, was offensichtlich nicht geschieht.[4] Der hochwertige Energiefluss von der Sonne zur Erde, welcher hier absorbiert und als Wärmestrahlung an das Weltall wieder abgegeben wird, ist physikalische Realität, unabhängig davon, ob es auf der Erde biologische Materie gibt oder nicht. Gäbe es die Biosphäre nicht, könnte man dies, von einer anderen Warte her gesehen, als Verschwendung betrachten, als nutzlose Entropievermehrung. Das Leben hätte sich, zur Vermeidung dieser Verschwendung, in den Energiestrom eingeklinkt, hätte demnach eine physikalische Energie–Nische entdeckt und existiere hier mit dem von ihm entwickelten System der gesteuerten Entropievermehrung.

In einer solchen Energie–Nische laufen Arbeitsprozesse ab, die eine Spezialität des Lebens sind. Es bewegt sich allerhand. Steppentiere laufen, Fische schwimmen, Vögel fliegen, Nahrung wird gekaut, Fellpflege betrieben, Nester gebaut und Höhlen gegraben, Staudämme angelegt. Diese Arbeitsprozesse, bei denen Konstruktives entsteht, sind, so müssen wir Menschen als Teil der Biosphäre schließen, wertvoller als rein thermische Prozesse. Wenn Kohle in einem Ofen verbrennt, entsteht Wärme - das ist ein rein thermischer Prozess. Wird Kohle dagegen in einem Wärmekraftwerk in elektrischen Strom verwandelt, entsteht ebenfalls Wärme, aber darüber hinaus werden Eisenbahnzüge, Motoren und Arbeitsmaschinen angetrieben, die für uns Menschen nützliche Aufgaben erfüllen. Bei Arbeitsprozessen, könnte man sagen, wird der thermische Prozess ausgebeutet, er muss einen Umweg nehmen. Ohne Leben wären alle energetischen Prozesse hauptsächlich thermisch. In einer biologischen Energie–Nische wird auch die Physik, zu ihrem Gebiet gehören die Arbeitsprozesse, erheblich interessanter.

Das irdische Leben realisiert sich durch chemische Prozesse mit Kohlenwasserstoffen sowie Stickstoff– und Phosphatverbindungen. Chemische Reaktionen mit diesen Stoffen können nur in einem sehr begrenzten Temperaturbereich ablaufen. Bei sinkender Temperatur verlangsamen sich die Reaktionen und kommen zum Erliegen, weswegen wir Lebensmittel einfrieren, damit sich in ihnen keine verderblichen Prozesse bilden. Bei zu hoher Temperatur lösen sich viele organische Kohlenwasserstoffverbindungen auf. Die Lebensprozesse spielen sich hauptsächlich in der unteren Hälfte des Temperaturbereiches ab, bei dem Wasser unter unseren Luftdruckverhältnissen flüssig ist. Es gibt gar keinen Grund anzunehmen, dass die für das Leben erforderlichen Stoffe und ein geeigneter Temperaturbereich nicht auch auf anderen Planeten anderer Sonnen bestehen. Bereits in unserer Milchstraße befinden sich etliche Milliarden Sonnen, und bei einigen in unserer Nähe können wir Planeten nachweisen, sodass anzunehmen ist, dass zahlreiche Sonnen von Planeten umkreist werden. Auch dort nimmt die Entropie zu, wenn die Strahlung der Sonnen auf Planeten gelangt. Es ist nicht ausgeschlossen, fast wahrscheinlich, dass außer auf der Erde auch auf anderen Planeten lebende Materie auf der Basis von Kohlenwasserstoffen, Stickstoff- und Phosphatverbindungen vorkommt und die Energie-Nische verwertet. Auch intelligentes Leben, gleich dem unsrigen, ist durchaus vorstellbar; dass unsere Bemühungen, Signale aus dem Weltraum von intelligentem Leben zu empfangen, erfolgreich sein werden, ist eher unwahrscheinlich.

3. Der Nutzen in der Biosphäre

Lebende Organismen ziehen aus der Entropievermehrung, und damit indirekt aus der Sonnenstrahlung, Nutzen. Was bedeutet ein solcher Nutzen für die Lebewesen?

Die einfachste Antwort darauf ist: Organismen nutzen die Energie zur Ausweitung ihrer Existenzbasis. Sie möchten mehr Licht einfangen, komplexere Strukturen – zum Beispiel höhere Bäume – wachsen lassen, jedes Restchen Energie bei der Entropievermehrung auswerten, größere Energiespeicher anlegen, um die Entropiezunahme dann wieder in Gang zu setzen, wenn sie den größten Nutzen bringt. Sie gleichen einer Kapitalgesellschaft, die jede verdiente Mark zurück ins Geschäft steckt, um sich auszudehnen, zu erweitern, um immer mehr Geld zu verdienen, das dann erneut investiert wird. Ist erst mal das Prinzip der Steuerung der Entropiezunahme in Gang gekommen, läuft es wie am Schnürchen; es ist ein sich selbst erhaltender, immer währender Prozess, der anhält, solange genügend Raum zur Verfügung steht, die chemischen Stoffe ausreichend vorhanden sind und die Sonne scheint.

4. Fussangeln bei der Beschreibung biologischer Phänomene

Bei der Betrachtung und Beschreibung von biologischen Phänomenen ist Behutsamkeit zu empfehlen. Wir laufen Gefahr, hinter jedem zu beschreibenden Phänomen ein Agens, einen Willen zu entdecken, der die Entwicklung antreibt. Selbst wenn wir diese Meinung nicht teilen, verführt uns unsere Sprache, einer Vermutung in dieser Richtung zu erliegen.

Ich habe oben geschrieben »...Die Organismen ... möchten mehr Licht einfangen, größere Strukturen wachsen lassen ...«. Ursprünglich möchten Lebewesen überhaupt nichts. Irgendwas geschieht, und wir beobachten es. Wir wollen das Beobachtete beschreiben, es erklären. Und bei dieser Erklärung fangen die Objekte mit einem Mal an, Wünsche zu artikulieren, oder sie beginnen zu handeln. Lebewesen »möchten« plötzlich irgendetwas.

Ich kann den Vorgang der Ausbreitung des Lebens, der Ausnutzung letzter Ressourcen, die Entwicklung neuer Strukturen, die alles das vielleicht noch besser erledigen, nur auf diese Weise schildern. Man kann aber nicht jeder Erklärung voranstellen: »Es ist so, als ob das Leben anstrebe ...«; es wäre eine sprachliche Zumutung. Wir müssen uns bei Beschreibungen darüber klar sein, dass wir häufig nicht ergründen können, warum etwas geschieht. Wir wissen nicht, warum es lebende Materie überhaupt gibt. Den Dingen Motive zu unterstellen erklärt nichts. Als Wissenschaftler müssen wir uns darauf beschränken, die Phänomene zu schildern, gleichartige Phänomene zusammenzufassen und zu versuchen, Wirkungszusammenhänge zwischen diesen Phänomenen herzustellen. Auf viele Fragen werden wir keine Antwort finden, vielleicht aber doch unser Verständnis des Lebens vertiefen.

Anmerkungen

[1] Viren benötigen zu ihrer Existenz im Ruhezustand keine Energiezufuhr. In Kontakt mit einer passenden Umwelt können sie aber energieumsetzende Prozesse auslösen, durch die wiederum diese Viren hergestellt werden.
[2] Die eigentlichen Stoffe des Lebens sind die Eiweißstoffe und Phosphatverbindungen (Aminosäuren und Adenoid-Triphosphate); die reinen Kohlenwasserstoffe (wie Zucker) sind in der Hauptsache »Brennstoff«. Für den hier skizzierten, globalen Ablauf ist diese Unterscheidung nicht unbedingt erforderlich.
[3] Für Physiker: Auf eine Unterscheidung zwischen Enthalpie und Entropie kann im vorliegenden Zusammenhang verzichtet werden. Um die gedankliche Schwierigkeit zu umgehen, dass eine Zustandsgröße bei der Energieumwandlung zunimmt, wird gelegentlich statt Entropie der Ausdruck »Neg-Entropie« verwendet; diese »negative Entropie« nimmt dann im Verlauf eines Prozesses ab.
[4] Klimatologen nehmen an, dass von uns Menschen erzeugte Fremdstoffe in der Atmosphäre die Abstrahlung von Wärme in das Weltall vermindern, da diese Strahlung von den Fremdstoffen absorbiert wird und somit die Wärme in der Atmosphäre verbleibt. Insofern wäre der Mensch dabei, die Atmosphäre doch aufzuheizen.

3 Die Evolution – Kern biologischer Forschung

1. Die Schöpfungsgeschichte

Noch zu Beginn des 19. Jahrhunderts galt es in unserem abendländischen Kulturkreis als unbestritten, dass die Welt ihre Existenz einem göttlichen Schöpfungsakt verdankt, beschrieben im Alten Testament bei Moses I. Wir kommen in dieser Welt vor, es ist unsere Welt, und woher könnte sie stammen, wenn nicht von einem allmächtigen Gott? Es gab immer wieder Wissenschaftler, die sich Gedanken darüber gemacht haben, wann Gott dieses Werk wohl in Angriff genommen habe. Es wurde vermutet, dass dies um das Jahr 5 500 v. Chr. gewesen sein müsse.[1]

Machen wir einen Sprung zu unserem gegenwärtigen Wissen. Der Kosmos, unsere Milchstraße, das Sonnensystem, unsere Erde sind einem immer währenden Wandlungsprozess unterworfen. Das gilt vermehrt für die auf der Erde beheimatete lebende Materie, zu der wir Menschen gehören. Nur weil uns unser Leben relativ lang erscheint, und man während dieser Zeit Veränderungen kaum wahrnimmt, waren die früheren Naturforscher zu der Auffassung gelangt, dass die menschliche Umwelt immer so gewesen sein müsse, wie sie sich ihnen soeben darbot, und vermutlich immer so bleiben würde. Es macht ja Schwierigkeiten, das, was wir tagtäglich wahrnehmen, nicht als Naturgesetz aufzufassen: Erfahren wir denn nicht ganz genau, dass morgen die Sonne wieder aufgehen und nach dem nächsten Winter wieder ein Frühling unser Gemüt erfreuen wird?

Eine Reihe von Beobachtungen passte aber doch nicht in dieses Bild. Die versteinerten Muscheln im Gebirge lassen eigentlich nur den Schluss zu, dass sich die Materie der Gebirge entweder vor Zeiten unter Wasser befunden haben muss, ehe sie zu Gebirgen aufgetürmt wurde, oder dass der Meeresspiegel einstmals in die Gebirge hineinreichte. Fossilien vermitteln die Erkenntnis, dass die Tiere früher anders aussahen als heute. Allmählich drängte sich den Naturforschern der Verdacht auf, dass die Welt und die darin lebenden Tiere und Pflanzen sich wandeln.

So neu war diese Einsicht nicht. Bereits der griechische Philosoph Anaximandros (611–546 v. Chr.) hatte vermutet, dass sich die Welt verändert; er meinte, dass die Lebewesen aus feuchter Materie hervorgegangen seien. Und er nahm ebenfalls an, wir Menschen seien aus einem anderen Lebewesen entstanden, das Ähnlichkeit mit einem Fisch gehabt haben müsse.[2]

Trotz alledem ist die biblische Schöpfungsgeschichte noch heute lebendig. Die Beweise für eine fortlaufende Veränderung von Welt und Lebewesen sind zwar erdrückend, aber unverändert nehmen die Kreationisten (nach dem lateinischen Wort *Creatura* für Schöpfung) die biblische Schöpfungsgeschichte für bare Münze. Gott hat die Welt erschaffen, wo käme sie sonst her, und wenn er uns sagt, er hätte dazu 6 Tage benötigt, warum sollten wir daran zweifeln? In einigen Staaten der USA wird immer mal wieder darüber nachgedacht, ob Kinder nicht doch zu besseren Menschen heranwachsen, wenn man ihnen die Welt in alttestamentarischer Weise erklärte.

2. Wie entstehen biologische Arten?

Jede bestehende Art – Pflanze oder Tier – hat sich aus einer anderen Art entwickelt. Lassen wir diesen einfachen und einleuchtenden Satz stehen, obwohl er die Frage nicht beantwortet, wie denn die erste Art vor über 3 Milliarden Jahren entstanden sein könnte.

Von vielen Arten, die wir auf der Erde vorfinden, auch von ausgestorbenen Arten, können wir durch die Analyse aufgefundener Fossilien recht genau sagen, wie sie sich entwickelt haben, wie ihr Stammbaum ausgesehen hat und über welche Verzweigungen sie mit anderen Stammbäumen in Verbindung stehen.

Unsere Erkenntnisse über die Entwicklung neuer Arten – *die Evolutionslehre* – verdanken wir in erster Linie Charles Darwin. Er war nicht bloß ein hervorragender Forscher, sondern auch ein vorzüglicher Didakt; es bietet sich an, seinen Spuren zu folgen. Er hat 1859 sein bedeutendes Werk: »Die Entstehung der Arten durch natürliche Zuchtwahl oder die Erhaltung der bevorzugten Rassen im Kampf ums Dasein« herausgegeben. Wieso auch immer, das Standardwerk trägt heute nur noch den Titel: »Die Entstehung der Arten«.[3]

Charles Darwin erkannte, dass die biologischen Individuen nicht einfach exakte Kopien eines elterlichen Tieres oder der elterlichen Pflanze sind. Wäre es anders, würde Entwicklung nicht stattfinden, könnte es Evolution nicht geben. Jedes Wesen zeigt Abweichungen gegenüber seinen Eltern. Diese Tatsache nennen wir Mutation; die Bezeichnung kommt aus dem lateinischen *mutare* und bedeutet »ändern«.

Die geringen Abweichungen gegenüber den Eltern bleiben in der Regel ohne Wirkung; es können Farbnuancen sein, oder atavistische Erscheinungsformen tauchen wieder auf, die allerdings ohne Einfluss auf die Existenzmöglichkeiten des neuen Tieres oder der Pflanze sind. Es gibt freilich auch Abweichungen, die zur Verbesserung der Existenz führen oder aber sie erschweren. Falls ein neues Individuum sich durch eine Veränderung besser in der Umwelt zurechtfindet, einen leichteren Zugang zur Nahrung hat oder Fressfeinden schneller entkommen kann, wird dieses Individuum größere Chancen haben zu gedeihen und sich fortzupflanzen.[4]

Charles Darwin hat seinen Zeitgenossen das so erklärt: Ein Züchter, der zum Beispiel ein Rind mit verbesserter Milchleistung wünscht, *selektiert* für die Paarung immer solche Exemplare, die eine vergleichsweise hohe Milchproduktion aufweisen oder die Anlage hierzu vererben. Das Ergebnis sind Kühe, die mehr Milch liefern als zur Aufzucht von Kälbern nötig sind und die entsprechend dem

Züchter die Kasse füllen. Durch gezielte Paarung können die Eigenschaften der Nachkommen in gewissem Umfang gesteuert werden.

Darwin erkannte, dass das, was Züchter tun, in freier Natur ebenfalls vor sich geht. Die erfolgreichsten Exemplare, diejenigen, die mit den bestehenden Lebensumständen besser zurechtkommen, erzeugen mehr Nachkommen als diejenigen, die mit der Umwelt Schwierigkeiten haben.

Der Titel des Standardwerkes verrät bereits die gedankliche Verbindung zum menschlichen Züchten: Die Entstehung der Arten durch *natürliche Zuchtwahl*. Ein Züchter wählt nach seinen Bedürfnissen, und etwas Ähnliches geschieht in der Natur. Der Titel des englischen Originals lautet: »*The origin of species by means of natural selection or the preservation of favoured races in the struggle for life*«. Die Übersetzung von »*selection*« mit »Zuchtwahl« mag überinterpretiert scheinen; es ist jedoch heute üblich, auch im Deutschen von Selektion zu sprechen, wobei ohne weitere Erläuterung immer die natürliche Selektion gemeint ist.

3. Selektion und Rückkopplung

Nehmen wir an, dass ein durch Mutation zufällig entstandenes Tier einem Fressfeind besser entkommen kann, als dies den übrigen Tieren seiner Generation möglich ist; vermuten wir, dass seine Beine etwas länger sind, sodass es schneller laufen kann. Das begünstigte Tier wird länger leben und in seiner verlängerten Lebenszeit auch mehr Kinder zeugen als die übrigen Tiere der Population. Ein Teil der Kinder wird ebenfalls wieder das Merkmal der längeren Beine zeigen. Sie werden also mit einer größeren Wahrscheinlichkeit auch schneller laufen können als andere Nachkommen der zweiten Generation. Über viele Generationen, wird sich das Merkmal des besseren Laufvermögens in der Population durchsetzen.

Es ist nützlich, sich diese Zusammenhänge an einem Zahlenbeispiel klar zu machen. In einer Population von 100 Tieren soll zufällig ein Tier entstehen, das in der Lage ist, wegen seiner überraschenden Schnelligkeit länger am Leben zu bleiben als die übrigen Tiere und dadurch um 10% mehr Nachkommen zu zeugen als die anderen 99 Individuen derselben Population. Nehmen wir weiter an – stark vereinfachend –, dass jeder zweite Nachkomme des schnellen Tieres dieses Merkmal erbt und wiederum schneller laufen kann. Das Merkmal des Schneller-laufen-Könnens breitet sich rasch aus; nach 10 Generationen können 1,6% der Population schnell laufen, nach 30 Generationen 4,2% und nach 95 Generationen die Hälfte der Individuen der gedachten Population. Vielleicht entwickeln sich die schnelleren Tiere zu einer neuen Art.

Die *Mutation* hat zu dem Merkmal des schnellen Laufvermögens bei einem Individuum geführt, durch *Selektion* wird dieses Merkmal verbreitet. Das Zusammenwirken von Mutation und Selektion ist das, was wir *Evolution* nennen.

Entscheidend ist, dass das neue Merkmal die Reproduktion der Individuen verstärkt. Man nennt dies *Rückkopplung*: Ein erzeugtes Merkmal eines Systems wirkt auf dieses System so, dass das Merkmal verstärkt wird. Neue Arten entstehen durch Evolution, und man kann dies wie folgt zusammenfassen:
Neue biologische Arten entstehen durch sich rückkoppelnde reproduktionsfördernde Merkmale.

4. Warum entstehen neue Arten? Offene Fragen

Mutation und Selektion sind notwendige Voraussetzungen für die Entstehung neuer Arten, sie sind aber nicht hinreichend. Bei allen Tieren unserer unmittelbaren Umwelt sind die nachfolgenden Individuen keine strengen Kopien der Elterntiere. Trotzdem entstehen neue Arten überaus selten. Offensichtlich müssen weitere Einflüsse hinzutreten, damit tatsächlich neue Arten entstehen. Welche äußeren Einflüsse sind dies, und gibt es einen Antrieb für die Evolution?

Die Individuen von Arten haben einen Drang sich fortzupflanzen. Gilt dies für alle Individuen? Eine weitere Frage ist, warum es scharfe Abgrenzungen zwischen den Individuen verwandter Arten gibt. Nach der oben skizzierten Grundregel der Evolution wäre es möglich, dass beispielsweise unsere Singvögel ein Kontinuum von farblichen Erscheinungen bilden, und dass zufällig, in jedem Gelege, Vögel mit unterschiedlichen Farbmerkmalen entstehen. Warum ist dies nicht so? Wie hat sich die Entstehung unserer Singvögel vollzogen? Viele Tiere verhalten sich rätselhaft. Es gibt Arten, bei denen erwachsene Individuen nicht von ihnen gezeugte Jungtiere töten. Gibt es eine Erklärung hierfür? Auch das soziale Verhalten von Tierarten, also solchen die in Gesellschaften leben, ist rätselhaft. Gibt es einen Antrieb für soziales Verhalten? Warum verhalten sich Individuen verschiedener Arten unterschiedlich, obwohl die äußeren Umstände vergleichbar sind?

Die Grundprinzipen der Evolution, wie wir sie Charles Darwin verdanken, sind überzeugend und einfach zu verstehen. Trotzdem ist das Lehrgebäude *Evolution* nicht völlig schlüssig, obwohl in den letzten 140 Jahren Hunderte von Büchern über die Evolution veröffentlicht worden sind. Es gibt divergierende Schulen.[5] Die Biologie, so scheint es, widersetzt sich den Versuchen, verbindliche Lehrsätze zu formulieren, wie wir sie aus der Physik und Chemie kennen. Jeder versteht unter Evolution etwas Ähnliches; letzte Klarheit fehlt.

Das Thema dieses Buches ist die Naturgeschichte des menschlichen Sozialverhaltens; und diese Geschichte basiert auf biologischem Geschehen. Ohne vertieftes Verständnis der biologischen Evolution ist die sich anschließende kulturelle Entwicklung nicht erklärbar. Bei den Überlegungen zu diesem Thema bin ich auf die Tatsache gestoßen, dass einige moderne Vorstellungen über die Evolution nicht zutreffend sein können und sich die ersten Ansätze zu einer Diskussion in die falsche Richtung bereits bei Charles Darwin finden.

Anmerkungen

[1] Iulus Afrikaans war im 3. Jahrhundert auf den gottgewollten Rechenmodus gestoßen. Da vor Gott 1 000 Jahre wie ein Tag sind, entsprechen der 7-tägigen Schöpfung sieben Welttage zu je 1 000 Jahren. In diesem analogen Denken entspricht der Kreation des Menschen am 6. Schöpfungstag die Geburt des Heilands. Deshalb wurde Christi Geburt in die exakte Mitte des 6. Welttages, also auf 5 500 Jahre nach Schöpfungsbeginn verlegt. Zitiert nach: Illig, Herbert: Das erfundene Mittelalter, Düsseldorf/München 1996

[2] Zitiert nach Capella, Wilhelm: Die Vorsokratiker, Stuttgart 1968. Pseudoplutarch: »Anaximandros behauptet, dass der Mensch ursprünglich aus andersartigen Lebewesen entstanden sei, auf Grund der Erwägung, dass die anderen Lebewesen alsbald durch sich selbst ihren Unterhalt fänden, dass dagegen der Mensch einer lange währenden Bemutterung bedürfe. Daher würde er auch, wenn er von Anfang an so gewesen wäre (wie er jetzt ist), niemals am Leben geblieben sein.« Hippolytos: »Anaximandros lehrte, der Mensch sei ursprünglich einem anderen Lebewesen, d. h. dem Fisch ähnlich gewesen.«

[3] Darwin, Charles: On the Origin of Species by means of natural selection, or the Preservation of favoured Races in the struggle for Life, London 1859; in Deutsch: Darwin, Charles: Die Entstehung der Arten, Stuttgart 1995

[4] Die überwiegende Zahl von Merkmalen organischer Wesen ist mutationsresistent. Es gibt eine Hierarchie von Merkmalen und von Merkmalsgruppen, die redundant im Genom gesichert sind. Es widerspricht auch unserer Erwartung ein Säugetier mit einer von 7 abweichenden Zahl von Halswirbeln aufzufinden, obwohl es theoretisch lebensfähig wäre. Gegenstand der Mutation können nur verschwindend wenige Merkmale sein, die meist jünger sind als die etablierten mutationsresistenten Merkmale. Als Bild können wir uns vorstellen, dass der Stamm eines Baumes unverändert bleibt, während die entstehenden Äste in ihrer Form sich der Umwelt anpassen. Die Tatsache, dass es mutationsresistente Merkmale gibt ist ein Grund dafür, dass die biologische Entwicklung fortschreitet und sich nicht wiederholt. Hinzuweisen ist auf: Riedl, Rupert: Die Ordnung des Lebendigen, Hamburg/Berlin 1975

[5] Die Vorstellungen von der Evolution von den bedeutenden Forschern Konrad Lorenz und Edward O. Wilson unterscheiden sich in wesentlichen Punkten.

4 Charles Darwin – hat er immer Recht?

1. Der geniale Forscher

Charles Darwin war einer der bedeutendsten Forscher und sicher der bis heute bedeutendste Biologe. Seine Einsichten reichen über die Grundannahmen der Evolution hinaus; immer wieder ist man verblüfft von der Treffsicherheit seiner Formulierungen, die oft auch angesichts späterer Forschungsergebnisse Bestand haben. Er war ein gewissenhafter Forscher, der seine Aussagen immer wieder anzweifelte und dies nicht verschwieg. Darüber hinaus war Darwin ein exzellenter Schriftsteller; es ist ein Vergnügen, seine Texte zu lesen.

Wenn nachfolgend einige Punkte diskutiert werden, bei denen man Darwin nicht ohne weiteres folgen kann, dann ist das keine Kritik an dem genialen Forscher, sondern eher an seinen Nachfolgern, die, so scheint es mir, an seinen Worten kleben, statt sie angesichts jüngerer Forschungsergebnisse und Überlegungen neu zu interpretieren.

2. Das Individuum, seine Merkmale und die Art

Bevor wir uns mit einigen Texten von Charles Darwin befassen, möchte ich noch drei Begriffe klären, deren sorgfältige Unterscheidung das Verständnis biologischer Vorgänge erleichtert. Das Individuum ist immer ein bestimmtes Wesen, wie ein Tier oder ein Mensch. Es hat ein Schicksal, es lebt und stirbt. Es ist Angehöriger seiner Art, wie etwa Igel, Zebra, Löwe oder Homo sapiens. Jede Art ist durch viele bestimmende Merkmale gekennzeichnet; die Art der Igel ist gekennzeichnet durch das Stachelkleid, die Fähigkeit des Einrollens bei Gefahr, den Winterschlaf, aber auch durch das Leben als Einzelgänger, neben vielen weiteren Merkmalen. Die eine Art kennzeichnenden – und unterscheidenden – Merkmale können auch Verhaltensweisen sein, die den Individuen nützlich sind und ihnen ermöglichen zu leben und erfolgreich Nachwuchs zu produzieren, oder – und dies ist genau so wichtig – die ihnen in Vorzeiten nützlich waren und ermöglicht haben zu leben und zu zeugen.

Das Thema von Charles Darwin ist die Entstehung der Arten. Alle Arten, die es je auf der Erde gegeben hat, sind irgendwann entstanden, sie haben sich entwickelt und viele tausend Generationen mehr oder minder unverändert existiert, sie sind irgendwann auch wieder verschwunden. Nicht nur die Individuen, auch jede Art hat eine Vita, eine Lebensgeschichte. Die Entwicklungen sind an Fossilien erkennbar. Doch auch ohne solche Funde können wir manchmal schließen, wie solche Abläufe sich vollzogen haben. Der Rüssel des Elefanten lässt uns vermuten, dass sich seine Vorläufer im Wasser aufgehalten haben und durch den Rüssel Atemluft von der Oberfläche holten.

3. Das Überleben des »Tüchtigsten«

Das Prinzip der Darwin'schen Evolutionslehre besteht darin, dass immer die Individuen sich besser fortpflanzen, die mit ihrer Umwelt gut zurecht kommen, also von ihren Merkmalen her befähigt werden, erfolgreich artgleiche Individuen hervorzubringen. Um seinen Zeitgenossen die Evolution und Selektion zu erklären, hat Herbert Spencer (1820- 1903), begeisterter Verfechter der Evolutionslehre, das Schlagwort »Survival of the fittest« geprägt. Dieses Schlagwort ist so plakativ, dass es noch heute zur Erklärung der Evolution herangezogen wird. Es hat einen richtigen Kern, führt aber zu falschen Schlüssen. Ich möchte versuchen zu erklären, warum.

Das Schlagwort – Überleben des Tüchtigsten – war übrigens in der ersten Ausgabe von »Die Entstehung der Arten« noch nicht enthalten. In späteren Auflagen erscheint es wie folgt: »Diese Erhaltung vorteilhafter individueller Unterschiede und Veränderungen und diese Vernichtung nachteiliger nenne ich natürliche Zuchtwahl oder *Überleben des Tüchtigsten*«. Die kursiv gesetzten Worte haben meiner Meinung nach den Text verwässert. Charles Darwin führte Herbert Spencer als Urheber dieser Ergänzung ausdrücklich an.

Die sprachliche Übertragung ins Deutsche spielt für unser Verständnis der Evolutionstheorie eine Rolle. »The Fittest« wird im Deutschen mehrheitlich mit »der Tüchtigste« übersetzt; dies geht auf die klassische Übertragung von Carl W. Neumann zurück. Die Übersetzung mit »der Geeignetste«, auf die man gelegentlich trifft, wäre möglicherweise vorzuziehen, denn die »Tüchtigkeit« hat im Deutschen im Gegensatz zum englischen »*fitness*« eine moralisch wertende Note. Ich halte mich hier aber an die gewohnte klassische Übersetzung; wir haben uns nun mal an das Überleben des Tüchtigsten gewöhnt, in dieser Form hat das Spencer'sche Schlagwort auf unser Bewusstsein gewirkt.

Diese in der Urfassung gegebene Definition ist klar und unmittelbar eingängig: »Diese Erhaltung vorteilhafter individueller Unterschiede und Veränderungen, und diese Vernichtung nachteiliger nenne ich natürliche Zuchtwahl«. Die Individuen einer Art sind nicht völlig gleich. Sie unterscheiden sich durch geringfügige individuelle Unterschiede, die bei den Nachkommen wieder erscheinen und sich weiter verbreiten, wenn sie vorteilhaft sind, d. h. die Reproduktion positiv beeinflussen. Merkmale überleben, Individuen sterben. Auch der angeblich Tüchtigste ist sterblich; er überlebt eben nicht. Der Natur liegt nichts an Individuen, nur an Merkmalen.

Eine konsequente Trennung von Individuum und Merkmal ist erforderlich um verstehen zu können, was in der Natur vorgeht. Individuen kann man Überlebenswillen zuschreiben. Merkmale, positive Unterschiede, haben keinen Überlebenswillen. Wenn sie erhalten bleiben, also bei den Nachkommen wieder auftauchen und unter Umständen die Art verändern, so geschieht dies. Halten wir fest:

Bei der Evolution kommt es nicht auf Individuen an, sondern auf Merkmale.

4. Mutationen und Umwelt

Mutationen – nach Darwin die individuellen Unterschiede oder Veränderungen – entstehen zufällig, man kann auch sagen, sie entstehen chaotisch, so wie das großräumige Wetter. Jede Mutation ist einer Prüfung durch die jetzt bestehende Umwelt unterworfen. Sie selektiert sich, wenn sie eine positive Wirkung auf die Zahl der erfolgreich reproduzierten Nachkommen des Trägers der Mutation ausübt.

Es kann geschehen, dass eine Mutation, vielleicht erst nach Generationen, nach vielen Bewährungen, zu einem artbestimmenden Merkmal wird. Es muss aber bedacht werden, dass die bestehende Umwelt sich auch verändern kann.

Es ist daher kaum möglich, bei einer Mutation vorauszusehen, ob sie sich positiv bewähren oder wieder verschwinden wird; sie kann ihre Qualifikation nur durch den Erfolg in der sich wandelnden Umwelt beweisen. Zur Umwelt gehören auch immer die anderen Arten, zu denen eine Beziehung besteht und die sich ihrerseits auch wandeln, wie zum Beispiel Fressfeinde oder Krankheitskeime. Was nützt es einer Art, wenn in ein paar warmen Jahren sehr viele Individuen entstehen, die zufällig das Merkmal einer guten Resistenz gegen UV-Strahlen aufweisen, aber beispielsweise nach einem Kälteeinbruch allesamt erfrieren? Es ist aber ebenso denkbar, dass es nicht wieder so kalt wird und die neue Spielart in der nun wärmeren Umwelt vorherrscht und das Bild der Art neu prägt. Als Ergebnis vieler sich auch überschneidender Selektionsprozesse wird der Typ eines Tieres entstehen, das mit den Schwankungen wichtiger Umweltfaktoren hinreichend zurechtkommt, das einen guten Mix aus körperlichen Merkmalen und Verhaltensweisen repräsentiert, die nun die neue Art kennzeichnen.

Eine Vorhersage über die Qualität eines mutierten Merkmals wäre nur möglich, wenn wir alle Lebensumstände voraussagen könnten; das geht nicht, schon das Wetter entzieht sich einer nur mittelfristigen Voraussage, und noch weniger wissen wir über die zukünftigen Schwankungen des Klimas. Die Biosphäre selbst ist das Experimentierfeld. Zufälligkeiten, die Interaktion von vielen Selektionsprozessen auch bei anderen Arten, zu denen eine funktionelle Beziehung besteht, beeinflussen die Entwicklung. Als die biologische Vorgeschichte betrachtende Forscher können wir nur interpretieren, wie es war, wie alles kommen konnte. Wir teilen diese Beschränkung mit den Historikern.

Wir können zurückblickend sagen, dass jedes Merkmal, das eine Art kennzeichnet, während der Entwicklung dieses Merkmals den Individuen der Art eine bessere Bewältigung ihres Lebens und somit eine verbesserte Leistung bei der Erzeugung von Nachkommen ermöglicht hat. Wir haben noch nie davon Kenntnis bekommen, dass ein artbestimmendes Merkmal entstanden ist, welches seine Existenz nicht einem evolutionären Prozess verdankt.[1] Folgende Aussage kann getroffen werden:

Jedes eine Art kennzeichnende Merkmal war bei seiner Entstehung reproduktionsfördernd.[2]

Merkmale einer Art können unter selektivem Druck durch die Umwelt vergleichsweise schnell entstehen. Wenn nur Individuen überleben, die zufällig gegen einen neuen Krankheitskeim resistent sind, dann werden in wenigen Generationen nur resistente Individuen einer Art anzutreffen sein. Diese Resistenz kann dann als ein Merkmal der Art angesehen werden. Merkmale verschwinden andererseits langsam oder nie, solange kein Selektionsdruck zu deren Beseitigung besteht. Es gibt also artbestimmende Merkmale, die ihre ursprüngliche Bedeutung für eine Art verloren haben und nur noch als atavistische Erinnerungsposten mitgeführt werden, oder eine neue Bedeutung gewonnen haben. Ein Beispiel sind die fünf Zehen an unseren Füßen. Unseren Urahnen dienten sie als Greifwerkzeuge zum Klettern. Dazu brauchen wir sie heute nicht mehr; sie sind jetzt allerdings für sicheres Gehen wichtig.

5. Wer war der »Tüchtigste«?

Das Schlagwort »*Survival of the fittest*« impliziert, es gebe so etwas wie einen kausalen Zusammenhang zwischen Eigenschaften eines Individuums und dessen Lebenserfolg, eben dem »Überleben in der Nachkommenschaft« – denn nur das könnte allenfalls gemeint sein. Wie wir gesehen haben, muss diese Annahme an der mangelnden Konstanz der Umwelt scheitern. Der Zufall spielt eine übermächtige Rolle. Die Interaktion des Einzelnen, des Individuums, mit seiner Umwelt ist nicht vorhersehbar.

Abschließend zu dem »Tüchtigsten« möchte ich das Schlagwort »*Survival of the fittest*« auf das reduzieren, was vertretbar wäre: »Das Individuum, das in einer Population die meisten Nachkommen hinterlässt, nennen wir den Tüchtigsten«. Mit dieser Definition wird erkennbar: »Der Tüchtigste« ist ein unfruchtbarer Begriff. Wenn wir endlich wissen, wer der Tüchtigste war, gibt es ihn nicht mehr, er ist längst tot. Es baut nichts auf ihn auf. Der Begriff verschleiert statt zu erklären.

6. Das Streben nach geometrischer Vermehrung

Charles Darwin schreibt in seinem 3. Kapitel »Der Kampf ums Dasein« nach der klassischen Übersetzung: »Bei jeder Betrachtung der Natur … dürfen wir nie vergessen, dass jedes organische Wesen sozusagen die äußerste Vermehrung seiner Kopfzahl erstrebt …«.[3] An anderer Stelle heißt es: »Alles was wir tun können ist, stets im Gedächtnis behalten, dass jedes Lebewesen eine Vermehrung im geometrischen Sinne anstrebt …« Im geometrischen Sinne, d. h. nach einer Reihe wie beispielsweise 1, 2, 4, 8, 16, 32, 64 usw. Beide Zitate – es gibt weitere – sind Beschreibungen der Tatsache, dass alle Arten mehr Nachkommen produzieren, als jemals in die Lage kommen können, ihrerseits Nachkommen hervorzubringen. Sinnfällig wird das bei einem Pflaumenbaum, der im Laufe seiner Existenz Abertausende von Pflaumen produziert, obwohl zur Bestandssicherung nur aus einer Pflaume ein Baum werden muss, der Pflaumen hervorbringt.

Die Art der Darstellung bei Darwin ist bedenklich. Richtiger wäre es zu sagen: Bei allen organischen Wesen, die wir beobachten, werden mehr Samen oder mehr Nachkommen produziert, als je in die Lage versetzt werden können, ihrerseits Samen oder Nachkommen zu produzieren. Die Arten, die einen Überfluss an Samen oder Nachkommen produzierten, konnten sich durchsetzen, sie sind noch heute vorhanden. Diese Arten vermochten es, alle passenden Nischen der vorhandenen Umwelt zu besetzen. Ihre Fähigkeit, ausgiebig Nachkommen zu produzieren, wurde selektiert; sie wurde zu einem bestimmenden Merkmal. Das hat sich ergeben. Das Individuum nämlich will gar nichts. Es lebt. Wenn es zufällig Träger eines positiven Merkmals geworden ist, mit dem es sich von anderen Individuen in derselben Population unterscheidet, dann hat es mehr Nachkommen, aber es wird das nicht wahrnehmen. Es ist geschehen. Ich möchte unterstellen, dass Charles Darwin dies so gemeint hat. Seine Worte stehen für: »… es ist so, als ob alle Lebewesen eine geometrische Vermehrung anstrebten.«

Es besteht ein gravierender Unterschied zwischen den beiden Aussagen: *Jedes Lebewesen erstrebt eine maximale Nachkommenschaft* – und: *Es ergibt sich, dass einige Lebewesen mehr Nachkommen hinterlassen als andere.* Korrekt ist die zweite Aussage.

7. Der Kampf ums Dasein bei Charles Darwin

Der »Kampf ums Dasein« ist Teil des Titels des Darwin'schen Hauptwerkes. Er ist für Nichtbiologen zu einem Synonym der Evolutionslehre geworden, er scheint an deren Bestand schlechthin gebunden zu sein. Die Vorstellung, in der Biologie herrsche ein unerbittlicher Kampf ums Dasein, hat außerhalb der biologischen Forschung die kulturelle Entwicklung der letzten 140 Jahre geprägt.

In Kapitel 3 des Hauptwerkes fragt Darwin, wie es komme, dass Varietäten einer Art sich schließlich zu unterschiedlichen Arten entwickeln. Dies sei die Folge des »Kampfes ums Dasein«, antwortet Darwin sich selbst. Er erläutert anfangs nicht, was das wohl sei. Der Ausdruck stammt nicht von Darwin, sondern von dem damals populären Nationalökonomen Thomas Robert Malthus (1766–1834). Der hatte vorausgesagt, dass sich die Menschen in geometrischer Progression fortpflanzen, und weil die Produktion von Lebensmitteln nicht Schritt hält, wäre ein Kampf um die zunehmend knapper werdende Nahrung, ein Kampf ums Dasein, unausweichlich.

Darwin kam nach eigenen Angaben (1838) durch die Ausführungen von Malthus auf die Idee, dass bei einem derartigen Kampf ums Dasein, übertragen auf die Biologie, günstige Abänderungen (von den Individuen einer Art) dazu neigen, erhalten zu bleiben, während ungünstige Abänderungen zerstört werden.[4]

Charles Darwin muss aber doch einige Zweifel gehabt haben, ob dieser von Malthus postulierte Kampf so recht in das biologische Umfeld passt. Darwin schreibt, er gebrauche die Bezeichnung »Kampf ums Dasein« in einem weiten, metaphorischen Sinne, der die Abhängigkeit der Wesen voneinander, und was noch wichtiger sei, nicht nur das Leben des Individuums, sondern seine Fähigkeit, Nachkommen zu hinterlassen, mit einschließe. Er schreibt weiter:

»Mit Recht kann man sagen, dass zwei Raubtiere in Zeiten des Mangels um Nahrung und Dasein miteinander kämpfen; aber man kann auch sagen, eine Pflanze kämpfe am Rande der Wüste mit der Dürre ums Dasein, obwohl man genauer sagen sollte, sie hänge von der Feuchtigkeit ab.«

Im Übrigen spricht er von Schlachten, Kampf, Krieg (*battle, struggle, war*). Bedenken verrät wiederum das viel zitierte Ende von Kapitel 3:

»Wenn wir über den Kampf (*struggle*) nachdenken, können wir uns mit der Gewissheit trösten, dass der Krieg der Natur nicht ununterbrochen stattfindet, dass keine Angst empfunden wird, der Tod schnell eintritt und dass der Kräftige, Gesunde und Glückliche überlebt und sich fortpflanzt.«

8. Was geschieht wirklich in der Biosphäre?

Der »Kampf ums Dasein« ist eine in ihren Auswirkungen schreckliche Denkgewohnheit, die verschleiert, was in der Biosphäre tatsächlich geschieht. Die Darwin'sche Evolutionslehre, deren tragende Bedeutung für jede biologische Forschung unbestreitbar ist, bedarf zu ihrem Verständnis nicht des »Kampfes ums Dasein«.

Alle Tiere und Pflanzen stehen im Wirkungszusammenhang mit anderen Pflanzen und Tieren; man kann dies kurz so sagen: Sie kommunizieren mit anderen Pflanzen und Tieren. Diese Kommunikation kann freundlich im Sinne einer Symbiose sein, neutral oder unfreundlich. Die Kommunikation zwischen artfremden Individuen unterscheidet sich von der Kommunikation zwischen Individuen der gleichen Art; sie müssen getrennt untersucht werden. Betrachten wir zunächst die Kommunikation zwischen verschiedenen Arten.

Alles Leben auf der Erde beruht auf dem Energieaustausch, der sich durch die chemischen Umwandlungen von Kohlenstoff und Sauerstoff realisiert. Pflanzen gewinnen durch die Fotosynthese aus Kohlendioxid Kohlenwasserstoffverbindungen, wobei Sauerstoff freigesetzt wird. Bei den Tieren verläuft der Prozess entgegengesetzt: Sie verzehren Pflanzen, deren Kohlenwasserstoffverbindungen mit dem Sauerstoff der Luft wieder zu Kohlendioxid verbrannt wird. Der Verbrennungsprozess versorgt die Tiere mit der für ihr Leben notwendigen Energie, wobei wiederum Kohlendioxid entsteht, das die Pflanzen erneut verwerten. Der durch die gemeinsame Evolution von Pflanzen und Tieren entstandene Sauerstoffkreislauf ist die Basis allen Lebens auf der Erde. Diese stoffliche Kommunikation zwischen Pflanzen einerseits und Tieren andererseits ist, in menschliche Begriffe übersetzt, eine freundliche Kooperation, also schlicht das Gegenteil von Kampf.

Eine sehr alte Kommunikation besteht zwischen Pflanzen, die Früchte oder Nektar produzieren, und den Tieren, die den Nektar oder die Früchte konsumieren. Insekten ernähren sich von dem Nektar und tragen die Pollen zu anderen Blüten. Die Früchte verzehrenden Tiere schonen die Samen und scheiden sie an einem anderen Ort wieder aus. Diese Art der Kommunikation ist das Produkt einer Ko-Evolution von Pflanzen und Tieren, sie ist das Gegenteil von Kampf. Trotzdem war die Evolution wirksam. Es haben sich die Pflanzen behauptet, die gute Produzenten von Nektar und Früchten waren, und die Tiere, die mit der angebotenen Nahrung gut zurechtgekommen sind. Diese freundliche Ko-Evolution ist ein weiteres Beispiel für eine erfolgreiche Kommunikation zwischen verschiedenartigen Individuen; es gibt viele weitere.

Auch eine unfreundliche Kommunikation zwischen verschiedenartigen Individuen ist nicht notwendig Kampf. Das Jagen von Tieren durch Raubtiere ist nicht Kampf, sondern eben Jagd. Die Lebensdauer von Tieren ist begrenzt; dies ist Voraussetzung für den Erfolg der Evolution. Nur wenn alle Individuen sterben und neuen Platz machen, können sich neue Varietäten, solche mit neuen Mutationen erproben. Die energiereiche Substanz der nun mal dem Untergang geweihten Individuen wird von den verschiedensten Arten verwertet, so von Aasfressern und Bakterien. Es ist kein weiter Schritt vom Verzehr eines verendeten Tieres zum Töten eines noch nicht verendeten Tieres. Das Jagen und Töten zur Nahrungsbeschaffung mag eine unfreundliche Kommunikation sein, ob es unter den Oberbegriff »Kampf« fällt, ist fraglich. Fliegende Insekten und Fledermäuse kämpfen nicht gegeneinander.

Wir beobachten in der Biosphäre häufig Gleichgewichtszustände zwischen Jägern einerseits und den Opfern andererseits. Alle Arten sichern ihren Bestand durch Abwehrmechanismen und durch eine angepasste Reproduktionsrate; haben sie dies nicht geschafft, können sie nicht mehr Gegenstand von biologischen Feldforschungen sein; es hat sich ergeben, dass sie verschwunden sind.

Das Leben dauert nur eine begrenzte Zeit, es endet mit dem Tod, der uns als Unfall, Krankheit oder Altersschwäche ereilt. Wir Menschen sind bestrebt, die Voraussetzungen für den Tod zu vermeiden, oder doch zumindest den Zeitpunkt für dessen unvermeidliches Eintreten hinauszuzögern. Uns erscheint der Tod als Feind, wir kämpfen gegen ihn. Ein Tier, das vor einem Fressfeind flieht, kommt in einen die letzten Reserven mobilisierenden Erregungszustand. Wir wissen nicht, wie dieses Tier das wahrnimmt. Wenn wir den Vorgang beobachten und uns in das Tier hineinversetzen, deuten wir dessen Gefühlslage als Todesangst und stellen erschauernd fest: Dies ist »Kampf ums Dasein«. Es ist eine Übertragung menschlicher Erfahrungsinhalte auf Vorgänge bei anderen Arten.

Außer zwischen Jägern und Gejagten gibt es in der Biosphäre Auseinandersetzungen zwischen Fresskonkurrenten. Wenn einer Art die Beute von einer meist neu zugewanderten schlaueren Art streitig gemacht wird, dann ist erstere beeinträchtigt. Vor 2,5 Millionen Jahren starb der in Südamerika beheimatete Fleisch fressende flugunfähige und bis zu drei Meter große Riesenkranich (*Phorushacoide*) aus, als die Landbrücke zwischen Nord- und Südamerika entstand. Über die Brücke konnten die modernen katzen- und hundeartigen Raubsäuger einwandern, die bessere Jäger waren als der Riesenkranich. Denkbar ist allerdings auch, dass sie sich seiner Brut bemächtigten, und er deswegen verschwand. Das Erscheinen eines Fresskonkurrenten ist ein Schicksalsschlag, so wie es ein Kälteeinbruch, eine Überschwemmung oder ein Vulkanausbruch wäre. Die Umwelt hat sich verändert. Der überlegene Fresskonkurrent bekämpft den Unterliegenden nicht, er nimmt ihn nicht einmal zur Kenntnis, und der Unterlegene weiß nicht, warum er plötzlich Schwierigkeiten bei der Nahrungsbeschaffung hat.

Auch bei der innerartlichen Kommunikation sollten wir zwischen freundlichen, neutralen und unfreundlichen Fällen unterscheiden. Es gibt leistungsfähige Gruppen von artgleichen Individuen, die dadurch bestehen können, dass sie eng kooperieren; Wolfsrudel oder Bienenstöcke sind Beispiele für eine intensive, eine »freundliche« Kooperation von häufig verwandten Einzeltieren.

Bei unfreundlicher Kommunikation zwischen Individuen der gleichen Art sollten zwei Fälle unterschieden werden: die Werbung um Geschlechtspartner und die territoriale Verdrängung. Bei vielen Tieren gibt es Wettbewerb um Geschlechtspartner. Bei jeder Art entstehen mehr Nachkommen, als je in die Lage kommen könnten, ihrerseits Nachkommen zu erzeugen. Es ist unvermeidlich, dass einige keinen Geschlechtspartner finden. Unter den vielen Bewerbern um Geschlechtspartner findet eine qualitative Auswahl, eine Normenkontrolle statt. Er oder sie müssen gesund sein, bei einigen Arten auch gelegentlich einen Wettkampf bestehen, gut singen oder sich gut präsentieren können und somit eine spezifische Aufnahmeprüfung bestehen. Einige kommen nicht zum Zuge, weil sie nicht qualifiziert sind, andere, weil sie das Los nicht getroffen hat.

Auch der Wettkampf um Geschlechtspartner, den wir beispielsweise bei unseren Hirschen und vielen Weidetieren beobachten können, ist kein Kampf mit Tötungsabsicht; es ist eine kurz andauernde und meistens unblutig verlaufende Auseinandersetzung, die nur in der meist kurzen Paarungssaison veranstaltet wird. Es geht um die Chance sich fortzupflanzen, nicht aber um Leben oder Tod. Nur für den imaginären Tüchtigsten, jene Spencer'sche Schimäre, geht es um Leben oder Tod, denn er stirbt den ewigen Tod, wenn er sich nicht fortpflanzt. Betrachten wir das, was tatsächlich geschieht: Wenn die meist nur kurze Paarungssaison oder Brunft vorbei ist, dann ist auch der Wettkampf vorbei, und das normale Leben setzt sich fort.

Die Fortpflanzung bei Tier und Pflanze geschieht. Glück und Veranlagung spielen eine Rolle. Ein Obsthändler weiß, dass er mehr Äpfel einkaufen muss, als er verkaufen kann. Einige Äpfel rollen vom Wagen, andere werden faul, einige werden geklaut. Wer käme auf die Idee zu sagen, die Äpfel kämpften ums Verkauft-Werden?

9. Der innerartliche Kampf um Territorien

Am ehesten können wir von Kampf und Krieg sprechen, wenn Individuen bestimmter Arten sich um dasselbe Territorium bemühen. Es gibt viele Arten, deren Individuen ein eigenes Territorium als Existenzgrundlage beanspruchen. Häufig sind dies Jäger; auch unsere heimischen Igel leben in Territorien, und sie betrachten jeden Eindringling als Feind. Zwischen den Igeln besteht ein existenzieller Verdrängungswettbewerb; wem es nicht gelingt, sich ein passendes Jagdrevier zu erobern, wird in unwirtlicheres Gebiet abgedrängt, das ihm seine Existenz erschwert. Das Verhalten der Igel und der anderen auf Territorien angewiesenen Arten wird als innerartliche Aggression bezeichnet; es hat zur Folge, dass die guten Territorien von leistungsfähigen Individuen besetzt werden, und die abgewiesenen abwandern, um neue zu suchen. Es hat sich ergeben, dass Arten, die die innerartliche Aggression entwickelt haben, erfolgreich sind: Es gibt sie noch.

Ausgeprägter als bei den Einzelgängern ist die Auseinandersetzung um Territorien bei in Gruppen lebenden Tieren. Jane Goodall[5] hat jahrelange Kämpfe zwischen zwei Klans von Schimpansen beobachtet, wobei es auch Tote gegeben hat. Dies ist am ehesten ein Krieg im menschlichen Sinne. Die Feindschaft entwickelt sich zwischen den männlichen Mitgliedern der Klans. Im Tierreich entgehen die Unterlegenen dem Tod durch die Flucht, was allerdings häufig mit dem Verlust der Existenzgrundlage verbunden ist.

Die tierische innerartliche Aggression kann zu ernsthaftem Kampf führen. Blutvergießen beim Kampf zwischen Individuen oder Gruppen der gleichen Art ist dennoch selten. Eine Ausnahme hiervon ist der Mensch. Es wäre verfehlt zu sagen, der Mensch exekutiere bei seinen Schlachten und Kriegen das, was in der Natur schon immer üblich gewesen sei. Der Hinweis auf die Verhältnisse im Tierreich kann unser Verhalten weder erklären noch rechtfertigen. Demnach muss, um dieses zu verstehen, die Evolution des menschlichen sozialen Verhaltens betrachtet werden.

Der heute geschätzte Biologe Richard Dawkins äußert die folgende Meinung: Der Satz »Natur, Zähne und Klauen blutig rot« fasse unser modernes Verständnis der natürlichen Auslese vortrefflich zusammen. Das Dawkin'sche Horrorszenarium mag sich gelegentlich in der menschlichen Geschichte realisiert haben; mit der übrigen Biosphäre hat es wenig zu tun.[6] Halten wir fest:

Kommunikation zwischen den Individuen der gleichen Art und zwischen Individuen unterschiedlicher Arten – freundliche, neutrale und unfreundliche – ist ein Merkmal der Biosphäre.

10. Der menschliche »Kampf ums Dasein«

Das leicht verständliche, aber nur eingeschränkt richtige Schlagwort »Kampf ums Dasein« ist vulgarisiert und ideologisiert worden. Egoisten haben ihre Grobheit damit gerechtfertigt, machtbewusste Diktatoren sogar Krieg und Massenmord.

Adolf Hitler forderte in Kenntnis des Darwin'schen Paradigmas Kampfeswillen von seinen Volksgenossen. In seinem Buch »Mein Kampf« bedauert er, dass alle großen Kulturen der Vergangenheit zu Grunde gegangen seien, weil die ursprünglich schöpferische Rasse an »Blutsvergiftung« abstarb. Er meinte, dass, um eine Kultur zu bewahren, der sie erschaffende Mensch erhalten werden müsse, und fuhr fort:

> »Diese Erhaltung aber ist gebunden an das eherne Gesetz der Notwendigkeit und des Rechtes des Sieges des Besten und Stärkeren. Wer leben will, der kämpfe also, und wer nicht streiten will in dieser Welt des ewigen Ringens, verdient das Leben nicht.« [7]

Hitlers Vulgärdarwinismus ist ein treffendes Beispiel dafür, was geschieht, wenn aus Naturvorgängen, seien sie richtig oder falsch verstanden, menschliche Verhaltensnormen abgeleitet werden. Die biologische Wissenschaft beschreibt Phänomene, fasst sie zusammen, sucht nach Gesetzmäßigkeit; sie erforscht funktionale Verknüpfungen zwischen lebenden Systemen. Verhaltensnormen für Menschen lassen sich daraus nicht ableiten, so wenig wie aus dem Verlauf der Gestirne.

Anmerkungen

[1] Die sexuelle Selektion könnte als Ausnahme verstanden werden; hierzu Näheres in Kapitel 6.

[2] Es gibt verknüpfte Merkmale, die immer gemeinsam auftreten, da sie durch die Mutation eines Gens verursacht werden (Pleiotropie). Entscheidend ist, dass bei solchen Merkmalsverknüpfungen diese per Saldo reproduktionsförderlich sind.

[3] Der Orginaltext lautet: *In looking at Nature, it is most necessary ... never to forget that every single organic being around us may be said to be striving to the utmost to increase in numbers ...* Eine bessere, jedenfalls sinngemäßere Übersetzung wäre: »Bei Betrachtung der Natur ... sollten wir immer im Auge behalten, dass man von allen organischen Existenzen sagen könnte, sie erstrebten eine äußerste zahlenmäßige Vermehrung ...« In dieser Form wird das Ergebnis erklärt, und das sollte im Vordergrund stehen.

[4] Zitiert nach Desmond, Adrian; Moore, James: Darwin, München/Leipzig 1991, S. 303–313

[5] Goodall, Jane: Ein Herz für Schimpansen, und: Wilde Schimpansen. Reinbek bei Hamburg 1991

[6] Dawkins, Richard: Das egoistische Gen, Reinbek bei Hamburg 1996, S. 24

[7] Hitler, Adolf: Mein Kampf, München 1934, 85.–94. Auflage S. 316

5 Erkenntnistheoretische Überlegungen

1. Die Bedeutung des Begriffes »Wahrheit« in der Naturwissenschaft

In der Naturwissenschaft beschäftigen wir uns mit der Natur, dem Kosmos. Wir beobachten, experimentieren, beschreiben. Wir bündeln vergleichbare Ergebnisse, wir definieren Begriffe für sich wiederholende Beobachtungen, entwickeln Theorien, die eine Vielzahl von Ergebnissen in einem Bild zusammenfassen. Theorien sollen eine über den ursprünglichen Forschungsgegenstand hinaus gehende Gültigkeit zeigen, sie sollen sich als das erweisen, was man auch Naturgesetz nennt: Sie sollen wahr sein.[1]

Wahr und Wahrheit sind im alltäglichen Verständnis auf bestimmte Dinge und Vorgänge bezogen. Eine Aussage kann wahr oder falsch sein. Ein Angeklagter kann über sein Verhalten am Ort und zum Zeitpunkt eines Verbrechens die Wahrheit sagen oder lügen. Die hier gemeinte Wahrheit ist leicht zu verstehen, denn das Verbrechen hat stattgefunden und der Angeklagte muss das Verbrechen begangen haben oder nicht.

Aber das Wort Wahrheit hat auch einen Nimbus, eine Aura, und hier wird es nebulös. Wir sehnen uns nach einer allgemeinen Wahrheit. Jesus Christus hat gesagt: »Ich bin der Weg und die Wahrheit und das Leben« (Johannes, Kap. 4,6). Er bezieht diese Aussage auf sich, was erhaben klingt und seltsam ist; ins Umgangssprachliche übersetzt heißt es wohl: das einzig Wahre. Doch was ist die Wahrheit?

Kehren wir zur Arbeit der Naturwissenschaftler zurück. Das Ergebnis ihrer Bemühungen, wenn sie erfolgreich sind, ist eine allgemein erklärende Theorie, wie etwa eine Interpretation von Beobachtungen oder eine Zusammenfassung von Experimenten. Diese Theorie kann wahr oder falsch sein. Zum Beispiel haben Naturwissenschaftler sämtliche Informationen zusammengetragen und sind zu der Theorie gelangt, dass die Fossilien, die wir dem Australopithecus africanus zuschreiben, sich in die Ahnenreihe des Menschen einordnen. Die Theorie ist wahr oder falsch, oder sie lässt sich – vielleicht nur gegenwärtig – nicht beurteilen.

Es gab und gibt Hunderttausende von Forschern, die sich in allen möglichen Disziplinen tummeln und überall an Problemen tüfteln und gelegentlich Zusammenhänge erkennen, von denen sie herausfinden müssen, ob es sich um allgemein gültige Theorien handelt. Messlatte für Theorien ist zunächst die Übereinstimmung mit den Beobachtungen und Experimenten und weiterhin, ob sie zu Forschungen und Theorien auf anderen Gebieten in Widerspruch stehen. Wenn ein Team von Paläoanthropologen bestimmte Fossilien auf ein Alter von 1,5 Millionen Jahren schätzen, während die Physiker deren Alter auf 2 Millionen Jahre datieren, müssen entweder die Paläoanthropologen irren oder die Physiker, oder beide.

Bei Widersprüchen zwischen Theorien muss durch weitere Forschung herausgefunden werden, welche der Theorien irrt. Es können alle falsch sein oder nur eine, es kann eine übergeordnete Theorie existieren, die beide umfasst und jeder einzelnen einen eingeschränkten Geltungsbereich zuweist. Die Diskussion zwischen Anhängern sich widersprechender Theorien ist fruchtbar und führt häufig zu neuen Erkenntnissen.

Wir kennen eine fast schon klassisch zu nennende Inkompatibilität zwischen zwei physikalischen Lehrgebäuden, das sind die Quantenphysik und die allgemeine Relativitätstheorie. Beide Systeme sind für sich schlüssig und werden durch Experimente und Beobachtungen gestützt. Aber in Grenzgebieten widersprechen sie sich. Es muss demnach eine übergeordnete Theorie geben, die den beiden Einschränkungen abverlangt. An diesem Problem forschen die Wissenschaftler seit Jahrzehnten, auf der Jagd nach dem großen Ziel, die physikalischen Erscheinungen durch eine in sich schlüssige, umfassende Theorie zu beschreiben.

Wenn alle gültigen Theorien, aus welchen naturwissenschaftlichen Disziplinen auch immer, kompatibel sein sollen, bietet sich die Idee einer umfassenden Theorie an, der sämtliche bestehenden Theorien untergeordnet sein müssen. Eine solche umfassende Theorie kann man Wahrheit nennen; sie mag zahlreiche Facetten haben und etliche wahre Theorien umfassen. Sie muss in sich widerspruchsfrei sein. Wir können uns dieser Wahrheit nähern, und wir können annehmen, dass einige Theorien oder Lehrsätze tatsächlich wahr sind, also der Wirklichkeit entsprechen. Ob das freilich bei einer bestimmten Theorie oder einem bestimmten Lehrsatz der Fall ist, können wir nicht wissen. Wir müssen damit rechnen, dass eine weitere Theorie gefunden wird, die neue Aufschlüsse gibt, eine umfassendere Sicht der Wirklichkeit bietet. Es mag sein, dass eine Theorie tatsächlich wahr ist, wir sind trotzdem angehalten, sie weiter in Frage zu stellen. Der Philosoph Alfred Tarski (1901-1983) hat das wie folgt zusammengefasst:

Es gibt die Wahrheit, aber wir besitzen sie nicht, wir können uns ihrer nicht sicher sein.[2]

2. PHYSIKALISCHE UND BIOLOGISCHE THEORIEN

In den letzten Jahrhunderten standen Chemie und Physik im Zentrum der Naturwissenschaften. Deren Theorien konnten immer wieder mit besseren Beobachtungsgeräten und raffinierteren Experimenten überprüft und optimiert werden. Bei allen Beobachtungen und Experimenten konnte man von der Voraussetzung ausgehen, dass zwei gleiche Experimente stets zum selben Ergebnis führen, sodass also zwischen Ursache und Wirkung eine kausale, eine verlässliche Beziehung besteht.

Die sich durch viele Versuche ergebenden Theorien oder Lehrsätze sind beinah immer Modelle, die mit mathematischen Mitteln beschrieben werden können und ihre Leistungsfähigkeit dadurch erweisen, dass sie es gestatten, das Ergebnis von Versuchen und Beobachtungen vorherzusagen. Zahlreiche solcher Modelle haben eine so große Akzeptanz erfahren, dass sie bereits für die Wirklichkeit selber gehalten werden. Die Technik – die Fähigkeit, Brücken, Flugzeuge, Computer, Atomraketen und vieles mehr herzustellen – beruht auf der Zuverlässigkeit mathematischer Beschreibungen der Wirklichkeit.

Anzumerken ist, dass die Physik mit der Heisenberg'schen Unschärferelation aufzeigen konnte, dass es eine Grenze gibt, jenseits derer es keine kausale Beziehung zwischen Ursache und Wirkung gibt. Voraussagen über den Ablauf von Experimenten sind hier nicht mehr möglich. Glücklicherweise besteht diese »Unschärfe« nur im atomaren Bereich, ist also für die gewöhnliche Technik ohne Bedeutung.

Physikalische und chemische Gesetze lassen sich mehrheitlich experimentell zu jeder Zeit überprüfen. Der Grad der Zuverlässigkeit dieser Gesetze kann bis an die Grenze des Möglichen gesteigert werden. Die Gesetze der Chemie und Physik beziehen sich mehrheitlich auf reversible, zeitlich invariante Prozesse. In der Biosphäre jedoch ist der Prozess des Werdens, die Entstehung von Pflanzen und Tieren, ein historischer Vorgang, der zeitlich gerichtet abläuft, er ist irreversibel. Der Prozess ist nicht zielgerichtet, er ist vergleichbar mit dem Wetter und mit anderen geschichtlich-historischen Abläufen, von denen man sagen kann, sie hätten auch anders ablaufen können.

Dies impliziert zwei grundsätzliche Schwierigkeiten. Die erste ist, dass historische Abläufe sich uns nur indirekt erschließen. Es gab keine Zeugen, deshalb sind wir auf die Suche, nach Spuren und deren Interpretation angewiesen. Auch die Geschichtswissenschaftler beschäftigen sich mit historischen Vorgängen; ihre und unsere Neugier ist befriedigt, wenn wir eine Aussage machen können, die in Übereinstimmung mit allen Spuren und sonstigen Informationsquellen steht. Bei den Aussagen über historischen Vorgänge ist aber letzte Sicherheit nicht zu erlangen, und die Kraft des Satzes von Tarski wird erkennbar: Etwas hat sich unzweifelhaft historisch abgespielt; eine Art ist heute vorhanden und also irgendwann entstanden, wir können uns aber niemals sicher sein, ob unsere Vorstellung von dem genauen Ablauf und den einwirkenden Einflüssen tatsächlich wahr sind.

Die zweite Schwierigkeit besteht in der Berücksichtigung der Tatsache, dass bei der Entstehung der Arten der Zufall eine große Rolle spielt. Alle Säugetiere haben zwei Nieren und eine Leber, und sieben Halswirbel. Das muss nicht so sein, es hat sich so ergeben. Wir müssen akzeptieren, dass es zufällige Abläufe gegeben hat, die sich nicht ergründen lassen. Dies bedeutet nicht das Ende der biologischen Forschung, sondern nur, dass es eben auch in der Biosphäre Entwicklungen gibt, die der Kausalität entzogen sind, so wie im atomaren Bereich der Physik.

3. Die Qualitätskontrolle von Theorien

Theorien – sie unterscheiden sich nur durch den Grad der Sicherheit, mit der sie wahr sein könnten, von Naturgesetzen, beide gelten höchstens bis auf weiteres – stehen stellvertretend für Beobachtungen, Untersuchungen und Überlegungen. Wissenschaftler können auf Theorien nicht verzichten, sie können nicht bei jedem Problem bis zu Adam und Eva gehen. Man muss sich auf etablierte, überprüfte Theorien verlassen.

Einige Philosophen haben sich mit den Kriterien für den Wahrheitsgehalt von Theorien befasst. Ich möchte hier Bertrand Russell (1872–1970) erwähnen, und Karl Popper (1902–1994), der die Gedanken von Betrand Russell weiter entwikkelt hat. Karl Popper war Mathematiker und Physiker und konnte sich daher der Naturwissenschaftler und ihrer Nöte annehmen.[2] Seine Erkenntnistheorie ist Allgemeingut der »Popperianer«; ich zähle mich zu ihnen.

Die Erkenntnistheorie hat große praktische Bedeutung. Sie ist ein Hilfsmittel, um den Forscher, aber auch jeden anderen, vor Fehleinschätzungen zu bewahren, denen wir wegen der Organisation unseres Gehirns so gern erliegen. Unser Denkapparat hat sich in der Savanne Ostafrikas und bei großen Wanderungsbewegungen während der letzten Million Jahre entwickelt. Unser Denkvermögen verführt uns geradezu, schnelle Annahmen zu treffen; dies war in der Savanne praktisch und hilfreich, führt aber nun zu Fehleinschätzungen. Die Fähigkeit, Theorien kritisch einzuschätzen, war indes in der Savanne nicht gefordert.

Untersuchen wir allgemein die Frage, was wir von einer leistungsfähigen Theorie erwarten und wie wir einige der vielen Gefahren erkennen, die zu Fehleinschätzungen führen.

Die klassische erste Frage bei allen erkenntnistheoretischen Überlegungen ist, inwieweit aus der Tatsache, dass bestimmte Abläufe sich wiederholen, der Schluss gezogen werden darf, dies müsse auch in Zukunft so sein, es handle sich um eine wahre Theorie, um ein Naturgesetz. Diese Frage nennen wir das *Induktionsproblem*.

Wir sind als Menschen versucht, hinter sich wiederholenden Abläufen ein Gesetz anzunehmen. Es ist allerdings nicht so, dass wir uns darüber Rechenschaft geben; wir unterstellen es, ohne darüber nachzudenken. Die Sonne geht im Osten auf, so sehen wir das, sie zieht über den Himmel und geht dann im Westen unter. Wir betrachten es als Gesetz, obwohl hier kein Gesetz vorliegt. Sobald wir in einem schnellen Flugzeug nach Westen fliegen, geht die Sonne dort auf, und befinden wir uns in der Nähe eines Pols, geht sie monatelang nicht unter. Die Erde dreht sich um die – in erster Näherung stillstehende – Sonne, was alles nur den Eindruck erweckt, die Sonne wandere über das Firmament. Zum Induktionsproblem gibt es eine klare Antwort:

Noch so viele wahre Prüfaussagen können die Behauptung nicht rechtfertigen, eine erklärende allgemeine Theorie sei wahr.

Der Verstoß gegen diese Erkenntnis kann schmerzlich sein. Eine Gruppe von Investoren errichtet Hotels und Seilbahnen in der Annahme, dass Winter für Winter dort Schnee fällt, wo er immer gefallen ist. Leider wird das Klima wärmer, und wo immer Schnee gefallen ist, fällt er nun nicht mehr, selbst zum Schneemachen ist es nicht mehr kalt genug. Die Investoren wurden Opfer des »Gesetzes«, dass das, was immer so war, auch in Zukunft so sein wird.

Die *names* der Londoner Versicherung Lloyds, die mit ihrem privaten Vermögen haftenden Gesellschafter, waren von altersher der Überzeugung, sie hätten so etwas Ähnliches wie die Lizenz zum Gelddrucken. Die Solidität von Lloyds und die Qualität ihrer Manager ließen die persönliche Haftung als unwesentliche Formalität erscheinen. Das »Gesetz«, alles werde immer so weiter gehen, stimmte nicht. Leider waren die Manager doch nicht so gut. Viele *names* gingen Pleite.

Sogar falsche mathematische »Gesetze« kann man sich ausdenken. Die Formel:
$z = n^2 - 79n + 1601$ liefert für alle ganzen Zahlen n immer eine Primzahl z. Es gilt für ganze Zahlen n = 1, 2, 3, 4, 5, 6, 7, 8 ... usw. Verbirgt sich dahinter nicht ein allgemein gültiges mathematisches Gesetz? Man muss lange rechnen, bis man dieses »Gesetz« pragmatisch widerlegt hat. Bei n = 79 gilt es noch, bei n = 80 bedauerlicherweise nicht mehr.

Wenn noch so viele wahre Prüfaussagen eine allgemein erklärende Theorie nicht als wahr erweisen können, schließt sich die Frage an, ob eine allgemein erklärende Theorie durch Prüfaussagen widerlegt werden kann. Die Antwort ist: ja.

Wenn bestimmte Prüfaussagen wahr sind, kann dies die Behauptung rechtfertigen, eine erklärende allgemeine Theorie sei falsch.

Zwischen Bestätigung und Widerlegung einer Aussage – oder einer Theorie – besteht also eine Asymmetrie. Negative Prüfaussagen wiegen schwerer. Der Lehrsatz: »Alles Glas ist elektrisch nicht leitend« wird nicht durch unendlich viele positive Versuche wahr, aber durch ein einziges Stück Glas unwahr, das den Strom doch leitet. Unser praktischer Umgang mit Theorien muss also sein, sie zu überprüfen, sie in Frage zu stellen. Wenn wir bei der Widerlegung keinen Erfolg haben, ist die Theorie zwar nicht bewiesen, sie gilt aber dann bis auf weiteres, bis zu nächsten Überprüfung, bis die nächsten Zweifel auftauchen. Der Vorbehalt ist immanent.

Dies führt uns zu einem entscheidenden Kriterium einer wahren Theorie: Sie muss grundsätzlich überprüfbar sein, sie muss, wie wir in Anlehnung an das englische Wort *falsification* nun auch im deutschen sagen, falsifizierbar sein.

Hierzu ein einfaches, aktuelles Beispiel. Die Aussage: »Die Evolution stellt sich als genzentriertes System dar«[4] kann nicht falsifiziert werden. Welcher denkbare Versuch wäre hierzu geeignet? Es besteht ein Wechselspiel zwischen Informationsspeichern (Genen) und der phänomenologischen Realisierung, den Pflanzen und Tieren. Die Gene ins Zentrum zu setzen ist Geschmacks- oder Glaubenssache, bar jeder naturwissenschaftlichen Relevanz. In der Praxis erweist es sich, dass Aussagen, die viele Widerlegungsmöglichkeiten zulassen, besonders wertvoll, besonders hilfreich sind – hierzu ein Beispiel im letzten Unterkapitel 5/6.

Jede Theorie muss gewärtig sein, durch eine erweiterte, umfassendere Theorie überholt zu werden. Die Gravitationssätze Newtons wurden durch die allgemeine Relativitätstheorie Einsteins korrigiert, die in einem weiteren Rahmen gültig ist. Eine Theorie darf deshalb nicht Feststellungen treffen, die weiteres Fragen verbieten. Bei den klassischen Naturwissenschaften ist die Skepsis allen Gesetzen gegenüber Teil des Systems, auch wenn es in den Formulierungen nicht zum Ausdruck kommt. Trotzdem ist es angezeigt, zur eigenen Kontrolle, solche Formulierungen zu vermeiden, die eine finale Aussage implizieren, also nach dem Wortlaut als nicht mehr korrigierbar angesehen werden müssten.

Theorien sollten keine Antworten auf *Was-ist-Fragen* sein, da diese nur final sein können, also keine weiteren Fragen mehr zulassen. Die Frage »Was ist Leben?« kann nicht beantwortet werden.

Man kann sich nicht auf inhärente wesentliche Eigenschaften einer Sache oder eines Individuums berufen, um deren Verhalten zu erklären. Die Aussage über eine inhärente wesentliche Eigenschaft impliziert, dass es eine solche überhaupt gibt. Jedes Verhalten einer Sache oder eines Individuums ist aber immer eine Kommunikation mit der Umwelt. Wenn wir das Verhalten eines Dinges einer inhärenten wesentlichen Eigenschaft zuschreiben, dann implizieren wir, dass wir alle möglichen Umweltbedingungen kennen, denen dieses Ding jemals ausgesetzt sein könnte; dies ist unmöglich. Dem Satz »Das Vermehrungsstreben der Individuen ist eine Systemeigenschaft des Lebens«[4] fehlt eine brauchbare Aussage wegen des Wortes »Systemeigenschaft«; dies wäre eine undefinierte »inhärente wesentliche Eigenschaft« des Lebens und ist somit ungeeignet etwas auszusagen. Die verwertbare Aussage »Alle Individuen streben nach Vermehrung« ist indes nicht nur widerlegbar, sondern auch widerlegt, denn es gibt Individuen, die institutionell nicht nach Vermehrung streben.

4. Erkenntnistheoretische Überlegungen zur Biologie

Naturgesetze sollen vereinfachen, Grundsätze zusammenfassen. Ein in uns wohnendes Gefühl für Systematik und Ordnung verlangt das von uns. Und hier nun erweist sich ausgerechnet die Biologie als überaus spröde. Zur Vermeidung von erkenntnistheoretischen Missgriffen in der Biologie scheint es mir erforderlich zu sein, ein paar Warnschilder aufzustellen.

[1] Unsere Sprache gründet sich auf die Erfahrung unserer Vorfahren in der Savanne und den sich anschließenden Wanderbewegungen. Es waren einfache Abläufe darzustellen, als Befehl oder Bericht. Die Sprache stand in Bezug zu Handlungen. Ein bedeutender Schritt zur Entwicklung der Sprache war die Bildung von Sätzen. Ein Satz ist eine Zusammenfassung von Worten, die durch

ihre syntaktische Anordnung eine Aussage übermitteln, die über die Aneinanderreihung der Worte hinaus geht. Wir können annehmen, dass eine frühe Syntax dem Muster folgte: Akteur – Tätigkeit – Zweck. Unsere heutigen Sprachen und unser gegenwärtiges Denken folgen noch immer einer solchen Syntax. Wir fühlen uns unwohl, wenn nicht alle Positionen eines Satzes besetzt sind, wenn wir nicht wissen, wer was warum macht oder machen soll.

Im täglichen Gebrauch kommen wir mit unserer Sprache gut zurecht. Überraschenderweise können wir biologische Tatbestände jedoch nicht angemessen beschreiben. Bereits Charles Darwin erlebte Schwierigkeiten mit der Sprache. Er beklagte sich darüber, dass man ihm unterstelle, er würde Pflanzen einen freien Willen zuschreiben oder der Zuchtwahl göttliche Allmacht. Das wäre selbstverständlich nicht der Fall. Auch in der Physik sage man ja, die Gravitation beherrsche die Bewegung der Planeten. Und wer hätte jemals einem Chemiker vorgeworfen, er gebrauche den Ausdruck Wahlverwandtschaft der verschiedenen Elemente? Und doch könne genau genommen eine Säure nicht die Base wählen, mit der sie sich vorzugsweise verbinden will ... Jeder wisse, was mit diesen bildlichen Ausdrücken gemeint sei, die schon der Kürze wegen nötig seien.

Ich möchte einige Beispiele dafür geben, wie wir uns bei der anschaulichen Schilderung eines biologischen Tatbestandes selbst eine Falle stellen.

Alle Wirbeltiere besitzen Blut, das, sobald es den Körper verlässt, gerinnt und einen Pfropf erzeugt, der weiteres Ausbluten verhindert. Wie wäre der Satz zu bewerten: »Das Blut aller Wirbeltiere hat einen Gerinnungsfaktor, damit die Tiere bei einer Verletzung nicht verbluten?« Die Erklärung ist anschaulich, gibt wegen der Zweckangabe aber Anlass zum Missverständnis. Der Gerinnungsfaktor hat sich evolutionär bewährt, er ist zweckmäßig. Er besitzt die beschriebene Wirkung. Der Satz könnte freilich so aufgefasst werden, dass ein überlegener Geist sich diesen Gerinnungsfaktor ausgedacht habe, um geschädigte Tiere am Leben zu erhalten. Das ist unwissenschaftlich; es führt auf eine falsche Fährte.

Der Satz »Die Zugvögel fliegen im Herbst in den Süden, damit sie im Winter im kalten Norden nicht erfrieren« vermag phänomenologisch zu erklären, trotzdem ist er missverständlich. Die Zugvögel wissen nichts von Jahreszeiten und handeln nicht nach intellektuellen Einsichten. Sie verspüren im Herbst ganz einfach den Drang, nach Süden zu fliegen, und die, die sich nicht gedrängt sehen, werden erfrieren. Es bleiben eben nur die Gedrängten übrig, und die erzeugen Nachwuchs, der wieder den herbstlichen Drang nach Süden verspürt. Also die Warnung:

Zweckangaben bei der Schilderung biologischer Vorgänge erläutern, sie sind häufig keine kausale Erklärung.

[2] In die gleiche Sparte fällt die Vorstellung von Akteuren, was bei der Beschreibung von Geschehnissen nur schwer zu vermeiden ist. Die Frage, wer denn für das »Geschehnis« verantwortlich ist, stellt sich sofort, und es unbehaglich, wenn der »Urheber« in ungewisser Anonymität verharrt. Wir suchen sprachlich nach einem Akteur, vergleichbar dem Physiker, der sich beklagt, das

Vakuum habe sein Reaktionsgefäß boshafterweise durch irgendein Leck verlassen.

Die nachstehende Aussage könnte als korrekt gelten: »Im Tertiär gingen die Niederschläge zurück und das Grasland breitete sich aus, es nahm die ausgedehnten Innenräume der Kontinente in Besitz.« Grasland ist aber kein Akteur. Die Aussage muss also wie folgt verstanden werden: »Im Tertiär waren die Niederschläge rückläufig, was zur Folge hatte, dass in den ausgedehnten Innenräumen der Kontinente solche Bedingungen entstanden, die für das Ausbreiten von Gras günstig waren. Alle Innenräume waren bald von Gras bedeckt.« Gelingt uns diese Umsetzung immer? Auch dann, wenn wir, ein wenig poetisch gestimmt, sagen: »Es entstand in den ausgedehnten Innenräumen ein Klima, wie es das Gras liebt?«

Behalten wir im Gedächtnis, dass der Grenzbereich zwischen Chemie und Biologie fließend ist. Am Anfang standen chemische Verbindungen, die die Eigenschaft hatten, sich autokatalytisch zu vermehren. Daraus entwickelten sich Urformen von Zellen, die ihresgleichen erzeugten. Wenn überhaupt, ab welcher Stufe der Entwicklung könnte es gerechtfertigt sein, von einem Akteur zu sprechen, der etwas bewirken möchte?

Charles Darwin unterstellte den Individuen, eine geometrische Vervielfachung anzustreben. Diese Auffassung mag eine Beschreibung der Kürze wegen sein. Sie ist allerdings nicht korrekt. Richtig wäre die Aussage, dass Organismen, die ihren genetischen Vorgaben folgen, im Überfluss Nachkommen hervorbringen. Die Beachtung des nachstehenden Satzes hilft, Irrtümer zu vermeiden:

Abläufe in der Biosphäre geschehen.

[3] Die Schwierigkeiten, biologische Tatbestände mit unserer Sprache zu beschreiben, ist an dem Wort »Selektion« zu erkennen. Selektion heiß eigentlich »Auswahl« oder »Auslese« und selektieren »auswählen« oder »auslesen«. Charles Darwin erklärte das biologische Phänomen, das seit dem als »Selektion« bezeichnet wird, mit der Tätigkeit der Züchter: Diese wählen unter den Probanden die aus, die bestimmte Merkmale aufweisen, damit diese Merkmale in der Nachkommenschaft verstärkt auftreten. Wählen ist eine aktive, zielgerichtete Tätigkeit, Züchter führen sie aus. Charles Darwin nennt sein klassisches Buch: »Entstehung der Arten durch natürliche Zuchtwahl (= Selektion)«. Wer wählt was aus? Es gibt verschiedene Antworten. Man könnte sagen »Die Umweltverhältnisse wählen aus.« Sind aber die »Umweltverhältnisse« ein Akteur? Ein Pleonasmus wäre es wohl zu sagen »Die Selektion wählt aus.« Sind es die Probanden, die einen oder einige von sich auswählen? Ist die Aussage »Es wählt sich aus« noch vernünftig, hat sie einen Inhalt?

Gemeint ist, dass die der Umwelt Angepassten erhalten bleiben – es geschieht einfach, und niemand tut etwas. Warum sprechen wir aber in Erinnerung an einen – heute als nicht sehr glücklich zu betrachtenden – Erklärungsversuch von Charles Darwin immer noch von »Selektion«? Es wäre besser statt »Ein Merkmal bildet sich durch Selektion heraus« zu sagen »Ein Merkmal wird durch Bewährung manifest«. Das Wort »Selektion« lebt aber aus seiner Geschichte, es lässt sich nicht mehr ausrotten, es besteht mit seiner Unklarheit.

Das Wort »Selektion« wird in verschiedenen Zusammenhängen verwendet. Bei der »Artselektion« wählt sich eine Art aus: Sie entsteht durch Selektion. Ist dies aber nicht eher die Selektion eines Merkmals? Was darf man unter »Gruppenselektion«, »Sippenselektion«, »Individualselektion« und dergleichen verstehen? Selektieren sich die Probanden doch selbst? Findet eine »Selektion« in einer Gruppe, oder in einer Sippe statt; die Worte wären also synonym für Populationen, in der eine Selektion abläuft? Oder, dies wäre eine weitere Möglichkeit: Das Ergebnis des selektiven Prozesses ist die Sippe oder die Gruppe. Es gelten von Autor zu Autor verschiedene Lesarten, die sich dann gelegentlich durch den Zusammenhang erschließen. Es herrscht Verwirrung.

Da heute ein biologischer Text ohne »Selektion« nicht auskommt, werde ich das Wort »Selektion« wie folgt verwenden: Jedes Attribut (Gruppe, Sippe, Art, Individuum,) bezeichnet das Endprodukt eines selektiven Prozesses, das was selektiert wurde oder, meinetwegen, sich selbst selektiert hat. Bei Beginn des selektiven Prozesses sind Arten, Gruppen, Individuen etc. *Einheiten der Selektion*. Sie stehen dann in Konkurrenz zueinander. Achtung:

Das Wort »Selektion« bezeichnet einen biologischen Vorgang bei der Artenentstehung; er wird durch die ursprüngliche Bedeutung des Wortes nicht erklärt.

[4] Wir sind es aus der Physik und der Chemie gewohnt, dass sich alle, beinahe alle, Abläufe und Phänomene auf einige wenige Grundprinzipien zurückführen lassen, und zwar so, dass sehr viele Abläufe vorhersehbar sind. In der Biologie gibt es solche Grundprinzipien nur gelegentlich. Der Zufall hat bei der Entstehung der Arten eine zu große Rolle gespielt. Befunde bei einer Art, die auch ein erfreuliches Lehrgebäude erlauben, können sich bei einer anderen Art nicht bestätigen lassen.

Es wurde gelehrt, dass sich bei den Säugern die männlichen Hoden außerhalb des Körpers befinden, weil im Körper die Temperatur für die Spermatogenese zu hoch sei. Diese Zweckangabe verstört, aber man akzeptiert sie. Leider stimmt dies bei den Elefanten nicht. Warum? Für Elefanten mögen wegen ihrer Größe besondere Gesichtspunkte gelten, möglicherweise besitzen sie ein Kühlsystem. Aber ein ganz kleines Tier, der Steppenschliefer (*Heterohyrax brucei*), verfügt ebenfalls über Hoden im Körperinneren, und auch der heimische Biber (*Castor fiber*). Die angeführte Aussage bedarf, um als richtig akzeptiert zu werden, einer weiteren Fassung, z. B. dass bei der Spermatogenese die Temperatur 35°C nicht überschritten werden darf. Dies ist überprüfbar.

Es wurde beobachtet, dass bei den in Kolonien brütenden Uferschwalben (*Riparia riparia*) ein Elternpaar sorgfältig darauf achtet, nur den eigenen Nachwuchs zu füttern und auch nach dem Ausfliegen nur die eigenen Sprösslinge zu versorgen. Dies liegt in der Erwartung einiger Biologen, die das »individuelle« Vermehrungsstreben auf ihr Banner geschrieben haben.[5] Es gibt aber Beispiele für das Gegenteil. Bei einer tropischen brasilianischen Kleinfledermaus, bei der Zehntausende von Jungtieren auf engem Raum zurückbleiben, dürfte ein individuelles Wiederfinden von Mutter und Jungtier kaum möglich sein. Es ist bekannt, dass verwaiste Jungtiere sehr rasch von fremden Weibchen adoptiert werden.[6]

Warum sind Arten so verschieden, warum verhalten sich die Individuen verschiedener Arten unter ähnlichen Umständen so unterschiedlich? Weil jede Zufälligkeit, alles, was gleichsam durch Würfeln zu Stande kommt, überlebt, solange die Umwelt das gerade noch zulässt. Die Umwelt, das heißt Ressourcen, Klima, andere Lebewesen und so weiter. Darum die Warnung:
Äußerste Behutsamkeit bei der Verallgemeinerung von Beobachtungen einer beschränkten Zahl von Arten.

[5] Die Entwicklung der Biosphäre ist ein historischer Prozess. Erst entstanden sich autokatalytisch verbreitende chemische Verbindungen, diese wurden zu Zellen, aus Zellen wurden Pflanzen und Tiere, und Tiere verbanden sich zu Gruppen. Heute entstehen keine autokatalytischen Verbindungen mehr. Wir haben keine Kunde davon, dass heute noch Gebilde entstehen, die Konkurrenten von Zellen wären. Die Säugetiere haben sich im Tertiär verbreitet; ich nehme an, dass heute keine neuen Säugetierarten aus Reptilien mehr entstehen. Jede Generation baut auf der älteren Generation auf. Der Ablauf folgt der fortschreitenden Zeit, er kann nicht rückwärts ablaufen.

Von besonderer Bedeutung ist, dass viele Merkmale von Tieren, zu denen auch die Verhaltensweisen gehören, nur historisch zu verstehen sind. Sie haben sich erhalten, weil kein selektiver Druck zu deren Beseitigung bestand. Es wäre ein Fehler, bei allen Merkmalen, insbesondere aber bei Verhaltensweisen nach einem aktuellen Zweck zu fragen, dem sie deren Entstehung verdanken könnten. Folgende Warnung ist berechtigt:
Verhaltensweisen – analog zu morphologischen Phänomenen – müssen keine unmittelbar erkennbare Funktion haben; es könnte sich um Atavismen aus der Vorgeschichte handeln.

5. Weitere bedenkenswerte Fehlerquellen

[1] Wir Menschen haben die Neigung, Vorstellungen, die wir einmal, vorzugsweise in jüngeren Jahren, gewonnen haben, nie mehr ernstlich in Zweifel zu ziehen. Wir können es nicht; wir fühlen uns unwohl und in die Ecke gedrängt und würden uns am liebsten die Ohren zuhalten, um nicht hören zu müssen, dass eine »Grundwahrheit« vom Sockel gestoßen wird. Ich habe in meiner Jugend sowohl Nazis als auch Angehörige einer Glaubensgemeinschaft erlebt, die sich tatsächlich die Ohren zuhielten und entsprechend lauter schrien: Davon will ich nichts wissen! Religiöse Überzeugungen sind ein ergiebiges Beispiel für die im Bewusstsein so fest verankerten Vorstellungen, dass sie von rationaler Erkenntnis nicht mehr mobilisiert werden können. Es gibt Forscher, die ihr Leben lang versucht haben, religiöse, unumstößliche Wahrheiten mit naturwissenschaftlichen Forschungsergebnissen in Übereinstimmung zu bringen. Tragisch war dies bei dem Kleriker Teilhard de Chardin (1881-1955), der seine paläoanthropologischen Forschungen mit kirchlichen Wahrheiten in Überein-

stimmung zu bringen suchte. Die Kirche hat ihn nicht akzeptiert, auch wenn sie ihn gewähren ließ; als ernsthafter Wissenschaftler wird er längst nicht mehr geführt.

Der Philosoph Gottfried Wilhelm Leibniz (1646-1716), einer der genialsten Mathematiker, wollte beweisen, dass unsere Welt die beste aller möglichen sei. Ohne diese Auffassung wäre der Schluss möglich gewesen, Gott seien bei der Erschaffung der Welt Fehler unterlaufen, und diesen Schluss mochte Leibniz als Christ nicht hinnehmen.

Selbst wissenschaftliche Vorstellungen, die wir als Studenten von unseren Professoren gläubig akzeptierten und mit denen wir aufwuchsen, haften dauerhaft. Der Physiker Max Planck (1858-1947), der Schöpfer der Quantenphysik, hat behauptet, neuere physikalische Erkenntnisse würden erst dann Eingang ins Allgemeinwissen finden, wenn die Physiker der älteren Schule ausgestorben seien.

[2] Wissenschaftler arbeiten mit Modellen. Niemand kann sich Elementarteilchen wie Nukleonen und Elektronen vorstellen. Hier ist ein Modell hilfreich. Nils Bohr (1885–1962) entwickelte ein Atommodell; es sieht aus wie ein Planetensystem, mit einem aus Nukleonen bestehenden Atomkern, um den in verschiedenen Schalen die meist blau eingefärbten Elektronen herumwandern. Der Sinn solcher Modelle besteht zunächst darin, dass man sich im Modell gut zurechtfindet und sich die mathematisch zu beschreibenden Interaktionen besser vorstellen kann. Bei mathematischen Modellen stellt man sich eine Ausgangskonstellation von bestimmten, sich gegenseitig beeinflussenden Größen vor, definiert die Wechselbeziehung zwischen diesen Größen und rechnet dann aus, wie sich die Größen zeitlich verändern. Man kann das von Computern abspulen lassen oder Differenzialgleichungen aufstellen und für diese Lösungen suchen.

Modelle können eine erklärende Zusammenfassung von Beobachtungen sein. Wenn alle Beobachtungen überdeckt werden, könnte das Modell die Wirklichkeit interpretieren. Modelle können auch abstrakte Überlegungen sein, die dann aber an gezielten Versuchen oder Beobachtungen überprüft werden müssen. Ausschließlich die Korrespondenz mit der Realität zeigt, was ein Modell leistet und in welchem Bereich es zur Erlangung vernünftiger Aussagen eingesetzt werden kann. Oft verführen die Eleganz eines Ansatzes und die scheinbare Plausibilität des Ergebnisses dazu, dieses nicht an der Wirklichkeit zu überprüfen. Ohne Überprüfung an der Realität beweist aber ein Modell nichts, höchstens, wie flexibel sich die Mathematik einsetzen lässt.

Die Biologie ist leider anfällig für extensive Interpretation von Modellvorstellungen; verständlicherweise, denn experimentelle Überprüfungen, beispielsweise der Populationsdynamik gruppenbildender Tiere, ist schwierig. Das sollte aber keine Entschuldigung für unkritischen Umgang mit Modellen sein.

[3] Jeder Forscher, der glaubt, zu einer Erkenntnis vorgestoßen zu sein, wird von einem Glücksgefühl wegen der Schönheit und Logik dieser Erkenntnis

durchströmt. Es ist erhebend, als Erster etwas noch Ungedachtes gedacht zu haben, auf eine Idee zu kommen, die alle bereichert. Dieses Glücksgefühl wird untermauert durch äußere Insignien der Anerkennung, der Erwähnung in Enzyklopädien, Verleihung von Preisen, Doktorwürden. Die Verliebtheit in die eigene Idee untergräbt den skeptischen Eifer, den man gegen alle neuen Ideen und Theorien an den Tag legen sollte. Der Forscher, ein Mensch, neigt dazu, die neue Theorie zu unterstützen, statt sie in Frage zu stellen. Er fürchtet, ein Loch in der Ableitung zu finden, das das Hochgefühl und die Anerkennung beenden würde. Freilich, irgendwann kommt die neue Theorie auf den Prüfstand, und ihre Bedeutung schrumpft dann vielleicht zu einer Fußnote.

6. Ein künstlerischer Aspekt

Auch unter Beachtung all der Überlegungen haben wir – unterstellt, wir wollten etwas Neues kundtun – noch keine Theorie. Eine individuelle, fast künstlerische Komponente muss hinzutreten. Die Erklärung von Phänomenen verlangt nach einer kurzen praktischen, einprägsamen Form. Die kurze klare Form sollte immer der umständlicheren Erklärung vorgezogen werden; wir nehmen gern an, dass die Natur einfachen Gesetzen gehorcht, und halten eine einfache Erklärung, eine einfache Theorie für richtig, und oft zurecht.

Die Thermodynamik hat zwei Gesetze hervorgebracht, die von grundsätzlicher Bedeutung sind; es sind dies der Erste und der Zweite Hauptsatz. Viele schlaue Forscher haben sich lange den Kopf darüber zerbrochen, welches deren beste Formulierung sei. Es existieren unterschiedliche Versionen. Die schönste und einprägsamste, durch ihre Einfachheit imponierende Formulierung will ich hier zum Abschluss des Kapitels anfügen:

1. Es ist unmöglich, ein Perpetuum mobile erster Art zu bauen.
2. Es ist unmöglich, ein Perpetuum mobile zweiter Art zu bauen.

Negative Formulierungen sind umfassend. Sie sagen aus, das es etwas nicht geben kann; sie sind leicht falsifizierbar: Eine einzige kleine spezielle Kraftmaschine könnte sie über den Haufen werfen. Die Perpetua mobilia müssen definiert werden. Bei einem Perpetuum mobile erster Art würde Energie aus dem Nichts entstehen. Bei einem Perpetuum mobile zweiter Art wäre die Energiebilanz zwar gewahrt, aber die Entropie würde abnehmen. Bei allen Prozessen nimmt die Entropie aber zu. Die gegebene Formulierung des zweiten Hauptsatzes leistet beinah eine Erklärung für die Entropie. Entropie ist das, was bei einem Perpetuum mobile zweiter Art abnehmen würde, wenn es denn ginge.

Anmerkungen

[1] Wahrheit und Wirklichkeit werden gelegentlich unterschiedlich verstanden: Wahrheit als subjektive Erkenntnis, Wirklichkeit als objektive Erkenntnis. Zur Verbesserung der Lesbarkeit, soll das Wort »Wahrheit« – ähnlich wie bei Karl Popper – auch die »Wirklichkeit« umfassen.

[2] Alfred Tarski, polnisch-amerikanischer Logiker, hier zitiert nach Popper, Karl R.: Objektive Erkenntnis, Hamburg 1995

[3] In Unterkapitel 3 (Qualitätskontrolle) folge ich den Überlegungen von Karl R. Popper in: Objektive Erkenntnis; s.o.

[4] Voland, Eckart: Grundriß der Soziobiologie. Stuttgart/Jena 1993

[5] ders.: s.o., S. 238

[6] Kaestner, Alfred; Starck, Dietrich (Hrsg.): Lehrbuch der speziellen Zoologie, 5. Teil, Jena/Stuttgart/New York 1995, Band II, S. 454

6 Reproduktionstreue und Entwicklungstendenzen

1. Der Buchfink

Alle Arten in unserer Biosphäre haben sich aus bestehenden Arten entwickelt. Im Gegensatz zu dieser Erkenntnis gewinnen wir bei der Beobachtung unserer biologischen Umwelt eher den Eindruck, dass alle bestehenden Arten sich gegen jede Weiterentwicklung wehren, sich gegen jeden Abweichler von der Norm abgrenzen. Es scheint fast, als ob die bestehenden Arten an ihrem Erfolgsmodell unbedingt festhalten, gleichsam mit der Überzeugung, dass etwas so Bewährtes nicht verbessert, nur verschlechtert werden kann. Etablierte Arten befleißigen sich bei der Zeugung ihrer Nachkommen einer fantastischen Reproduktionstreue.

Betrachten wir als Beispiel eine jedermann bekannte Art, den Buchfink (*Fringilla coelebs*). Wir finden ihn überall in Mitteleuropa, aber auch in England, Schottland, Schweden, Norwegen, ebenso in der Türkei bis hin zum Kaspischen Meer; er wurde auch schon in Usbekistan gesehen. Außerdem wandert er gelegentlich und wird als Sommervogel in Russland und Skandinavien bis über den Polarkreis hinaus beobachtet. Als Wintervogel sieht man ihn auf der arabischen Halbinsel. Überall ist er als Buchfink erkennbar, an seinem Federkleid, an seiner Flugweise und am nicht gerade überwältigenden, aber unverwechselbaren Gesang, dem so genannten Finkenschlag.

Wir wissen nicht exakt, inwieweit Blutaustausch unter den Buchfinken besteht. Sie sind auch bei uns in Mitteleuropa keine reinen Jahresvögel; besonders die Weibchen wandern gern. Überraschend ist es trotzdem, wie sie es in dem großen Verbreitungsgebiet schaffen, fast überall Buchfinken zu bleiben, die wir an ihrer Farbgebung, dem Flugbild und dem Gesang erkennen, in Schottland und am Kaspischen Meer. Sie vermischen sich nicht mit verwandten anderen Singvögeln.

Um einen möglichen Einwand vorweg zu nehmen: es besteht keine genetische Sperre. Und auch bei den Buchfinken sind die Nachkommen keine exakten Kopien der Elterntiere. Würden sich die Züchter mit unseren Buchfinken befassen, könnten sie nach ein paar Generationen einen Nicht–mehr–Buchfink präsentieren, der möglicherweise eine neue Melodie pfeift. Bei der Haltung in Käfigen lassen sich sogar Singvögel unterschiedlicher Arten kreuzen.[1] Wenn es trotzdem keine Mischformen gibt, liegt es nicht daran, dass sie genetisch unmöglich wären.

Die Reproduktionstreue bei der Zeugung der Buchfinken kann nur auf eine sorgfältige Wahl des Geschlechtspartners zurückzuführen sein, auf die geschlechtliche Zuchtwahl (Darwin); wir nennen sie heute *sexuelle Selektion*[2].

Das Buchfinkenmännchen produziert sich, es singt, bietet einen Brutplatz an, verteidigt lauthals sein Revier mit seinem Standardgesang und wirbt um eine Buchfinkin. Diese wählt, und sie weiß, wie ein richtiger Buchfinkenmann auszusehen hat, und wenn er alle Kriterien erfüllt und zudem ein Revier mit Nistplatz aufweisen kann, dann betrachtet sie ihn als einen schönen Mann und erhört ihn. Natürlich weiß auch ein Buchfinkmann, wie eine Buchfinkin auszusehen hat; um eine Spätzin würde er sich nicht bewerben.

Die beeindruckende Reproduktionstreue lässt nur den Schluss zu, dass die Vorstellung, wie der Geschlechtspartner auszusehen hat, fest im Genom verankert ist. Jeder Buchfink muss ein prägnantes Bild besitzen, das vermutlich nur wenige Merkmale umfasst und das ihm nur enge Grenzen für die Wahl des Geschlechtspartners lässt. Mit der Wahl findet eine Qualitätskontrolle statt. Kranke, räudige, verletzte und erkennbar zu alte Buchfinken werden von der Paarung ausgeschlossen, sie passen nicht mehr zu dem vererbten Bild; der normgerechte Partner sollte gesund sein.

Wir werden im nächsten Kapitel sehen, worin der evolutionäre Wert, genauer gesagt, die evolutionäre Geschichte dieser Reproduktionstreue liegt. Ich bitte, den Ausdruck *Normbild* als Kürzel für genetisch verankerte, stammesgeschichtlich entwickelte Merkmalskombination, die bei dem Geschlechtspartner angestrebt wird, zu akzeptieren; das Normbild ist hierbei nicht nur bildlich zu verstehen, es kann auch Verhaltensweisen, Rituale und Gesang einschließen. Die Persistenz des Normbildes ergibt sich zwangsläufig; Verstoß gegen die Auswahl durch eine verhaltensgestörte Buchfinkin führt zu Nachkommen, die ihrerseits außer der Norm liegen und von der Reproduktion ausgeschlossen werden.

Schon Charles Darwin kannte die Bedeutung der äußeren Erscheinung vieler Tiere, und ich zitiere gern:

»Andererseits räume ich bereitwillig ein, dass eine große Anzahl männlicher Tiere, z. B. unsere am buntesten gefiederten Vögel, einige Fische, Reptilien, Säugetiere und das ganze Heer farbiger Schmetterlinge nur um der Schönheit willen so geworden sind. Das wurde aber durch die geschlechtliche Zuchtwahl bewirkt (d. h. die schöneren Männchen wurden von den Weibchen immer vorgezogen)...«

2. Das Normbild als Wegweiser

Das Normbild spielt nicht nur bei der Bewahrung einer Art eine entscheidende Rolle, sondern auch bei der Entwicklung einer Art. Wir erkennen dies an einigen Arten, deren Ausgestaltung nur den Schluss zulässt, dass ein Auswahlprinzip des Geschlechtspartners, salopp gesagt, übertrieben worden ist.

Hierfür gibt es eine Reihe von Beispielen. Betrachten wir den Pfau. Die zu einem Rad aufgestellten Oberschwanzdecken zeigen viele farbenreich eingerahmte Augen und ergeben ein wunderschönes Bild. Der Pfauenhahn schüttelt das Rad, um noch mehr Aufmerksamkeit zu erwecken. Das prächtige Schauspiel ist eine Werbeaktion, dient als Erkennungssignal für die Pfauenhennen; diese werden so verzückt, dass sie den Träger eines besonders großen Rades als Partner akzeptieren. Das Rad ist derart monströs, dass man für seine Entwicklung einen geschlechtlichen Rückkopplungskreis annehmen muss; irgendwann wurde er in Gang gesetzt und führte dazu, dass stets Pfauenhähne zur Kopulation erwählt wurden, die das Merkmal des Rades und der Augen besonders gut darstellten. Die Pfauenhennen – übrigens sind sie kleiner und viel weniger auffällig – waren beeindruckt und zogen Nachwuchs groß, bei dem die Männchen Augen und Rad produzierten, während die Weibchen sich davon hinreichend begeistert zeigten. Die Geschlechtsmerkmale haben sich in ihrem Rückkopplungskreis gewissermaßen hochgeschaukelt. Unsere Beobachtungen lassen keinen anderen Schluss zu; jede andere Erklärung müsste belegen, dass das Rad der männlichen Pfauen eine Anpassung an die Umwelt darstellt.

Wir können uns vorstellen, dass es in der Vita dieser Pfauen eine Zeit gegeben hat, in der durch die Darstellung der Augen Fressfeinde abgeschreckt wurden. Die Darstellung der Augen war als Merkmal erfolgreich und hat sich verstärkt fortgesetzt, weil nicht nur die Fressfeinde von diesen Augen im Gefieder beeindruckt waren, sondern auch die Weibchen.

Das von den Realitäten der Umwelt abgekoppelte Zuchtergebnis erscheint uns verfehlt. Die großen augenbedeckten Oberschwanzdecken erleichtern das Fliegen sicher nicht. Die Auffälligkeit bietet heute kaum noch einen Schutz vor Fressfeinden. Jedenfalls suchen die Hennen nach der Kopulation das Weite und ziehen ihren Nachwuchs ohne Hilfe des Erzeugers auf.

Diese Pfauen sind kein Einzelfall. Konrad Lorenz führte als weiteres Beispiel für eine extreme sexuelle Selektion den Argusfasan an.[3] Aber auch unsere Spielhähne, der Auerhahn und der Birkhahn, sind gute Beispiele für Arten, deren Schönheit und deren auffälliges Balzritual nur durch sexuelle Selektion erklärbar sind. Es gab – vor etwa 100 Millionen Jahren – einen Giraffenhals-Saurier (*Tanystropheus*) mit einem derart langen Hals, dass seinem Besitzer das Atmen überaus schwer gefallen sein muss. Nach dem Ausatmen hatte er zunächst die gesamte in der Luftröhre verbliebene verbrauchte Luft wieder einzuatmen, ehe er an frische Luft kam. Der Giraffenhals-Saurier hatte sich zu einem Monster entwickelt. Ob der extrem lange Hals trotzdem nützlich war, vermögen wir nicht zu sagen. Der Giraffenhals-Saurier ist, wie so viele andere Arten, wieder verschwunden. Ob sein extrem langer Hals durch sexuelle Selektion entstand und für das Verschwinden der Art verantwortlich war, können wir nur vermuten.[4]

Das größte je flugfähige Tier war ein Flugsaurier (*Quetzalcoatlus*) mit einer Spannweite von 12 Metern. Vermutlich war er Aasfresser. Eine Entwicklungstendenz hat ihn zu einer solchen Größe geführt. Wir können uns kaum vorstellen, dass die extreme Größe seiner Flugfähigkeit dienlich war. Ein Start vom Boden ließ sich wohl nicht mehr bewerkstelligen. Auch hier sind nach einem bestimmten Zeitpunkt Fossilien nicht mehr aufgetaucht. Selbstverständlich kann das kein hinreichender Beweis für die Annahme sein, dass extreme Größe und Flügelspannweite und die anzunehmenden Startschwierigkeiten für sein Verschwinden verantwortlich sind und dass diese Entwicklung auf sexuelle Selektion zurückzuführen ist. Man kann es vermuten.

Die Beispiele belegen, dass eine Entwicklung über ein uns als vernünftig erscheinendes Maß hinaus vorkommt. Einer Deutung stand zunächst Charles Darwin im Wege; er schreibt:

> »Die natürliche Zuchtwahl wird nie bei einem Wesen etwas erzeugen, was für das Tier mehr schädlich als nützlich ist, denn sie wirkt nur durch und für den Vorteil des einzelnen Tieres. Kein Organ wird ... zu dem Zweck gebildet, seinem Besitzer Pein oder Nachteil zu schaffen.«

Er hat allerdings später anerkannt, dass die sexuelle Selektion etwas anderes ist als die natürliche Selektion; hiervon wird noch die Rede sein.

Was immer die sexuelle Selektion bewirkt: Für die Existenz der Art ist nur entscheidend, dass die Reproduktionsrate noch hinreichend gut ist, um den Bestand zu sichern. Irgendwann, am Ende der Vita einer Art, sinkt die Reproduktionsrate bis zum Verschwinden. Lassen wir hier außer Betracht, dass Arten sehr selten auch durch die ganze Erde in Mitleidenschaft ziehende Umweltkatastrophen auf einen Schlag ausgerottet wurden. Für die stetige Abnahme der Reproduktionsrate einer Art kann eine Veränderung der Umwelt ursächlich sein. Eine aus dem Ruder gelaufene sexuelle Selektion können wir beim Verschwinden einer Art nicht ausschließen.

Der im letzten Kapitel aufgestellte Grundsatz, dass jedes Merkmal bei seinem Entstehen reproduktionsfördernd war, wird nicht berührt. Die Darstellung von Augen im Gefieder der Pfauen war irgendwann reproduktionsförderlich. Die sexuelle Selektion führt zur Ausprägung vorhandener Merkmale. Wir müssen zudem annehmen, dass die Institution der sexuellen Selektion reproduktionsfördernd war (sonst gäbe es sie nicht); dies wird im nächsten Kapitel dargelegt.

3. Das Normbild als Hilfe bei der Entwicklung von Arten

Bei sehr vielen Arten, so können wir also annehmen, hat ein Normbild dazu geführt, dass die Exemplare sich schrittweise zu der Form entwickelt haben, die wir heute kennen. Giraffen kommen mit den langen Hälsen sehr gut an hoch liegendes Laub. Dies ist ein Wettbewerbsvorteil gegenüber anderen Arten, die von dem Laub der Bäume, beispielsweise der Akazien leben. Hätte dieser Impuls ausgereicht, die Giraffen so zu gestalten, wie sie heute sind?

Charles Darwin glaubte das nicht. Er meinte, bei den gelegentlich auftretenden Trockenperioden wären die Kurzhalsigen ausgestorben, während nur die Langhalsigen übrig blieben. Auch diese Erklärung überzeugt nicht. Eine Vorgiraffenart mit kürzeren Hälsen hätte sich in der Savanne und in den Akazienwäldern wohl behaupten können wie andere Tiere, die auch vom Laub der Bäume leben. Zu vermuten ist, dass die sexuelle Selektion eine Rolle gespielt hat. Das Normbild, das Schönheitsideal, hat einen langen Hals, und wenn man die Auswahl treffen kann, wählt man den Langhalsigen zum Geschlechtspartner. Zu erwähnen bleibt allerdings, dass der lange Hals beim rituellen Kampf der Bullen um Weibchen als Waffe eingesetzt wird und insofern der lange Hals einen Wettbewerbsvorteil darstellt. Die kurzhalsigen Männer werden verschmäht oder ausgeschaltet und sterben ohne Nachkommen; im Lauf von Tausenden von Generationen wurden die Hälse der Giraffen immer länger. Halten wir fest:

Es gibt bei einer Reihe von Arten ein im Genom verankertes und die Art stabilisierendes und/oder ein die Entwicklungsrichtung eines Merkmales festlegendes Normbild, das durch die Wahl des Geschlechtspartners seine Wirksamkeit entfaltet.

Das Normbild kann eine Entwicklungstendenz beinhalten, wie: möglichst groß, möglichst lang oder möglichst rot. Tierarten, die sich auf diese Weise im Prozess der Entwicklung befinden, zeigen in zeitlicher Abhängigkeit alle Zwischenstufen, die aber wieder verschwunden sind. Die Entwicklung erscheint uns als ein sich stetig veränderndes Kontinuum.

4. Die unbehaarte Frau

Ich möchte ich mit einem anschaulichen Beispiel für sexuelle Selektion schließen. Für die ersten Hominiden, jene Abkömmlinge von Baumtieren, die sich in der Savanne durchschlagen mussten, war das Laufvermögen von überragender Bedeutung. Hiervon wird in Kapiteln 12 und 13 noch ausführlich die Rede sein. Laufen ist schwere körperliche Arbeit. Bei körperlicher Arbeit entsteht nach dem Zweiten Hauptsatz der Thermodynamik Wärme. Diese Wärme, entsorgte man sie nicht, würde zur Überhitzung des Körpers und zu seiner Funktionsuntüchtigkeit führen. Die Abwärme wird von der den Körper umstreichenden Luft aufgenommen. Zusätzlich scheidet die Haut bei zu starker Erwärmung eine Körperflüssigkeit aus, die an der Luft verdunstet und dabei der Körperoberfläche die Verdunstungswärme entzieht. Das Schwitzen wirkt wie eine Klimaanlage; der Läufer kann so auch höhere Arbeitsleistungen für einige Zeit aufbringen und entsprechend lange Strecken zurücklegen.

Die frühen Hominiden trugen ein Fell; wir können das vermuten, weil ein Fell für die Waldbewohner als Wärmeschutz vorteilhaft ist und weil alle nichtmenschlichen Primaten noch heute ein Fell haben. So ein Fell war für Savannenläufer von Nachteil, weil es die normale Wärmeabfuhr und auch das Schwitzen behinderte. Ein Dünnfelliger war also in der Savanne bevorteilt; er konnte länger laufen, mehr Nahrungsmittel beschaffen und musste als Folge davon auch bei der Fortpflanzung erfolgreicher sein als dickfellige Konkurrenten. Es bestand demnach eine Tendenz zur Ausdünnung des Fells. Diese Auffassung ist gängig und wohl auch vernünftig.

Es bleiben aber Fragen offen. Wir sind heute mehr oder minder unbehaart. Die letzten Haare, die wir tragen, spielen für den Wärmehaushalt keine Rolle mehr. Warum sind die Haare über den physikalischen Zweck hinaus verschwunden? Warum, dies die nächste Frage, haben Frauen weniger Körperhaare als Männer, wenn Frauen doch weniger laufen müssen, weil Schwangerschaft und die Sorge für Kleinkinder ohnehin ihr Laufprogramm einschränken? Warum wurde ausgerechnet das weibliche Gesicht, im Gegensatz zum männlichen, frei von Haaren, während der Kopf einen ausgeprägten Haarschmuck behielt?

Das bei allen Völkern der Erde nachweisbare Flirtverhalten der jungen Frauen spielt bei der sexuellen Kontaktaufnahme eine hervorragende Rolle. Flirten manifestiert sich in einer ausgeprägten Mimik, und hierbei stören Gesichtshaare. Frauen mit weniger Haaren hatten es leichter, an einen Partner zu kommen, und somit ihre Anlagen zu vererben. Das heutige Schönheitsideal hat sich im Laufe Tausender Generationen als Ergebnis eines sich verstärkenden Rückkopplungskreises entwickelt. Haare an den falschen Stellen gelten heute als unschön und werden entfernt.

Die bei Werbung und Partnerwahl gewichtige weibliche Schönheit ist Ergebnis einer sexuellen Selektion. Sie stabilisiert die Art Homo sapiens. Aus erklärbaren Anfängen hat sich deren heutige Bedeutung entwickelt, die im Genom als Normbild gespeichert ist.

Anmerkungen

[1] Als Kind hatte ich eine Kreuzung aus einem Distelfink und einem Zeisig. Das Vögelchen war verhaltensgestört und überaus ängstlich, es ließ sich nicht zähmen.
[2] Entscheidende Erkenntnisse über die sexuelle Selektion verdanken wir Ernst Haeckel. (Deutscher Arzt und Biologe, 1834–1919)
[3] Sehr anschaulich in: Lorenz, Konrad: Das sogenannte Böse, Wien 1963, S. 61
[4] Wuketits, Franz M.: Evolutionstheorien, Darmstadt 1988, S. 135: Eine sehr anschauliche Skizze

7 Wann entstehen neue Arten? Die auslösenden Impulse

1. Ein Gedankenexperiment – Die Insel

Um Zusammenhänge zu verstehen, ist es mitunter nützlich, sich ein idealisiertes Szenarium vorzustellen und die zu klärenden Vorgänge dort gedanklich ablaufen zu lassen.

Stellen wir uns ein begrenztes Areal vor, eine Insel. Alle hier existierenden Organismen haben sich zusammengerauft. Die Vögel können von Insekten und Früchten leben, die Menge der Raubvögel wird vom Ergebnis des Fischfangs begrenzt, die überall anzutreffenden Parasiten sind unter Kontrolle und verringern die Zahl ihrer Wirtstiere nicht. Es besteht ein grundsätzlich stabiler, quasistationärer Zustand. Die Anzahl der Individuen jeder Art schwankt um einen Mittelwert. An die jahreszeitlich sich ändernden Temperaturen und Niederschlagsmengen hat man sich angepasst. Natürlich legen die Vögel mehr Eier, als Platz für ihre Art besteht; selbstverständlich gibt es bei allen Pflanzen eine millionenfach größere Menge von Samen, als zu Pflanzen werden können. Zahllose Tiere werden Opfer ihrer Fressfeinde, verhungern oder verdursten, etliche finden kein Revier zum Nisten oder keinen Partner für die Aufzucht von Nachkommen. Entscheidend ist aber, dass der vorhandene Lebensraum für jede Art ausgeschöpft wird.

Alle Arten haben ihr unveränderliches Lebensprinzip; die einen fressen Körner, Mäuse, Vögel; andere verbinden sich als Parasiten mit einem Blutkreislauf, um dort Energie zu gewinnen, die zum Leben erforderlich ist: Das hier beschriebene, nahezu idyllische System ist irgendwann in den Gleichgewichtszustand gelangt, zu dem sich Systeme hin bewegen.

An dieser idealisierten Insel im quasistationären Zustand ist eines bemerkenswert: Es findet keine Evolution statt. Die vorhandenen Tiere ändern sich nicht; für eine neue Art ist kein Platz, alle Nischen sind besetzt. Zu erinnern ist an die Reproduktionstreue sich sexuell fortpflanzender Arten; jede Mutation, jedes von der Norm abweichende Merkmal verschwindet in der nächsten Generation wieder, weil die Mutanten die Aufnahmeprüfung für die weitere Fortpflanzung nicht bestehen.

Diese Insel ist nur ein Gedankenexperiment; zum Verständnis dessen, was geschieht, sind aber idealisierte Modelle hilfreich. Der Konsens der Arten auf einer wirklichen Insel könnte durch die Mutation eines Einzellers, die ihn zum Erreger einer Krankheit werden lässt, völlig auf den Kopf gestellt werden.

Unsere gedachte Insel ist entwicklungsfeindlich. Die Entwicklung neuer Arten, so könnte man dies auch nennen, wird durch Veränderung der äußeren Umstände zumindest begünstigt; diese Erkenntnis verdanken wir bereits Charles Darwin.

Wann entstehen nun neue Arten? Es scheint mir zweckmäßig, zwei Szenarien zu unterscheiden, unter denen sie sich herausbilden können. Diese Szenarien sind idealisierte Modellvorstellungen, und die Zuordnung eines bestimmten Falles zu einem der Modelle mag schwierig sein. Ich glaube aber, dass die Einteilung in zwei unterschiedliche Szenarien unser Verständnis der Artenentstehung verbessert.

Wir können diese zwei Szenarien der Selektion und der Mutation zuordnen – im einen Fall steht diese im Vordergrund, im anderen Fall jene. Die Entstehung mit dem Schwergewicht auf der Selektion möchte ich die *klassische Entstehung der Arten* nennen, diejenige mit dem Schwergewicht auf der Mutation die *chaotische Entstehung*. Im ersten Fall stehen die Individuen unter Selektionsdruck, es herrschen Mangel und Widrigkeiten. Im zweiten Fall sind die Lebensbedingungen ideal und es gibt Nahrung im Überfluss; irgendwann aber erschöpft sich der Überfluss und die Selektion steuert das weitere Geschehen.

2. Die klassische Entstehung neuer Arten

Für Charles Darwin stand die natürliche Zuchtwahl, die Selektion, im Vordergrund bei der Entstehung von Arten. Er kam auf die Grundlagen seiner Lehre durch die Beobachtung von menschlichen Züchtern. Das, was der Züchter macht, entdeckte er, machte die Natur schon immer.

Eine Wandlung der Umweltbedingungen, ein Eingriff in die Idylle der gedachten Insel, schafft neue Verhältnisse. Neue Probleme erfordern neue Merkmale. Die Zebras sind Pferdeartige. Es wird heute als sicher angenommen, dass die Streifen der Zebras dadurch herausgebildet wurden, dass gestreifte Exemplare durch Tsetsefliegen nicht ausgemacht werden können. Nichtgestreifte Pferde gehen in Gebieten sehr schnell zu Grunde, in denen es die Tsetsefliege und die von ihr übertragenen Krankheitserreger (Trypanosomen) gibt.[1]

Bei einigen Gräsern, die auf den Abraumhalden von Erzbergwerken wachsen, hat sich eine gewisse Toleranz gegen hohe Bleikonzentrationen herausgebildet, die Resistenz war bei einem minimalen Prozentsatz der Gräser schon immer vorhanden; diese waren jetzt gefragt, und dieser kleine Prozentsatz hat sich in der Population ausgebreitet. Man könnte sagen, dass die Bleiresistenz neue Arten etabliert.

Eine Umweltveränderung hat sich in den letzten Jahrzehnten für eine Reihe von Krankheitserregern ereignet; sie wurden durch Antibiotika bekämpft. Verschwindend wenige mögen auf Grund von früheren Mutationen zufällig resistent gewesen sein, eine bislang unerhebliche, vielleicht sogar schädliche Eigenschaft. Diese Mutanten haben wir herausgezüchtet. Nur die resistenten Krankheitserreger konnten sich fortpflanzen, alle übrigen Varianten verschwanden, sie wurden durch die Antibiotika nach und nach ausgerottet. Die Krankheitserreger liefern sich einen interessanten Wettlauf mit den Forschern, die immer neue Antibiotika entwickeln müssen, um die hervorgerufene Krankheit wirksam bekämpfen zu können. Die Resistenz der Erreger gegen Antibiotika kann als ein die Art kennzeichnendes Merkmal angesehen werden.

Neue Lebensbedingungen, ein Abweichen von dem quasistationären Gleichgewicht kann auch dadurch entstehen, dass Individuen einer Art in eine fremde Umgebung auswandern, um einer zu groß gewordenen Dichte im angestammten Gebiet auszuweichen. Wenn in dem neuen Gebiet andere Lebensbedingungen herrschen, dann werden dort diesen angepasste Merkmale herausgezüchtet. Als Beispiele können die weißen Polarhasen und die Polarfüchse angeführt werden.

Wann aber ist das neue Produkt – die neue Rasse – als eigene Art anzusprechen? Genau genommen erzeugt ja auch der Züchter keine neuen Arten. Ein Rind bleibt immer ein Rind und ein Schaf ein Schaf und, bemerkenswerterweise, ein Hund immer ein Hund, wie groß oder klein ihn unvernünftige Züchter gestalten mögen.

Ein Merkmal der klassischen Entstehung von Arten ist aber, dass die neue Art in einer bestimmten Umwelt der Urform so überlegen ist, dass diese dort verschwindet. Pferde der mittleren Breiten sind in Afrika, dort wo es Tsetsefliegen gibt, nicht lebensfähig. Die gestreiften Pferde, die Zebras, konnten sich als neue Arten etablieren. Die uns bekannten Hasen und Füchse sind in den nördlichen Polargebieten den dort etablierten Polarhasen und Polarfüchsen so unterlegen, dass sich letztere als neue Arten festsetzen konnten. Wenn die neue Varietät eine eigene Nische besetzt und dort gegenüber der Stammform vorherrscht, dann kann ihr das Attribut *Art* zuerkannt werden; als zusätzliche Voraussetzung wird gelegentlich gefordert, dass sich die Varietät von der Stammform so weit entfernt hat, dass keine oder nur eine eingeschränkte Kreuzungsmöglichkeit mit ihr besteht. Zebras und Pferde lassen sich nicht mehr kreuzen.

3. Die chaotische Entstehung von Arten.
Die Buntbarsche im Viktoria-See

Es wird schon in der Schule gelehrt, dass alle Säugetiere sieben Halswirbel haben, Giraffe wie Mensch und Maulwurf. Es gibt keinen Grund anzunehmen, dass Säugetiere nicht auch mit sechs oder acht Halswirbeln lebensfähig wären oder sich hätten entwickeln können. Viele unserer heimischen Singvögel sind bunt.

Sie haben spezifische Farbmuster, die sie voneinander unterscheiden. Warum sind sie so, wie wir sie jetzt beobachten können? Es wäre eine unendliche Zahl von Vogelarten vorstellbar, die durchaus lebensfähig wären, die es aber nicht gibt. Bei der Entstehung von Arten muss also der Zufall mitspielen. Wie sollen wir uns das vorstellen? Zwei Beispiele mögen dies erklären.

Der Viktoria-See, wie wir ihn heute kennen, besteht erst seit 12 000 Jahren. Wir müssen annehmen, dass er durch Zufall mit Buntbarschen besiedelt worden ist. Vielleicht waren es wenige Exemplare, die am Anfang der Besiedelung standen. Der See war ein Eldorado – ein Lebensraum in schier unendlicher Ausdehnung und mit einem kaum zu erschöpfenden Nahrungsangebot.

Bei der anfänglich dünnen Besiedlung war es für die Buntbarsche schwierig, einen Geschlechtspartner zu finden. Wir wissen, dass die geschlechtliche Selektion, die Selektion durch das Normbild, versagt, wenn kein geeigneter Partner gefunden wird. Der Geschlechtstrieb überspielt den Wunsch nach einem idealen, normgerechten Partner. Wir wissen dies aus dem Verhalten der Tiere in Gefangenschaft. Die verschiedenen Spielarten von Giraffen oder von Tigern lassen sich dort ohne Schwierigkeiten kreuzen, ebenso manche der heimischen Singvögel.

Bei den Buntbarschen im Viktoria-See war die Kontrolle durch das Normbild außer Kraft gesetzt; irgendein Partner war besser als keiner. Es gab keine Aufnahmeprüfung mehr. Es konnten sich beliebig Mutanten bilden. Auch ein so großer Lebensraum wie der Viktoria-See zerfällt in Bereiche, Buchten, abgesetzte Gebiete. Überall entstanden neue Spielarten, neue Varietäten.

Der Ausdruck »Varietät« stammt von Charles Darwin; dieser Begriff ist überaus fruchtbar. Eine Varietät unterscheidet sich von der Hauptlinie einer Art durch eine spezifische Kombination von Merkmalen. Man könnte eine Varietät insofern als Missgeburt bezeichnen. Varietäten entstehen bei nachlassendem Selektionsdruck, z. B. bei fehlender geschlechtlicher Selektion. Diese Varietäten können als Ansätze zu neuen Arten gesehen werden, als potenzielle Arten, als Arten in statu nascendi, die die Phase der Bewährung, die Selektion, noch vor sich haben.

Die heutige Forschung spricht von etwa 500 verschiedenen Buntbarscharten, bei denen es sich aber wohl noch nicht um Arten, sondern um Varietäten handelt. Es wären dies sehr viel mehr verschiedene, von einer Art ausgehende Erscheinungsformen, als es in irgend einem anderen See der Erde gibt. Natürlich hängt dieser Reichtum an Spielarten einer Fischgattung mit der Jugend des Viktoria-Sees zusammen. Diese Arten sind ohne Beeinträchtigung durch Selektion gewachsen, sie haben sich wild – chaotisch – entwickelt. Es ging alles mit rechten Dingen zu, d. h. ohne Verstoß gegen Naturgesetze, aber unvorhersehbar.

Das Wort *Chaos* ist naturwissenschaftlich definiert. Es beschreibt Abläufe, die nicht vorhersehbar sind und in denen die Kausalität nicht nachgewiesen werden kann. Das Wetter ist ein gutes Beispiel für einen chaotischen Ablauf. Einen Wirbelsturm kann man berechnen und seine Entwicklung voraussagen, wenn er einmal entstanden ist; wo und warum er entstehen wird, weiß man nicht; sein Entstehen ist so unvorhersehbar, wie die Form der Wolke, die gerade an meinem Fenster vorbeizieht.

Auch die Buntbarsche im Viktoria-See kommen an die Grenze ihrer Expansionsmöglichkeit, und mit den äußeren Zwängen kommt die Selektion – Darwins Zuchtwahl – wieder ins Spiel. Auch die beginnende Selektion trägt chaotische Züge. Sie richtet sich zunächst nach zufälligen Merkmalen, vielleicht gut erkennbaren Farbkombinationen, und weniger nach harten, die Existenz erhaltenden Merkmalen.

Es ist ein Mix aus vielen Merkmalen und Zufällen mit unvorhersehbarer Relevanz, die zu den Arten führt, die schließlich übrig bleiben. Als gesichert kann angenommen werden, dass die Entwicklung des Normbildes eine große Rolle spielt. Eine gute Farbkombination erleichtert das Auffinden eines Partners.

Ich halte es für wahrscheinlich, dass sich bei einem ersten Selektionsschub eine Art durchsetzt, die beispielsweise eine ausgeprägte Farbkombination aufweist. Vielleicht fördert diese Art einen Fressfeind, der später eine weitere Verbreitung einschränkt oder zurückführt. Es mag eine Variante mit einer existenziellen Verbesserung der Lebens- und Fortpflanzungsmöglichkeit geben, die sich erst langfristig durchsetzt. Man könnte sagen, dass Einschwingvorgänge auf dem Weg zum quasistationären Zustand ablaufen, auf dem Weg zu unserer gedanklichen Insel.

Ein Forscherteam hat die Buntbarsche im Viktoria-See untersucht und bedauernd festgestellt, dass die unglaubliche und unerklärliche »Arten«-Vielfalt rückläufig ist. Der See sei so verdreckt und von Schwebeteilchen durchsetzt, dass die gleichartigen Partner Schwierigkeiten hätten, einander zu erkennen, und sich die Buntbarsche mangels Durchsicht mit »artfremden« Partnern einließen. Ich bezweifle die Untersuchung der Forscher nicht, und der zu bedauernde Zustand des Viktoria-Sees mag eine vorhersehbare Entwicklung beschleunigen; die beobachtete Vielfalt ist indes ein vorübergehender schöpferischer Zustand, die Folge eines chaotischen Entstehungsprozesses von Varietäten. Die Zahl der unterscheidbaren Varietäten wäre in jedem Fall rückläufig, und nach der Einschwingzeit wird nur eine begrenzte Zahl von Arten übrig bleiben.

4. Die Finken auf dem Galapagos-Archipel

Das berühmteste Beispiel für die Entstehung von Arten hat Charles Darwin auf dem Galapagos-Archipel entdeckt, als er auf seiner Weltreise mit der Beagle im September 1835 die Inseln erreichte; dort konnte er entscheidende Eindrücke für seine Evolutionslehre gewinnen.

Unter anderem fand er 17 verschiedene Finkenarten. Sie waren durch Schwingen, Form des Körpers und Gefieder als Finken noch erkennbar, besaßen aber unterschiedliche Schnäbel, die darauf zurückzuführen sind, dass die Finken sich auf unterschiedliche Nahrungsquellen spezialisiert hatten. Diese Darwin-Finken sind eigentümlich für den Galapagos-Archipel; es gibt sie nur dort. Neben diesen Finken leben noch weitere Vogelarten wie Spottdrossel und Fliegenschnäpper, deren Verwandtschaft mit den entsprechenden amerikanischen Arten ohne Schwierigkeit erkennbar ist.

Wie konnten diese neuen Finkenarten entstehen? Das Galapagos-Archipel liegt etwa 1 000 km westlich von Südamerika am Äquator. Die Inseln sind vulkanischen Ursprungs und relativ spät entstanden. Irgendwann gelangten durch einen Zufall, einen Sturm, einen abgetriebenen Baumstamm einige oder nur ein Paar Finken auf das Archipel. Für sie war dieses Archipel ein Eldorado: viel Platz, großes Nahrungsangebot, keine Fressfeinde.

Der Mangel an Geschlechtspartnern führte dazu, dass jeder Finkenmann zum Zuge kam; denn ein unqualifizierter Finkenmann ist besser als keiner;

und Reviere gab es reichlich. Die Reproduktionstreue der Finken war außer Kraft gesetzt. Jetzt konnten Abweichler entstehen, die ihrerseits wieder Abweichler produzierten, zumal, wenn sie auf benachbarte Inseln gelangten.

Nach einigen Tausend Jahren waren die Galapagosinseln von den unterschiedlichsten Finken besiedelt. Es entwickelten sich verschiedene Spielarten, größere, kleinere, ein Kontinuum von möglichen Schnabelformen. Das ist ein Beispiel für die *chaotische* Entstehung von Arten.

Die Eroberung einer ökologischen Nische ist ein Prozess, den man der Selektion zurechnen muss. Die Darwin-Finken unterscheiden sich vor allem in der Schnabelform. Eine bestimmte Form eignet sich zum Pflücken einer bestimmten Frucht. Diese Varietät wird sich in der Nähe des Baumes aufhalten, der die Frucht hervorbringt, die er relativ leicht pflücken und zerbeißen kann. Er wird hier nisten und Kollegen finden, die sich ebenfalls für diese Frucht entschieden. Über Tausende von Generationen entwickelt sich eine neue Spielart, die als Art angesprochen werden kann. Die Selektion beginnt Ordnung in das Chaos zu bringen.

5. Das Ende der Kreidezeit

Die Kreidezeit vor 144–65 Millionen Jahren war die Blütezeit der Dinosaurier. Damals lebten so riesige Tiere wie der Tyrannosaurus rex, das größte Landraubtier, das je existierte, mit einer Länge von 14 Metern; es gab Flugsaurier mit einer Spannweite von 12 Metern.

Betrachtet man vom Standpunkt eines Ingenieurs solche Dinosaurier, entdeckt man gleich mehrere konstruktive Schwächen. Zum Beispiel fehlten diesen Sauriern, wie auch den heutigen Reptilien, ein getrennter Blutkreislauf. Die Versorgung des Herzmuskels mit Sauerstoff war ungenügend, weil das zu ihm aus der Lunge gelangende Blut vermischt wird mit dem aus dem Körper gelangenden sauerstoffarmen. Bei Anstrengung verbraucht der Körper einen Großteil des Sauerstoffs, der dem Herzmuskel verloren geht. Das Tier ermüdet schnell. Leider fehlen uns Filmaufnahmen aus dieser Zeit, ich kann mir aber vorstellen, dass sich die Riesenechsen nur langsam bewegten. Ihre Größe – wenn auch durch das Normbild gefördert – hatte einen evolutionären Wert; sie muss zum Speichern von Wärme und zur Wärmeisolation gedient haben. Ein Wärmesteuerungssystem, wie unsere Säuger und Vögel es besitzen, stand den Sauriern nicht zur Verfügung.

Die Evolution aber führt vom System her nicht zu den denkbar besten Lösungen. Die Lebewesen müssen hinreichend fähig sein, Nahrung zu verarbeiten und Nachkommen hervorzubringen. Die Dinosaurier der Kreidezeit waren hinreichend perfekt. Ihre Langsamkeit und ihre Ermüdbarkeit störte nicht; und es gab niemanden, der in der Lage gewesen wäre, aus ihrer Langsamkeit Vorteil zu ziehen. Eine Umweltkatastrophe vor 65 Millionen Jahren hat neue Verhältnisse geschaffen. Ein Meteoriteneinschlag wirbelte derart viel Staub auf, dass die Sonne verdunkelt wurde und die Erde auskühlte. Alle größeren Tiere, eben die Dinosaurier und ihre Anverwandten, verhungerten oder erfroren. Wir müssen eine solche Katastrophe annehmen, weil nach diesem Zeitpunkt keine Dinosaurier und Flugechsen gelebt haben, jedenfalls wurden keine jüngeren Fossilien gefunden. Überlebt haben einige Fische und Kleintiere, von denen die heutige Fauna abstammt.

Die Entwicklung zu den Dinosauriern hat sich nicht wiederholt, doch erinnern unsere Reptilien an sie. Eine bessere Lösung, die schon vorher entstanden war, konnten sich jetzt, im Tertiär ausbreiten. Vögel und Säugetiere entwickelten einen geteilten Blutkreislauf, einerseits für die Lunge zum Gasaustausch und somit zur Aufnahme von Sauerstoff, und weiterhin den Kreislauf zur Versorgung des Körpers. Auch entwickelten Vögel und Säugetiere die Fähigkeit, die Temperatur des Blutes konstant zu halten. Körpermasse zum Speichern von Wärme war nicht mehr nötig. Explosionsartig entwickelten sich Säugetiere und Vögel zu ihrer Vielfalt. Die Welt nach der Katastrophe war frei von Konkurrenten und Fressfeinden; die sonst übliche Selektion war in den Hintergrund getreten. Alle durch Zufall entstandenen Varietäten konnten sich erproben. Der chaotischen Entstehung von Arten folgte eine selektive Phase, in der sich das Bewährte weiterentwickelte und vervollkommnete.

6. Die geographische Aufteilung von Arten

Nicht unerwähnt bleiben darf eine eher undramatische Entstehung von Arten – die geographische Aufteilung. Lange Zeit war man der Meinung, dass alle Arten ihre Entstehung der geographischen Aufteilung verdankten. Es können abgetrennte Populationen den Kontakt mit den übrigen Artmitgliedern verlieren, sodass sie eine unabhängige Entwicklung nehmen. Ein klassischer Fall einer geographischen Trennung ist das Verschwinden der Verbindung zwischen Eurasien und Amerika bei Alaska. Allmählich, über viele Tausende von Generationen, schleifen sich Normbilder ab, zudem können die Umweltfaktoren verändert sein. Irgendwann ist ein Buchfink auf die kanarischen Inseln gekommen und hat sich dort zu einer eignen Art entwickelt, dem Teydefink (*Fringilla teydea*). Er kann seine Herkunft vom Buchfink nicht leugnen; allerdings ist das Männchen blau und das Weibchen olivgrau. Es ist nicht anzunehmen, dass sie sich mit unseren heimischen Buchfinken freiwillig paaren, sollten sie sich in freier Natur begegnen.

Anmerkung

[1] Reichholf, Josef H.: Das Rätsel Menschwerdung, München 1990, S. 96 – Das gestreifte Pferd.

8 Die Abgrenzung – Ein Werkzeug der Selektion

1. Nach dem Chaos

Bei der Entstehung neuer Arten kommt es auf den reproduktiven Wert der Merkmale von mutierten Individuen an. Wenn diese Merkmale einen positiven, steigernden Einfluss auf die Reproduktionsrate ausüben, dann kann sich ein Rückkopplungskreis bilden; immer mehr Individuen werden diese Merkmale aufweisen und weitergeben; auf diese Weise kann eine neue Art entstehen.

In der chaotischen Entstehungsphase einer Art können sich alle möglichen Varietäten als Folge des Überangebotes an Ressourcen in einem ökologischen Freiraum gut entwickeln. In der sich unvermeidlich anschließenden Selektionsphase beginnt die Auslese: Platz und Ressourcen kommen an ihre Grenzen. Welche Varietät wird die ökologische Nische besetzen? Sicher befindet sich der zukünftige Gewinner unter den Varietäten, die mit der Umwelt gut zurecht kommen, die ein oder mehrere Merkmale aufweisen, die eine gute Anpassung an die gerade bestehende Umwelt ermöglichen. Aber ein weiteres Element spielt eine große, eine entscheidende Rolle: *Die Geschwindigkeit*, mit der sich das positive Merkmal ausbreitet. Dieses muss möglichst bald häufig in Erscheinung treten, um seine positive Wirkung schnell entfalten zu können.

Stellen wir uns vor, dass eine Erfindung zwei Firmen zur Verfügung steht, die beiden Gewinn verspricht. Der Markt bietet jedoch nur Platz für eine Firma. Den wirtschaftlichen Erfolg trägt die Firma davon, die das erfinderische Produkt als Erste auf den Markt bringt. Sie hat einen schnellen Gewinn, kann deswegen schnell weitere Produkte der neuen Art produzieren und wiederum Vorteile daraus ziehen. Die zweite Firma kommt zu spät, sie kann, wenn denn die Erfindung sonst gleichwertig ist, den Vorsprung der ersten Firma nicht mehr aufholen. Sie geht zu Grunde, der Markt ist besetzt, wenn sie in Erscheinung tritt. Wer zu spät kommt, den bestraft das Leben.

Die Dynamik der Entwicklung spielt eine Rolle. Es haben sich in der Geschichte der Biosphäre immer wieder Szenarien ergeben, bei denen die Geschwindigkeit der Entwicklung, die Geschwindigkeit, mit der neue Merkmale zum Tragen gekommen sind, von entscheidender Bedeutung waren. Hierin liegt kein Geheimnis: es hat sich ganz einfach so ergeben, es ist dies eine Eigengesetzlichkeit von Systemen, die sich autokatalytisch aufbauen. Unsere Biosphäre kann als ein Beispiel für ein sich autokatalytisch aufbauendes System gesehen werden. Dieser Gedankengang wird uns auch bei der weiteren Beobachtung der Entwicklung der Biosphäre begleiten. Es haben sich immer wieder Beschleunigungsmerkmale ergeben; es sind dies Merkmale, die nicht einer bestimmten Art zugeordnet werden können, sondern artübergreifende Merkmale, die der Biosphäre als solcher zugerechnet werden müssen. Beispiele sollen dies erläutern.

2. Die begrenzte Lebensdauer von Individuen

Neue Entwicklungen könnten sich nur schwer durchsetzen, wenn die Individuen ewig lebten. Einzeller vermehren sich durch Teilung; man könnte dies so interpretieren, dass sie ewig leben. Die mehrzelligen biologischen Organismen unserer Biosphäre jedoch verschwinden nach einiger Zeit wieder, erzeugen aber während ihrer Existenz neue, gleichartige Organismen, die normalerweise nicht mit ihnen identisch sind.

Stellen wir uns Organismen mit ewigem Leben vor. Eine Entwicklung, eine Verbreitung von neuen Merkmalen würde nicht stattfinden, die vorhandenen Organismen würden den Lebensraum verstopfen. Eine Neuerung, wenn sie denn einmal entstehen sollte, müsste sich zunächst gegen die etablierten und auch bewährten Organismen durchsetzen, ehe sie irgendeine Wirkung hervorrufen könnte. Nur wenn immer wieder neue Organisationen entstehen, die gegenüber den Vorgängern wenigstens verbessert sind, ist eine Wandlung einer Art oder die Entstehung einer neuen Art praktisch möglich. Stellen wir uns eine Population von überaus langlebigen Individuen vor, unter denen plötzlich eine Krankheit ausbricht, die fast alle verschwinden lässt. Die Katastrophe erwiese sich als Wohltat für die weitere Entwicklung dieser Art. Es wäre ein chaotischer Start für neue Möglichkeiten. Die Rate von überlebenden Mutationen würde sich erhöhen, neue Varietäten könnten sich bilden, die größeren Nutzen aus der Entropievermehrung zu ziehen im Stande sind.

Das Altern und Sterben von Tieren und Menschen erscheint uns als Folge von Verschleiß, Abnutzung und müdem Erlahmen; aber ohne Altern und Tod käme jede Fortentwicklung zum Erliegen. Wir können dies auch so darstellen: Die Arten, bei denen die Individuen nur eine begrenzte Lebenszeit existieren, konnten sich schneller entwickeln und den Lebensraum besser verwerten und besetzen. Altern und Tod sind Produkt eines evolutionären Prozesses. Folge hiervon ist die Eigenschaft des Lebens, immer weiter fortzuschreiten und immer weitere Methoden und Organismen hervorzubringen, die sich an den Gegebenheiten erproben. Wir als Menschen sind Teil dieses fortlaufenden Wandlungsprozesses, und deshalb ist unsere individuelle Lebenszeit begrenzt. Wir sollten uns dies vor Augen führen, wenn uns Alter und Tod missvergnüglich ins Bewusstsein dringen.

Der positive Effekt der begrenzten Lebensdauer ist übrigens auch in Wissenschaft und Forschung erkennbar. Überkommene wissenschaftliche Erkenntnisse werden bei jedem Lernprozess durch einen jüngeren Forscher überprüft und in Frage gestellt. Alte Erkenntnisse kommen auf den Prüfstand, neue können gewonnen werden.

3. Die sexuelle Fortpflanzung

Neben der zeitlichen Begrenzung des Lebens der Individuen ist die sexuelle Fortpflanzung eine weiteres wichtiges Beschleunigungsmerkmal bei der Entwicklung lebender Materie. Das, was sich als günstig herausgestellt hat, verbreitet sich durch die Kombination der Merkmale zweier Individuen in den Nachkommen viel schneller, als dies der Fall bei jenen Arten ist, bei denen jedes Individuum nur von einem elterlichen Organismus abstammt. Die Zahl der Vorfahren, von denen Merkmale weitergegeben sein könnten, steigen bei Nachkommen aus sexueller Fortpflanzung um den Faktor 2 pro Generation, bei eingeschlechtlicher Fortpflanzung nur um je einen Vorgänger.

Natürlich funktioniert die eingeschlechtliche Fortpflanzung sehr gut. Die Entwicklung von Varietäten bis zum Erfolg dauert hier aber erheblich länger, gemessen an der Zahl der Generationen. Es ist kein Zufall, dass alle höheren Tiere wie die Säuger und die Vögel, aber auch die meisten Insekten und Reptilien sich sexuell fortpflanzen. Wir können annehmen, dass sich eingeschlechtlich fortpflanzende organische Wesen seit Auftreten der sexuellen Fortpflanzung praktisch keine Evolution mehr erfahren.

4. Die Abgrenzung als weiteres Beschleunigungsmerkmal

Betrachten wir genauer, was bei der Entwicklung einer Mutation geschieht. Irgendein Individuum zeigt eine Veränderung, die sich positiv auswirkt, es bringt also bessere Nachkommen hervor als die übrigen Individuen der gleichen Population. Noch ist aber nicht gesichert, dass dieses Merkmal wieder erscheint. Wirken kann es nur, wenn es sich entfaltet. Dies hängt davon ab, ob sich häufig genug Zeugungspartner finden, die die Anlage zu einem fraglichen Merkmal – dominant oder rezessiv – in sich tragen. Angenommen, die direkten Nachkommen des ersten Individuums bleiben bei den Paarungen der zweiten Generation unter sich, dann erscheint das neue Merkmal sehr häufig. In einer großen Population aber sind die Chancen schlechter; das neue Merkmal kann also verloren gehen, und sollte es sich entfalten, dann wird dies sehr lange dauern.

Es ist somit bei der Verbreitung und Entwicklung neuer Merkmale das von Vorteil, was als Inzucht keinen guten Ruf genießt. Inzucht wird vermieden, da auch Anlagen zu Erbkrankheiten so zusammentreffen können, dass die Krankheit ausbricht. In beiden Fällen gelten die Mendelschen Gesetze. Es gibt also gewichtige Gründe anzunehmen, dass Inzucht, die in diesem Fall *positive Inzucht* genannt werden könnte, bei der Entstehung von Arten eine wichtige Rolle gespielt hat. Sollten mit der Entwicklung des neuen Merkmals auch Erbkrankheiten befördert werden, dann würde die auf dem Weg zu einer neuen Art befindliche Varietät sehr schnell wieder verschwinden.

Der schnellen Entwicklung von positiven Merkmalen dient eine kleine Population. Das Verhalten und die Ausgestaltung von vielen Tieren, die wir heute beobachten, lässt die Interpretation zu, dass bei der Entstehung von Arten auch eine Tendenz zur positiven Inzucht bestanden haben muss. Dies ist zu belegen. Wir haben die Wirkung des Normbildes am Beispiel des Buchfinks kennen gelernt. Die Reproduktionstreue, die sie mit sehr vielen sich sexuell fortpflanzenden Tieren teilen, ist Ergebnis der sexuellen Selektion, der gezielten Auswahl der Zeugungspartner. Die Zeugungspartner verfügen über ein Normbild, nach dem sie wählen. Wozu ist dieses Normbild gut, oder welchen Umständen verdankt es seine Entstehung? In der chaotischen Phase haben sich solche Paare zusammengefunden, die sich gut erkannt haben, und die einen solchen Bekannten als Partner vorgezogen haben. Deswegen, weil sie dies besonders gut konnten, haben sie sich zur Art entwickelt. Wenn sich immer Gleich und Gleich zusammenfindet, kann eine neue Art schnell entstehen.

Eine sehr einfache Überlegung möge dies erläutern. In einem Habitat leben zwei Varietäten einer Art. Sie unterscheiden sich neben erkennbaren äußeren Merkmalen dadurch, dass sich die Weibchen der ersten Art bevorzugt mit einem Partner der eigenen Varietät paaren, während es allen Männchen und den Weibchen der zweiten Varietät gleichgültig ist, mit wem sie sich einlassen. Man kann dies mit einem einfachen Computerprogramm simulieren. Die Weibchen der ersten Varietät, die zufällig auf einen Partner der zweiten Varietät stoßen, lehnen diesen ab und suchen erneut einen Partner. Beim zweiten Versuch nehmen sie dann aber jeden, der ihnen gerade begegnet, unabhängig von dessen Zugehörigkeit. Wenn in jeder Generation – je nach der elterlichen Kombination – zwei gleiche oder zwei verschiedene Individuen zur Population hinzukommen, ergibt sich ein überraschendes Ergebnis: Die erste Varietät setzt sich überaus schnell durch. Wenn sie zu Beginn mit 10% der Individuen vertreten war, und die zweite Varietät mit 90%, dauert es nur 56 Generationen, bis das Verhältnis umgekehrt ist; dann ist die erste Varietät mit 90% vertreten und die zweite mit 10%, den unmittelbaren Untergang vor Augen. Wenn zu Beginn des Versuchs beide Varietäten mit je 50% vertreten sind, dauert es nur 15 Generationen, bis die erste Varietät mit 90% an der Population beteiligt ist. Dies Beispiel zeigt:

Das Zahlenverhältnis zweier oder auch mehrerer Varietäten gleicher Umweltanpassung ist labil; geringste Tendenzen einer Varietät, bei der Zeugung unter sich zu bleiben, führt zu deren Behauptung.

Die besten *Abgrenzer* gestalten das Bild einer Art in einer ökologischen Nische. Die Individuen der obsiegenden Art fahren aber auch nach der Etablierung fort, selektiv vorzugehen; das Programm, dem sie das Entstehen ihrer Art verdanken, exekutieren sie weiter. Die Buchfinkinnen wählen den Partner nach wie vor; obwohl die Konkurrenz längst verschwunden ist, gegen die sie sich mit ihrem abgrenzenden Verhalten durchgesetzt haben. Die Buchfinkinnen folgen einer genetisch entstandenen Verhaltensweise. Es ist aber nun erkennbar, wieso sie dies tun, wo dies herkommt.

5. Die verschiedenen Formen der Abgrenzung

An erster Stelle ist die Wahl des Geschlechtspartners nach einem Normbild zu nennen. Es gibt aber auch weitere Formen. Es ist dies die Abwehr von Zeugungskonkurrenten. Hirsche und andere Weidetiere vertreiben männliche Konkurrenten und verwickeln sie in rituelle Kämpfe, wenn sie nicht sofort fliehen. Bei unseren Hunden bleibt der Penis noch eine Zeit lang in der Vagina, bis die Befruchtung abgeschlossen ist, um spätere Konkurrenten nicht zum Zuge kommen zu lassen. Die Männchen vieler Tierarten bilden einen Begattungspfropfen, der die Vagina verschließt und verhindert, dass spätere Bewerber etwas ausrichten können.

Diese merkwürdigen Vorgänge sind nicht Folge eines »individuellen Vermehrungsstrebens«, wie heute häufig vermutet wird. Es handelt sich um einen Atavismus aus der Entstehungszeit der Art; der dazu geführt hat, dass die Varietät, die zum Hund oder einer anderen Art geführt hat, sich gegen Konkurrenten durchgesetzt hat. Auf weitere auch theoretisch bedeutungsvolle Beispiele der sexuellen Selektion werden wir in Kapitel 11 treffen.

Es gibt außerhalb der sexuellen Selektion weitere Erscheinungsformen der Abgrenzung. Die Wanderratte (*Rattus norvegicus*) ist ein Beispiel. Trotz ihres schlechten Rufes eine symphatische Art, die durch ihre Anpassungsfähigkeit besticht. Die Ratten können Großklans bilden, die ausgedehnte Territorien bewohnen. Die einzelnen Tiere solcher Klans erkennen sich am Geruch. Es gibt einen Stallgeruch, der wie ein persönlicher Pass wirkt. Wer sich als Angehöriger des Klans offenbart, ist willkommen. Wenn sich hingegen ein Fremder ohne Pass einschmuggelt, wird er sofort exekutiert; der Eindringling ist, wenn er durch die Aufnahme des Geruchs erkennt, wohin ihn seine Neugier geführt hat, so erschreckt, dass er oft schon vor der Hinrichtung aus Angst stirbt. Die Abgrenzung hat, das ist historisch gesehen ihre Entstehungsgeschichte, dazu geführt, dass in der Frühzeit der Ratten Merkmale in einer begrenzten Population entwickelt werden konnten. Es kommt bei den Rattenklans vor, dass Muttertiere einen verwaisten Wurf versorgen; dieser kleine Vorteil wäre aber nicht ausreichend, die Neigung zur Bildung von derart leistungsfähigen Rattenklans zu erklären.

Die Ausschaltung der Arbeitstiere bei den Staaten bildenden Insekten als Zeugungskonkurrentinnen der zeugenden Königin kann ebenfalls als Abgrenzung interpretiert werden. Ohne Zweifel hatte die Aufteilung in sexuell aktive und inaktive weibliche Individuen diese Wirkung. Allerdings liegt hier der Sonderfall vor, dass die Abgrenzung auch einen auf die Anpassung an die Umwelt bezogenen Vorteil des biologischen Wesens »Insektenstaat« mit sich brachte.

6. Die Abgrenzung in Konkurrenz zur Anpassung an die Umwelt

Charles Darwin hat 1871 ein Buch über die sexuelle Selektion veröffentlicht: »Die Abstammung des Menschen und die sexuelle Zuchtwahl« (»*The Descent of Man and Selection in Relation to Sex*«).[1] Darin hat er erkannt, dass die sexuelle Selektion unter Umständen keine Beziehung zu seinem »Kampf um Dasein« hat. Ausdrücklich unterscheidet er die sexuelle Selektion von der natürliche Selektion. Charles Darwin wusste also, dass die sexuelle Selektion nicht notwendigerweise zu Individuen führt, die sich in der Umwelt besser behaupten können.

Es ist zu untersuchen, wieweit die Abgrenzung, von welcher die sexuelle Selektion ein Beispiel ist, in Konkurrenz zur Anpassung an die Umwelt steht. Die Abgrenzung dient unabhängig von anderen umweltbezogenen Merkmalen der Verbreitung von Merkmalen. Die Abgrenzung wirkt außerhalb der natürlichen Selektion. Ein Pfau kann mit dem Rad nicht besser Nahrung besorgen oder Kinder aufziehen. Von der abgrenzenden Wirkung abgesehen ist seine wunderschöne Farbgebung kaum ein Vorteil.

Ein Hirsch hat eher Schwierigkeit, mit einem großen Geweih durch den Wald zu laufen, er muss aufpassen, nicht überall anzustoßen. Das Geweih dient aber primär der Abgrenzung, dem rituellen Zweikampf, nicht dem Kampf gegen Beutegreifer.[2] Wir sind gewohnt anzunehmen, dass eine tiefe Weisheit in den Zweikämpfen um die Weibchen liegt. Nur der Beste dürfe zeugen. Schwächliche, kranke und zu alte Bewerber würden ausgeschaltet. Dies führe zu einem gesunden Bestand, der dem Lebenskampf gewachsen sei. Rituelle Zweikämpfe mögen in diesem Sinne wirksam sein, ein Raufbold ist meistens gesund. Für die Hirsche und alle anderen Tierarten sind aber andere Merkmale wichtiger: Sie müssen zu allen Jahreszeiten an Nahrung gelangen, sich gegen Beutegreifer zur Wehr setzen und auch einmal einen extremen Winter überstehen. Der Nachwuchs muss in der Lage sein, nach Versiegen der mütterlichen Milch zu überleben und zudem schlau und schnell genug sein, sich als Adoleszent durchzuschlagen. Es gibt viele sich sexuell fortpflanzende Tiere, bei denen es die sexuelle Selektion nicht gibt. Heringe sind eine gesunde und erfolgreiche Art. Auch ohne Abgrenzung, das könnten wir uns vorstellen, gäbe es in der ökologischen Nische der Hirsche gesunde, wenn auch für das menschliche Auge vielleicht nicht so schöne Waldtiere.

Es ist unfruchtbar, Betrachtungen darüber anzustellen, ob die Abgrenzung – beispielsweise die sexuelle Selektion – oder die natürliche Selektion bei der Entstehung einer bestimmten Art von größerem Einfluss waren. Wir sollten davon ausgehen, dass ein Mix aus Abgrenzung und natürlicher Selektion eine entsprechende Art formt. Die Abgrenzung kann die natürliche Selektion unterstützen, sie kann sie aber auch beeinträchtigen. Aus einer Reihe von Varietäten erweist sich irgend ein Mix überlegen; und wie recht häufig spielt auch der Zufall seine Rolle. Die Biosphäre selbst ist das Experimentierfeld.

Wir wissen nicht, was im Detail bei der Artenentstehung geschehen ist; was wir versucht haben, ist, uns Klarheit über die wirkenden Gesetzmäßigkeiten zu verschaffen. Die Abgrenzung hat dazu geführt, dass es in unserer Biosphäre klar unterscheidbare Arten und nicht fließende Übergänge gibt. Zu erinnern ist an die Tatsache, dass die Natur keine perfekten Geschöpfe hervorbringt, von solchen überhaupt zu sprechen wäre unbiologisch. Alle Arten, die in der gerade bestehenden Umwelt hinreichend gut zurecht kommen und hinreichend viele Nachkommen produzieren können, bleiben erhalten. Halten wir fest:

Die begrenzte Lebenszeit der Individuen, die sexuelle Fortpflanzung und schließlich die Abgrenzung sind Beschleunigungsmerkmale, die, jedes für sich und in dieser Reihenfolge, die Geschwindigkeit der Verbreitung von Merkmalen erhöht haben.

Wir werden sehen, dass diese Kette sich fortsetzt.

Anmerkungen

[1] Darwin, Charles: The Descent of Man and Selection in Relation to Sex,. London 1871; 2. Ausgabe 1874. Deutsche Ausgabe: Die Abstammung der Menschen, Stuttgart 1966

[2] Ich habe Hirsche nie im Kampf mit Beutegreifern gesehen. Sie kämpfen untereinander mit den Vorderläufen, wenn das Geweih im Bast ist. Das Geweih wäre auch nur gelegentlich eine brauchbare Waffe, es ist nur ein halbes Jahr einsetzbar. Konrad Lorenz berichtet, dass sie artfremde Angreifer mit den Vorderläufen abwehren. (Lorenz, Konrad: Das sogenannte Böse, Wien 1963)

9 Das soziale Verhalten von Tieren

1. Die Ethologie: Die Wissenschaft von tierischem und menschlichem Verhalten

Charles Darwin hat eine Tür zum Verständnis unserer biologischen Umwelt aufgestoßen. Für ihn stand die Ausgestaltung der Tiere im Vordergrund, aber auch aus dem tierischen Verhalten hat er Rückschlüsse gezogen und sie in sein System der Artbildung eingeschlossen. Weniger bekannt ist, dass er sogar ein Buch über das Verhalten geschrieben hat: »Der Ausdruck von Gefühlsbewegungen bei Menschen und Tieren«[1]. Schon die Tatsache, dass er sich mit diesem Thema befasste, hat Anstoß für spätere Forschungen gegeben, selbst wenn seine Schlüsse aus heutiger Sicht als überholt gelten müssen.

Im 20. Jahrhundert erlebte die Beschäftigung mit dem tierischen und menschlichen Verhalten eine Art Konjunktur. 1936 wurde in Berlin die »Gesellschaft für Tierpsychologie« gegründet. Statt des damals üblichen Ausdrucks Tierpsychologie wird heute der Begriff *Ethologie* oder *Verhaltensbiologie* verwendet, die menschliches und tierisches Verhalten umfasst. Nachdem wir Menschen uns evolutionär aus der Tierwelt entwickelt haben, wäre es ja auch widersinnig, das menschliche Verhalten losgelöst von dem der Tierwelt zu betrachten. Bedauerlicherweise sehen dies manche Psychologen, Psychoanalytiker und Soziologen nicht so und versperren sich damit eine wichtige Erkenntnisquelle.

Nachdem alles in der Biologie durch Evolution entstanden ist, muss dies auch für Verhaltensweisen gelten, bei Tier und Mensch. Das bedeutet, dass die artspezifischen Verhaltensweisen sich bewährten, sonst hätten sie nicht entstehen können. Ich erinnere an den weiter oben aufgestellten Grundsatz: *Jedes eine Art kennzeichnende Merkmal war reproduktionsfördernd.* Verhaltensweisen sind Merkmale – wie etwa lange Beine. Insoweit befinden wir uns auf dem gesicherten Boden der Evolution.

Im 20. Jahrhundert haben sich eine Reihe von Forschern mit der Ethologie befasst; ich will mich darauf beschränken, als einen der bedeutendsten Konrad Lorenz zu nennen, der mit seinen Forschungen und ausgezeichneten Darstellungen die Disziplin der Ethologie formte. Seine erste entscheidende Arbeit »Der Kumpan in der Umwelt des Vogels« erschien bereits 1935; seitdem hat er bis zu seinem Tod im Jahre 1989 viele bedeutende Abhandlungen und Bücher veröffentlicht; am bekanntesten ist wohl »Das sogenannte Böse« aus dem Jahr 1963; es behandelt die tierische und menschliche Aggressivität.

Über Konrad Lorenz ist viel geschrieben worden, und ich möchte nur eine kurze Bemerkung beisteuern. Seine Art, die Natur zu betrachten, und die Art seiner Forschung unterscheiden sich von der heutigen Methodik. Konrad Lorenz war primär ein exakter Beobachter, der sich bemühte, die Motivation der beobachteten Tiere zu ergründen; er fühlte sich in die Tiere ein. Seine Rückschlüsse sind tragfähig, er hat unser Verständnis für Tiere erweitert.

Wenden wir uns dem sozialen Verhalten von Tieren zu, und beginnen wir mit denen, die ohne soziale Bindungen auskommen.

2. Die Einzelgänger. Der Igel

Viele Tiere leben in biologischen Gesellschaften, noch mehr sind Einzelgänger. Ich möchte die Diskussion der biologischen Gesellschaften mit einem Besuch bei den Einzelgängern beginnen. Die Natur der Zweigeschlechtlichkeit bringt es mit sich, dass ein Minimum an Kontakt mit seinesgleichen für jede Art imperativ ist, sonst existierte sie nicht. Wenn wir uns unter unseren heimischen Tieren umschauen, so sind Beispiele für Einzelgänger die Igel, aber auch Maulwürfe, Füchse, Dachse, Hasen und Raubvögel. Unter den Einzelgängern gibt es solche, die wenigstens zur Aufzucht des Nachwuchses kooperieren, und andere, bei denen sich der Kontakt zwischen den Geschlechtern auf die vorbereitende Kontaktaufnahme und die sich anschließende Kopulation beschränkt.

Extreme Einzelgänger sind Igel. Jeder Igel, männlich oder weiblich, beherrscht ein Revier, das er mit seinen kurzen Beinen Nacht für Nacht durchstreift und nach Nahrung absucht. Treffen er oder sie auf einen anderen Igel, wird dieser als Eindringling bekämpft. Er muss ausweichen und in sein Revier zurückkehren oder, wenn er keines besitzt, als Eroberer kämpfen. Die Reviere kann man als in einem Korb eingezwängte Luftballons ansehen, die sich den zur Verfügung stehenden Raum gleichmäßig und überdies so aufteilen, dass kaum ein Stück ungenützt bleibt. Eroberung oder Vertreibung sind aggressive Handlungen. Es haben sich jene Varietäten der Stacheltiere durchgesetzt, die sich große Reviere erobern und diese verteidigen konnten.

Der Igel ist wehrhaft und setzt sich gelegentlich sogar gegen Giftschlangen durch. Von den gefährlichen Autos abgesehen ist sein wesentlichster Feind der Fuchs, der ihn mit Geduld und ein bisschen Urin »knacken« kann. Früher galt der Igel unter fahrendem Volk als kulinarischer Geheimtip. Mir ist keine Literatur bekannt, wonach Igel bei Revierkämpfen ernstlich zu Schaden kommen.

Die Art der Igel (*Erinaceus europaeus* und *Erinaceus concolor*)[2] ist erfolgreich, es gibt sie über ganz Russland bis zum Pazifik; ihre Fruchtbarkeit reicht aus, alle geeigneten Reviere zu besetzen. Auch in Mitteleuropa ist der Bestand der Igel bisher nicht gefährdet. Eine evolutionäre Frage beschäftigt mich: Werden es die Igel irgendwann einmal lernen, vor Autos wegzulaufen? Ich hoffe es, aber die kurzen Beine werden bleiben, und die zunehmenden Überlebenschancen würden sich als nicht sehr gewichtig herausstellen.

3. Tierische Gesellschaften

Es gibt unterschiedliche tierische Gesellschaften; es gibt Herden, Horden, Rudel, Klans, Brutkolonien, Insektenstaaten, um nur einige zu nennen. Nachdem auch wir Menschen in Gesellschaften leben – wir können nur in Gesellschaften leben – und weil wir uns aus Tieren entwickelt haben, ist es von großem Interesse, zu ergründen, warum und wie sich tierische Gesellschaften gebildet haben, was sie stabil hält, kurz, wie sie funktionieren. Es trägt uns dabei die Hoffnung, dass wir mit einem Verständnis der tierischen Gesellschaft auch einen Schlüssel zum Verständnis der menschlichen Gesellschaft finden.

Betrachten wir die sich über 3 000 Millionen Jahre erstreckende Geschichte der Biosphäre, dann wird offenbar, dass sich immer komplexere Strukturen gebildet haben. Die Entstehung von Tieren, ein überaus komplizierter Zusammenhalt von Milliarden einzelner Zellen zu funktionsfähigen Organisationen, sollte uns vor Erstaunen atemlos werden lassen, wären wir nicht selber solche Organisationen und somit etwas Alltägliches. Wenigstens wissen wir, auf Grund welcher Eigenschaften sich diese komplexen Strukturen gebildet haben. Wir wissen, dass die biologische Materie sich immer wieder einmal chaotisch wandelt und dass alles, was sich zufällig bewährt, erhalten bleibt.

Alle Entwicklungen der Biosphäre sind evolutionären Ursprungs. Wir haben keinen Anlass daran zu zweifeln, dass auch der Zusammenschluss von tierischen Individuen zu Gesellschaften auf eine evolutionäre Ursache zurückgeführt werden kann. Der Zusammenschluss muss sich »gerechnet« haben, er muss, wie wir dies von allen artbestimmenden Merkmalen kennen gelernt haben, von einem reproduktiven Erfolg begleitet worden sein.

Ein sehr häufiger Zusammenschluss von Tieren sind Herden von Weidetieren. In Ostafrika hat sich vor etwa 15 Millionen Jahren auf Grund von nachlassenden Regenfällen der Regenwald zurückgebildet, es folgten die Savanne und Tiere, die von den Pflanzen der Savanne leben konnten; sie weideten. Stellen wir uns ein Modell vor, nach dem sich Herden herausgebildet haben könnten. Die Vorläufer unserer heutigen Weidetiere waren Einzelgänger; Gesellschaften von Weidentieren gab es noch nicht.

Beutegreifer, vielleicht die Vorläufer der heutigen Löwen oder Hunde, ernährten sich von dem Fleisch der Weidetiere. Es ergab sich, dass irgendein junges Weidetier infantil blieb, sich anders benahm als andere damalige junge Weidetiere. Obwohl die mütterlichen Zitzen versiegt waren, weigerte es sich, die Mutter zu verlassen, es ließ sich nicht vertreiben. Es weigerte sich gewissermaßen, erwachsen zu werden, und war eigentlich eine Missgeburt. Es blieb sogar weiter bei dem Muttertier, als es schon selbst Nachwuchs hatte, was das Muttertier nahe an den Wahnsinn trieb. Das unerwartete Ergebnis war, dass die entstandene Miniherde von den Beutegreifern gemieden wurde. Die Beutegreifer hatten gelernt, dass Muttertiere gelegentlich ihren Nachwuchs verteidigen, und zwei Muttertiere sind wehrhafter als eines, und schließlich gab es noch genug Einzelgänger. Das Merkmal der Herdentiere, die Nähe von Artgenossen zu suchen, wurde durch die Umwelt herausgezüchtet. Die Einzelgänger hatten schlechtere Karten bei der Reproduktion, die zusammengeschlossenen Tiere waren auf einen Vorteil gestoßen. Sie haben das Bild von Weidetieren verändert. Ich möchte nicht behaupten, dass es sich so abgespielt hat. Ich möchte nur darlegen, dass es Szenarien gibt, nach denen sich zunächst Familien, dann Klans und schließlich anonyme Herden aus Einzelgängern gebildet haben können.

Tatsächlich leben sehr viele Weidetiere in Herden, so Pferde, Zebras, Gnus, Antilopen, Gazellen, und Büffel. Einzelgänger geblieben sind eigentlich nur solche Weidetiere, die sich auf eine andere Art gegen Beutegreifer verteidigen können. Nashörner sind wegen ihrer schlichten Größe unangreifbar; Hasen können schnell weglaufen und Haken schlagen.

Entscheidend für die Entstehung von Herden war es, dass bei deren Entstehung, pro Kopf eines Herdentieres, per Saldo, mehr Nachkommen produziert werden konnten, als dies damals den Einzelgängern möglich war. Die Nachkommen von den beginnenden Herdentieren waren nicht nur vergleichsweise zahlreich, sie waren auch mehr und mehr geneigt, die Gesellschaft von Individuen der gleichen Art aufzusuchen. Ihr Verhaltensrepertoire wurde um die Neigung erweitert, sich in Herden aufzuhalten, sich nur in Gesellschaft wohl zu fühlen.

Betrachten wir die Probleme, die das neue Verhalten der Weidetiere den Beutegreifern bereitet. Es gibt zahlreiche Beutegreifer, wie Löwen, Geparde, Leoparden und Hyänen. Einen will ich herausheben, weil er ein weiteres illustratives Beispiel für eine Tiergesellschaft ist, den afrikanischen Wildhund (*Lycaon pictus*). Beutegreifer hatten es immer schwerer, ein Tier aus der Herde zu erwischen. Herdentiere hatten gelernt, sich gemeinschaftlich gegen Beutegreifer zu wehren und sie mit ihren Hufen zu verletzen. Einige Beutegreifer sind nun dazu übergegangen, einzelne Tiere von der Herde abzusprengen, sie zu isolieren, und dann außerhalb der schützenden Herde durch einen gemeinsamen Angriff zu erledigen. Wildhunde sind Experten in diesem Verfahren. Jeder Versuch des gejagten Tieres zur Herde zurückzukehren wird durch ein fast strategisch zu nennendes Abschneiden des Rückweges vereitelt. Es ist ihre Antwort auf das gemeinsame Äsen der Weidetiere.

Es gibt zwischen Arten, die in einer funktionellen Beziehung stehen, eine Ko-Evolution. Dies gilt für Beutegreifer und Beute. Die Beute macht einen evolutionären Schritt, um sich des Beutegreifers zu erwehren, sie bleibt in geschlossenen Herden. Die Beutegreifer, wie beispielsweise die Hunde, verfeinern ihre Jagdmethoden. Übrigens jagen auch die Löwinnen ähnlich, die es aber wegen ihrer Größe etwas leichter haben als die Wildhunde. Eine funktionierende Ko-Evolution führt zu einer Art Waffengleichheit, was bedeutet, dass beide, Jäger und Gejagte, existieren können. Kommt die Ko-Evolution aus dem Gleichgewicht, muss wenigstens ein Kontrahent von der Bildfläche verschwinden.

Die Wildhunde sind nicht nur geschickte Jäger, sie sind aus einem weiteren Grund von besonderer Bedeutung; sie leben in einer beeindruckenden, ausgefeilten gesellschaftlichen Organisation. Nur ein Teil der Tiere geht auf die Jagd und bringt im Magen Nahrung mit, die dann ausgewürgt wird. Die übrigen bleiben zurück und versorgen und schützen die Welpen. Das Verhalten der Wildhunde hat zu dem Slogan geführt, sie hätten einen gemeinsamen Magen. Es sind nur wenige Hündinnen, die tatsächlich gebären; diese säugen alle Welpen der Gruppe, sodass bei dem Ausfall eines Muttertieres das Überleben der Welpen gesichert ist. Die hierarchisch höher stehenden Hündinnen und Rüden, die Alphatiere, kommen zur Zeugung. Die weiteren Mitglieder einer Gruppe, die Gehilfen, nehmen an der Jagd teil, helfen bei der Aufzucht der Welpen und verteidigen das Territorium gegen andere Gruppen; sie kommen selten in die Lage, ihrerseits zu zeugen oder zu gebären. Das Wohlergehen der Gruppe hängt aber an den Gehilfen; ohne sie geht es nicht. Die Zweckmäßigkeit des Verhaltens ist offensichtlich. Die Welpen werden im sicheren Schutz von Gruppenmitgliedern zurückgelassen, sind also während der Jagd, die sich viele Kilometer vom Hort entfernt abspielen kann, nicht gefährdet.

Herdentiere und Wildhunde sind nur Beispiele für vergesellschaftete Tierarten. Wir unterscheiden bei den Tieren *anonyme offene* Gesellschaften, wie Herden; bei ihnen ist es nicht erforderlich, dass sich die einzelnen Mitglieder persönlich kennen, auch gibt es keine scharfe Abtrennung zwischen zugehörigen und fremden Individuen. Die Wildhunde, wie viele andere, so die ähnlichen Wölfe, aber auch die Schimpansen und Gorillas, leben in *individualisierten geschlossenen* Gesellschaften; jedes Tier kennt jedes andere, und das Rudel grenzt sich gegen andere Tiere der gleichen Art ab. Für die Funktion des Rudels von Wildhunden ist die Notwendigkeit der Abgrenzung gegen fremde Hunde sofort erkennbar: Es können nicht alle Streuner der Umgebung mit ernährt werden. Tauchen fremde Hunde auf, werden sie sofort attackiert und vertrieben. Schließlich gibt es *anonyme geschlossene Gesellschaften*; Beispiel hierfür sind die Staaten bildenden Insekten: Die Abgrenzung nach außen ist perfekt, und fremde Eindringlinge werden exekutiert. Die Mitglieder eines Staates kennen sich zwar nicht persönlich, können aber von jedem Tier, das ihnen begegnet, am Geruch erkennen, ob es dazugehört oder nicht. Alle besonderen Verhaltensweisen, die wir an gesellschaftlich lebenden Tieren erkennen, sind genetisch fixiert, so wie andere Verhaltensweisen auch. Die Tiere haben also bei ihrer Verwandlung in Gruppentiere »gelernt« in einer Gruppe zu existieren.

4. Die Evolution des gruppendienlichen Verhaltens

Ich möchte alle Verhaltensweisen, die es den Individuen ermöglichen, in Gruppen zu leben, *gruppendienliches Verhalten* nennen. Hierzu gehören, je nach Art, die gemeinsame Abwehr von Beutegreifern, das kooperative Jagen und die Arbeitsteilung bei der Aufzucht von Nachwuchs. Zum gruppendienlichen Verhalten gehört weiterhin die Abwehr von artgleichen Klans, und entsprechend auch die Aggression gegen einen fremden artgleichen Klan, beispielsweise um sich dessen Territorium oder der Weibchen zu bemächtigen. Überaus wichtig und ein zentraler Punkt des gruppendienlichen Verhaltens ist das Ertragen der Nähe der Gruppenmitglieder. Hierzu gehört bei einer Reihe von Arten die Fähigkeit, eine hierarchische Ordnung aufzubauen. Wenn der Spielraum jedes Individuums festgelegt ist, gibt es nicht laufend Auseinandersetzungen. Wichtig ist die Fähigkeit den eigenen Gemütszustand, auch eine aggressive Tendenz, den Gruppenmitgliedern zu signalisieren. Das Besänftigen, wie wir es bei vielen Gruppentieren beobachten, so die Fellpflege bei vielen Primaten, sorgt für eine ausgeglichene Grundstimmung und für Frieden.

Wie bereits erwähnt, verdanken die Gruppen ihre Entstehung der Tatsache, dass pro Kopf des Gruppenmitgliedes per Saldo mehr Nachkommen produziert werden, als dies den früheren Einzelgängern möglich war; denn die Existenz in Gruppen ist auch von Nachteilen begleitet. Eine Herde von Weidetieren ist leichter auszumachen als Einzeltiere. Der Schutz der Tiere im Verband muss also gewichtiger sein als die Tatsache, dass Angreifer die Herde sehr leicht auffinden können. Die Individuen der Gruppen sind für Infektionskrankheiten wesentlich anfälliger als Einzeltiere.[1] Ein großes Problem beim Fortgang der Entwicklung waren – ich nehme das als sicher an – die Verluste durch innerartliche Aggression. Es gab natürlich nach wie vor Konkurrenz bei der Gewinnung von Geschlechtspartnern und Auseinandersetzungen um die Rangordnung. Wir können dies aus den oben erwähnten Verhaltensweisen schließen; wo kämen die hierarchische Ordnung, die mimische und akustische Ankündigung eines Wutausbruchs, die Fellpflege zur Beschwichtigung sonst her?

Das gruppendienliche Verhalten ist eine Eigenschaft der einzelnen Tiere. Selektiert wurden aber nicht die einzelnen Tiere, sondern die »Gruppenvorläufer«, die Familien, die Großfamilien, die Sippen, und später auch Gruppen ohne verwandtschaftliche Bindungen. Diese Vorläufer waren Einheiten der Selektion. (Kapitel 5/4[3]) Die einzelnen Tiere sind Träger der Gruppe, und ihr gruppendienliches Verhalten ermöglicht es der Gruppe, sich zu bewähren. Wenn eine Gruppe sich bewährt, kann sie viele Individuen hervorbringen, die dann wieder die gruppendienlichen Verhaltensweisen zeigen. Die Selektion findet zwischen den Gruppen statt; die erfolgreichste, die bestorganisierte Gruppe wird den zur Verfügung stehenden Lebensraum besetzen und die weniger gut organisierten Gruppen verdrängen.

Nach und nach, im Verlauf von Tausenden von Generationen, verfestigte sich das gruppendienliche Verhalten, es findet immer stärker Eingang in das Genom, es wird zur standardisierten Verhaltensweise von Gruppentieren; es funktioniert unabhängig davon, ob die anderen Gruppenmitglieder Verwandte sind oder nicht. Folgendem Merksatz kommt grundlegende Bedeutung zu:

Durch die Bewährung von Gruppen hat sich bei den angehörigen Individuen das gruppendienliche Verhalten durchgesetzt, es wurde zum standardisierten Verhalten der Individuen einer Art.

5. Die Gruppenselektion als biologisch-historisches Phänomen

Das, was ich im letzten Unterkapitel dargelegt habe, kann unter dem Begriff »Gruppenselektion« zusammengefasst werden. Der Ausdruck »Gruppenselektion« hat eine Vorgeschichte, die mich zunächst zögern ließ, ihn zu verwenden; er ist aber nicht ersetzbar. Der Autor V. C. Wynne–Edwards hat 1962 die Auffassung vertreten, dass höhere Tiere, zu denen er die Wirbeltiere und die Insekten zählt, ein System entwickelt hätten, ihre Verbreitung (*Dispersion*) so zu organisieren, dass sich eine optimale Ausnutzung der Ressourcen ergibt. Er postulierte, es gäbe eine Steuerung der Vervielfältigungsrate im Interesse einer Art. Als ein Mittel dieser Steuerung hat er die »Gruppenselektion« betrachtet.[2]

Der Begriff »Gruppenselektion« wurde von der Fachwelt also immer im Zusammenhang mit der Vorstellung gesehen, es gäbe ein Verhalten von Gruppentieren im Interesse einer Art. Das postulierte Verhalten im »Artwohl« stieß auf vehemente Abwehr. Die »Gruppenselektion« war, durch die gedankliche Verbindung mit einer falschen Theorie, in Misskredit geraten. Die Hauptschwierigkeit mit der Gruppenselektion besteht jedoch darin, dass Wynne–Edwards annahm, sie wirke fortgesetzt noch heute. Tatsächlich aber kann man die »Gruppenselektion« nur als ein biologisch–historisches Phänomen ansehen.

Wir müssen annehmen, dass bei den etablierten Tierarten, die Gegenstand unserer Untersuchungen sind, heute keine merkliche Evolution mehr stattfindet. Dies gilt für die Gestalt der Tiere ebenso wie für deren Verhalten. Wir befinden uns insoweit im Zustand der *Insel im quasistationären Zustand* (Kapitel 7/1). Die Arten haben sich einem funktionellen Grenzwert angenähert; Impulse für eine fortgesetzte evolutionäre Entwicklung sind nicht erkennbar. Es widerspricht auch unserer Erwartung, dass irgendeine Mutation, die irgendwo in einer Löwenpopulation auftritt, eine solche Reproduktionsverbesserung auslöst, dass die sehr verbreiteten und etablierten Löwen durch die neue Mutante verdrängt werden oder sich grundlegend wandeln. Es gibt keine Varietäten, keine Spielarten von unseren etablierten Gruppentieren, die um Nischen miteinander konkurrieren. Zur Bildung neuer Arten wären solche besonderen Umstände erforderlich, die eine chaotische Vielfalt von Varietäten gestatten, und das ist eben recht selten der Fall.

Gruppentiere verdanken ihr gruppendienliches Verhalten der Gruppenselektion; dies schließt in der Frühzeit der Entwicklungsgeschichte die Sippenselektion – als Einheiten der Selektion – ausdrücklich ein. Die Entwicklung kam irgendwann zum Abschluss; eine Varietät hatte die Oberhand gewonnen. Entstanden sind die Arten, die wir heute beobachten. Sie praktizieren das damals entstandene, gruppendienliche Verhalten. Sie leben in Gruppen nach dem damals erworbenen Schema, wo immer wir ihnen begegnen, wieweit die Lebensräume auch getrennt sein mögen. Sie verhalten sich wie genetisch vorgegeben, und deshalb gibt es Gruppen. Gruppenselektion ist ein eingeführtes Wort, es soll beibehalten werden. (Vielleicht wären die Abläufe leichter zu verstehen, wenn man das gruppendienliche Verhalten mit Hinweis auf einen *Gruppenegoismus* erklärte).

Die Gruppenselektion ist ein biologisch-historisches Phänomen. Sie hat zu dem gruppendienlichen Verhalten geführt, das wir heute beobachten.

6. Das Problem mit der Gruppenselektion

Ein verbreitetes biologisches Prinzip scheint durch diese Art der Selektion verletzt zu werden. Es ist dies die Forderung, dass jedes tierische Individuum bestrebt sein müsse, sich individuell erfolgreich fortzupflanzen. Gilt dies auch für die Ameisen, Arbeitsbienen, die Gehilfen der Wildhunde, die teils grundsätzlich, teils häufig nicht zur individuellen Reproduktion gelangen? Was veranlasst diese Gehilfen, auf eigenen Nachwuchs zu verzichten, und sich der Aufzucht fremder oder vielleicht entfernt verwandter Kinder zu widmen? Unnötig zu sagen: Intellektuelle Einsichten gibt es nicht. Im Gefolge dieser Argumentation wird auf das folgende Problem verwiesen: Wie können die Alphatiere beispielsweise der Wildhunde Nachwuchstiere erzeugen, die nicht Alphatiere sein wollen, sondern sich mit der undankbaren Rolle von Gehilfen zufrieden geben? Wäre es nicht richtig anzunehmen, dass im Laufe der Entwicklung mehr und mehr Alphatiere und immer weniger Gehilfen entstehen und dass über kurz oder lang das Rudel zerfällt, weil die Arbeitsteilung nicht mehr funktioniert? Kann, das ist eine entscheidende Frage, eine durch die arbeitsteilige Aufzucht gekennzeichnete Gruppe auf die Dauer überhaupt stabil sein?

Sehr prononciert hat Eckart Voland dieses Problem in Worte gefasst:

»Gruppenselektion setzt voraus, dass einige Individuen ihre Lebens- und Reproduktionsinteressen zu Gunsten ihrer Gemeinschaft zurückstellen, sich also wahrlich genetisch altruistisch verhalten. Weder theoretische Überlegungen noch empirische Befunde lassen es jedoch als sehr wahrscheinlich erscheinen, dass ein solcher Evolutionsmechanismus jemals zur Verhaltensanpassung geführt hat: Wie könnte sich ein Erbmaterial, das seine Träger zur reproduktiven Einschränkung motiviert, in der Population ausbreiten?«[3]

Es handelt sich um einen gewichtigen Einwand gegen die Gruppenselektion, wie sie im letzten Unterkapitel definiert worden ist. Der Einwand wird von der »Soziobiologie« erhoben, einer Richtung der Biologie, die in den letzten Jahren weite Verbreitung gefunden hat. Die hier angeschnittene Diskussion ist von theoretischer Bedeutung. Sie ist für das Verständnis der Naturgeschichte des menschlichen Sozialverhalten unerlässlich.

Anmerkungen

[1] Es ist bekannt, dass die Wildhunde besonders unter der Staupe leiden. Wir wissen nicht, ob dies immer schon so war, oder ob die Krankheitserreger von domestizierten Hunden übergesprungen sind. Die Zahl der Wildhunde ist rückläufig; die Art ist gefährdet und eine der hierfür verantwortlichen Ursachen ist vermutlich die Staupe.

[2] Wynne-Edwards, V. C.: Animal dispersion in relation to social behaviour, Edinburgh/London 1962

[3] Voland, Eckart: Grundriß der Soziobiologie, Stuttgart/Jena 1993

10 Die genetische Weitergabe gruppendienlichen Verhaltens

1. Die Streuung von Merkmalen

Um zu verstehen, wie die genetisch fixierten, gruppendienlichen Verhaltensweisen in einer Population wirksam bleiben können, auch wenn nicht alle Individuen mit gleichen Anteilen an der Zeugung beteiligt sind, ist eine Untersuchung der *Streuung von Merkmalen* erforderlich.

Körperliche Merkmale und Verhaltensmerkmale sind nicht einfach vorhanden oder nicht vorhanden; sie können innerhalb einer Art in unterschiedlicher Ausprägung auftreten, ein Hals kann sehr lang oder weniger lang sein, die Neigung, einen Geschlechtspartner zu suchen, kann mehr oder weniger ausgeprägt sein. Ob ein artspezifisches Merkmal bei einem Individuum ausgeprägt oder nur gerade noch erkennbar auftritt, hängt vom Zufall ab, davon, welche väterlichen und welche mütterlichen Veranlagungen – dominant oder rezessiv – zusammengetroffen sind.

Bei jeder Art gibt es viele verschiedene Merkmale, die mehr oder weniger ausgeprägt vorhanden sind. Körperliche Merkmale können wir in Zentimetern messen, beispielsweise die Länge des Halses von Giraffen. Nicht alle erwachsenen Giraffen haben einen gleich langen Hals. Wir können also sagen, dass der Messwert der Halslänge von Giraffen *gestreut* ist. Solche Streuungen sind von großer theoretischer Bedeutung, was anhand eines Beispiels sofort erkennbar wird.

Wir untersuchen einige Maße einer statistisch repräsentativen Gruppe von neugeborenen Babys aus dem Landkreis Starnberg des Jahres 1972.[1] Wir vergleichen die Daten für den Kopfumfang, die Länge und das Gewicht der Babys. Die Werte für den Kopfumfang zeigt das Diagramm 1 auf der folgenden Seite, wobei jeder Stern für ein Baby steht.

Aus dem Diagramm 1, einer typischen *Glockenkurve*, ist zu ersehen, dass der Spielraum für den Kopfdurchmesser zwischen 31 und 40 cm liegt. Wenn wir einen Kreisquerschnitt der Köpfe annehmen, dann liegt die Durchmessertoleranz bei weniger als 3 cm. Die enge Toleranz des Kopfumfangs neugeborener Babys ist ein Merkmal von uns Menschen. Wir können dieses Merkmal interpretieren. Für den sich entwickelnden Menschen waren seine mentalen Fähigkeiten von besonderer Bedeutung. Der Apparat für dieses Fähigkeiten braucht Platz, und sein Sitz ist der Kopf. Bessere mentale Fähigkeiten erfordern größere Köpfe. Andererseits war ein zu großer Kopf ein Todesurteil: Kinder mit zu großen Köpfen konnten bei den ebenfalls evolutionär entstandenen Beckenmaßen der Frau nicht geboren werden; beide Partner, Mutter und Kind kamen ums Leben. Die Tendenz zu größeren Köpfen kam an eine scharfe Grenze, die man an der rechten Flanke des Diagramms gut erkennen kann.

Von geringerer Bedeutung ist die Länge der Babys; sie schwankte bei der Untersuchung zwischen 46 und 58 cm, bei einem Mittelwert von 52 cm. Wir können das Ergebnis nur so interpretieren, dass die Länge einem geringeren

Diagramm 1

Verteilung des Kopfumfanges von 120 Säuglingen nach der Geburt
Mittelwert des Umfanges ist 36,6 cm
Mittlere Abweichung (Streuung) ist 19

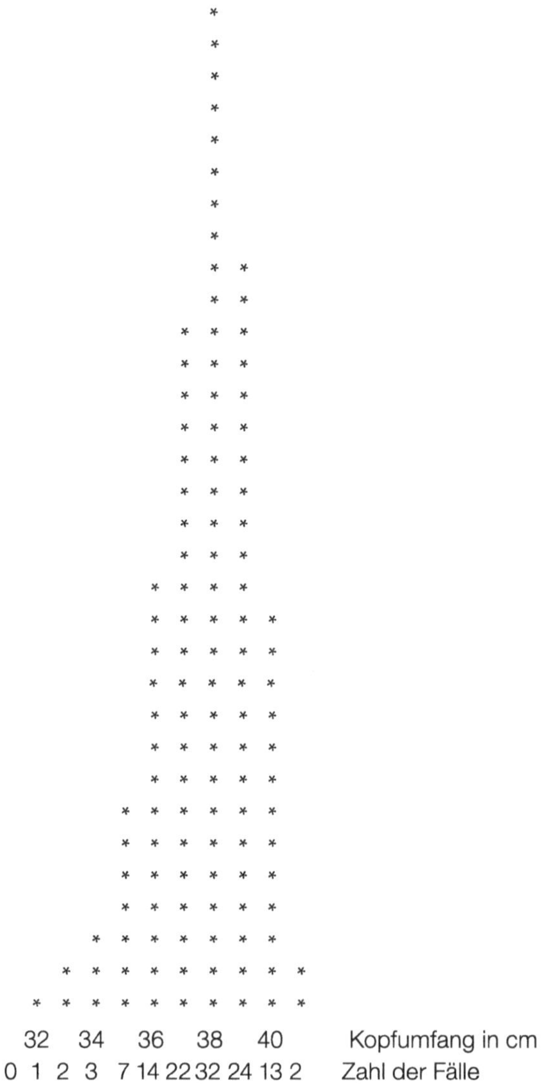

```
                              *
                              *
                              *
                              *
                              *
                              *
                              *
                              *
                              *  *
                              *  *
                           *  *  *
                           *  *  *
                           *  *  *
                           *  *  *
                           *  *  *
                           *  *  *
                           *  *  *
                           *  *  *
                        *  *  *  *
                        *  *  *  *  *
                        *  *  *  *  *
                        *  *  *  *  *
                        *  *  *  *  *
                        *  *  *  *  *
                     *  *  *  *  *  *
                     *  *  *  *  *  *
                     *  *  *  *  *  *
                     *  *  *  *  *  *
                     *  *  *  *  *  *
                  *  *  *  *  *  *  *  *
               *  *  *  *  *  *  *  *  *
```

        32   34   36   38   40   Kopfumfang in cm
0 1 2 3 7 14 22 32 24 13 2   Zahl der Fälle

Diagramm 2

Verteilung der Länge von 120 Säuglingen nach der Geburt
Mittelwert der Länge ist 52 cm
Die mittlere Abweichung (Streuung) ist 25

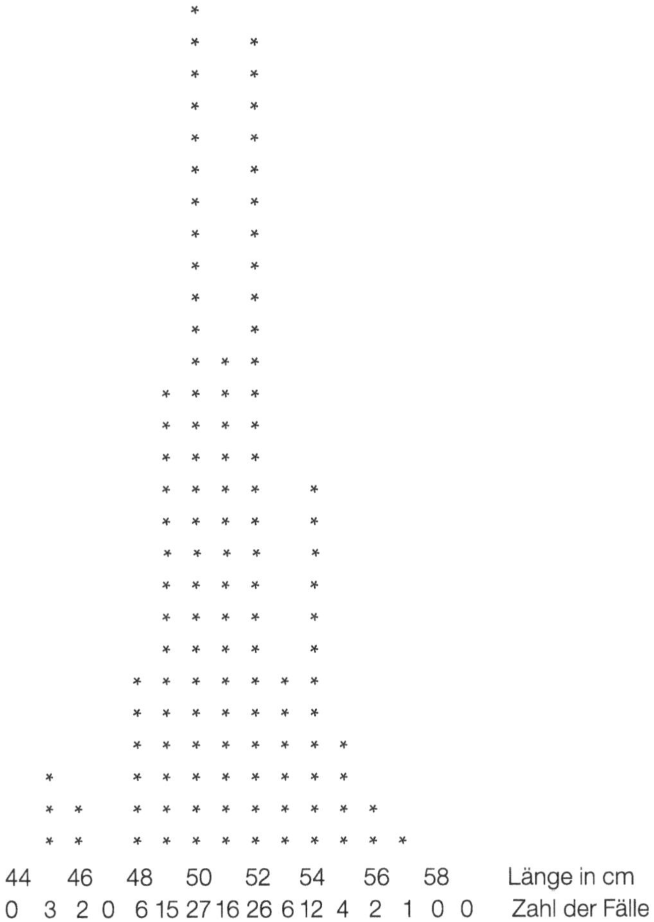

Länge in cm	44		46		48		50		52		54		56		58	
Zahl der Fälle	0	3	2	0	6	15	27	16	26	6	12	4	2	1	0	0

Selektionsdruck unterworfen war. Hierzu das Diagramm 2 – ein Stern repräsentiert wieder das Maß eines Babys.
Ein völlig anderes Bild ergibt die Glockenkurve mit dem Gewicht der Babys, es lag zwischen 2 000 g und 5 000 g bei einem Mittelwert von 3 343 g. Hieraus ist zu schließen, dass das Geburtsgewicht von geringerer Bedeutung ist und nicht

unter allzu starkem Selektionsdruck steht; nach allgemeiner Erfahrung können Frühgeburten und Babys mit geringerem Gewicht das Defizit – zumal bei der heutigen medizinischen Versorgung von Babys – sehr gut aufholen.

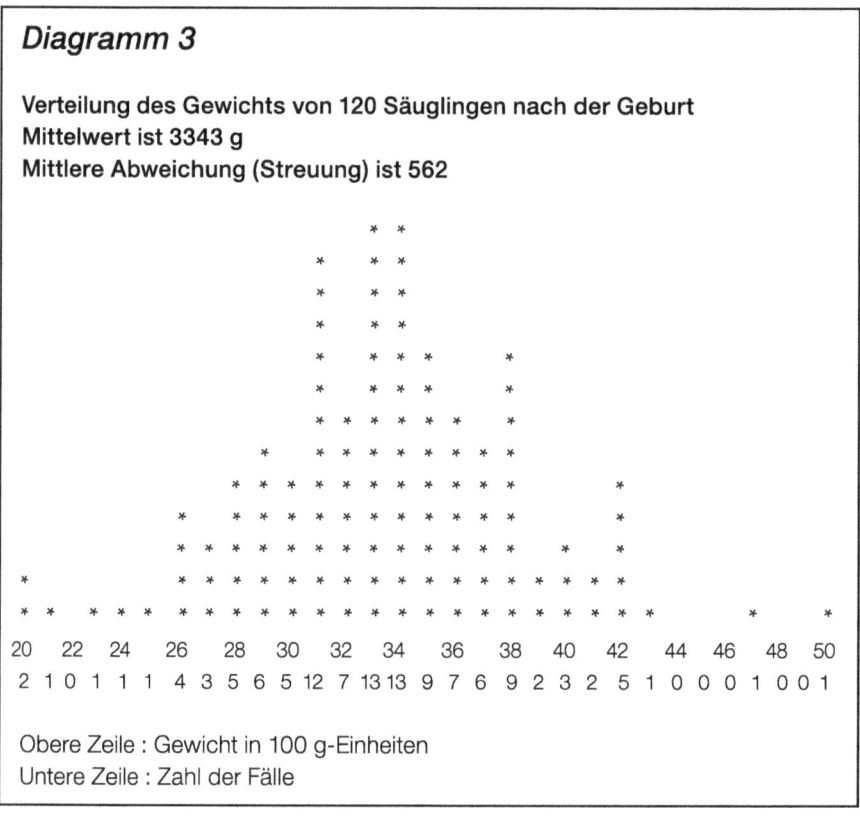

Diagramm 3

Verteilung des Gewichts von 120 Säuglingen nach der Geburt
Mittelwert ist 3343 g
Mittlere Abweichung (Streuung) ist 562

Obere Zeile : Gewicht in 100 g-Einheiten
Untere Zeile : Zahl der Fälle

Es gibt bei statistischen Auswertungen den Begriff *Standardabweichung* (auch *Streuung* oder *mittlere Abweichung* genannt); er ist mathematisch definiert. Wenn alle Proben, aus denen ein Mittelwert gewonnen wird, gleich sind, dann ist die Abweichung Null. Je größer die Streuung ist, umso höher ist dieser Wert. Die Standardabweichung der Kopfgröße errechnet sich zu 19, die der Babylänge zu 25 und die der Gewichte zu 562. Der Unterschied ist markant.

Die Erkenntnis, die wir von den Starnberger Babys gewinnen können, ist von allgemeiner Bedeutung. Die Maßzahlen aller Merkmale haben eine Streuung. Dieser Streuung verdanken wir die Mutation. Wären die Kinder Kopien der Eltern, wäre also die Standardabweichung aller Messwerte Null, dann gäbe es keine Evolution. Die Selektion begrenzt die Mutation, sie ist das von der Umwelt ausgehende Korrektiv. Man kann also sagen:

Mutation verbreitert die Glockenkurve der Messwerte von Merkmalen, Selektion verengt sie.

Es ist, als suchten Mutation und Selektion an den beiden Seiten der Glockenkurve ein Gleichgewicht; wo sie es finden, können neue Erscheinungsformen von biologischen Wesen entstehen. Was geschieht, kann als Eigengesetzlichkeit der Biosphäre angesehen werden. Ich neige zu der Auffassung, dass jedes sich autokatalytisch selbst aufbauende System so funktionieren muss, und dass die Biosphäre ein Beispiel für ein solches System ist. Das jedoch bleibt spekulativ. Gibt es weitere Systeme dieser Art?

Irgend eine Streuung, irgend eine Form einer Glockenkurve verfestigt sich bei der Entstehung einer Art, so wie die Glockenkurve der Kopfumfänge menschlicher Babys bei der Geburt. Der folgende Merksatz ist wichtig:

Die Streuungen der Messwerte von Merkmalen einer Art sind Merkmale dieser Art.

2. Der Rückkopplungskreis der sozialen Verhaltensweisen

Alphatiere der Wildhunde sind auf sich gestellt ohne Reproduktionserfolg; nur das Jagen mit den Gehilfen führt zu hinreichender Verpflegung des Nachwuchses. Wenn in einer Gruppe zu viele Individuen als Gehilfen tätig sind, dann ist die Ausbeute an Nachkommen pro Gruppenmitglied klein. Nehmen wir andererseits an, ein Stamm von Alphatieren würde – ohne erkennbaren Grund – dazu übergehen, die Streubreite des Verhaltens zu verringern, also keine Nachkommen mehr hervorbringen, die auch zu Hilfsdiensten befähigt sind, sondern nur noch Alphatiere, dann würde das Rudel nach wenigen Generationen ihr Territorium verlieren und verschwinden. Es würden zwar viele Welpen erzeugt, die aber mangels Nahrung und Schutz vor Fressfeinden die Geschlechtsreife nicht erreichen. Tatsächlich aber bleiben die Tiere erhalten, die eine so breite Streuung der Veranlagungen vererben, dass pro Kopf der Mitglieder des Rudels ein optimales Reproduktionsergebnis erzielt wird und die Nachkommen wieder in der Lage sein werden, den richtigen Mix zwischen Zeugung und Hilfe zu realisieren.

Hiermit ist auch die Frage Volands beantwortet, ob »... sich ein Erbmaterial, dass seinen Träger zur reproduktiven Einschränkung motiviert, in der Population ausbreiten kann«. (Kapitel 9/6) Es bestand ein Rückkopplungskreis: Eine geringere Zahl von Gehilfen beeinträchtigte die Funktion der Gruppe. Die Individuen einer anderen Gruppe, die eine angepasste Zahl von Gehilfen erzeugte, überlebte. Die Bandbreite und Gewichtung der möglichen Verhaltensweisen ist artbestimmendes Merkmal, d. h. eines, das sich bei der Entstehung der Wildhunde etabliert hat und im Genom verankert ist.

Die bei der obigen Überlegung vorausgesetzte Vorstellung, es bestehe eine direkte und andere Individuen ausschließende Fortpflanzungslinie von Alphatier zu Alphatier, mag theoretisch von Bedeutung sein; praktisch ist sie kaum realisiert. Jane Goodall hat bei den Schimpansen festgestellt, dass es männliche

Individuen gibt, die sich durch sexuelle Intensität und entsprechenden Erfolg auszeichnen, ohne Alphatiere zu sein. Aus der Tatsache, dass es solche Männchen gibt, können wir rückschließen, dass sich deren Funktion für die genetische Vielfalt der Gruppe als vorteilhaft herausgestellt hat. Ich kenne entsprechende Untersuchungen bei den Wildhunden nicht. Eine genetisch abgegrenzte Fortpflanzungslinie von Alphatier zu Alphatier halte ich auch hier nicht für wahrscheinlich. Alphatiere gehen verloren; die Lebensfähigkeit der Gruppe beweist sich auch dadurch, dass es immer Individuen gibt, die in der Lage sind, jede Funktion in der Gruppe zu übernehmen. Wahrscheinlich erscheint es mir überdies, dass die Alpha-Funktion nicht nur an die Begabung eines Tieres, sondern auch an sein Alter und seine individuelle Vorgeschichte gebunden ist.

3. Die Variationsbreiten innerhalb von Arten

Es gibt unterschiedliche Verhaltensweisen, und auch unterschiedliche Formen im Rahmen einer Art. Der Zufall spielt mit. Bei den Wildhunden und vielen anderen Gruppentieren unterscheiden wir zwischen Individuen, die unterschiedliche Rollen – mehr oder weniger gut – ausfüllen können, sodass ein kooperatives System entsteht. Die Tiere sind aber immer noch weitgehend gleich. Im Rahmen einer Art kann es aber auch klar unterscheidbare Formen geben, sowohl bei Einzelgängern als auch bei sozial lebenden Tieren. In Kapitel 15/1 werden wir die Blaukiemenbarsche kennen lernen, bei denen es verschiedene Arten von Männchen gibt, die sich unterschiedlich benehmen; es gibt sogar Männchen, die wie Weibchen aussehen.

Auch beim Homo sapiens gibt es manifeste unterscheidbare Verhaltensrollen: Es gibt homosexuelle Männer. Es überrascht, dass der Anteil der homosexuellen Männer konstant zu bleiben scheint, obwohl sie weniger an der Zeugung beteiligt sind als andere Männer. Das sei hier nur beiläufig erwähnt; wie dies entstanden sein kann, wird in Kapitel 16 untersucht.

Die Bandbreite der möglichen Verhaltensweisen, zu denen ich auch die *Begabungen* zähle, ist bei uns Menschen besonders groß. Es ist zu vermuten, dass eine reduzierte Selektion innerhalb wehrhafter Gruppen Begabungen entstehen lässt. Die funktionelle Gruppe sorgt für alle Individuen, die dann, sozusagen für den Erwerb des täglichen Brotes, keinem selektiven Druck unterworfen sind. Insofern entsteht etwas Ähnliches wie ein *chaotischer Zustand*. Die Glockenkurve für die Messwerte der verschiedenen Begabungen wird breiter, und das Angebot an besonderen Fähigkeiten größer. Eine Gruppe, die sich durch unterschiedliche Begabungen unter den Individuen auszeichnet, kann mit der Umwelt besser fertig werden, sie hat fähige Talente für viele Probleme. Sie ist leistungsfähiger als eine Gruppe von Individuen, die alle die gleichen Fähigkeiten aufweisen. Übrigens: Auch die äußere Form von Individuen der Art Homo sapiens ist vielgestaltig; ein Sumoringer und eine Pygmäenfrau sehen beispielsweise sehr unterschiedlich aus.

Die breite Streuung der Fähigkeiten einer Art kennzeichnet die »Generalisten«, die sich von den »Spezialisten« unterscheiden. Es gibt Tierarten, die auf bestimmte Verhaltensweisen und auf bestimmte körperliche Merkmale spezialisiert sind. Bei diesen Spezialisten scheiden durch Selektion alle Individuen aus, die bestimmte Leistungen nicht vollbringen können. Ein Gepard muss schnell sein, sonst kann er keine Weidetiere erjagen und muss verhungern. Geparde können aber sonst nichts, ihre eindimensionale Selektion hat alle anderen Fähigkeiten in den Hintergrund treten lassen. Zum Überleben mussten sie sich spezialisieren; man könnte sagen, sie hätten sich in einer »Spezialisierungsfalle« gefangen.

Wir können jetzt auch verstehen, dass es Arten mit verschieden gestalteten Individuen gibt, die ihrer speziellen Funktion angepasst sind. Bei den Staaten bildenden Insekten ist dies der Fall; es gibt reproduzierende und arbeitende Individuen. Die weiblichen Individuen eines Bienenstocks sind zur Reproduktion unfähig oder werden hormonell entsprechend unterdrückt, erhalten aber den Bienenstock funktionsfähig. Es muss in der Vita der Staaten bildenden Bienen solche gegeben haben, die noch gezeugt haben, aber hauptsächlich mit der Besorgung von Nektar beschäftigt waren. Irgendwann hat die Selektion die Zeugungsmöglichkeit unterdrückt; die konsequente Trennung der Funktionen hat sich eben – für den Bienenstock als Ganzes – reproduktiv besser bewährt.

4. Die Seele der weissen Ameise

Ich hoffe, gezeigt zu haben, dass die Entstehung von Tierarten, deren Individuen durch gruppendienliches Verhalten gekennzeichnet sind, und die in Gruppen leben, sich dadurch entwickelt haben, dass *Vorgruppen*, Ansätze von Gruppen, wie Familien, Einheiten der Selektion waren. Die Gruppen haben sich bewährt, und dadurch konnte gruppendienliches Verhalten entstehen.

Dies lädt zu der Auffassung ein, dass die Gruppe, die Summe aller kooperierenden Einzeltiere, eine neue Qualität von Wesen, ein besonderes »Tier« ist.

Diese Idee stammt von dem südafrikanischen Forscher Eugène N. Marais, um 1930 veröffentlicht in seinem packenden Buch: »Die Seele der weißen Ameise«.[2] Für ihn ist der Termitenstaat ein Tier, dem nur die Fähigkeit der Fortbewegung fehlt. Er vergleicht jedes Element eines Termitenstaates mit einem entsprechenden Teil eines Tieres, das laufen kann, und zeigt, wie der Staat durch das Zusammenwirken der verschiedenen Elemente funktioniert. Den Einzeltieren, die den Termitenstaat bilden, fehlt jeder Freiheitsgrad, sie erfüllen nur ihre begrenzten Funktionen. Es gibt Tiere, die nur den innerbetrieblichen Transport übernehmen und nie ans Tageslicht kommen, andere, die nur mit dem Herbeischaffen von Nahrung und Baumaterial beschäftigt sind, und wieder andere wehren Gefahren ab. Diejenigen, die den innerbetrieblichen Transport übernehmen, vergleicht Marais mit den Blutkörperchen, die Königin mit den Geschlechtsorganen, die

»Gärten« mit der Verdauung. Alle Einzelwesen gehören aber einer definierten Art an. So ungewohnt diese Idee, diese Interpretation einer Gesellschaft von nur scheinbar einzelnen Tieren ist, so erläutert sie doch anschaulich das Wirken der Evolution. In einem Ameisenstaat sind alle »Tiere« – man sollte besser von *beweglichen Funktionsträgern* sprechen – mit der Königin in direkter Linie verwandt. Wieweit diese Tatsache mit der perfekten Funktion des Staates in Zusammenhang steht, vermag ich nicht zu beurteilen.

Was Marais über den Termitenstaat sagt, gilt auch für alle mehrzelligen Tiere wie den Menschen. Sie sind aus Milliarden von Zellen zusammengesetzt, die ursprünglich, in biologischer Vorzeit, unabhängige Lebewesen waren. Im Laufe der Evolution hat sich der Zusammenschluss als überlegene Strategie für die Reproduktion herausgestellt. Die verschiedenen Zellentypen, aus denen ein Tier oder Mensch besteht, erfüllen eng begrenzte Funktionen und ermöglichen dem zusammengesetzten »Mehrzeller« die Existenz als »Individuum«.

Anmerkungen

[1] Die Daten über die Babys hat mir die Tutzinger Hebamme Cornelia Schreiber zu Verfügung gestellt, der ich herzlich danke; es sind die Babys, denen sie 1972 beim Eintritt ins Leben behilflich war.

[2] Marais, Eugene N.: Die Seele der weißen Ameise, Berlin 1949. Eugene N. Marais (1872–1936) war Bure aus Südafrika und hat in Afrikaans geschrieben. Ich habe in keinem einschlägigen Fachbuch unter den Literaturhinweisen seinen Namen gefunden; er gilt unter den Biologen wohl eher als »Märchenonkel«.

11 Rätselhafte Verhaltensweisen

1. Gibt es tierisches Verhalten im Interesse der Art?

Es gibt Vögel, wie unsere Amseln, die andere Vögel durch Signale warnen, wenn sie eine Katze oder einen anderen Beutegreifer sehen. Warum tun sie das? Wäre es der eigenen Sicherheit nicht zuträglicher, die Erkenntnis für sich zu behalten und das Weite zu suchen? Durch die Warnung macht sie ja nicht nur andere Vögel, sondern auch den Beutegreifer auf sich aufmerksam. Schließen wir die Antwort aus, der Warner täte dies aus Freundlichkeit; es handelt sich vielmehr um ein instinktives Verhalten.

Bemerkenswert ist die Abwehr von Beutegreifern bei den Dohlen (*Coloeus monedula*). Sie setzen ihr Leben aufs Spiel und stürzen sich mit Todesverachtung auf alles, was irgendetwas flatterndes Schwarzes in den Fängen hält. Sie wollen den Kollegen befreien und – so könnte man ihr Verhalten intellektuell auslegen – damit erreichen, dass der Räuber alle schwarzen Vögel wegen lästiger Begleitumstände von seinem Speisezettel streicht. Aber auch hier können wir nicht von einer intellektuellen Einsicht ausgehen; das Verhalten ist instinktgesteuert; es besteht, weil es sich bewährt hat.

Es gibt Tiere, die ihre bereits verschluckte Nahrung mit anderen Mitgliedern derselben Tiergesellschaft teilen. Neben den Wildhunden sind das beispielsweise die – ohne Grund – schlecht beleumundeten Vampire (*Desmodus rotundus*). Sie haben nichts gemein mit den Vampiren Hollywoods. Es sind kleine zierliche Fledermäuse, die nachts von weidenden Tieren Blut saugen, wie Mücken es tun. Vampire müssen Nacht für Nacht Nahrung aufnehmen, um überleben zu können, Vorräte können sie nicht anlegen. Ein erfolgloser Vampir erhält von einem glücklicheren Artgenossen der gleichen Kleingruppe Mund zu Mund so viel von dessen Beute, dass er wenigstens genügend Energie hat, den Tag zu überleben und in der nächsten Nacht wieder auf Jagd gehen zu können. Vornehmlich tun dies Weibchen; begünstigt sind Verwandte und Nichtverwandte.[1]

Und auch bei der Aufzucht von Nachwuchs gibt es Verhalten, welches wir als menschliche Forscher nicht ohne weiteres verstehen. Am Viktoria-See wurde beobachtet, dass bei den Graufischern (*Ceryle rudis*) einzelne männliche Individuen, die weder beim Nestbau noch bei der Zeugung beteiligt waren, die Elternpaare bei der Verpflegung des gerade brütenden Alttieres und der geschlüpften Jungen unterstützen. Auch verteidigen sie das Nest gegen Rivalen und Räuber. Man nennt solche Gehilfen »Helfer-am-Nest«. Wie ist dieses Verhalten zu verstehen, welchen Antrieben folgen die Tiere?

Alle geschilderten Verhaltensweisen scheinen dem Wohl der Art zu dienen. Tiere handeln »gegen ihre eigenen Interessen«, um artgleichen Individuen zu helfen oder Gefahr von ihnen abzuwenden. Die Idee des Verhaltens zum *Wohl der Art* wurde auch von Konrad Lorenz[2] vertreten; er hatte beobachtet, dass

Hunde, die einen artgleichen »Feind« an der Kehle gepackt hatten, unfähig seien, diesen auch zu töten, so sehr sie dies auch wünschten. Er nannte dies »Beißhemmung«. Es gibt weitere Verhaltensweisen die dem Schutz von Artgenossen dienen. Bei vielen Arten, insbesondere bei den Geweih- und Hornträgern, sind die Zweikämpfe zwischen konkurrierenden Männchen um Weibchen so ritualisiert, dass auch der Unterliegende nur selten zu ernstem Schaden kommt.

2. Blick in die Vergangenheit der Arten

Die Verhaltensweisen erschließen sich uns, wenn wir die Umstände in Betracht ziehen, die bei der Entstehung der Art bestanden haben. Alle Arten, die sich aus einer chaotischen Situation entwickelt haben, standen während der anschließenden Selektionsphase unter Konkurrenzdruck (Kapitel 8). Ich rufe in Erinnerung, dass die Varietäten sich durchgesetzt haben, die eine ökologische Nische am schnellsten besetzen konnten. Man könnte sagen, dass hierzu strategisches Verhalten erforderlich sei. Richtiger ist es zu erkennen, dass die Varietät, die *zufällig* auf eine Strategie gestoßen ist, sich als erfolgreich erwiesen hat.

Varietäten sind durch Ähnlichkeit gekennzeichnet, so wie die Buntbarsche im Viktoria-See. Ich habe gezeigt, dass geringste Unterschiede in der Ausgestaltung oder im Verhalten einer Varietät ihr das Übergewicht über andere verschafft; das Gleichgewicht zwischen geringfügig unterschiedlichen Varietäten unter gleichen ökologischen Umständen ist labil (Kapitel 8/5). Wir können nicht voraussagen, wie die Konkurrenzen zwischen Varietäten ausgehen, Glück und Zufall spielen eine Rolle. Wir können aber nach Abschluss der Konkurrenz die Merkmale erkennen, die für den Erfolg verantwortlich gewesen sein müssen.

Alle Tiere, die wir heute beobachten können und als Arten registrieren, sind »Sieger«, ihre Konkurrenten sind längst verschwunden. Die Merkmale, die ihnen den Sieg beschert haben, beobachten wir heute staunend. Das Warnen der Vögel hat in der Frühzeit den Ausschlag für ein minimales Übergewicht einer Varietät gegeben. Wir können uns vorstellen, dass die Beutegreifer sich an die Kolonien gehalten haben, die nicht warnten, und dort leichter an Beute kommen konnten. Das geringe Übergewicht einer Varietät vergrößert bei der labilen Ausgangslage deren Erfolgsaussichten, und schließlich deren Erfolg. Die Varietät von Vor-Hunden, die Artgenossen – vermutlich in Gedanken an die eigenen Welpen – nicht tot bissen, hatten wegen der größeren Zahl die besseren Aussichten bei der Besetzung eines Erwerbszweiges.

Die Sieger – die heutigen Arten – mussten ihr Erfolgsrezept konsequent einhalten; man könnte auch sagen, dass die Spielarten, die ihr Erfolgsrezept am hartnäckigsten durchgehalten haben, schließlich übrig geblieben sind; es hat sich so ergeben. Sie halten noch heute an diesen Erfolgsrezepten fest. Sie warnen, je nach Art, noch heute vor Feinden, schonen und verpflegen Artgenossen, befreien sie aus den Fängen von Beutegreifern, und helfen bei der Aufzucht ihres Nachwuchses.

Genetisch fixierte Verhaltensweisen von Individuen, die wir heute als der Art dienlich wahrnehmen, erklären sich dadurch, dass sie dieser Art in der Phase ihrer Entstehung, in Konkurrenz zu gleichzeitig existierender Varietäten, von Nutzen waren.

Die rätselhaften Verhaltensweisen sind Atavismen. Sie sind allerdings nur dann rätselhaft, wenn man hinter jedem Verhalten einen aktuellen Sinn vermutet. Wir müssen uns bemühen, das ganze zeitliche Kontinuum der Entwicklung zu sehen.

Ich habe diesem Buch als Motto ein Wort von Goethe vorangestellt:
Ganz allein durch die Aufklärung der Vergangenheit lässt sich die Gegenwart begreifen.[3]

3. Unfreundliche Verhaltensweisen gegen Individuen der gleichen Art

Bei einer Reihe von Tieren gibt es innerartliche Kindstötungen, den Infantizid; so bei den Löwen und Languren, aber auch bei einigen Vogelarten. Infantizid ist, wenn ein Geschlechtspartner die nicht von ihm gezeugten Kinder tötet oder Gelege zerstört. Dies könnte als Maßnahme interpretiert werden, schneller an eigenen Nachwuchs zu kommen, wenn die störenden Kinder beseitigt sind.

Meist ist es das Männchen, das Kinder tötet. Bei Auseinandersetzungen zwischen territorial konkurrierenden Löwensozietäten kommt es vor, dass die alten Herren einer Sozietät vertrieben werden und eine oder mehrere Löwinnen mit Jungen übrig bleiben. Häufig werden nun die Jungen von dem neuen Boss oder einem anderen hochrangigen männlichen Tier der siegreichen Sozietät getötet. Die ihrer Kinder beraubte Löwin bleibt in der neuen Sozietät; zunächst dürfte sie als unbelastete Jägerin willkommen sein, denn bei den Löwen jagen die (schnelleren) Weibchen. Daneben wird sie früher empfängnisbereit, zur Erzeugung von Nachwuchs für die neuen Bosse. Wir können ausschließen, dass die Löwen oder sonstigen Kindstöter aus intellektueller Einsicht handeln. Sie folgen einem genetisch fixierten Antrieb, der sich in der Frühzeit der Löwen entwickelt hat. Dieser Antrieb muss einen Grund haben.

Auch bei der Entstehung der heutigen Löwen bestand eine Konkurrenz zwischen Varietäten, d. h. zwischen Spielarten von irgendwelchen Vor–Löwen. In irgendeinem Klan wurden die fremden Babys getötet, vielleicht weil sie an den vertriebenen Klan erinnerten und insofern schlecht rochen. Der neue Klan hatte einen Vorteil gegenüber anderen Klans, die Kinder nicht töteten. Es hat sich ergeben, dass sie mehr Nachkommen erzeugten, sich also schneller verbreiteten als andere. Der reproduktive Vorteil gegenüber konkurrierenden Varietäten, die fremde Kinder nicht töteten, war auch deswegen erheblich, weil diese fortfuhren, fremde Kinder, auch die der bösartigen Konkurrenz, in dem eigenen Klan zu belassen und großzuziehen. Es gibt heute, auch nach dem Verschwinden der Konkurrenz, keinen evolutionären Grund, der die Löwen veranlassen könnte, ihre Praxis zu ändern.

In die gleiche Kategorie wie der Infantizid fällt die Spermakonkurrenz. Bei einer Reihe von Arten wird die Kopulation über die Samenübergabe hinaus ausgedehnt. Wir kennen das von unseren Hunden, bei denen der Penis nach der Spermaübergabe noch eine Zeit lang in seiner Position verbleibt. Der einzige nachzuvollziehende Sinn besteht darin, dass hierdurch Konkurrenten abgehalten werden, ihrerseits erfolgreich Sperma abzuliefern; die Befruchtung ist dann schon vollzogen; hierauf habe ich schon in Kapitel 8/5 im Zusammenhang mit der Abgrenzung hingewiesen, ebenso darauf, dass die Männchen vieler Tierarten einen Begattungspfropfen bilden, der die Vagina verschließt und verhindert, dass spätere Bewerber etwas ausrichten können. Bemerkenswert ist, dass dieses Verfahren bei sehr entfernten Tierarten, bei Kriechtieren und Schlangen, aber auch bei unseren Eichhörnchen und Igeln zur Anwendung kommt.

Auch hier können wir annehmen, dass es sich um einen Atavismus aus der Entstehungszeit der Art handelt. Die Varietät, die zu diesem Ausschluss von Konkurrenten neigte, war reproduktiv erfolgreich. Das Verfahren ist geblieben, die Konkurrenten sind längst verschwunden.

4. Warum verschwinden die rätselhaften Verhaltensweisen nicht?

Um ein Beispiel herauszugreifen: Warum findet bei den Dohlen keine Selektion im Sinne der sozialen Verweigerung statt? Wäre eine Dohle, die sich dem Angriff auf das »flatternde Schwarze« entzieht, bei der Reproduktion nicht im Vorteil? Sie ist einer Gefahr nicht ausgesetzt, der andere ausgesetzt sind, hat daher eine höhere Lebenserwartung und kann in dem statistisch längeren Leben auch mehr Nachkommen produzieren als die sozial eingestellten Individuen.

Die heute lebenden Dohlen sind Nachfolger einer Varietät, die sich gegen andere Varietäten durch ihre soziale Intensität durchgesetzt haben. Das soziale Engagement erschöpft sich übrigens nicht in dem Angriff; Dohlen brüten in Kolonien und sind überaus gesellig. Diejenigen Varietäten von den entstehenden Dohlen, die ihre sozialen Pflichten nicht so ernst genommen haben, sind längst verschwunden. Das Verhalten unserer heutigen Dohlen ist verknüpft mit ihrem »Dohle-Sein«; artbestimmende Verhaltensweisen lassen sich kaum wegzüchten; es ist eben nicht so, dass alle Merkmale von Pflanzen und Tieren in gleicher Weise durch Selektion zur Disposition stehen.[4]

Die Frage lässt sich auf alle sozialen Verhaltensweisen ausdehnen. Das einzelne Individuum mag einen Gewinn aus asozialem Verhalten ziehen, das System, die Gruppe verschwindet, wenn die Zahl der Abweichler überhand nimmt. Wir müssen bei unserer Betrachtung zur Kenntnis nehmen, dass das »gruppendienliche Verhalten« bei vielen Arten einst zu stabilen Gruppen geführt hat; die, bei denen dies nicht der Fall gewesen ist, sind verschwunden.

Die in der Überschrift gestellte Frage bedarf einer weiteren Überlegung. Wenn etwas in der Biosphäre nicht so abläuft, wie wir es glauben erwarten zu müssen, so sollte uns dies veranlassen, unsere Erwartung, unseren Glauben, kritisch zu überdenken.

5. Die Soziobiologie

Diese moderne Richtung der Biologie versucht eine Erklärung über die hier diskutierten tierischen Verhaltensweisen auf der Basis von zwei Grundsätzen:
[1] Jedes Individuum hat ein persönliches Vermehrungsstreben
[2] Alle Gegebenheiten müssen einen aktuellen, jetzt wirkenden Grund haben.
Satz [2] wird unreflektiert vorausgesetzt. Satz [1] geht auf Charles Darwin zurück, insbesondere auf den schon mehrfach zitierten Satz, dass jedes einzelne *organische Wesen* eine äußerste Vermehrung seiner Zahl erstrebe.[5] Auf Darwin geht auch das Schlagwort vom Überleben des »Fittesten« zurück, was ja dessen Reproduktion einschließt. Wenn von der Reproduktion die Rede ist, sprechen einige Biologen von »Darwin-Fitness«. Man kann den oben angeführten Satz [1] auch wie folgt formulieren: Jedes Individuum ist bestrebt, seine Darwin-Fitness zu maximieren.

Wenn ein Tier irgendetwas tut, was nicht der eigenen Darwin-Fitness, sondern der Fitness von Artgenossen dient, handelt es, nach den Vorstellungen der Soziobiologen, gegen seine Interessen, es handelt altruistisch. Das sei rätselhaft. Weil es bei Tieren keinen »wahren« Altruismus geben könne, keinen bewussten Verzicht, muss hinter dem verzichtenden Verhalten irgendein Grund stecken.

Die angebotene Erklärung geht auf William D. Hamilton (1964) zurück. Sie wurde durch das Standardwerk *»Sociobiology, the new Synthesis«* (1975) von Edward O. Wilson[6] einer weiteren Öffentlichkeit bekannt. Die Kernaussage besteht darin, dass die scheinbar altruistischen Handlungen *immer* Verwandte begünstigen. Im englischen Sprachgebrauch wird dies *kinselection* genannt, was mit *Sippenselektion* übersetzt werden kann. Die Begünstigten eines Verzicht-Leistenden beherbergen immer auch zu einem gewissen Anteil seine Gene. Jedermanns direkte Nachkommen haben zu 50% seine Gene, dessen Enkel sowie Nichten und Neffen noch zu 25%. Altruistische, gegen die eigene Fitness gerichtete Handlungen seien in Wirklichkeit doch selbstsüchtig, weil die eigenen Gene, wenigstens anteilsmäßig, bei der weiteren Verbreitung unterstützt würden.

Der Begriff der Fitness bedürfe also einer Präzisierung. Die Fitness – gemeint ist immer die auf die Reproduktion gerichtete Darwin-Fitness – wird in eine »direkte« und »indirekte« Fitness aufgeteilt. Die direkte Fitness kennzeichnet den persönlichen Reproduktionserfolg. Für jedes Individuum komme es aber auf die »Gesamtfitness« an, die sich als Summe aus der direkten Fitness und der indirekten Fitness errechnet. Die indirekte Fitness errechnet sich nach der Hamiltonschen Ungleichung:
$K < r \times N$
K seien die Kosten eines altruistischen Aktes, N der Nutzen für den Begün-

stigten, und *r* ein Koeffizient des Verwandtschaftsgrades. Dieser Koeffizient ist bei den eigenen Kindern 0,5, bei den Neffen 0,25 und bei den Urenkeln 0,125. Ein Individuum verhalte sich vernünftig, wenn es diese Beziehung beachtet. Der altruistische Aufwand, den es betreibt, müsse sich verringern, je geringer das Verwandtschaftsverhältnis sei. Befolge ein Individuum diese Regel, könne sein Verhalten nicht als altruistisch bezeichnet werden, sondern nahezu als selbstsüchtig. Es erhöhe dann seine indirekte Fitness und somit auch seine Gesamtfitness.

6. Die Bedeutung der Gene in der Soziobiologie

Die Juristen fragen, wenn sie den Urheber einer Kausalkette ermitteln wollen: *cui bono?* – wem nützt es, wer ist der Begünstigte? Fragen wir das Gleiche die Soziobiologen, ist die Antwort: die Gene.

Durch die Arbeit, die jemand leiste, wenn er seine Gesamtfitness erhöht, würden seine Gene verbreitet. Es würden Gene kopiert, die in neuen Wesen erschienen, und dort wieder neue Individuen mit diesen Genen produzierten. Dies seien aber die gleichen Gene, die das altruistische Verhalten des Individuums veranlasst hätten. Also sei es so, dass die Gene die eigentlichen Steuerleute der Reduplikation wären, die ein Tier so steuerten, dass sie, die Gene, selbst kopiert würden und weiter existieren könnten.

Es komme also bei der Reduplikation nicht auf den Phänotyp – das Tier, die Pflanze – an, sondern auf die steuernden Gene. In den Genen sei die stammesgeschichtlich erworbene Information gespeichert, der potenzielle Unsterblichkeit zuzuerkennen wäre und die die Kontinuität des Lebens begründeten. Hiervon grundsätzlich zu unterscheiden seien die vergänglichen Individuen, die als kurzlebige Vehikel den einzigen Zweck verfolgten, ein optimales Medium für die Genreduplikation zu liefern. Damit stelle sich die gesamte Biosphäre als ein »genzentriertes Prinzip« dar. Daher kommt der Begriff »egoistisches Gen«.

7. Bedenken gegen die Soziobiologie

Im Zentrum ihrer Überlegung steht die Überzeugung, jedes Individuum *erstrebe* eine Maximierung seiner Darwin-Fitness, dies sei eine »Systemeigenschaft des Lebens« (Voland). Diese Aussage ist nicht falsifizierbar. Die Motivation aller Individuen entzieht sich der Überprüfung. Die Aussage ist ein Glaube. Glaubensinhalte sind nicht widerlegbar und bei naturwissenschaftlichen Betrachtungen nicht hilfreich. Es ist möglich, viele biologische Erscheinungen soziobiologisch zu interpretieren. Man stößt aber bald auf Widersprüche, mangelnde Übereinstimmung mit Beobachtungen und auf nicht mehr erklärbare Phänomene. Es fragt sich, ob es überhaupt hilfreich ist, den Individuen ein eigenes »Streben« zu unterstellen.

[1] Altruistische Handlungen sollten – unter Beachtung der Hamilton'schen Ungleichung – nur den Verwandten nützen. Bei beobachteten altruistischen Handlungen sind die Begünstigten die *Anwesenden*, also gruppenangehörige Individuen, bei denen es sich, situationsbedingt, häufig um Verwandte handelt. Dies könnte aber eine »nichtkausale Koinzidenz« sein. Immer wenn die Vögel morgens singen, geht die Sonne auf. Aus dieser nichtkausalen Koinzidenz lässt sich nicht schließen, die Sonne ginge auf, *weil* die Vögel singen.

[2] Um nachzuweisen, dass es eine individuelle Fitnessmaximierung gibt, werden Beispiele aus der Brutpflege von solchen Tieren herangezogen, die ihre gesamte Energie darauf richten, ausschließlich ihren eigenen Nachwuchs zu versorgen. Dies ist aber nicht immer so. Bei vielen Tierarten nähren Mütter alle bedürftigen Kinder, beispielsweise bei den Wanderratten, den Wildhunden, und einigen Fledermausarten. Gilt das Streben nach Maximierung der individuellen Fitness nicht für alle Individuen?

[3] Einige Phänomene kann die Soziobiologie nicht deuten, so die bei Mensch und Tier verbreitete Homosexualität.[7]

[4] Nach der Soziobiologie könnte es Gruppenselektion nicht geben, weil sie voraussetze, »… dass einige Individuen ihre Lebens– und Reproduktionsinteressen zu Gunsten ihrer Gemeinschaft zurückstellen, also sich wahrlich genetisch altruistisch verhalten.« (Eckart Voland). Entstehende Gruppen könnten nicht stabil sein. Dies ist aber durch Feldforschungen widerlegt. Viele Arten, deren Individuen sich durch genetisch fixiertes gruppendienliches Verhalten auszeichnen, existieren in stabilen Gruppen.[8]

[5] Die Soziobiologie bietet keine biologisch–historische Erklärung dafür an, wie soziales Verhalten zum Merkmal von Arten werden konnte.

8. Ein alternativer Ansatz

Folgender Satz ist kaum in Zweifel zu ziehen: *In allen stabilen Populationen ist die Zahl der neu entstehenden Individuen größer oder gleich groß wie die Zahl der absterbenden.* Eine Population ist eine Gruppe von Individuen einer Art, die in einem bestimmten Raum leben und sich untereinander kreuzen können. Die Populationen, bei denen mehr Individuen absterben als nachwachsen, verschwinden nach einiger Zeit. Wenn zwischen Populationen Wettbewerb besteht, obsiegt diejenige, deren Reproduktion relativ größer ist.

Bei Populationen von Einzelgängern ergibt es sich, dass die Reproduktion nicht bei allen Individuen gleich erfolgreich ist. Entscheidend ist, dass der Durchschnitt der Reproduktion der Individuen so ist, dass die oben angegebene Bedingung erfüllt wird.

Die Aussage muss aber auch für Populationen von Tieren gelten, die in sozialen Gemeinschaften leben. (Wobei angenommen werden muss, dass jede Population aus mehreren sich abgrenzenden sozialen Gruppen besteht.) Wie können solche Gruppen entstanden sein? Bei reproduktiv erfolgreichen Gruppen steigt die Streuung, die Glockenkurven wird breiter. Es kann sich ergeben, dass einerseits reproduktiv erfolgreiche Individuen entstehen, und andererseits Individuen, die »infantil« bleiben und ihren Reproduktionsinstinkt bei der Unterstützung der produktiven Individuen ausleben. Wenn die Reproduktion aktiver Individuen gewichtiger ist als der Verlust, der dadurch entsteht, dass einige Individuen nicht selbst reproduzieren, dann bewährt sich die Population und bleibt bestehen. Wir können beobachten, dass es bei sozialen Tieren sowohl reproduktiv aktive Individuen, als auch Gehilfen im Rahmen einer Art gibt. Nach dem Grundsatz: *Jedes eine Art kennzeichnende Merkmal war reproduktionsfördernd* (Kapitel 4/4) hat sich die Aufteilung ergeben.

Insektenstaaten sind sehr wahrscheinlich auf diese Weise entstanden, ebenso die Klans bei vielen Arten wie beispielsweise den Hundeartigen und den Primaten. Sehr einfach lässt sich das Phänomen der in sozialen Gruppen lebenden Tiere verstehen.

Das Thema des Buches ist die Naturgeschichte des menschlichen Sozialverhaltens; nicht eine Auseinandersetzung mit der Soziobiologie. Die hier angestellten Überlegungen waren erforderlich, um folgende Aussage zu begründen, auf die wir aufbauen:

Die Gruppenselektion ist ein Spezialfall der Entstehung von Arten; sie hat zu stabilen Gruppen geführt und fügt sich lückenlos in das System der Biologie ein.

9. Die Entwicklung der Biosphäre – Ein historischer Prozess

In der Biosphäre gibt es keine zyklischen Wiederholungen. Jeder Entwicklungsschritt baut auf einem vorangegangenen Schritt auf. Das reproduktiv Erfolgreichere verdrängt seine Vorläufer. Wir erwarten nicht, dass heute eine neue Art von Zellen entsteht, dass sich eine neue Klasse von Tieren aus Reptilien entwickelt, dass die Dinosaurier wieder erscheinen. Wir wissen, dass die Biosphäre irgendwann begonnen hat und irgendwann zu Ende ist. Sie kann sich asymptotisch einem stabilen Endzustand nähern, in dem keine Evolution mehr stattfindet; irgendwann wird jeder Stoffwechsel zum Erliegen kommen. Die Entstehung und Weiterentwicklung von Klassen, Ordnungen, Familien und Arten von biologischen Wesen ist ein historischer Prozess. Die Biosphäre hat einen großen Teil ihrer Geschichte absolviert. Grundlegende Wandlungen etablierter Arten sind unwahrscheinlich. Wir erwarten nicht, dass irgendwelche etablierten Arten wie Buchfinken oder Löwen einen Evolutionssprung erleben, der dazu führt, dass ein neuer Superbuchfink oder ein Superlöwe den bestehenden Arten so überlegen ist, dass diese verschwinden.

Arten haben eine Lebensgeschichte. Sie sind durch Abgrenzung gegen ähnliche Arten oder Varietäten entstanden und haben sich etabliert. Ihre Verhaltensweisen, die nur scheinbar auf sich fortsetzende evolutionäre Entwicklungen hindeuten, erklären sich aus ihrer Geschichte; sie sind uns als Informationen aus der Frühzeit der Arten willkommen.

Durch eine sprunghafte Umweltveränderung kann aber wieder Bewegung in die biologische Dynamik kommen. Eine gravierende Umweltveränderung erleben wir gerade; sie entsteht durch die Anpassung der Biosphäre an die menschlichen Bedürfnisse. Die Spezialisten unter den Arten können sich in der Regel nicht mehr anpassen, wenn ihre Umwelt, beispielsweise der tropische Regenwald, verschwindet, verschwinden auch sie. Die Kulturfolger unter den etablierten Arten passen sich an die von uns Menschen geschaffene neue Umwelt an, hier können wir noch einige Überraschungen erwarten.

Wir erforschen die menschliche Geschichte aus Neugier. Wir wollen wissen, wie es gewesen ist. Wir wollen aber auch ergründen, wie Kulturen entstanden sind, als deren Träger wir uns erleben. Unsere Gegenwart verstehen wir aus der Geschichte. So wenig wie die übergeordnete biologische Geschichte kennt die menschliche Geschichte zyklische Wiederholungen. Sie hat begonnen und strebt einem Ende zu.

Die Biologie ist eine historische Wissenschaft. Ohne Betrachtung des geschichtlichen Ablaufs sind viele heute beobachtete Phänomene nicht zu verstehen.

Anmerkungen

[1] Spektrum der Wissenschaft 1990/4, S. 100

[2] Lorenz, Konrad: Das sogenannte Böse, Wien 1963
Lorenz versteht das »Verhalten im Artwohl« richtig als eine früher – bei der Artentwicklung – entstandene Verhaltensweise; seine Auffassung unterscheidet sich grundsätzlich von der Wynne-Edwards (Kapitel 9).

[3] Johann Wolfgang von Goethe: Tag und Jahreshefte 1811, Briefe und Gespräche, Zürich/ Stuttgart 1958, Band 11, S. 489

[4] Die überwiegende Zahl von Merkmalen organischer Wesen ist mutationsresistent. Hinzuweisen ist auf Anmerkung 4, Kapitel 3.

[5] Charles Darwin spricht an der Bezug nehmenden Stelle in: »Die Entstehung der Arten« nicht von Individuen, Tieren oder Pflanzen, sondern von »jedem einzelnen organischen Wesen (*every single organic being*)«; hierunter kann man auch Gruppen wie Bienenstaaten verstehen. Charles Darwin hat hier weiter gedacht als einige seiner heutigen Interpreten.

[6] Wilson, Edward O: Sociobiology – the new Sythesis, Cambridge, MA, USA 1976

[7] Bagemihl, Bruce: Biological Exuberance – Animal Homosexuality and natural Diversity, New York 1999. Bagemihl berichtet von zahlreichen Beobachtungen und kommt zu dem Ergebnis, dass die Homosexualität bei Tieren in freier Wildbahn und in Gefangenschaft weit verbreitet ist; dies sei bisher von den Verhaltensforschern nicht gewürdigt worden.

[8] Es ist unerheblich, über wie viele Generationen eine Gruppe stabil bleibt, oder ob sie gar unsterblich ist; wichtig ist, dass ein Verfall nicht systemimmanent ist. Wynne-Edwards hat Kolonien von Sperlingen beobachtet, die mindestens einige Jahrzehnte bestanden haben. Wynne-Edwards, V. C.: Animal dispersion in relation to social behaviour, Edinburgh/London 1962

Zweiter Teil

MERKWÜRDIGE MENSCHLICHE VERHALTENSWEISEN
UND DAS LEBEN DER ERSTEN HOMINIDEN
IN DER OSTAFRIKANISCHEN SAVANNE – EIN PUZZLE

12 Vom Waldbewohner zum Savannenläufer

1. Der Abschied vom Wald

Allen Tierarten ist eines gemeinsam: Sie haben sich aus bereits vorhandenen älteren Tierarten entwickelt. Wir Menschen machen keine Ausnahme. Wir haben uns aus einer Art entwickelt, deren Lebensraum der Wald war.

Fossilien, versteinerte Reste von Tieren und Pflanzen aus der erdgeschichtlichen Vergangenheit, erlauben Rückschlüsse auf die Entwicklungen, die zu den heute lebenden Tierarten, auch zu uns Menschen, geführt haben. Neben den Fossilien gibt es noch weitere Informationsquellen aus der naturgeschichtlichen Vergangenheit. Merkmale von biologischen Ahnen bleiben oft bei den Nachkommen selbst dann erhalten, wenn der Zweck, zu dem sie sich einmal entwickelt haben, längst nicht mehr besteht. Solche Merkmale, *Atavismen*, erlauben interessante Rückschlüsse auf die Lebensbedingungen, unter denen die früheren Arten unserer biologischen Ahnenreihe gelebt haben.

Einen solchen Atavismus erkennen wir an unseren Füßen. Mit ihren Nägeln ähneln sie unseren Händen. Der große Zeh unterscheidet sich von den vier kleineren Zehen, wie der Daumen von den vier übrigen Fingern. Der den Fingern gegenüberstehende Daumen ermöglicht es uns, Dinge zu greifen und fest zu halten. Mit unseren Füßen können wir das nicht. Sie unterscheiden sich aber grundlegend von den Füßen anderer Lauftiere, von den Pfoten der Katzen und Hunde, sowie von den Hufen der Weidetiere. Die Besonderheiten der menschlichen Füße legen nahe, dass sie bei unseren biologischen Ahnen ebenfalls zum Greifen von Gegenständen gedient haben, vielleicht zum Packen eines Astes oder zum Festhalten am Fell des Muttertieres. Unterstützt wird diese Annahme durch die Tatsache, dass Menschenbabys an den Füßen einen Greifreflex haben; wenn man die Fußsohlen mechanisch reizt, ziehen sich die Füße so zusammen, als wollten sie etwas greifen. Erst durch die Notwendigkeit viel zu laufen, so können wir annehmen, haben sich die Füße verändert und hierbei die nun weniger wichtig gewordene Fähigkeit eingebüßt, Dinge zu greifen und fest zu halten.

Unsere biologischen Ahnen konnten also auch mit den hinteren Extremitäten greifen und halten. Diese Fähigkeit kann vornehmlich zum Klettern genutzt werden. Der Lebensraum unserer biologischen Ahnen muss also der Wald gewesen sein, er muss ihnen Nahrung und Schutz gewährt haben. Die Hauptaufgabe ihrer Extremitäten war damals das Greifen und nicht das Laufen. Die Kletterahnen müssen schlecht zu Fuß und in dieser Hinsicht den Bodentieren unterlegen gewesen sein.

Warum sollten diese Baumtiere den Wald verlassen und sich den Gefahren des Lebens in offener Landschaft aussetzen? Es liegt der Schluss nahe, dass nicht die Waldbewohner den Wald verlassen haben, sondern der Wald die Waldbewohner.

Artenwandel braucht Zeit. Das Verschwinden des Waldes muss langsam vor sich gegangen sein. Das langsame Verschwinden war Folge einer Veränderung des Klimas. Wald braucht viel Regen; bekommt er zu wenig, trocknet er allmählich aus. Für abgestorbene Bäume wachsen weniger neue Bäume nach. Auch die Art der Bäume ändert sich, es werden zunächst Bäume nachwachsen, die mit dem Wassermangel besser zurechtkommen, aber für die Waldbewohner als Nahrungsquelle weniger geeignet sind. Unter diesem langsamen Wandel, dem Zurückgehen der Wälder und der Bildung freier grasbedeckter Flächen, wurden aus hominoiden Waldbewohnern Savannenläufer.

Wir Menschen – das erzählen uns unsere Füße – verdanken unsere Entstehung einer Klimaveränderung, die unsere kletternden Vorfahren zwang, sich einer neuen Umwelt mit wenigen Bäumen anzupassen. Das wichtigste war dabei, das Laufen zu lernen.

2. Die Welt der ersten Hominiden

Der Wandel von kletternden Waldbewohnern zu den intelligenten zweifüßigen Rennern hat in Ostafrika stattgefunden, in dem Gebiet, das heute von den Staaten Äthiopien, Kenia und Tansania eingenommen wird, insbesondere im großen Grabenbruch, dem *great rift valley*. Ostafrika war früher mit Regenwald bedeckt. Bereits im mittleren Miozän, vor etwa 15 Millionen Jahren, hat sich ganz langsam eine Klimaänderung vollzogen; es regnete weniger.

Der Rückgang der Niederschläge führte nicht zur absoluten Trockenheit, zur Wüste, sondern zu dem, was wir heute Savanne nennen. Die Savanne ist vielgestaltig. Große Grasflächen wechseln mit Wäldern und Gebieten mit einzelnen Bäumen. Man unterscheidet Baum-, Busch- und Grassavannen; welche Savannenart sich ausbildet, hängt von den klimatischen Bedingungen, Temperatur und Niederschlag, aber auch der Neigung des Geländes ab. Die Savannenarten wechseln mit den Klimaschwankungen, es können sehr unwirtliche trockene und steppenähnliche Landschaften sein, von den Botanikern Wüsten-Grasbusch genannt; aber auch freundlichere Landschaften mit kleinen Flüssen und Seen, die jahreszeitlich mehr oder weniger, oft auch kein Wasser führen, mit Akazienbäumen und Koniferen. Wo ein Fluss entlangführt, drängen sich an seinen Ufern die Bäume, sodass man von einem Galeriewald spricht. Das gemeinsame Merkmal aller Savannenlandschaften ist zumindest saisonal der Wassermangel.

Es wäre ein Fehler anzunehmen, dass die klimatischen Verhältnisse sich einem stabilen Endzustand angeglichen hätten; wir kennen eine Reihe von erheblichen Schwankungen, Trockenzeiten wechselten mit Regenzeiten. Diese sich immer wieder verändernden Umweltbedingungen haben dazu geführt, dass bei der Menschwerdung immer die Anpassungsfähigeren übrig blieben und sich fortpflanzen konnten; es waren diejenigen, die mit den sich wandelnden Umweltphasen Schritt halten konnten; es waren nicht die Spezialisten, die überlebten, sondern die Generalisten.

Der große Grabenbruch gehört zu den eindrucksvollsten Formationen dieser Erde. Er ist 6 000 km lang und 40–70 km breit. Wer nördlich von Nairobi in westlicher Richtung fährt, vor dem tut sich plötzlich diese riesige Ebene auf, mit großen freien Flächen, teilweise von Wäldern, meist Akazienwäldern, bedeckt, aber auch mit Seen und erloschenen Vulkanen. Eindrucksvoll sind senkrechte Wolkengebilde, die man zunächst örtlichen Brandstellen zuzuschreiben geneigt ist, bei denen es sich aber um wandernde Windhosen handelt. Auf der gegenüberliegenden Seite in 50 km Entfernung erkennen wir einen mächtigen Bergrücken. die Formation, die mit Graben oder Tal nur unzureichend beschrieben ist, setzt sich nach Norden und Süden fort. Im stärker bewaldeten nördlichen Teil des Grabens gibt es Seen, die eine rötliche Färbung zeigen; es ist die Farbe der Flamingos, die hier die Wasserfläche bedecken. Die Seen des großen Grabenbruchs sind artenreiche Vogelparadiese. Besonders in einigen naturgeschützten Wäldern gibt es viele Tiere, wie Giraffen, leider nur noch wenige Nashörner, auf Bäumen ruhende Leoparden, und die Warzenschweine mit ihrer optimistischen Ausstrahlung, die kniend äsen und geschäftig durch den Wald huschen, die Muttertiere mit aufgestelltem Schwanz voran, die Frischlinge im Gänsemarsch folgend. Nach Norden setzt sich der Graben bis über den Tukana-See hinweg fort; aber auch im Süden gibt es Seen, bis sich der Graben an der Ostseite zu weiten Flächen öffnet: der Serengeti in Tansania und der Massai Mara in Kenia. Es sind große Weideflächen mit riesigen Herden von Zebras, Thomson-Gazellen, Antilopen und Gnus, dazwischen einzelne Trupps von Elefanten und ruhenden oder jagenden Raubtieren.

Der große Grabenbruch mag vor 4 Millionen Jahren anders ausgesehen haben, als er sich heute dem Touristen darstellt; der Eindruck bleibt, dass sich die ersten Hominiden eine wunderschöne Landschaft für ihre Entwicklung aussuchten; die Vorstellung erfreut, dass hier die ersten Hominiden lebten und die ersten Menschen bewusst ihre Umwelt wahrnahmen. Hier lebte vor 3,8 Millionen Jahren der Australopithecus afarensis.

Die ersten Arten von Hominiden werden unter der Gattungsbezeichnung *Australopithecus* zusammengefasst. Der lateinische Kunstname bedeutet »Südaffe«. Hätte man bei der Namensgebung die Verhältnisse besser überschaut, wäre wohl der Name »Laufaffe« als passender gewählt worden. Die älteste und immer noch wichtigste Fundstätte von Fossilien der ersten Hominiden ist Afar, sie liegt im nordöstlichen Teil des großen Grabenbruchs und gehört zum heutigen Äthiopien; Afar ist Namensgeber der ältesten Art der Hominiden, eben Australopithecus afarensis.

Der Australopithecus afarensis lebte nicht nur in Ostafrika; Fossilien wurden auch in Südafrika gefunden. Bei der Analyse gab es eine große Überraschung: Er lief auf zwei Beinen, er war ein echter Zweifüßler, ein Noch-Affe mit aufrechtem Gang.

Begegnete er uns heute, würde er uns wohl sehr klein erscheinen; noch kleiner und zierlicher käme uns seine Frau vor. Das Durchschnittsgewicht der Männer wird auf 45 kg, das der Frauen auf 29 kg geschätzt; die Männer waren etwa 151 cm groß, die Frauen 105 cm. Sie liefen zweifüßig - aber sicher nicht so, wie wir es heute gewohnt sind; sie sind vermutlich ein bisschen gewatschelt. Im Vergleich zu den heutigen Affen hatten sie bereits einen erhöhten Schädel und ein etwas zurückgenommenes Untergesicht. Das Volumen des Gehirns war größer als das heutiger Schimpansen, jedenfalls prozentual zur Körpergröße. Einige Fossilien erlauben den Schluss, dass über den Längenunterschied hinaus ein erheblicher Sexualdimorphismus, ein körperlicher Unterschied zwischen den Geschlechtern bestanden hat. Die Frauen besaßen längere Arme, was darauf hinweisen könnte, dass sie sich noch hangelnd an Bäumen bewegten. Die Männer, anders als die Frauen, hatten hervorstehende Eckzähne. Die Zehen waren bereits dem Gang im ebenen Gelände angepasst; es ist unsicher, ob sie mit den Füßen noch greifen konnten. Wir können nicht wissen, ob und in welchem Ausmaß ihr Fell dünner geworden war.

Das Leben in der Savanne war gefährlich. Zwar haben sich auch die Raubtiere erst im Lauf der Jahrmillionen zu den Arten entwickelt, die wir heute kennen. Es gab aber schon damals katzenartige Raubtiere, zu denen wir heute beispielsweise Löwe, Panter und Tiger rechnen, und hundeartige Raubtiere, von denen die Wildhunde und Hyänen besondere Erwähnung verdienen. Die Australopithecinen waren körperlich diesen Beutegreifern gegenüber wehrlos. Die Tatsache, dass sie als Savannenläufer überleben konnten, müssen wir ihrer beginnenden Intelligenz zuschreiben, aber auch ihrem kooperativen Verhalten. Wir zweifeln nicht daran, dass sich die Australopithecinen als organisierte Gruppe und mit einfachen Waffen der Beutegreifer erwehren konnten. Zur Intelligenz gehört es auch, überlegenen Gegnern aus dem Wege zu gehen. Ich stelle mir vor, dass sie bei ihrer Suche nach Nahrung einen Beobachter abstellten, der sie vor einer Gefahr warnte. Es ist dies nichts Besonderes; Die in sozialen Verbänden lebenden Erdmännchen (*Suricata suricata*) stellen ebenfalls Wächter auf, wie auch die Murmeltiere.

Die erste Person in der Geschichte der entstehenden Menschheit, von der wir Kunde haben, ist Lucy. Teile ihres Skeletts wurden in Afar gefunden. Sie war eine Australopithecus afarensis, hat vor ca. 3,8 Millionen Jahren gelebt, war 1,06 m groß und 27 kg schwer; sie litt an Arthritis und wurde etwa 20 Jahre alt. Der Fund war so spektakulär, dass sogar die Tagespresse Lucy zur Kenntnis genommen hat. Spekulationen über ihr Sexualleben bereichern den Buchmarkt.[1]

Für die Australopithecinen war die Savanne eine gefährliche Umwelt, denn sie waren, so wie wir noch heute, extrem wasserabhängig; eine Folge der Tatsache, dass wir anders als andere Steppentiere unfähig zur Urinkonzentration sind. Vermutlich haben die Australopithecinen häufig in den wassernahen Galeriewäldern gelebt; deren Bäume boten ihnen Schutz und von hier aus konnten sie Streifzüge ins Land unternehmen.

Die Australopithecinen waren zähe Burschen, und man kann ihnen die Hochachtung nicht versagen, vergleicht man ihre Existenz mit unseren heutigen Lebensumständen in geheizten Wohnungen, mit Autos und gefüllten Kühlschränken. Sie waren einem starken Evolutionsdruck ausgesetzt; die Umwelt hat ihnen Strapazen und extreme körperliche Leistungen abverlangt. Diejenigen, die sich behaupten konnten, waren unsere Vorfahren.

3. Persistierende Merkmale. Der Ursprung der Agoraphobie

Entsteht eine Art, treten neue Merkmale zu den vorhandenen. Diese können modifiziert und einem neuen Zweck zugeführt werden, wie wir das bei der Umwandlung von Greiforganen zu Füßen gesehen haben. Die Umwandlung geschieht zumeist unter dem Druck neuer Lebensumstände. Alle übrigen Merkmale – die überwiegende Zahl – bleiben unverändert, selbst wenn sie in der neuen Umgebung keine Funktion mehr erfüllen. Es ist üblich, zur Erläuterung der Persistenz von überholten biologischen Merkmalen auf den Blinddarm zu verweisen, den wir alle noch in uns tragen und der keinerlei Funktionen mehr erfüllt, uns aber erhebliche Nachteile beschert; sein Wurmfortsatz kann sich entzünden und zur Sepsis führen, was unzähligen Menschen und auch Hominiden den Tod gebracht hat. Glücklicherweise hat die Blinddarmentzündung durch die moderne Medizin an Schrecken verloren; noch vor 60 Jahren war ein durchgebrochener Blinddarm nahezu ein Todesurteil. Der früher sehr viel größere Blinddarm war ein Gärraum, in dem mittels Bakterien Zellulose, d. h. schwer aufschließbare Pflanzenbestandteile, verdaut wurden. Dass wir, wie die meisten Säuger, einen Blinddarm haben, zeigt, dass in der Kette unserer Vorfahren solche gewesen sind, die von Nahrungsstoffen lebten, die heute nicht mehr auf unserem Speisezettel stehen. Für den Blinddarm haben wir keine Verwendung mehr; er ist uns rudimentär, sozusagen als Erinnerungsposten, erhalten geblieben.
Neben den immer noch vorhandenen Merkmalen wie Füße mit Zehen oder Blinddarm gibt es solche, die nur gelegentlich oder höchst selten auftreten. Sie sind im Genom noch gespeichert und treten dann zufällig auf, wenn bestimmte elterliche Veranlagungen zusammentreffen. Sie begegnen uns zumeist als Missbildungen wie etwa als Hasenscharte, Wolfsrachen, überzählige Brustwarzen, Schwänze oder bepelzte Haut.
Füße und Blinddarm sind körperliche, phänomenologische Merkmale, die wir beobachten, zeichnen, fotografieren oder unter dem Mikroskop betrachten können. Genauso bedeutend sind Verhaltensmerkmale, die nicht anders als körperliche Merkmale eine Art kennzeichnen, auch wenn man sie unter dem Mikroskop nicht betrachten kann. Begegnen wir einem Säuger, von dem nicht ohne weiteres klar ist, ob es sich um ein Schaf oder um einen Hund handelt, dann wird das spätestens entschieden, wenn das fragliche Tier mit dem Schwanz

wedelt, am Baum eine Markierung mit ein bisschen Urin hinterlässt oder gleichartige Tiere durch eine freundliche Geruchskontrolle begrüßt, einmal von vorn, einmal von hinten; es kann sich dann nur um einen Hund handeln. Die angeborenen Verhaltensweisen – sie sind stammesgeschichtlich entstandene, erblich fixierte Normen – kennzeichnen eine Tierart ebenso wie die äußere Erscheinung; beide sind beim Artenwandel Anpassungsveränderungen unterworfen.

Durch einen Artenwandel verloren gegangene und nur noch gelegentlich in Erscheinung tretende Verhaltensweisen persistieren so wie körperliche Merkmale. Sie können zugedeckt und überlagert werden, sind aber noch immer im Genom gespeichert und können irgendwann durch ungünstiges Zusammentreffen von mütterlichen und väterlichen Erbanlagen wieder auftauchen und Verwirrung stiften. Sie gehören zur Naturgeschichte. Es gibt sie auch bei uns Menschen.

Einiges, was unsere Psychoanalytiker als neurotische Veranlagung bezeichnen, ist tatsächlich eine Reminiszenz, ein verhaltensmäßiger Atavismus, der sich unter früheren Lebensbedingungen als zweckmäßig entwickelt hat und gelegentlich beim einen oder anderen wieder auftaucht. Eine Phobie, nach heutiger Vorstellung, ist eine Form der Neurose mit krankhaft übertriebener Furcht vor spezifischen Situationen oder Objekten.[2] Die häufigste Phobie ist die Agoraphobie oder Platzangst; eine zwanghafte, von Schwindel- und Schwächegefühl begleitete Angst, die es den Befallenen unmöglich macht, allein über freie Plätze oder Straßen zu gehen. Die Psychoanalyse ist der Auffassung, Phobien seien durch Verdrängung libidinöser Fantasien entstanden, die sich sekundär an neutralen, entlastenden Gegenständen festmachten. Neben der Agoraphobie gibt es weitere Phobien, zum Beispiel die pathologisch verstärkte Höhenangst.

Es käme niemand auf die Idee, einem extrem Höhenängstlichen zu unterstellen, er verdränge libidinöse Fantasien, denn bei der Höhenangst ist die im Kern vernünftige Schutzfunktion erkennbar. Jeder, der an dieser Angst leidet, hat den Vorteil, dass er mit der Höhe in Verbindung stehende Gefahren ängstlich meidet; er ist eben nicht »schwindelfrei«. Seine Gefahr, irgendwann herabzufallen und sich zu verletzen, ist geringer als bei seinen Artgenossen, die an dieser Angst nicht leiden. Auch die Agoraphobie warnt vor einer Gefahr, selbst wenn diese heute nicht mehr besteht und daher in Vergessenheit geraten ist. Die an Platzangst leidenden Zeitgenossen sind durchaus in der Lage, einen freien Platz *in Begleitung* zu überqueren. Die Phobie ist genau genommen eine Anweisung, einen freien Platz niemals allein, sondern nur in Gesellschaft zu überqueren. Es muss also irgendwann in der menschlichen Vorgeschichte für längere Zeit eine Umwelt gegeben haben, in der es überaus gefährlich gewesen ist, eine freie Fläche allein, ohne Begleitung zu überqueren.

Dies war bei den Hominiden in der Savanne der Fall. Die freie Ebene war für Waldbewohner feindliches Terrain. Wer in einer Gruppe sich den dort lauernden Gefahren aussetzte, hatte eine größere Chance, sie zu überstehen als ein Einzelner. Auch Herdentiere bleiben beieinander. Die größere Gruppe ist wehrhafter als der einzelne Wanderer und kann auch Angreifer abwehren. Wenn ein sehr hungriger und entsprechend hartnäckiger Beutegreifer eine Mahlzeit aus dieser Gruppe holt, geht schlimmstenfalls ein einziges Gruppenmitglied verloren, was aber dann das Überleben der anderen ermöglicht.

Das hier besprochene Merkmal – die freie Fläche nur in Gesellschaft zu betreten und zu überqueren – ist ein Mosaikstein zum Verständnis des menschlichen Sozialverhaltens. Der Einzelne kann allein nicht existieren, er muss die Gesellschaft suchen, nur in ihr ist er lebensfähig. Wir leiden heute mehrheitlich nicht mehr an Platzangst, aber die Angst, bei einer Gefahr alleine zu sein, ist in uns allen lebendig. Ich habe als Kind und Halbwüchsiger viele Luftangriffe in Luftschutzkellern erlebt. Mir ist aufgefallen, dass alle Schutzsuchenden eng zusammenrückten. Die Chance, zu Schaden zu kommen, war freilich auf allen Plätzen gleich. Ich habe damals versucht, gleichsam als Experimentator, mich entfernt von den Übrigen zu setzen, und bin, als die Flak zu schießen begann und Bomben fielen, vor Angst nahezu panisch geworden. Das Bedürfnis, bei Gefahr die Nähe zum Mitmenschen zu suchen, ist tief verwurzelt.

Es gibt aber auch alltägliche, verbreitete menschliche Verhaltensweisen, die bei Lichte besehen einigermaßen merkwürdig sind. Sprechen wir von unserer Motivation zum Laufen, sprechen wir von unserem Hang zu hohen Geschwindigkeiten.

4. Die Lust am Laufen. Das Programm zum Überleben

Im Jahre 490 v. Chr. siegte ein kleines griechisches Heer bei Marathon über eine persische Übermacht – ein Ausgang, mit dem niemand zu rechnen gewagt hatte. Die Siegesnachricht wurde durch einen unbekannten Meldeläufer nach Athen gebracht; der Weg beträgt exakt 42 195 m. Der Mann kam total erschöpft an, verkündete den Sieg mit dem grammatikalisch korrekten Wort »nenikekamen«, »Wir haben gesiegt!«, und brach tot zusammen. Die Leistung des ersten Marathonläufers ist beachtlich, auch wenn eine ganz und gar verständliche Motivation ihm ermöglichte, seine letzten Reserven zu mobilisieren; zunächst wollte er seine bangenden Mitbürger von der Angst erlösen, man würde sich demnächst in persischer Sklaverei wieder finden; darüber hinaus war der Läufer sich der Ehre bewusst, als Erster die gute Nachricht überbringen zu dürfen.

Es ist schon schwieriger herauszufinden, woher die heutigen Marathonläufer ihre Motivation beziehen. Eine Nachricht haben sie nicht zu überbringen, Ehre wird ihnen kaum zuteil; falls sie zu den Ersten gehören, ist der Preis kaum mehr als eine Notiz in der Tagespresse; das Gros der Läufer verbleibt in der Anonymität. Noch rätselhafter ist die Motivation, wenn man bedenkt, dass die Strapaze ja keine singuläre Leistung ist, sondern vorher bereits mehrfach erbracht worden sein muss. Körperliche Leistungsfähigkeit muss trainiert sein, Kreislauf und Muskeln müssen für eine derartige Leistung konditioniert werden. Bei körperlicher Arbeit wird chemische Energie freigesetzt; bei diesem Prozess entsteht als Nebenprodukt nicht bloß Wärme, die abgeführt werden muss, sondern auch Milchsäure, die Muskelschmerzen und Krämpfe hervorruft.

Die Frage nach der Motivation ist berechtigt und nicht so ohne weiteres zu beantworten. Allgemein versuchen Mensch und Tier, Schmerzen zu vermeiden. Der Wert von Schmerzen besteht ja darin, einer Schaltzentrale zu melden, dass mit dem Körper irgendwas nicht in Ordnung ist, also dass ein Fuß zu nahe am Feuer liegt, eine Ratte am großen Zeh frisst oder dass die Muskeln der Oberschenkel so verkrampft sind, dass eine Rast nötig wird. Warum also quälen sich die Marathonläufer? Die Antwort: Weil es ihnen Spaß macht, wollen wir nicht gelten lassen, denn es folgt gleich die nächste Frage: Warum macht es ihnen Spaß?

Tiere bekommen Hunger, sobald eine Ergänzung der Energie notwendig wird. Hunger ist der Antrieb, das Fressen der Genuss. Tiere, die nicht hinreichend Hunger empfinden und nicht genüsslich fressen, sind weniger leistungsfähig. Die Hungrigen haben mehr Reserven und können sich entsprechend erfolgreicher fortpflanzen. Hunger ist primär ein unangenehmes Gefühl, dem Schmerz verwandt, was wir beispielsweise daran erkennen, dass ein hungriger Säugling gottsjämmerlich schreit. Als Ausgleich für den erlittenen Schmerz ist das Saugen ein Genuss, und der satte Säugling lächelt selig.

Geparde, sobald sie einmal ein großes Beutetier erlegt haben, fressen bis zur Erschöpfung, bis sie nicht mehr auf ihren Beinen stehen können; wir überinterpretieren die tierische Psyche nicht, wenn wir annehmen, dass ihnen das Fressen enormen Genuss bereitet.

Die Marathonläufer rennen ohne primär erkennbaren Sinn; weder müssen sie eine Nachricht überbringen, noch aus einem anderen Grund möglichst bald den Ort wechseln. Warum haben sie Lust am Laufen, trotz Hunger, Durst und Muskelschmerzen, warum hat sich der Spaß am selbstquälerischen Laufen entwickelt? Warum hat sich dieser Antrieb so fest im genetisch vererbten Verhaltensrepertoir verankert, dass er noch heute immer wieder einmal lebendig wird?

Die Antwort kann nur lauten: Weil irgendwann in der menschlichen Vorgeschichte, vermutlich über Jahrmillionen hinweg, eine Umwelt bestanden hat, in der das ausdauernde Laufen eine Überlebensfrage gewesen ist, eine Umwelt, in der nur die guten Läufer überleben und Kinder großziehen konnten. Erinnern wir uns an die Savanne. Die Hominiden, zunächst die Australopithecinen, dann aber auch deren Nachfolger, denen schon der Name *Homo* zuerkannt wird, der Homo habilis, mussten für ihr Leben laufen und rennen. Sie rannten nicht nur von Baum zu Baum, von Wald zu Wald und von Wasserquelle zu Wasserquelle. Sie mussten rennen, um ein kleines Tier zu fangen, um einem Fressfeind zu entkommen oder um Beute heimzutragen. Es hat einen weiteren entscheidenderen Grund gegeben. Wir wissen noch nicht genau, wovon die Hominiden in der ostafrikanischen Savanne lebten. Die Bedeutung der vegetarischen Ernährung war zurückgegangen, obwohl der Australopithecus afarensis sich noch vorwiegend vegetarisch ernährt haben dürfte, was wir an seinen Zähnen erkennen.

Mit Sicherheit besaßen die späteren Hominiden eine ergiebigere Nahrungsquelle, sonst hätten sie sich in dieser schwierigen Umwelt nicht so prächtig entwickelt. Höchstwahrscheinlich war über Jahrmillionen tierisches Aas die Hauptnahrungsquelle der Hominiden. Aas stand wohl ausreichend zu Verfügung; es gab und gibt noch heute viele Herdentiere in der Savanne, und die mussten irgendwann sterben, als Jagdopfer oder an Altersschwäche. Die Jagd auf Aas ist aber beschwerlich; wie findet und erbeutet man Aas? Den einzigen Hinweis auf ein verendetes oder erjagtes Tier liefern die Geier; sie kreisen über dem sterbenden oder bereits toten Tier. Aasjäger stehen unter Konkurrenzdruck; es gibt viele Interessenten, neben den Geiern auch Hyänen, Schakale und Löwen. Wer zu spät kommt, den bestraft der Hunger. Die Hominiden mussten, sobald sie Geier in der Luft kreisen sahen, um die Beute rennen, um vor der Konkurrenz anzukommen oder bevor die Konkurrenz abgeräumt hatte.[3]

Diese Art der Nahrungsbeschaffung war übrigens nur für ein Team möglich. Während einige Mitglieder der Gruppe die Konkurrenten abwehrten, konnten andere ein paar Fleischbrocken von dem Aas reißen, anfangs mit Zähnen, später mit Werkzeugen. Für jeden, der eine Aasverwertung einmal in der kenianischen Massai Mara oder im tansanianischen Serengeti beobachten konnte, ist klar, dass die Hominiden nur als Team etwas ausrichten konnten. Ein einzelner hominider Aasjäger hätte nicht bloß nichts ausgerichtet, sondern wäre seinerseits ein Opfer der wehrhaften Konkurrenz geworden.

Halten wir fest: Zwei Antriebe stehen in Konkurrenz zueinander. Der ältere Antrieb rät zur Schmerzvermeidung, Erholung und Ruhe; der jüngere, später entwickelte Antrieb steht hierzu im Gegensatz und befiehlt: aushalten, weiterlaufen, durchhalten! Tatsächlich ist der jüngere Antrieb so stark, dass seine Befolgung trotz Durst, Hunger und Erschöpfung noch als Genuss erlebt wird, weswegen die Läufer ihm gerne folgen. Unsere biologischen Ahnen lebten durch das Laufen. Diejenigen, die gerne liefen, liefen auch viel und waren erfolgreich und entsprechend auch erfolgreiche Erzeuger von Nachkommen. Weil dies so war, gibt es uns.

5. Die Lust am Training. Der Lohn des Siegers beim Wettlauf

Es kann nur derjenige laufen, der Laufen trainiert hat; aus dem Stand kommt keine Leistung zu Stande. Die Muskeln müssen gestählt, der Kreislauf konditioniert werden. Hominiden haben eisern trainiert. Training ist im Tierreich nichts Ungewöhnliches.

Katzen verwenden gefangene Mäuse als Sparringspartner; sie lassen die unglücklichen Tierchen laufen und fangen sie wieder ein. Auch die toten Mäuse sind mitunter noch Gegenstand vergnüglichen Spiels; sie werden in die Luft geworfen und wieder aufgefangen. Dieses Spiel schärft die Reflexe und macht Spaß. Auch Katzen haben eine Entwicklungsgeschichte. Diejenigen Katzen, die ihre Vorlieben an jugendlichen Spielereien bis ins reifere Alter bewahrten, wurden bessere Mäusefänger. Sie waren besser ernährt und konnten mehr Junge aufziehen, die wiederum Spaß am Spiel mit Mäusen hatten.

Training fängt mit dem Spaß an. Jeder Hundebesitzer erlebt das Vergnügen, dass ein gesunder Hund beim ausdauernden Laufen und beim Apportieren genießt. Kinder von zwei oder drei Jahren können sich ausschließlich im Laufschritt fortbewegen, nur an der Hand von Erwachsenen gehen sie im Schritt. Der Sinn ist klar: Durch die Bewegungsfreude werden die Muskeln, aber auch die nervlichen Erregungsbahnen erprobt und konditioniert.

Es gibt außer diesem kindlichen Training wohl bei erwachsenen Menschen eine weitere Motivation zum Laufen: die Lust am Tempo. Wir haben die inneren Verhältnisse beim Langstreckenläufer bereits kennen gelernt; es gibt darüber hinaus die Lust des Sprinters, der die Geschwindigkeit schlechthin schätzt. Wer Geschwindigkeiten genießt, läuft viel und schnell. Bei diesem Training kommt es nicht darauf an, warum man läuft; die Geschwindigkeit wirkt unmittelbar, das Vergnügen geht mit der Anstrengung einher. Wer schon einmal auf Skiern gestanden hat, versteht den Spaß am Tempo.

Das Laufen war für die Hominiden eine Überlebensfrage. Es musste trainiert werden. Über den kindlichen Bewegungsdrang und die Lust an der Geschwindigkeit hinaus gibt es eine dritte Motivation: die Konkurrenz. Bei Wettbewerben von Leichtathleten laufen erwachsene Menschen 3 000 m im Kreis und überspringen extra aufgestellte Hindernisse. Nach der ersten Runde wird sofort eine nächste in Angriff genommen. Zuschauer feuern die Läufer an, die daraus Motivationsschübe beziehen, um noch ihr Letztes zu geben. Wir wissen, dass die Läufer trotz der Strapazen ein Genusserlebnis haben; aber auch die Zuschauer genießen es; wäre es nicht so, hätten sie zu Hause bleiben und die Ergebnisse in der Tagespresse lesen können. Wettrennen sind Teil des menschlichen Seins, die Freude daran ist im Genom verankert. Wir veranstalten ja nicht nur Wettrennen zu Fuß und in allen möglichen Distanzen, ohne und mit Hindernissen, Strecken von 100 m bis zu 42 195 m, sondern auch Skirennen, Radrennen, Ruderrennen, Rennen mit Motorrädern, Autorennen, Pferderennen, Schlittschuhrennen und anderes mehr. Immer geht es darum, Erster zu sein, und auch darum, zuzusehen, wer gewinnt.

Unser atavistisches Konkurrenzgefühl im Zusammenhang mit Geschwindigkeiten überfällt uns sogar beim Autofahren. Wir lieben Geschwindigkeit, wir fühlen uns unbehaglich, wenn uns jemand überholt. Wir können es gelegentlich kaum ertragen, wenn irgendein untermotorisierter Chaot auf der Autobahn die Überholspur nicht freigibt oder ein Angeber mit einer Blinkkanonade gefährlich nahe auffährt, um uns aus der Spur zu drängen.

Wettrennen gibt es nicht bloß bei Menschen, sondern auch bei Pferden und Eseln. Hätten Pferde keinen Spaß am Wettrennen, ließen sie sich unmöglich motivieren, schon gar nicht durch den Spaß, den Menschen beim Zusehen haben, oder wegen der Wetten. Selbst noch zwischen schwer bergauf tragenden Eseln kommt es zu Auseinandersetzungen um die Position und zu raffiniertem Taktieren um die Führung; insbesondere das zweitplatzierte Tier versucht, beizeiten die Innenbahn zu erringen, um auf der engeren Spur einem Vorreiter den Weg abzuschneiden – kein bisschen anders als unter den Fahrern beim *Grandprix*.

Es gibt einen weiteren, vierten Punkt, der zeigt, welch überragende Rolle das Lauftraining bei den Hominiden spielte. Der Sieger eines Wettrennens hatte Vorteile beim Werben um einen Geschlechtspartner: Der Schnellste kam zum Zug. Viele Tierarten besitzen ihre Spezialität; der Pfau wirbt mit dem schönsten und größten Rad, bei den Hirschen wird der Sieger im Wettkampf ermittelt; bei den Hominiden hatte der Schnellste beim Wettrennen entscheidende Vorteile. (Kapitel 13/3)

Halten wir fest: Wir heutigen Menschen haben ein erstaunliches Verhältnis zur Ausdauer beim Laufen, zur Geschwindigkeit, zu Geschwindigkeitskonkurrenzen. Es ist viel zu verbreitet, um als Ergebnis einer kulturellen Entwicklung erklärt werden zu können. Es muss evolutionären Ursprungs sein. In einer Frühzeit bei der Entwicklung des Menschen müssen lange Zeit Verhältnisse geherrscht haben, in denen das Laufvermögen zum Überleben notwendig war.

Ich möchte noch mal zu dem ersten Marathonläufer zurückkehren. Natürlich stimmt die klassische Motivation; sie ist aber ergänzungsbedürftig. Ich halte es für wahrscheinlich, dass der allererste Marathonlauf ein Wettlauf war, wie die vielen Marathonläufe seither. Mehrere Läufer wollten die Ehre erringen, bewunderter Überbringer der fantastischen Nachricht zu sein. Ein vereinzelter Läufer ohne Konkurrenz hätte bestimmt eine Rast eingelegt oder das Tempo zeitweilig vermindert, denn die um Minuten später eintreffende Nachricht wäre den athenischen Landsleuten genau so willkommen gewesen; er hätte sich nicht zu Tode gerannt.

Anmerkungen

[1] Fischer, Helen: Anatomie der Liebe, München 1993
[2] Mentzos, Stavros: Angstneurose, Frankfurt am Main 1991
[3] Reichholf, Josef H.: Das Rätsel der Menschwerdung, München 1993

13 Die Probleme des Läufers in der Savanne

1. Die erste logistische Klippe

Der Regenwald im ostafrikanischen Grabenbruch beginnt dünner zu werden, und gelegentlich sind erste freie Strecken zwischen erhalten gebliebenen Waldstücken zu überwinden. Trockene Graslandschaft breitet sich aus. Wegen der sich machtvoll entwickelnden Beutegreifer – der Hundeartigen und der Katzenartigen – gerät allmählich jeder Ausflug ins freie Land zu einer riskanten Expedition. Die ersten Schritte in die freie Landschaft unternimmt man wohl aus Gewohnheit noch gemeinsam. Doch mit der sich verändernden Umwelt, dem Rückgang des Waldes und der Zunahme ausgedehnter Flächen entsteht allmählich ein ernsthaftes Problem für die um ihren Lebensunterhalt laufenden Hominiden. Wegen der schwangeren und nährenden Frauen wird es immer schwieriger, das lebensnotwendige Laufprogramm zu absolvieren.

Eine Verringerung dieses Laufprogramms würde die wirtschaftliche Basis gefährden. Bestimmt der schwächste Läufer das Pensum, steuerte er die Menge der Nahrung, die seiner Sippe zur Verfügung steht. Wenn man die jeweils am schlechtesten laufende Schwangere zurücklässt, ist der Fortpflanzungserfolg der gesamten Gesellschaft gefährdet. Die vom Regenwald verlassenen Hominiden müssen sich aufteilen. Die mit der Aufzucht belasteten weiblichen Gesellschaftsmitglieder bleiben in einem sicheren, aber abgeweideten Waldgebiet zurück, und die Männer rennen im freien Gebiet um etwas Nahrhaftes zu ergattern. Die weiter oben erwähnten Geschlechtsunterschiede (längere Arme bei den Frauen, Eckzähne und erheblich höheres Gewicht bei den Männern) lassen nur den Schluss zu, dass die Geschlechter unterschiedlichen Tätigkeiten nachgegangen sind.

Die Trennung der Männer von den Frauen, die mit der Pflege ihrer Nachkommen beschäftigt sind, ist die erste große Herausforderung, die erste logistische Klippe, mit dem die Hominiden fertig werden mussten. Die Überwindung dieser Klippe, die Wiedervereinigung nach der durch die Umwelt erzwungenen Trennung, war ein Markstein bei der Entwicklung zum Homo sapiens. Es entstand daraus ein Merkmal, das die Hominiden von (fast) allen anderen Arten beinahe grundsätzlich unterscheiden sollte: die zeugungsunabhängige Sexualität.

Ich muss hier einhalten und erläutern, dass sich hinter meiner Wortwahl eine Falle verbirgt. Doch wie kann man die Vorgänge anders erklären? Die Hominiden mussten nicht mit etwas fertig werden, sie mussten auch kein Problem lösen. Sie haben nicht zielgerichtet gedacht. Die Hominiden hatten, verglichen mit uns heute, ein eingeschränktes Bewusstsein. Sie lebten, wie sie es vermochten, und wenn sie verhungerten und verdursteten oder ihre Frauen zurückließen und zu wenig Nachkommen entstanden, dann passierte es eben, dass eine Population verschwand. Nachdem wir wissen, dass *eine* Hominidenlinie überlebt hat, erscheint es so, als ob die Individuen dieser Linie ein Problem gelöst, eine Prüfung bestanden hätten.

Wir dürfen annehmen, ohne uns deswegen in Widersprüche zu verwickeln oder in Gegensatz zu den Ergebnissen der Paläoanthropologie zu geraten, dass 95% aller Populationen der Hominiden zu Grunde gingen, weil die Frauen und Kinder verhungerten, von Fressfeinden verzehrt wurden oder in der Savanne verdursteten. Bloß bei wenigen, vielleicht nur *einer* Population, hat sich eine neue, zufällige Entwicklung angebahnt, die das Überleben ermöglichte. Das Defizit an Hominiden konnte in wenigen hundert Generationen ausgeglichen werden, denn der Lebensraum Savanne war jetzt beherrschbar geworden. Wenn wir rückblickend diese Phase betrachten, können wir feststellen, dass eine Population sozusagen blind einen Lottogewinn gezogen hat. Eine Mutation hatte eine neue Lebensmöglichkeit eröffnet.

Wenn wir uns jetzt den Frauen zuwenden, die in Gefahr sind, von ihren Männern verlassen zu werden, dann müssen wir unbedingt einen weiteren möglichen gedanklichen Fehler vermeiden, der geradezu auf der Hand liegt; wir dürfen keinesfalls annehmen, dass unsere heutigen Antriebe, unsere heutigen Gefühlserlebnisse schon damals bestanden. Für uns mag es selbstverständlich sein, nach Eroberung von einem Filetstück sofort wieder zu den Frauen und Kindern zurückzukehren und zu teilen. Unser Fühlen, unser Verantwortungsbewusstsein ist doch gerade das Produkt der damaligen Entwicklung, die wir nachzeichnen; ursprünglich waren sie nicht vorhanden. Wo hätten sie herkommen sollen?

2. Vorhandenes Gerät und neuer Zweck

Wir sehen ein Problem, dessen Lösung Intelligenz zu erfordern scheint. Die Lösung ist in Wahrheit aber nur ausprobiert worden, sie blieb übrig, weil andere Versuche schlechter gerieten. Ich will das an einem Beispiel verdeutlichen: Einem Schachspieler billigen wir schöpferische Intelligenz zu; wir kennen viele schöne Partien, für die wir Schachmeister der Gegenwart und der Vergangenheit bewundern. Trotzdem können heutzutage Computer so gut Schach spielen wie unsere Großmeister. Schachcomputer probieren einfach aus; der Zug, den sie auswählen, ist der beste von allen möglichen, jedenfalls in der begrenzten Auswahl von Zügen, die ein Computer berechnen kann. Was wir beim Menschen schöpferische Intelligenz nennen, ist offenbar das intuitive Erkennen einer besten Möglichkeit. Wir interpretieren die Natur, die Evolution falsch, wenn wir ihr eine schöpferische Intelligenz zuschreiben; wir würden dann annehmen, dass sie zu Entscheidungen in derselben intuitiven Art und Weise findet wie wir Menschen. Für die Erklärung biologischer Phänomene müssen wir so wenig eine schöpferische Intelligenz annehmen wie bei der Erklärung gerissener Züge eines Schachcomputers.

Werfen wir einen Blick in die Werkstatt der Evolution, um hinter ihre Geheimnisse zu gelangen. Schwimmende Tiere benötigen Flossen für den Vortrieb und einen Schwanz zum Steuern. Die Tiere eroberten vor langer Zeit, etwa vor 410 Millionen Jahren, das Land. Mühsam erlernten sie das Laufen, zunächst auf vier Füßen. Der Schwanz war ihnen ein mehr oder minder nutzloses Anhängsel, steuern mussten in erster Linie nur die späteren Vögel. Es ist nun interessant, wie dieses Anhängsel bei den verschiedensten Arten nutzbar gemacht wurde.

Der Hund, unser liebster Freund, wedelt mit dem Schwanz, wenn er seine lautere Gemütsverfassung signalisieren möchte; vermutlich verbreitete er ursprünglich damit seinen spezifischen Geruch; er täte dies wohl nicht, hätte er die Absicht, sein Gegenüber anzugreifen. Anders die Katzen, auch gute Freunde; sie benutzen ihren Schwanz als Balancestange und zum Drohen. In Ostasien wird ihnen mitunter der Schwanz abgeschnitten, damit sie nicht auf den Esstisch springen können. Eine weitere Verwendung hat der Biber gefunden; ihm dient der Schwanz als Wärmeaustauscher. Der Biber benötigt gegen die gelegentliche Kälte ein Fell; wird es ihm zu warm, zum Beispiel bei körperlicher Arbeit, kann er sein Körpersystem über Blutgefäße im Schwanz kühlen. Die Kapuzineräffchen können sich mit dem um einen Ast gewickelten Schwanz fest halten und haben dann zwei Hände frei um Insekten zu fangen. Sogar das Schwänzchen der Elefanten erfüllt einen Zweck, nämlich beim Gänsemarsch den Kontakt mit einem Vordermann oder einer Vorderfrau zu ermöglichen; der Nachfolgende ergreift das Schwänzchen mit dem Rüssel, wohl mehr zur freundschaftlichen Kontaktaufnahme denn als Leitsystem. Die Eichhörnchen steuern mit ihrem Schwanz den Körper beim Sprung, und die Weidetiere verscheuchen Insekten. Überzeugt hat mich die Verwendung des Schwanzes bei Warzenschweinen (*Phacochoerus aethiopicus*). Muttertiere strecken ihn senkrecht in die Luft, damit die Frischlinge bei einer Flucht im hohen Gras sehen können, wohin es geht.

Es gibt zahlreiche Beispiele dafür, dass die bei evolutionärer Entwicklung vorhandenen Organe oder anatomischen Gegebenheiten einem neuen Zweck zugeführt werden. Der Sinn liegt auf der Hand: Irgendeine kurzfristig zu Verfügung stehende Verbesserung, beispielsweise die Umwidmung einer vorhandenen Einrichtung erbringt schnell reproduktive Vorteile. Genau betrachtet ist das Schwanzsignal der Warzenschweine gar keine körperliche Veränderung, sondern nur eine neue Verhaltensweise. Neue Verhaltensweisen entfalten ihre Wirkung enorm schnell, ein dafür nötiger organischer Umbau bleibt vernachlässigbar gering und verlangt nur wenig Zeit – gemessen in Generationen.

3. Die Sexualität als Bindeglied

Neben dem Selbsterhaltungstrieb ist der Sexualtrieb die stärkste Motivation bei zweigeschlechtlichen Arten. Der weibliche Körper signalisiert Empfängnisbereitschaft und löst die Motivation der Männer aus, sich mit den empfängnisbereiten Frauen zu paaren. Es ist ein unbedingter Antrieb, und den Vollzug erleben wir genussvoll.

Eine Kopulation ist im Tierreich wohl an das empfängnisbereite weibliche Individuum gebunden, das seine Empfängnisfähigkeit einem männlichen Individuum mitteilt, das die Signale aufnimmt und darauf reagiert. Die Empfängnisfähigkeit des Weibchens kann saisonal oder individuell geregelt sein; bei den Schimpansen entsteht Empfängnisbereitschaft, sobald die Nährphase des letzten Kindes endet, was meistens vier Jahre nach einer letzten Geburt der Fall ist und durch eine Rötung der Hinterpartie angezeigt wird.

Man hat oft den Eindruck, dass die Natur sich gewissermaßen eines Tricks bedient. Der Trick bestand hier nun darin, eine geschlechtliche Anziehung, die ja nur alle paar Jahre für kurze Zeit besteht, so auszubauen, dass eine fortlaufende Attraktion geschaffen wird. Diese Attraktion sorgt dafür, dass die um Nahrung besorgten Männer motiviert sind, nach dem Ausflug in das Camp mit den dort verweilenden Frauen zurückzukehren. Der Trick war die empfängnisunabhängige Paarungsbereitschaft der Frauen.

Wie darf man sich das vorstellen? Irgendwann hat ein weibliches Individuum auch dann mit seinem Duft oder durch optische Signale Empfängnisbereitschaft signalisiert, obwohl keine bestand. Möglicherweise wurde nur die Aussendung des Signals über den Zeitraum der wirklichen Empfängnisbereitschaft verlängert. Diese Signale sind für männliche Individuen von elementarer Bedeutung; die zweigeschlechtliche Fortpflanzung funktioniert nur, wenn die Signale den unbedingten Antrieb zur Kopulation auslösen. Vielleicht hatte es auch gelegentlich eine Mutation gegeben, eine Variante, die, auf Grund eines genetischen Defekts, die Signale unabhängig von der Empfängnisbereitschaft ausstrahlte. Ich kann mir vorstellen, dass die hier gedanklich vorgestellte Hominidenfrau die Ur-Eva des Menschengeschlechts gewesen ist. Freilich glaube ich, dass es noch weitere Ur-Evas, jeweils in verschiedenen Abschnitten der Entwicklung und jeweils mit einem neu entdeckten Trick, gegeben hat.

Jene erste Hominidenfrau, die solche Falschsignale aussandte, hatte entsprechend mehr männliche Gesellschaft als ihre Geschlechtsgenossinnen, und das war mit besserer Nahrung und mit größerem Schutz verbunden. Sie besaß eine höhere Chance, Nachkommen zur Geschlechtsreife zu bringen und damit ihre positive Abweichung von der früheren Norm weiter zu vererben. Gekoppelt war das mit einer kongruenten Entwicklung der Männer; sie bedurften immer weniger der stimulierenden Signale, sondern verspürten mehr und mehr den latenten Wunsch nach weiblicher Gesellschaft und Vollzug des Geschlechtsaktes. Nach einigen Tausend Generationen genügte es, dass die Männer sich daran erinnerten, dass im Basislager zur Kopulation bereite Frauen warten.

Wir beobachten im Tierreich Kopulationen, können aber über die damit verbundenen Erlebnisinhalte nur spekulieren. Der Sexualtrieb ist stark; dass mit dessen Befolgung Genuss, also eine Belohnung oder nur eine Beendigung eines Schmerzzustandes verbunden ist, lässt sich nur vermuten. Die männlichen Hirsche beispielsweise erscheinen gehetzt, beinah in Panik; sie verlieren Gewicht und erholen sich gelegentlich nach der Brunftsaison nicht mehr. Bei den Löwen verläuft die Sache eher geschäftsmäßig, und man hat nicht den Eindruck von großem Vergnügen. Bei etlichen Haustieren kann man eine Genusskomponente annehmen.

Die männlichen Hominiden mussten eine Genusskomponente entwickeln. Wenn sie große Strecken überwindend nach Hause liefen, dann taten sie dies nicht, um von einem Schmerz befreit zu werden, sondern weil ihnen etwas Erfreuliches in Aussicht stand. Diejenigen, die dieses Vergnügen besonders schätzten, liefen am schnellsten heim und waren dann auch eher an der Zeugung von Nachkommen beteiligt als weniger motivierte oder langsamere Mitbewerber.

4. Sexualität und Alimentation

Bei vielen Tieren wird die Nahrung unter den Angehörigen einer Sippe geteilt. Das Besorgen von Nahrung zur Aufzucht ist verbreitet – so bei Vögeln und Raubtieren. Löwinnen gehen auf Jagd und teilen die Beute mit Kindern und den Männern. Von erstaunlicher Leistungsfähigkeit sind hier die Wildhunde, die alles Erjagte untereinander aufteilen. Diese Verhaltensweisen sind evolutionär entstanden und haben sich bewährt.

Für die Hominiden, die in der Savanne zunächst heimisch werden mussten, war die bei der Nahrungsbeschaffung nötige Trennung der Geschlechter neu. Bei Schimpansen findet sich das gelegentliche Teilen von Nahrung, aber nicht die Institution zuverlässigen Alimentierens. Sie muss es nicht geben, weil die Gruppenmitglieder gemeinsam umherstreifen.

Die Rückkehr der männlichen Hominiden zu ihren zurückgelassenen Frauen war an sich begrüßenswert, aber nicht ausreichend; sie mussten auch Nahrung mitbringen, um den Zusammenhalt des Klans zu Gewähr leisten. Es ist durchaus denkbar, dass die hungrigen Frauen erst etwas zu essen bekommen wollten, bevor sie an weiteren Kontakten interessiert waren.

Ein Rückkopplungskreis war in Gang gekommen, der das geschlechtliche Interesse aufschaukelte – etwa in der Art, wie ich dies bei den Pfauen erklärt habe. Die schönste und interessierteste Frau kam mit dem schnellsten Heimläufer zusammen, der obendrein ein erfolgreicher und spendabler Beutejäger sein musste. Das waren die selektiven Verhaltensweisen, die zu schnelleren Läufern und zu attraktiveren Frauen führten, oder, auch das kann gesagt werden, zu den Merkwürdigkeiten der menschlichen Sexualität.

Wie haben die Männer die heimgebrachte Nahrung transportiert? Die Australopithecinen waren noch Tiere und kaum besonders erfinderisch. Behältnisse gab es noch nicht. Der Transport von Nahrungsmitteln im Magen oder in den Bakkentaschen ist in der Tierwelt verbreitet. Jane Goodall[1] hat beobachtet, wie ein

Schimpanse einem anderen Wasser im Mund gebracht hat. Kussfütterung für Kinder gibt es bei Tieren und heute noch bei einer Reihe von Völkern; allerdings füttern Mütter ihre Kinder. Die Nahrung wird im Mund aufbereitet und dem Kind, Mund zu Mund, weitergegeben. Ich möchte nicht ausschließen, dass bei den Australopithecinen Nahrung in den Backentaschen oder im Magen transportiert worden ist, und dass die Kussfütterung praktiziert worden ist. Diese Überlegung muss eine Hypothese bleiben, sie kann nicht bewiesen werden.

Das entscheidende Moment für die Überlegung, dass es früher einmal Kussfütterung zwischen Mann und Frau gegeben hat, ist die erotische Wertschätzung des Mund-zu-Mund-Kusses bei heutigen geschlechtsreifen Erwachsenen. Sie muss einen evolutionären Grund haben, sonst gäbe es diese sicher nicht sehr hygienische, aber erstrebte Verhaltensweise nicht; ich halte sie für einen Atavismus aus der Frühzeit des Hominidenlebens in der Savanne. Die Frau verlangte nach Nahrung, und mit der Übergabe war ein Versprechen für mehr verbunden. Der weibliche Mund musste dafür eine besondere Ausstrahlung haben, er musste leuchtend dargestellt werden und die Männer anziehen. Warum sonst wird er heute noch gefärbt? Viele Verhaltensweisen verdanken ihre Entstehung einem evolutionären Grund; bei einer so persistenten Verhaltensvorliebe wie dem Kuss kommen wir hieran nicht vorbei. Gibt es eine bessere Erklärung?

In allen menschlichen Kulturkreisen gibt es Prostitution. Die Frau, die die Kopulation zulässt, erhält eine materielle Kompensation. Dies ist ein atavistisches Element aus der Zeit der Hominiden, bei der sich ein Mitbringsel von der weiten Savanne zur nahrungsmäßigen Existenzgrundlage für die Frauen entwickelte. Es fällt nicht schwer, weitere Beziehungen zur heutigen Gesellschaft herzustellen. Der Brautwerber bringt ein Geschenk mit, und sei es nur ein Blumenstrauß. Von der Neigung der Liebhaber oder Verehrer, dem Objekt ihrer Zuneigung ein Geschenk mitzubringen, lebt die Schmuckindustrie.

Ganz neu ist die von der Fortpflanzung losgelöste Sexualität nicht. Bei den Bonobos, einer Nebenart der Schimpansen, wird die Kopulation zur Befriedigung, zum Abbau von Aggressionen eingesetzt, ähnlich der Fellpflege bei den übrigen Schimpansen. Es könnte dies ein Hinweis dafür sein, dass wir Menschen mit dieser Spielart der Schimpansen verwandt sind. Auch bei den Pavianen dient die Kopulation nicht nur zur Zeugung, sondern auch zur Manifestation der Rangordnung. Der Aufsitzende ist der Ranghöhere, was der ebenfalls männliche Untere durch Zulassen dieser fiktiven Kopulation akzeptiert.

Der Stellenwert, den die Sexualität des Homo sapiens in Bereichen hat, die mit der Reproduktion gar nichts zu haben, wird bei keiner anderen Tierart beobachtet, vielleicht mit Ausnahme der Bonobos. Wir wissen unabhängig von der Vorgeschichte, dass geschlechtliche Beziehungen für die emotionale Bindung zwischen Menschen von großer Bedeutung sind. Ein Relikt aus unserer biologischen Geschichte ist genetisch so sehr verankert, dass unsere kulturelle Geschichte ohne diese Bindung zwischen Mann und Frau nicht vorstellbar wäre. Die Trennung von Kopulation zur Bestätigung der emotionalen Bindung zwischen Mann und Frau und der zweckgebundenen Kopulation zur Erzeugung von Nachkommen ist nicht mehr möglich. Viel Not wäre den Christen in unserem Kulturkreis erspart geblieben, hätte man dies nüchterner, biologischer gesehen und den Schöpfer – so man denn einen benötigt – weitherziger interpretiert und nicht geglaubt, es sei sein Gebot, nur bei Zeugungsmöglichkeit zu kopulieren.

5. Die Paarbildung – Wo könnte sie herkommen?

Heutige Menschen haben – wenn auch möglicherweise aus kulturellen Gründen – eine Neigung zu monogamer Partnerbindung. Weil diese Neigung aber nicht sehr konsequent realisiert wird, erschiene es vielen hilfreich, könnte man herausfinden, wie dies eigentlich geplant gewesen war, was damals bei der Entstehung gedacht wurde, und was nun, abgeleitet von diesen Planungen, richtig oder falsch sei. Damals wurde aber nicht geplant. Es wurde von den Hominiden das gemacht, was sich gerade anbot, und wenn sich dies als nützlich herausstelle, wurde es beibehalten; es hat sich dann so ergeben.
Der Umgang der Geschlechter miteinander musste sich den Gegebenheiten anpassen, und die waren in den verschiedenen Abschnitten der biologischen Vorgeschichte unterschiedlich.
Wenn wir bei den Primaten nachsehen, müssen wir feststellen, dass Paarbildung eher selten ist, insofern man unter Paar eine die anderen Individuen ausschließende sexuelle Gemeinschaft versteht. Paarbildung gibt es unter den Primaten nur bei den Gibbons (Hylobates, Langarmaffen), die in sehr kleinen Familienverbänden leben. Bei Menschenaffen kommt Paarbildung fast nicht vor; sie verhalten sich promisk. Eine Schimpansin kopuliert alle 4 Jahre für etwa vier Wochen mit unterschiedlichen Partnern. Auch wenn Schimpansen kluge Tiere sind, hieße es ihre Fähigkeiten zu überschätzen, wenn wir annähmen, die Schimpansin wüsste noch nach vier Jahren, wer ihre Partner waren. Bei den Schimpansinnen spielt die spontane Zuneigung bei der Zeugung eine Rolle.
Es gibt eine Reihe von Autoren, die annehmen, in der fortgesetzten weiblichen Bereitschaft zur Kopulation könne ein sozialökonomischer Sinn liegen; dies wird aber – kaum zutreffend – in einem Zusammenhang mit Paarbildung gesehen.
Hierzu zwei Beispiele. Das erste stammt von Lovejoy, Johanson u. Edey, aus dem Jahre 1991:

»Der Wechsel von einem promisken, polygamen Paarungsverhalten zur Monogamie war von einer wachsenden Individualisierung der Partner zur Steigerung der Selektivität bei der Paarung und von einer physiologischen und verhaltensbiologischen Adaption im Sexualverhalten begleitet. Die zunehmende Unabhängigkeit sexueller Paarungsbereitschaft der Weibchen vom Menstruationszyklus, der Verlust sichtbarer Zeichen der Ovulation und eine kontinuierliche weibliche sexuelle Reproduktivität begünstigten monogame Partnerbindungen.«[2]

Das zweite Beispiel stammt von Helen Fisher. Sie sieht ökonomische Komponenten als Ursache für die fortgesetze Paarungsbereitschaft und betrachtet eine konstante Zweierbeziehung als sinnvoll für die Aufzucht der Nachkommen. Allerdings glaubt die Autorin, dass dies auf die Nährzeit der Kinder beschränkt bleibe, die sie mit vier Jahren veranschlagt; danach würden sich häufig neue Zweierbeziehungen bilden.

Ich habe meine entgegengesetzte Auffassung dargelegt. Zuerst kam die zeugungsunabhängige Kopulation, die promisk war. Ich vermute dies deswegen, weil es eine Paarbildung bei den biologischen Vorläufern, den Hominoiden, zu denen unsere heutigen Menschenaffen zählen, allem Anschein nach nur selten gegeben hat. Irgendeinen evolutionären Wert der Monogamie, die sich im Rahmen des Klans der Hominiden abgespielt haben müsste, kann ich nicht erkennen.

Eine andere Überlegung muss aber angestellt werden. Bei der Entstehung der Menschen beschafften die Männer in eigenen Trupps in der Savanne Nahrung; dies waren gefährliche Unternehmungen. Gelegentlich gab es auch kriegerische Auseinandersetzungen mit anderen Klans. Die Männer waren bereit, Risiken einzugehen, so wie heutige jungen Männer, und viele mögen Opfer ihrer Risikobereitschaft geworden sein. Hiervon wird später noch die Rede sein. Das Leben der Frauen war in geringerem Umfang Gefahren von außen ausgesetzt. Wir können uns Situationen vorstellen, in denen die Frauen in der Überzahl waren. Für den Fortbestand des Klans war es aber wichtig, dass alle empfängnisbereiten Frauen auch schwanger wurden. Monogames Verhalten wäre hier kontraproduktiv.

Die Monogamie hat sich sehr viel später und unter veränderten Umweltbedingungen ergeben. Ihr Wert ist erkennbar, wenn die unter Partnerbindung aufwachsenden Kinder eine bessere Brutpflege und, vielleicht noch etwas später, auch eine bessere Erziehung erfahren, die deren Fortkommen fördert.

Es gibt unter den Nichtprimaten Tierarten, die regelrecht exzessiv monogam sind; gern werden Raben und die Rabenkrähen angeführt. Ich habe es erlebt, dass eine Rabenkrähe länger als ein Jahr jeden morgen mein Fenster angriff, an dem sich ihr Partner tödlich verletzt hatte. Bei den Rabenartigen handelt es sich wohl um Schutz- und Trutz-Gemeinschaften, die ihren evolutionären Sinn daraus beziehen, dass sie sich Respekt verschaffen. Eine Rabenkrähe anzugreifen ist gefährlich, und die Rachsucht des überlebenden Partners dauert lange. Sie werden deswegen als Nahrungsmittel gemieden. Bei der Partnerbildung steht in diesem Fall die Erzeugung von Nachkommen nicht im Vordergrund.

6. Die weibliche Stimme

Menschliche Frauen besitzen eine höhere Stimme als die Männer. Wir haben uns daran gewöhnt und denken darüber nicht nach. Wer mir bis hierher gefolgt ist, wird nicht staunen, wenn ich auch hinter dieser geschlechtlichen Differenzierung eine evolutionäre Ursache vermute. Beim Telefonieren ist es angenehm, gleich zu erkennen, ob ein Gesprächspartner weiblich oder männlich ist, es beeinflusst die Höflichkeit und die Wortwahl, kurzum, es erleichtert das Leben. Solche zu erwartenden Vorteile können es jedoch nicht gewesen sein, die beim Entstehen der Menschheit zu einer höheren weiblichen Stimme führten.

Auffällig ist, dass Frauen bei wirklicher oder vermeintlicher Gefahr schreien, genauer gesagt kreischen, was als Hilferuf verstanden werden muss. Die Kreischtöne, gepresst hervorgebracht, enthalten einen hohen Anteil von Oberwellen. Mit diesen Oberwellen kommen wir in den Bereich von etwa 4 000 Schwingungen pro Sekunde, in dem das menschliche Ohr sehr empfindlich ist und in dem Schallwellen in Luft sehr weit tragen. Kreischen und das Hören von Gekreisch haben sich evolutionär aufeinander abgestimmt und ermöglichen eine gute akustische Informationsübermittlung über weite Entfernungen.

Auf Rummelplätzen und in Vergnügungsparks ist es ein für jedermann wahrnehmbares Phänomen, dass Frauen in Achterbahnen und ähnlich aufregenden Fahrgeschäften lustvoll kreischen, während Männer sich eher zurückhalten. Stellen Sie sich vor einen Looping, und Sie werden meine Beobachtung bestätigt finden. Das Kreischen ist die unwillkürliche Reaktion auf eine ungewohnte, unheimliche, ein wenig angsterfüllte und erregende Situation. Das weibliche Kreischen war in früheren Zeiten, in biologischer Geschichtszeit, ein Hilferuf, und dieser Hilferuf hatte eine erotische Komponente; Rettung aus Angst sollte belohnt werden.

Die erotische Qualität des Kreischens lässt sich bei jedem Popkonzert, an jedem Bühnenausgang beobachten, sobald der gefeierte Sänger die Bühne verlässt. Selbstverständlich ist das Kreischen der weiblichen Jugend nicht unbedingt ein Angebot an den Gefeierten, hat aber durchaus eine erotische Komponente.

Anmerkungen

[1] Goodall, Jane: Ein Herz für Schimpansen, und: Wilde Schimpansen, Reinbek bei Hamburg 1991
[2] Henke, Winfried; Rothe, Hartmut: Paläoanthropologie, Berlin/Heidelberg 1994, S. 359
[3] Fischer, Helen: Anatomie der Liebe, München 1993

14 Die erste Gesellschaft – der Urklan

1. Von den Waldbewohnern zu den Australopithecinen

Um darzustellen, wie sich die ökologische und gesellschaftliche Entwicklung der Hominiden bei der Eroberung des neuen Lebensraumes gestaltet haben könnte, müssen wir noch einmal einen Blick zurück in den Regenwald werfen. Es gab einen letzten gemeinsamen Primaten, von dem sowohl wir Menschen als auch die Schimpansen abstammen, und der vor etwa 6,5 Millionen Jahren gelebt hat. Über sein soziales Umfeld wissen wir wenig, eigentlich nur, dass er eines gehabt haben muss. Es ist bekannt, dass fast alle Primaten, die wir kennen, in sozialen Gemeinschaften leben. Nur der Orang-Utan hat eine Tendenz zum Einzelgängertum. Es gibt unter den Primaten die verschiedensten Sozialstrukturen, geschlossene Gruppen und offene Gruppen, mit männlicher oder weiblicher Dominanz. Generalisierende Angaben sind schwierig, da innerhalb der Arten unterschiedliche Gesellschaftsstrukturen bestehen. Bei fast allen Primaten sind in den Gruppen beide Geschlechter vertreten; bei den heutigen Schimpansen gibt es allerdings einen Männerklub, der Streifzüge bis an die Grenzen des bekannten Gebietes unternimmt.

Die Savanne war als Lebensraum schwieriger zu bewältigen als der Regenwald. Nahrung bietet sich nicht wie bisher gewohnt an, sie muss gesucht und beschafft werden. Hominide Einzelgänger hätten in der Savanne nicht überleben können; wir müssen annehmen, dass die Australopithecinen in Gruppen lebten wie heute noch die meisten Primaten. Aus dem ausgeprägten Sexualdimorphismus müssen wir weiterhin schließen, dass die Geschlechter verschiedene Funktionen für die Gruppe erfüllten. Männer und Frauen waren unterschiedlich ausgebildet, was nur als Anpassung an unterschiedliche Tätigkeiten gedeutet werden kann.

Ich schlage vor, die Gesellschaft der Australopithecinen »Urklan« zu nennen, ein sich ebenfalls anbietendes »Rudel« oder »Horde« könnte abwertend verstanden werden und entspricht nicht dem hohen Organisationsgrad, ohne den die anfallenden Probleme kaum lösbar gewesen wären. Das angelsächsische *clan* (Stammesverband) geht über unsere »Sippe« hinaus, schließt diese aber ein. Der Ausdruck »Klan« trifft zumindest am Beginn den Charakter der Gesellschaft der Hominiden ziemlich gut. Der Urklan führt, Schritt für Schritt, im Verlauf von Millionen Jahren, zu der komplexen Gesellschaft, in der wir heute leben.

Jede Gesellschaft muss als Organisation zumindest in der Lage sein, so viele Nachkommen großzuziehen, wie durch Raub, Krankheit, Wassermangel, Nahrungsknappheit und natürliches Lebensende verloren gehen. Ein Kind oder einen Halbwüchsigen zu verlieren bedeutet, dass auch die gesamte Arbeit, das Heranschaffen von Nahrung, vergebens war. Nur die Klans, die eine besondere Fürsorge und hinreichend Schutz für ihre Kinder entwickelt hatten, blieben bestehen. So musste der Urklan dafür sorgen, dass Kinder auch bei Verlust der Mutter erhalten blieben und heranwachsen konnten. Oft genug mag es geschehen sein, dass Klans verschwanden. Nur jene konnten sich durchsetzen, die Glück hatten und ein wenig besser organisiert waren, einen weiteren Grad von Kooperation erreichten als andere. Ohne dass dies irgendjemand ins Bewusstsein drang, bestand Wettbewerb zwischen Klans, so wie es Wettbewerb zwischen Individuen einer Art gibt.

2. Was gab es vor den tierischen Gruppen?
Der Zwiespalt konkurrierender Verhaltensweisen

Gruppen verkörpern einen höheren Organisationsgrad als Einzeltiere, so wie wir bei Tieren einen höheren Organisationsgrad erkennen als bei Einzellern. Vor der Entstehung von Gruppen gab es nur einzelne Tiere. Wie gingen sie mit ihresgleichen um? Um eine Antwort zu finden, können wir nur unsere Kenntnisse der Abläufe in der Biosphäre heranziehen.

Alle Tiere benötigen Energie zu ihrer Existenz. Sie müssen Energie in chemischer Form zu sich nehmen, sie müssen etwas fressen. Populationen müssen also da angesiedelt sein, wo die geeignete Nahrung zur Verfügung steht. Wenn hinreichend gute Nahrung zur Verfügung steht, dann floriert auch die Reproduktion, und die Population wird größer. Jede Entwicklung führt also notwendigerweise zu einem Engpass, irgendwann muss das Futter knapp werden. Diese Knappheit muss zur Konkurrenz führen, gegebenenfalls zur Verdrängung von einzelnen Individuen. Die Konkurrenz führt zur Selektion von dem, was wir heute *Egoismus* nennen.

Egoismus ist ein evolutionäres Produkt. Egoistische Individuen sind besser ernährt und erzeugen mehr Nachkommen als nachsichtige artgleiche Individuen. Egoistisch zu sein ist ein Erfolgsrezept, das sich genetisch manifestiert hat.

Eine Folge des Egoismus ist die häufig zu beobachtende *innerartliche Aggression*. Wir haben sie bei den Igeln kennen gelernt. Sie führt dazu, dass sich die Individuen der betroffenen Arten gleichmäßig über das zur Verfügung stehende, nahrhafte Gebiet verteilen. Wir können annehmen, dass sie in der Vorgruppenzeit verbreitet war. Bei der innerartlichen Aggression haben sich Spielregeln herausgebildet: Arten, bei denen die Individuen dazu neigen sich im Konkurrenzkampf umzubringen, können sich kaum behaupten.

Das tiefverwurzelte egoistische Verhalten wird nun durch neue Entwicklungen, durch die Gruppen, außer Kraft gesetzt. Wir wissen, dass genetisch manifest gewordene Verhaltensweisen (wie körperliche Merkmale) persistieren. Die Trägheit bewährter Merkmale ist Merkmal der Biosphäre. Wie können Gruppen existieren, wenn die Individuen Egoisten sind?

Die alten Merkmale, die alten Verhaltenweisen werden durch die neuen Verhaltensweisen überdeckt, sie bleiben aber erhalten und rumoren im Untergrund. Wir können uns eine Zwiebel vorstellen, die eine neue Schale erhält. Wir sehen die äußere, *neue* Schale; unsichtbar, aber immer noch vorhanden sind die darunter liegenden älteren Schalen, die früher das Bild der Art gestaltet haben. Unsere tägliche Lebenserfahrung ist, dass die Einbindung der Individuen in das gesellschaftliche System funktioniert, alle Individuen erfüllen, mehr oder weniger, die ihnen zugefallenen Rollen. Der Egoismus ist aber immer noch lebendig; er ist allerdings Regeln unterworfen, die ihn – von Individuum zu Individuum in unterschiedlichem Ausmaß – modifizieren. Es gibt gelegentlich totale Durchbrechungen der Einbindung in die Gesellschaft. Wir kennen die Panik als Ausschaltung aller gesellschaftlichen Regeln. Es gibt den weniger gefährlichen Wutanfall und den glücklicherweise seltenen Amoklauf. Die Problematik des Zwiespaltes zwischen Alt und Neu wird uns noch häufig begegnen.

Dieser Zwiespalt ist auch verantwortlich für die Gruppe von Krankheiten, die wir unter dem Begriff »Krebs« zusammenfassen. Einzelne Zellen verlieren die Einbindung in die Struktur des Körpers und erinnern sich an ihre frühere Existenz als Einzeller und vervielfältigen sich entsprechend unkontrolliert, was damals ja ein Erfolgsrezept war. Die jüngere Steuerungsinstanz wird überrannt. Um in dem oben gegebenen Bild von der Zwiebel zu bleiben, könnte man sagen, die äußere Schale, die die Einbindung in das größere System leistet, sei abgeplatzt. Es beginnt ein Amoklauf der Zellen, sie zerstören das System, von und in dem sie leben.

3. Die Schimpansen

Die Schimpansen verwirklichen ein differenziertes und ausbalanciertes Gesellschaftssystem; wir können erkennen, wie sie Zwiespalt zwischen alten und neuen Verhaltensweisen überbrücken. Das Zusammenleben der heutigen wilden Schimpansen ist überaus reizvoll, wie innerhalb des Klans familiäre Beziehungen eine stabilisierende Rolle spielen, wie der Klan nach Ranghöhen mit einem Alphamann an der Spitze gegliedert ist und wie Freundschaft und Fürsorge ein geborgenes Lebensgefühl vermitteln. Ich verweise auf die Bücher von Jane Goodall, die all dies und noch viel mehr in drei Jahrzehnten beobachtet und beschrieben hat.[1] Beim Lesen ihrer Bücher glaubt man, mit ihr am Gombe-Strom durch den Regenwald zu streifen, viele Schimpansen zu beobachten, sie einzeln als individuelle Persönlichkeiten kennen zu lernen und an ihrem Schicksal Anteil zu nehmen. Wir verstehen spontan die beobachteten Verhaltensweisen und die Anzeichen für Sympathie, Fürsorge, Verantwortung, aber auch für Abneigung und Feindschaft. Unser Verständnis des Verhaltens unserer nächsten tierischen Verwandten erlaubt uns anzunehmen, dass die Gesellschaft unserer biologischen Ahnen vor etwa 4–5 Millionen Jahren ähnlich gewesen sein muss.

Für die Überwindung der stammesgeschichtlich viel älteren Aggression haben die Schimpansen eine Reihe von Methoden entwickelt. An erster Stelle steht der körperliche Kontakt, die Umarmung, das Halten der Hände, die Fellpflege. Letztere ist natürlich zweckmäßig, denn Parasiten, die sich im Fell festklammern, sind lästig. Darüber hinaus hat sich die Fellpflege ritualisiert: Wer sich mit dem Fell eines anderen beschäftigt, zeigt seine lautere Gesinnung, die Abwesenheit von Aggression. Fellpflege bedeutet Beschwichtigung, Frieden und Zuneigung. Auch das Zulassen der Fellpflege hat Bedeutung; sie ist nicht jedem gestattet. Von großer Wichtigkeit für das Zusammenleben ist das Bekunden der eigenen Stimmung; Mimik und Körpersprache sind ausgeprägt. Niemand wird von irgendeiner Aktion überrascht, vor der aggressiven Tat steht die Drohung. Dompteure haben mit Bären besondere Schwierigkeiten, es sind Einzelgänger, die keine Mimik entwickelt haben und ihre Stimmung nicht verraten können; sie gelten als schwer berechenbar.

Ein wichtiges Mittel der Überwindung der alten aggressiven Grundstimmung ist die vertikale Gliederung, die Hierarchie. Jedes Individuum hat seinen Platz im System, der ihm einen bestimmten Spielraum einräumt und der ihm Sicherheit gewährt, wenn er sich keine Übergriffe erlaubt. Jedes Mitglied eines Klans kennt jedes andere Mitglied und dessen Position in der Hierarchie. Einem Unbekannten, einem Fremden wird mit Abwehr begegnet; die Aggression wird wieder lebendig. Ausgenommen hiervon sind fremde empfängnisbereite Weibchen, die in jedem Klan willkommen sind und gelegentlich auch in der neuen Umgebung bleiben. Das Zurückfallen auf die ältere Aggression ist ritualisiert und nicht grundsätzlich von der Absicht begleitet, einem anderen Klanmitglied Schaden zuzufügen. Der Wutanfall hat sich zu einer ritualisierten »Imponierveranstaltung« entwickelt und spielt zur Veränderung und zur Stabilisierung der Rangordnung eine bedeutende Rolle. Eine vollkommene Imponierveranstaltung des Alphabosses schüchtert Konkurrenten ein und festigt seine Vormachtstellung, ganz ohne Blut.

Die Schimpansen sind heute vornehmlich Waldtiere, sie können aber auch in Mischgebieten mit freien Flächen gut leben. Es ist zu vermuten, dass die Schimpansen früher lange Zeit ebenfalls in der Savanne oder in Grenzgebieten gelebt haben, dann aber in den Wald zurückgekehrt sind. Es gibt Hinweise auf eine Arbeitsteilung zwischen den Geschlechtern. Bei den Schimpansen bestehen Männerbünde, die ohne Frauen das bekannte Territorium bis an seine Grenzen durchstreifen. Dies wird heute als Grenzsicherung des Territoriums interpretiert, erinnert aber doch an Streifzüge durch die Savanne. Schimpansen jagen gelegentlich, und ein junger Pavian gilt als Leckerbissen. Bemerkenswert ist, dass nur die Männer jagen. Die Ursache für diese rudimentäre Arbeitsteilung bei den Schimpansen wäre schwer zu verstehen, wenn wir nicht annehmen, dass es sich um ein Relikt aus ihrer Savannenzeit vor vielen Millionen Jahren handelt.[2]

4. Die Organisation des Urklans und das Alphatier

An der Spitze des Urklans – jener Gesellschaft, in der die Australopithecinen gelebt haben – stand ein männliches Alphatier. Wir wissen, dass dies bei der Hauptlinie der Schimpansen und den Gorillas so ist. Warum soll das Alphatier männlich gewesen sein? Schließlich herrscht bei den Bonobos, der Nebenart der Schimpansen, das Matriarchat. Allerdings sind die Bonobos, mehr noch als die Schimpansen der Hauptlinie, reine Waldbewohner und der gesamte Klan streift gemeinsam durch den Regenwald. Bei den Hominiden in der Savanne war dies nicht möglich.

Das Laufvermögen hat sich bei den Männern herausgebildet. Bei den Streifzügen, nicht im Camp, war Führung erforderlich, mussten Entscheidungen getroffen werden, denen sich die übrigen Teilnehmer unterzuordnen hatten. Wir können vermuten, dass sich aus diesen Gründen die Gesellschaften bewährt haben, bei denen das Alphatier männlich war. In Analogie zu den Schimpansen können wir annehmen, dass der Alphamann – der Boss – Zeugungsprivilegien genoss. Ich schließe dies daraus, dass rudimentär auch heute noch erkennbar ist, dass Alphamänner, oder doch solche Männer, die sich öffentlicher Beachtung erfreuen, besondere Anziehungskraft ausüben. Wer kennt nicht die kreischenden weibliche Teenager bei den Rolling Stones oder bei Luciano Pavarotti am Bühnenausgang? Kreischen ist, das haben wir gesehen, eine Botschaft erotischen Charakters. Es fällt schwer, sich nicht an das *Jus primae noctis* zu erinnern, das in historischer Zeit Landesherrn und Landbesitzern Zeugungsprivilegien eingeräumt haben soll; diesen verdanken wir auch die Oper »Figaros Hochzeit«. Die Privilegien sind sehr alt, es ist denkbar, dass sie auf den Urklan, oder noch ältere Gruppen zurückgehen. Wie kann ein so merkwürdiges Verhalten entstehen?

Die Zeugungsprivilegien beschränken die Zahl der an der Fortpflanzung aktiv beteiligten Individuen, was sich positiv auf die Entwicklungsgeschwindigkeit neuer Merkmale auswirkt, wie ich dies in Kapitel 8/4 erläutert habe. Es ist denkbar, dass sich solche Klans bewährt haben und zum Ausgangspunkt der weiteren Entwicklung wurden, bei denen die Alphabosse sexuell privilegiert waren.

5. Die Größe des Urklans

Wir können nicht wissen, wie viele Individuen zu einem Urklan gehörten. Wir können uns aber vorstellen, welche Einflüsse die Größe bestimmt haben. Der Urklan war eine geschlossene individualisierte Gesellschaft, so wie es heute noch die Gruppen von Schimpansen und Gorillas sind; es sind die Gruppen, bei denen jeder jeden kennt und zudem dessen Position in der Hierarchie.

Eine wichtige Bestimmungsgröße muss die Leistungsfähigkeit der individuellen Gedächtnisse gewesen sein; ein Klan kann nicht mehr Mitglieder umfassen, als diese zuverlässig zu unterscheiden vermögen. Irrtümer bei Fragen der Zugehörigkeit hätten innere Reibungen zur Folge, unnötige Raufereien, vermeidbare Verletzungen, überflüssige Positionskämpfe. Der wichtigste Einfluss für die Größe war aber die Ergiebigkeit des Umfeldes für die Nahrungsbeschaffung. Gab es größere Wälder, die man durchstreifen konnte? Welche Nahrung bot die Savanne, und konnte diese zum Camp gebracht werden, um die zurückgebliebenen Klanmitglieder mit Nahrung zu versorgen?

Die Umwelt und die soziale Begabung der Gruppenmitglieder, bestimmten die zahlenmäßige Größe des Urklans; abhängig von diesen Parametern gibt es einen Bereich der optimalen Größe. Die Klans, die ihre Zahl in optimaler Größenordnung halten konnten, waren am erfolgreichsten, was nichts anderes bedeutet, als dass sie pro Mitglied eine optimale Zahl von Nachkommen bis zur Geschlechtsreife bringen konnten.

Um zu funktionieren, mussten die Gruppen sich gegen benachbarte Gruppen abgrenzen; dies ist direkt zu vergleichen mit der Abgrenzung der Einzelgänger gegeneinander. Die Gruppe, das abgeschlossene System mit einer ausgeglichenen Nahrungsbilanz und Personenbilanz, war lebensfähig; jede Interferenz mit anderen Gruppen wäre ein Eingriff in das bestehende Gleichgewicht gewesen. Weiterhin müssen wir vermuten, dass es zwischen benachbarten Gruppen auch Interessenkonflikte über Territorien oder Beute gegeben haben kann, mit Auseinandersetzungen, wie wir dies von den Schimpansen kennen.

Die Abgrenzung und die sich hieraus ableitende Aggression gegen artgleiche Fremde war eine Voraussetzung für die Stabilität des Urklans. Die Aggression aus der nächstunteren Zwiebelschale war noch vorhanden, sie wendet sich aber vornehmlich gegen jene Individuen, die nicht dem Klan angehörten. Die abgrenzende Aggression, die früher jedem fremden Individuum galt, ist durch neue Spielregeln nur teilweise außer Kraft gesetzt worden, sie wird gegen die Mitglieder des Klans nicht oder nur ausnahmsweise eingesetzt. Sie gilt aber bei jedem artgleichen männlichen Individuum, das nicht dem Klan angehört. Wer nicht dazugehört, ist Feind.

Man könnte einwenden, dass es zwischen benachbarten Klans freundschaftliche Beziehungen, vielleicht familiäre Bande gegeben haben könnte. Warum sollte man jeden Fremden als Feind betrachten? Die hier angestellten Überlegungen gelten für die Australopithecinen, die wir noch als Tiere ansehen müssen; sie besaßen nur eine rudimentäre Sprache; freundschaftliche Kontakte, Handel, die Übergabe von Geschenken über Gruppengrenzen hinweg waren bei ihnen so wenig vorstellbar wie bei den heutigen Menschenaffen. Die Abwehr von Fremden war die unreflektierte Methode, das eigene System leistungsfähig zu erhalten.

Die Fremdenabwehr hat sich zu Zeiten des Urklans stabilisierend bewährt, ihr verdanken wir die heute noch bei uns lebendige Xenophobie, die Fremdenangst, und, bei Übersteigerung, den Fremdenhass. Wir nehmen das zur Kenntnis, wir spüren die Fremdenabwehr in uns selbst und wissen gleichzeitig, dass unsere Kultur hier korrektiv wirksam geworden ist. Bei der Abwesenheit kultureller Wertbegriffe bleibt als Bodensatz immer die Fremdenabwehr übrig. Hiermit müssen wir umgehen. Verderblich ist es, wenn aus dieser erklärlichen Tendenz zur Abgrenzung und in Bezug auf deren biologischen Ursprung eine ethische Forderung gegossen wird: *Leute, wehrt die Fremden ab! Die Natur kann nicht irren!*

Wer käme heute noch auf die Idee, bei Gefahr zu rufen: Auf die Bäume?

Anmerkungen

[1] Goodall, Jane: Ein Herz für Schimpansen, und: Wilde Schimpansen, Reinbek bei Hamburg 1991
[2] Henke, Winfried; Rothe, Hartmut: Paläoanthropologie, Berlin/Heidelberg 1994

15 Brutparasitismus bei den Hominiden

1. Parasitismus und Opportunismus

Der Parasitismus ist ein aus dem Leben nicht wegzudenkendes Phänomen, bei dessen Betrachtung wir uns hüten müssen, moralische Maßstäbe anzusetzen; zu leicht meinen wir, der Parasit sei ein Bösewicht: Partizipiert er nicht an der Leistung anderer, ist er nicht ein Dieb, ein Schmarotzer, ein Schandfleck? Der Kuckuck wäre so ein Schurke; er lässt andere, gutartige und liebe Vögel für sich arbeiten und tötet als Dank noch deren Kinder.

Glücklicherweise wissen die Biologen, dass gut, böse oder eigennützig keine Kriterien sind, die bei der Erforschung von Zusammenhängen nützlich werden können. Alle Lebewesen dieser Welt stehen in einem Geflecht von Abhängigkeiten. Alle, ausnahmslos, sind auf der Jagd nach ein wenig Energie in brauchbarer Form, die es ihnen ermöglicht, zu existieren und Nachkommen hervorzubringen. Auch Mikroben, Zecken, Misteln und Pilze, Spulwürmer, Viren, tausend andere Arten, haben ihre ökologische Nische gefunden und sind, unnötig zu betonen, gleichwertige Partner der Biosphäre.

Es gibt eine enge Beziehung zwischen Wirt und Parasit. Nimmt der Parasit zu und schädigt er den Bestand an Wirten, beraubt er sich selbst seiner Existenzgrundlage. Wir können annehmen, dass zwischen sämtlichen Paarungen, die wir beobachten, ein stabiles zahlenmäßiges Gleichgewicht besteht, das sich nach gegenphasigen Perioden immer wieder neu einpendelt.

Eine interessante Spielart des Parasitismus ist der *intraspezifische Brutparasitismus*, der auch wissenschaftlich bedeutsam ist. Betrachten wir die Blaukiemenbarsche (*Lepomis macrochirus*). Die Männchen errichten Nester und vertreiben alle Konkurrenten, warten anschließend auf Weibchen, die in dem vorbereiteten Nest ablaichen, befruchten die Eier, übernehmen die Brutpflege. Es gibt andererseits männliche Spielarten, die in Körpergröße und Zeichnung wie Weibchen aussehen. Dem Nestbauer sind sie, weil er sie für Weibchen hält, willkommen; er sieht die Chance, weitere Eier befruchten zu können. Sind die Pseudoweibchen erst einmal über dem Nest, nehmen sie an der Besamung teil. Man nennt diesen Parasitismus *Weibchen-Mimikrie*; es gibt sie außer bei Fischen auch bei Insekten und Lurchen.

Daneben existiert eine weitere Spielart männlicher Blaukiemenbarsche, die sich nicht durch morphologische Merkmale, sondern durch ihr Verhalten von den nestbauenden Männchen der Blaukiemenbarsche unterscheiden. Sie verstecken sich am Rand des errichteten Nestes, um dann nach dem Ablaichen eines Weibchens blitzschnell einzudringen und sich an der Besamung zu beteiligen, ohne dass der rechtmäßige Nestbauer die Zeit hat, den Eindringling zu vertreiben. Man nennt diese *Reproduktions-Schwindler* oder *Opportunisten*. Sie vermeiden kämpferische Auseinandersetzungen und fliehen, sobald sie entdeckt sind.

In der neueren Literatur wird dieser intraspezifische Brutparasitismus auch unter Bezeichnungen wie »Fitness-Erschleichung« geführt. Hierin steckt wieder jene zweifelhafte Auffassung der Evolution, von der in den Kapiteln 10 und 11 die Rede gewesen ist. Jedes Individuum sei daran interessiert, sich zu vervielfältigen; seine Gene verlangten dies, sie ließen ihm keine andere Wahl; jedes Individuum wolle, heißt es, seine Fitness maximieren. Die sich daraus ableitende Erklärung für den intraspezifischen Parasitismus ist nahezu banal: Der Parasit sei besonders raffiniert und erschleiche einen persönlichen Fitnessvorteil zu Lasten des Nestbauers und Brutpflegers.

Diese Betrachtungsweise ist – wenn ich mir weniger sicher wäre, würde ich sagen: erscheint mir – unbiologisch. Tatsächlich hat es bei der Entstehung der Art Mutanten gegeben, die sich parasitär verhielten. Nach dem Grundsatz, dass jedes Merkmal bei seiner Entstehung reproduktionsfördernd gewesen sein muss, können wir annehmen, dass die Besamung durch den Parasiten die Zahl der befruchteten Eier erhöht hat; wäre dies nicht so gewesen, dann hätte diese Spielart der Blaukiemenbarsche nicht überleben können. Was wir beobachten, hat sich irgendwann bewährt und ist erhalten geblieben; nehmen wir es als biologisch-historisches Phänomen zur Kenntnis. Halten wir aber fest, dass sich männliche Mutanten gebildet haben, die einer Art angehören und doch in ihrer Erscheinung und ihrem Verhalten sich von den Standard-Männchen unterscheiden.

Brutparasitismus gibt es auch bei Säugetieren, so bei Dickhornschafen (*Ovis canadensis canadensis*) und Berberaffen (*Macaca sylvanus*), die gegebene Erläuterung bei den exemplarischen Blaukiemenbarschen sollte aber ausreichen.[1]

2. BRUTPARASITISMUS – WARUM SIND ES NUR EINZELFÄLLE?

Der intraspezifische Brutparasitismus lädt zu einer grundsätzlichen Überlegung ein. Warum gibt es ihn nicht häufiger? Warum existieren Tausende von Arten, bei denen ein Brutparasitismus denkbar wäre, aber nicht praktiziert wird, und warum gerade bei den Blaukiemenbarschen und den Dickhornschafen? Wir können nur annehmen, dass dies Zufall ist.

Es ist nahezu unmöglich, allgemein gültige biologische Gesetze zu formulieren, die die Gesamtheit der Artenbildung umfassen. Eine Abweichung von dieser Regel bildet die Aussage, *dass jedes manifest gewordene Merkmal bei seiner Entstehung reproduktionsfördernd war*. Wie angenehm wäre es und das Denken vereinfachend, hätte man in der Biologie derart schöne Gesetze wie: Überall, wo dies machbar ist, befindet sich auch ein Parasit. Oder: Alle Arten reproduzieren sich optimal; oder: Alle Organismen sind optimal gestaltet und verhalten sich optimal. Ein Optimum aber wäre ein theoretisches Konstrukt ohne jeden Bezug zur Realität. Alle Arten sind durch Merkmale ausgezeichnet, die sie in der soeben bestehenden Umwelt am Leben erhalten. Es gibt Phänomene bei der einen Art und bei der nächsten etwas grundsätzlich anderes, und für diese Unterschiedlichkeit gibt es keine Erklärung. Höchstens kann man bei einem Phänomen ableiten, worin der evolutionäre Wert einer morphologischen Besonderheit oder eines Verhaltens besteht; ganz und gar unmöglich ist es hingegen zu eruieren, warum sich eine genauso denkbare Entwicklung nicht ereignet hat.

Betrachten wir eine blinde Weinranke, die einen Haltepunkt zum Klettern sucht. Es wäre denkbar, dass die Ranke zufälligerweise einen entfernten, ungünstigen Haltepunkt ergreift und den günstigen in der Nähe verfehlt. Sie klettert an einer Ostwand empor und verpasst dadurch die sonnigere Südwand. Es ist denkbar, dass entsprechende ungünstige Umstände auch bei der Entstehung von Arten eine Rolle spielen, sodass eine Entwicklung ausgeblieben ist, einfach weil die Initialzündung fehlte oder weil die Art keine Verbreitung finden konnte. Entscheidend ist allein, dass die tatsächliche Entwicklung zu einem die Existenz ermöglichenden Platz im Geflecht der Gesamtheit der Biosphäre führte.

3. Vergewaltigung bei Tieren

Zu dem intraspezifischen Brutparasitismus muss auch die Vergewaltigung gerechnet werden. Wenn wir Kopulationen im Tierreich beobachten, dann haben wir gelegentlich den Eindruck, dass sie nicht unbedingt beiden Partnern angenehm sind. Zum Beispiel, wenn ein 3,5 Tonnen schwerer Seelefant mit einer zierlichen, nur etwa eine Tonne schweren Seelefantin kopuliert, erscheint dies wie eine Vergewaltigung. Die Partnerin ist nicht erfreut; droht der Akt, versucht sie zu fliehen. Es ist müßig, Betrachtungen darüber anzustellen, ob Kopulation im Tierreich zu beiderseitiger Lustempfindung führt oder nicht; für den Fortbestand der Art ist es nur wichtig, dass die Verbindung zu Stande kommt. Wir könnten uns vielleicht einer Antwort auf die Frage nähern, indem wir festlegen, dass eine Vergewaltigung vorliegt, wenn es sich um eine mehr oder weniger gewalttätige Kopulation außerhalb der artüblichen Norm handelt.

Ich habe einmal beobachtet, dass mehrere Erpel (*Anas platyrhynchos*) gemeinschaftlich eine Ente vergewaltigten. Ich möchte allerdings nicht ausschließen, dass Stockenten am Starnberger See in einer ungesunden und nicht mehr ganz natürlichen Umwelt leben, in einer von Menschen geschaffenen, künstlichen Welt. Möglicherweise benehmen sich Enten in einer Umwelt mit mehr Brutplätzen anders.

Die Männchen einiger Skorpionfliegen der Gattung Panorpa vermeiden gelegentlich das aufwändige Bewerbungsritual mit der Übergabe von nahrhaften Geschenken und bedrohen die Weibchen direkt. Diese wehren sich und wollen fliehen, was auch bisweilen, aber nicht immer, gelingt. Selbstverständlich ist es bei Tieren schwer zu beurteilen, inwieweit eine Vergewaltigung vorliegt, da man die Stimmungslage der Weibchen nicht kennt. Im Fall von Skorpionfliegenweibchen kann man eine negative Einstellung annehmen, weil sie eine zu erwartende Alimentationsgabe nicht erhalten. Es sind weitere, eher exotische Fälle von Vergewaltigungen bekannt. Abschließend und bewertend kann man aber feststellen, dass sie im Tierreich selten vorkommen.

Bei uns Menschen gibt es als intraspezifischen Brutparasitismus die Vergewaltigung. Es fragt sich, wieso wir diese Form des Brutparasitismus entwickeln konnten.

4. Die Vergewaltigung bei den Hominiden

Ob wir es schätzen oder nicht: Bei keiner Tierart spielt die Vergewaltigung eine so große Rolle wie bei dem Homo sapiens. Sie wird durch verhaltensgestörte Einzeltäter exekutiert und, das ist bedeutender, sobald Männer bei Eroberungszügen auf verlassene Frauen stoßen. Hierbei sind die Täter nicht verhaltensgestört. Warum sind wir Menschen so geworden?

Die Bedeutung der menschlichen Sexualität, soweit sie über die Zeugung hinaus geht, erklärt sich aus den Lebensbedingungen in der Savanne. Die ausschwärmenden, um Nahrung laufenden Männer sollten zur Rückkehr animiert werden und dazu, die Frauen zu alimentieren. Sexualität hat einen besonderen Stellenwert bei den Menschen gewonnen; der Antrieb ist durch ordnende kulturelle Normen schwer unter Kontrolle zu halten. Es wurde für die Frauen eine Überlebensfrage, sich attraktiv zu zeigen. Attraktive Frauen wurden bevorzugt versorgt und hatten größere Überlebenschancen; sie erzeugten Kinder, die wieder attraktiv waren oder auf die Attraktionen ansprachen. Wichtig war es, die Weiblichkeit deutlich herauszustellen durch formschöne Brüste, ein dünneres Fell, ein erkennbares Gesicht mit ausgeprägter Mimik. Das Sich-begehrenswert-Geben ist eine tiefverwurzelte weibliche Verhaltensweise. Irenäus Eibl-Eibesfeldt konnte nachweisen, dass sogar blinde taubstumme Mädchen lächelten und ihr Gesicht abwandten und durch die Augenwinkel einem Objekt zublinzelten, so wie wir es vom Flirten her kennen; sie konnten dieses Verhalten nicht gesehen und nichts davon gehört haben; es ist ein stammesgeschichtlich entstandenes, bewährtes Verhalten.[2]

Die Attraktion ist Selbstzweck, sie soll Aufmerksamkeit erregen und hat nur indirekt etwas mit der Kopulation zu tun. Sie war bei den Hominiden-Frauen Voraussetzung für Schutz und Nahrung.

Dieses sich so erschließende Szenarium war wie geschaffen für Opportunisten: Sie mussten nur warten, bis die Männer der Gruppe loszogen, und dann konnten sie sich den alleingelassenen und um Attraktion bemühten Frauen nähern. Unabhängig davon, ob den Frauen diese Fremden willkommen waren oder nicht, es fehlte die Alimentation, mit der sie rechnen konnten und die Teil ihrer Lebensgrundlage war. Die Opportunisten bräuchten keine Opportunisten zu sein, wenn sie sich um Verpflegung kümmerten. Ich vermute, dass aus Situationen wie diesen die Tendenz zur Vergewaltigung entstanden ist. Ich kann mir vorstellen, dass Jagdgesellschaften gelegentlich die alleingelassenen Frauen benachbarter Klans schlicht überfallen und vergewaltigt haben. Ich gebe zu, dass es sich hier um eine Vermutung handelt. Aber auch heute noch vergewaltigen Männer die vorgefundenen Frauen, wenn sie als militärischer oder kämpferischer Verband in ein erobertes Territorium einrücken. Diesen Männern kann man im Übrigen unkontrolliertes Handeln eigentlich nicht vorwerfen, sie führen sonst ein geordnetes bürgerliches Leben.

Wollen die vergewaltigenden Opportunisten ihre Fitness – ich gebrauche dieses Wort ungern – maximieren? Meine Erklärung ist nahe liegender. Die Entwicklung hat sie dahin geführt, Frauen begehrenswert zu finden; sie wollen Lust empfinden. Die Gemeinsamkeit macht die Aktion gefahrlos und sie verringert die Hemmschwelle: Was alle tun, ist erlaubt. Mag sein, dass sich die Tendenz, auf solche Art und Weise Genuss zu verschaffen, als parasitäre Spielart von männlichen Hominiden manifestiert hat, ähnlich, wie wir das bei den Blaukiemenbarschen kennen gelernt haben. Denkbar, dass diese Spielart gelegentlich bei den Männern durchschlägt, die ich weiter oben als verhaltensgestört bezeichnet habe.

Halten wir fest, dass der Schutz der Frauen ein Problem des Urklans gewesen ist.

Anmerkungen

[1] Voland, Eckart: Grundriß der Soziobiologie, Stuttgart/Jena 1993
   Weitere Beispiele sind hier aufgeführt. Den Schlussfolgerungen dieser Veröffentlichung vermag ich allerdings nicht zu folgen.
[2] Eibl–Eibesfeldt, Irenäus: Die Biologie des menschlichen Verhaltens, München/Zürich 1997

16 Die Homosexualität

1. Die tierische Homosexualität

Es gibt tierische Homosexualität, und sie ist überaus verbreitet.[1] Es gibt sie bei den Insekten, den Vögeln, bei Herdentieren, bei den Primaten. Das Beobachtungsmaterial ist so erdrückend, dass es fast schon bemerkenswert wäre, wenn wir eine sich durch zwei Geschlechter fortpflanzende Tierart fänden, bei der Homosexualität nicht nachweisbar wäre.

Wenn man von der – falschen – Auffassung ausgeht, dass Tiere etwas wollen müssen, nämlich möglichst viele Nachkommen erzeugen, dann versteht man die tierische Homosexualität nicht. Es bliebe rätselhaft, warum Tiere so etwas Sinnloses treiben. Wahrscheinlich ist man den ersten Schritt zum Missverständnis der Natur bereits gegangen, wenn man hinter jedem tierischen Tun einen aktuellen Sinn vermutet. Richtiger ist die Auffassung, dass in der Natur vieles möglich ist, solange kein selektiver Druck zur Veränderung besteht.

Irgendwann in biologischer Vorgeschichte hat es sich als zweckmäßig herausgestellt, dass zwei Individuen einer Art sich zusammentun um zu zeugen: Der Vorteil bestand in der schnelleren Verbreitung von günstigen Merkmalen. (Kapitel 8/3) Zu Beginn der sexuellen Fortpflanzung waren beide Partner gleich, sie waren Zwitter; ein Beispiel hierfür sind Schnecken. Irgendwann haben sich aus den Zwittern zwei unterschiedliche Typen von Individuen entwickelt, es waren dies die beiden arbeitsteiligen Geschlechter. Der Partner, den wir heute weiblich nennen, leistet die eigentliche Reproduktion, während der andere, männliche Partner nur seinen Bauplan, seine im Genom gespeicherten Informationen beiträgt. Auch hier erhebt sich die Frage nach dem evolutionären Zweck: Die unterschiedlichen Keimanlagen in doppelter Ausfertigung auszubilden, wobei doch nur immer eine Funktion tatsächlich benötigt war, ist aufwändig und den geteilten Funktionen unterlegen.

Ist die tierische und menschliche Homosexualität eine Reminiszenz an die Zeit, als die beiden Partner noch gleich ausgebildet waren? Wir wissen es nicht, dürfen aber spekulieren. Wahrscheinlich ist, dass mit einer strengen Trennung des männlichen und des weiblichen Triebs kein erheblicher Vorteil für die Fortpflanzung verbunden war. Ein selektiver Druck zur Ausschaltung der Homosexualität bestand jedenfalls nicht, sonst könnten wir sie nicht beobachten. Dies ist auch erklärlich. Ein solcher Druck wäre nur dann verständlich, wenn die weiblichen Individuen durch die Homosexualität in ihrer Reproduktionsleistung merklich beeinträchtigt gewesen wären.

2. Die menschliche Homosexualität

Nachfolgend soll ausschließlich von der soziologisch bedeutenderen männlichen Homosexualität die Rede sein. Über die Zahl der homosexuellen Männer gibt es unterschiedliche Angaben; es scheint, dass etwa ein Sechstel der heutigen Männer homosexuell ist, erheblich mehr haben begrenzte homosexuelle Neigungen und zumindest gelegentlich gleichgeschlechtliche Kontakte.

Die Wissenschaft hat Schwierigkeiten bei der Deutung der Homosexualität und betrachtete sie lange Zeit als Perversion, als Fehlentwicklung und krankhafte Veranlagung.[2] Im alten Griechenland war die Homosexualität kulturell akzeptiert. In der abendländischen christlichen Kultur waren die Homosexuellen mit dem Etikett »sündig« gebrandmarkt. In der bürgerlichen Welt grenzte man sie noch bis zur zweiten Hälfte dieses Jahrhunderts aus; der berüchtigte deutsche § 175 hat die gelebte Homosexualität zwischen Männern unter Strafe gestellt. Der Paragraph galt noch in der frühen Bundesrepublik Deutschland. Erinnert werden muss daran, dass Homosexuelle im christlichen Mittelalter und in Nazideutschland, aber auch in anderen Ländern verfolgt wurden und gelegentlich auch vom Tod bedroht waren.

Die menschliche männliche Homosexualität nimmt gegenüber der tierischen Homosexualität deswegen eine Sonderstellung ein, weil die ausgeprägte Appetenz die normale Zeugung wenigstens stark beeinträchtigt; homosexuelle Männer zeugen weniger als heterosexuelle Männer. Warum verschwindet die Homosexualität nicht? Warum nimmt die Zahl der homosexuellen Männer nicht ab? Dies müsste doch erwartet werden, wenn die Verhältnisse so einfach lägen wie bei dem Beispiel in Kapitel 8/4. Die Tatsache, dass dies nicht so ist, lässt nur den einen Schluss zu, dass die Manifestation der Homosexualität irgendeine Beziehung zur menschlichen Reproduktion gehabt haben muss.

Inzwischen ist es 140 Jahre her, dass Biologen begonnen haben, sich mit der Evolution zu beschäftigen. Seltsamerweise wurde allem Anschein nach nie überlegt, ob die menschliche Homosexualität evolutionäre Gründe haben könnte; sie ist doch derart persistierend, dass man das Gedankengebäude der evolutionären biologischen Forschung in Frage stellen müsste, wenn sie keine Erklärung für dieses Phänomen anbieten könnte.

Nachdem ein direkter Reproduktionserfolg homosexueller Männer auszuschließen ist, muss untersucht werden, ob nicht eine indirekte kausale Verbindung zur Reproduktion bestanden hat. Dies wäre der Fall, wenn die Existenz homosexueller Männer in menschlichen Gesellschaften diesen zum Vorteil gereicht hätte. Dies wäre der Fall, wenn Gesellschaften mit homosexuellen Männern bei der Erzeugung und der Aufzucht von Nachkommen – gerechnet pro Kopf der Mitglieder – erfolgreicher wären als die Gesellschaften ohne homosexuelle Männer. Waren die ersteren wehrhafter, war die Ernährung besser, waren die Machtkämpfe um die Alphaposition weniger blutig, war die Gesellschaft nach innen friedfertiger?

3. Die Probleme des Urklans

Die Überlegungen der Kapitel 12–15 – es sind Mosaiksteine, aus denen wir die Entstehung der frühen menschlichen Gesellschaft kombiniert haben – lassen sich wie folgt zusammenfassen:
- Die Hominiden lebten in Klans.
- Sie liefen zweibeinig aufrecht. Sie waren ausdauernde Läufer.
- Männer und Frauen gingen verschiedenen Beschäftigungen nach.
- Die Frauen entwickelten das Merkmal dauernder Kopulationsbereitschaft.
- Die Stimmen von Mann und Frau bekamen unterschiedliche Tonhöhen.
- Die Vergewaltigung bildete sich heraus.
- An der Spitze des Klans stand ein Boss mit Zeugungsprivilegien.

Wir müssen hinzufügen: Moral war höchstens in Ansätzen entwickelt. Moral und Sanktionen bei Fehlverhalten haben sich in den vielen Millionen Jahren, über die wir hier nachdenken, erst herausgebildet.

Wo ist der Boss? Der Boss war an zwei Stellen zugleich gefordert, sozusagen an der Front und im Camp. An der Front, in der Savanne, beim Suchen nach Vogeleiern, beim Ausgraben von Wurzeln, beim Fangen von kleinen Tieren, beim Verteilungskampf an einem verendeten Weidetier, war sein Einsatz nötig. Im Camp war er gefordert in der Abwehr von internen Zeugungskonkurrenten, bei der Abwehr von feindlichen Klans, von Opportunisten und von Beutegreifern. Frauen und Kinder waren auf Schutz angewiesen.

4. Die Homosexualität im Dienst des Urklans

Bei irgendeinem Klan in der Savanne, am großen Grabenbruch vielleicht, vor fünf Millionen Jahren bewährt sich ein zufällig in Erscheinung getretener Mann mit homosexuellen Neigungen. Er realisierte alle Vorteile männlicher Klanmitglieder ohne deren Nachteile; er war keine Zeugungskonkurrenz für den Boss und die übrigen Klanmänner, aber trotzdem dem Klan zugetan. Man konnte ihn im Camp lassen, um Frauen und Kinder zu verteidigen, und man konnte ihn an die Front schicken, wenn der Boss im Camp bleiben musste. Er konnte sich an längeren Unternehmungen in der Savanne beteiligen, ohne durch sexuelle Appetenz an das Camp gebunden zu sein. Er war – so könnte man es betrachten – eine geniale Erfindung. Das neue Klanmitglied war an vielen möglichen Auseinandersetzungen nicht beteiligt, und man kann sich vorstellen, dass er moderierend für den inneren Ausgleich tätig wurde. Außerdem, in Notfällen, war er vielleicht doch noch als Zeugungsreserve vorhanden.

Wir können uns vorstellen, dass sich über viele Tausende Generationen hinweg sich die Klans als überaus leistungsfähig zeigten, die Homosexuelle in ihren Reihen hatten. Die Anfälligkeit für Opportunisten war reduziert. Es handelte sich zudem um Individuen, die an Raubzügen in die Camps fremder Klans nicht interessiert waren. Zu bedenken ist die Tatsache, dass durch das Auftreten von Homosexuellen weniger männliche Individuen an der Zeugung beteiligt waren, was im Sinne der Abgrenzung (Kapitel 8) dazu führt, dass sich die günstigen Merkmale schneller durchsetzen können. Hierzu könnte die Fähigkeit gehören, homosexuelle Nachkommen zu zeugen.

Wenn in einer Tiergesellschaft, einem Wolfsrudel, einem Bienenschwarm oder einem Klan von Hominiden einzelne Individuen Verhaltensweisen zeigen, die der Gesellschaft bei der Aufzucht dienlich sind, die eigene Reproduktion aber einschränken oder verhindern, handelt es sich um ein für die Gruppe förderliches, ein gruppendienliches Verhalten. Dieses Verhalten entstand durch die Selektion von Gruppen – die sich bewährenden Gruppen blieben erhalten.

5. Die Männerbünde

Die menschliche Geschichte in historischer Zeit lässt sich als Geschichte von Männerbünden darstellen. Alle Kriegszüge waren Unternehmungen von Männerbünden, im alten Ägypten wie im klassischen Griechenland, in Rom mit seinen Legionen ebenso wie in der modernen Geschichte. Die Tendenz zu Männerbünden ist auch in der heutigen Gesellschaft lebendig. (Vgl. Kapitel 26/6) Die Vorliebe von Männern, sich zu Bünden zu vereinigen und gemeinsam Abenteuer zu suchen, ist *gruppendienliches Verhalten*. (Kapitel 9–11) Wir können daraus den Schluss ziehen, dass Urklans und die sich zeitlich anschließenden anonymen Gesellschaften dann erfolgreiche Erzeuger von Nachkommen gewesen sein müssen, wenn sie über gut organisierte Männerbünde verfügten. Die Männerbünde waren leistungsfähige Jagdgesellschaften und haben die Interessen des Klans in Angriff und Verteidigung bei Auseinandersetzungen mit anderen Klans vertreten.

Ich vermute, dass die Männerbünde eine sehr alte Einrichtung waren, was daraus zu schließen ist, dass die Schimpansen heute noch Männerklubs bilden und gelegentlich gemeinsam jagen.

Homosexualität und Männerbündelei bedingen sich. Die emotionale Unabhängigkeit der Männerbünde von den Frauen im Camp waren der Wehrhaftigkeit der Bünde und dem Erfolg von Jagdgesellschaften zuträglich. Längere Kriegszüge waren möglich geworden. In der Entstehungszeit der menschlichen Gesellschaft war die Homosexualität ein gruppendienliches Verhalten.

Unsere zunehmende gesellschaftliche Akzeptanz der Homosexualität ist an diese Erkenntnis nicht gebunden. Es bleibt bedrückend, an die Ächtung bis hin zur physischen Vernichtung zu denken, denen homosexuelle Männer in der europäischen Geschichte ausgesetzt waren. Männerbünde und Homosexualität sind weitere gewichtige Indizien dafür, dass die Gruppen Einheiten der Selektion gewesen sind. Der folgende Merksatz hält dies fest:

Gruppenselektion – gruppenegoistisches Verhalten – hat unser soziales Verhalten entstehen lassen. Leistungsfähige Gruppen haben sich durchgesetzt. Sie brachten Individuen hervor, die leistungsfähige Gruppen bilden konnten.

Anmerkungen

[1] Bagemihl, Bruce: Biological Exuberance – Animal Homosexuality and Natural Diversity, New York 1999
[2] Adler, Alfred: Das Problem der Homosexualität und sexueller Perversionen, Frankfurt am Main 1977

Dritter Teil

Von den ersten Hominiden zum Homo sapiens. Auf den Pfaden der Paläoanthropologie

17 Zur Paläoanthropologie. Ziele und Probleme

1. Die Aufgabe

Die bisherige Betrachtung der menschlichen Entwicklung war wenigstens ungewöhnlich. Wir haben versucht, die gesellschaftliche Entwicklung der Hominiden aus Informationen von zwei Quellen zu verstehen: einerseits aus den klimatischen Bedingungen, die in Ostafrika zu der Zeit bestanden haben, als dort die Hominiden lebten, und andererseits aus Verhaltensmerkmalen der heutigen Menschen. Nur den ausgeprägten Sexualdimorphismus der ersten Hominiden haben wir als entscheidendes Merkmal aus der Auswertung von Fossilien herangezogen.

Das bisher gewonnene Bild bezieht sich nur auf die Stammeslinie, die von den ersten Hominiden direkt zu uns Menschen geführt hat. Die Naturgeschichte des Homo sapiens ist aber erheblich vielfältiger. Um die Entstehung der menschlichen Gesellschaft zu verstehen, müssen wir auch die anderen Arten, die gleichzeitig mit der Hauptlinie existiert haben und wieder verschwunden sind, in die Betrachtung mit einbeziehen. Wir müssen insbesondere die Entwicklung in jüngerer Zeit, während der letzten Million Jahre, berücksichtigen. Wir müssen tiefer in das Wissensgebiet der Paläoanthropologie eindringen, die der Aufgabe verpflichtet ist, *... den Prozess der Menschwerdung als komplexen psychophysischen Adaptationsprozess zu verstehen und zum Selbstverständnis des Menschen beizutragen.*[1]

Die Paläoanthropologie bezieht die Forschungen vieler anderer Wissensgebiete in ihre Überlegungen ein, so der Biologie, der Ökologie, der Klimatologie, der Geologie, der Physik und der Molekularbiologie. Sie teilt das Schicksal aller Disziplinen, die durch eine spezielle Aufgabenstellung definiert sind; jede in Anspruch genommene Information, die aus einer der ergänzenden Wissensgebiete stammt, liefert ein Puzzlestückchen, das häufig nicht zu den übrigen Puzzlestücken passen will. Ökologische Betrachtungen harmonieren nicht mit den aufgefundenen Knochen, diese nicht mit den geologischen Daten, andere wieder sind nicht plausibel oder entsprechen nicht den etablierten Grundsätzen verwandter Disziplinen.

Die wichtigsten Informationsquellen der Paläoanthropologen sind die Fossilien der Hominiden. Das Alter von aufgefundenen Fossilien kann heute recht genau bestimmt werden. Organische Reststoffe, Sedimente und umgebende Materialien, und die Kenntnis der aufeinander folgenden geologischen Formationsänderungen steuern Informationen bei. Wichtig ist die radiologische Altersbestimmung. An der Erdoberfläche entstehen durch Höhenstrahlung laufend radioaktive Stoffe, wir nennen sie *radioaktive Isotope*, die sich chemisch von den üblichen Elementen wie beispielsweise Kohlenstoff oder Stickstoff nicht unterscheiden. Ihre Radioaktivität bedingt, dass sie sich im Laufe der Zeit unter Aussendung von Strahlung in stabile Isotope, d. h. in andere chemische Stoffe verwandeln. Die Zerfallszeit radioaktiver Isotope, die Halbwertszeit, ist uns genau bekannt. Während der Lebenszeit eines organischen Wesens werden die gerade entstandenen radioaktiven Isotope in die organische Substanz dieser Wesen eingebaut. Bei einem Fossil unbekannten Alters gibt die Menge des in ihm noch vorhandenen aktiven Isotops einen Messwert für die Zeit, die seit der Entstehung dieses Fossils verstrichen ist.

Die Knochen selbst gestatten Rückschlüsse über die Gestalt, Fortbewegung und Nahrung des Probanden. So lässt sich aus der anatomischen Struktur von Gesichtsknochen beispielsweise der Kaudruck abschätzen und aus der Struktur der Zähne das, was der Besitzer vermutlich gekaut hat. Breitflächige Molaren (Backenzähne) lassen auf Mahlbewegung und vegetarische Ernährung schließen und stark hervorspringende Eckzähne auf das Festhalten von Nahrung, um diese zerreißen zu können.

Der Reiz, aber auch die Schwierigkeit der Paläoanthropologie besteht darin, dass es verschiedene Arten von Hominiden gegeben hat, die teilweise gleichzeitig lebten. Wir kennen heute neun verschiedene Arten von Hominiden; die Paläoanthropologen schließen aber nicht aus, dass es erheblich mehr gewesen sein könnten. Es gehört zu den Eigentümlichkeiten der Paläoanthropologie, dass von jedem Fossil, von jedem Fußabdruck, aber auch von jedem Werkzeug zu ermitteln versucht wird, ob dieses Relikt in einem Zusammenhang mit der Stammeslinie gesehen werden muss, die zu uns Menschen führte, oder ob es zu einer Nebenlinie gehört, die später erlosch. Diese Hauptlinie festzulegen und zu dokumentieren, ist das hervorragende Ziel der Paläoanthropologen. So, als handele es sich bei Fossilien um Kunstwerke, bei denen geklärt wird, ob sie echt sind, also zur Hauptlinie gehören, oder unecht. Es ist menschlich, dass der Finder eines Fossils bestrebt ist, dieses als echt zu klassifizieren. Die Vorstellung macht schwindeln, dass jenes Fossil in meinen Händen möglicherweise zu einem der direkten biologischen Ahnen von mir gehört. Die Frage der Echtheit lässt sich nur gelegentlich klären und wird trotzdem Gegenstand langwieriger Diskussionen.

Das Ziel der Paläoanthropologen, die menschliche Stammeslinie aufzuklären und durch Funde zu dokumentieren, ist grundsätzlich erreichbar. Die Entwicklung hat sich ja abgespielt, und während der Entwicklungszeit galten Naturgesetze, die auch heute noch gelten und die uns bekannt sind. Es ist möglich, dass alles, was grundsätzlich erfahrbar ist, eines Tages aufgezeichnet sein wird und Eingang in unser Bewusstsein findet, sodass von weiteren Forschungen keine neuen Aufschlüsse mehr erwartet werden können. Einstweilen stehen wir aber vor vielen Rätseln, sodass uns dieses aufregende Teilgebiet der Naturgeschichte lange erhalten bleiben wird.

2. Die Zuordnung der hominiden Fossilien zu Arten

Die Paläoanthropologie sucht nach Ordnung unter den Fossilien. Der erste Schritt ist es, die Fossilien eines Grabungsgebietes soweit als möglich zu einem Skelettelement zu kombinieren oder gedanklich zu ergänzen. Diesem Skelettelement wird ein Name gegeben, es ist der des Fundortes oder des Finders.[2] Beim nächsten Schritt werden die Fossilien der verschiedenen Fundstätten in eine zeitliche Ordnung gebracht, um Kladen aufzustellen; das sind Zusammenfassungen von Fossilien, die auf einen gemeinsamen Vorfahr zurückgehen. Die Fossilien der unterschiedlichen Fundstätten werden nach morphologischen Kriterien zu Arten zusammengefasst, sobald hinreichend viele gemeinsame Merkmale festgestellt sind. Diese Zusammenfassungen bezeichnet man mit dem Namen einer Art wie zum Beispiel Homo erectus, Homo habilis oder Homo eregaster. Nachdem sich diese Namen gut eingeführt haben und in das bestehende System integriert worden sind, geschieht es gelegentlich, dass neue Funde ein mühsam errichtetes gedankliches Gebäude zum Einstürzen bringen. Es stellen sich plötzlich Fragen wie: Ist der Homo eregaster nun ein Homo erectus oder verdient er es, als eigene Art angesehen zu werden? Könnte es nicht sein, dass der Homo eregaster der eigentliche Stammvater des Homo sapiens ist und der Homo erectus nur eine bisher überbewertete Nebenlinie? Es werden, um noch bei den gewohnten Bezeichnungen bleiben zu können, diese mit dem Zusatz »engere Auslegung« (*sensu strictu*) oder »weitere Auslegung« (*sensu lato*) belegt. Es gibt zum Beispiel eine Diskussion darüber, ob der Homo habilis sensu lato - also in der weiteren Auslegung – nicht auf drei sich unterscheidende Arten aufgeteilt werden müsse.[3]

Jedenfalls ist die Entwicklung Schritt für Schritt vor sich gegangen; die Natur macht keine Sprünge. Hätten wir ein Skelett für jeweils 10 000 Jahre menschlicher Entwicklungsgeschichte, könnten wir sehen, dass es zwar keine abrupten Sprünge gab, dass aber die Veränderungen auch nicht gleichförmig, d. h. nicht mit gleich bleibender Geschwindigkeit vor sich gingen. Um nur zwei Merkmale herauszugreifen: Am Anfang stand die Entwicklung zur zweibeinigen Fortbewegung und zum aufrechten Gang. Am Ende der Entwicklung, ungefähr in den letzten Million Jahren, war die Vergrößerung des Hirnvolumens das entscheidende, am Skelett zu erkennende Merkmal der Menschwerdung.

Von den zahlreichen Fossilien, für die wir nun mal eine Ordnung finden müssen, wissen wir freilich nicht, ob sie zu einer solchen echten biologischen Art gehören oder in eine Übergangsphase oder zu einer Varietät, einer zufälligen Abweichung. Die heutigen paläoanthropologischen Zuschreibungen, so stellt es sich dar, entsprechen einer brauchbaren beständigen Klassifizierung, die nicht unbedingt biologische Realität sein muss. Sie folgt einer pragmatische Arbeitsweise, wie sie Ernst Mayr empfiehlt; solange die biologischen Zusammenhänge nicht geklärt seien, solle man die praktischste Klassifizierung wählen und diejenige, welche bei der Speicherung und Wiedergewinnung von Informationen größte Beständigkeit wahrt.[4]

Der biologische Artbegriff ist nicht nur wegen der kontinuierlichen Übergänge zwischen den Arten, wegen der Grauzonen, ein vermintes Gebiet. Wir kommen wieder zu der alten Frage, deren Beantwortung von grundlegender Bedeutung für den Artbegriff ist: Wie entstehen Arten?

3. Die Baumstruktur bei der Entstehung von Arten

Unabhängig von der Entwicklung der Hominiden zu Menschen hoffe ich, in Kapitel 7 gezeigt zu haben, dass es drei unterscheidbare Szenarien bei der Entstehung neuer Tierarten gibt, die ich hier noch einmal kurz in Erinnerung rufen möchte:

[1] Die klassische Entstehung von Arten, wobei aus den vorhandenen Erbanlagen die Merkmale herausgezüchtet werden, die eine besonders gute Anpassung an die gerade bestehende Umwelt darstellen. Die Selektion steht im Vordergrund. Das neue Merkmal kann darin bestehen, dass ein bisher vorhandenes körperliches Merkmal einem neuen Zweck zugeführt wird.

[2] Die chaotische Entstehung von Arten, die durch den Wegfall äußerer Zwänge, durch den Wegfall von Selektionsdruck, gekennzeichnet ist. Viele Mutanten, die bei selektivem Druck sehr schnell wieder verschwinden, weil sie der Umwelt nicht gut genug angepasst sind, können dann zunächst bestehen bleiben. Charles Darwin nannte sie Varietäten. Wie klassifizieren wir ein Fossil, das eigentlich keiner Art zugehört, sondern eben nur eine Varietät ist? Können wir dies überhaupt wissen?

[3] Die geographische Aufspaltung von Arten hat zur Folge, dass jede Teilpopulation eigene Wege geht, die im Laufe längerer Zeit zu unterscheidbaren Arten führt. Vor noch nicht langer Zeit wurde dieses Szenarium als das wichtigste Moment zur Entstehung neuer Arten betrachtet.

Bei all diesen Szenarien wird, ausgesprochen oder unausgesprochen, immer von der Voraussetzung ausgegangen, dass es sich bei jeder Entstehung einer neuen Art um eine Verzweigung oder um eine langsame Umwandlung einer bestehenden Art in eine andere handelt. Man ist der Meinung, dass die Gesamtheit der Entwicklung sich als Baum darstellen lässt; die Verzweigungen symbolisieren das Entstehen neuer Arten. Es wird normalerweise nicht erwogen, dass Arten auch durch Verbindungen, durch Genfluss zwischen vorhandenen Arten entstehen können.[5] Die Artenentstehung durch Hybridisierung ist im Tierreich allerdings sehr selten, sodass diese Abstinenz verständlich ist.[6]

Die Sexualität spielt aber bei den Hominiden eine gewichtige Rolle, die über das hinaus geht, was wir aus dem übrigen Tierreich kennen. Sie sollte uns veranlassen, abweichend vom übrigen Tierreich die Hybridisierung doch in die Betrachtung einzubeziehen. Ich rufe in Erinnerung, dass die Vergewaltigung als Sonderform des Brutparasitismus ein auffälliges menschliches Merkmal ist und daher auch in der menschlichen Stammeslinie als wirkend angenommen werden kann. Aber auch durch das weibliche Werbeverhalten, durch die weibliche Schönheit, können über die Klan-Grenzen hinweg, vielleicht auch über die Grenze der Varietäten hinweg, immer wieder unerwartete Kontakte zu Stande kommen.[7]

Nur begrenzt auf die Hominisation, die stammesgeschichtliche Entstehung der Menschen, möchte ich daher als vierte Möglichkeit der Artenentstehung die Hybridisierung anführen. Die strikte Annahme einer Baumstruktur könnte eine die Sicht versperrende Begrenzung darstellen. Unter der Annahme einer reinen Baumstruktur ließ sich bisher eine widerspruchsfreie Ordnung unter den hominiden Fossilien nicht herstellen. Genfluss könnte es gegeben haben, wenn Hominiden neuerer Wanderungsschübe mit früher ausgewanderten Hominiden in Kontakt kamen, die in der Zwischenzeit eine eigene Entwicklung genommen haben.

Anmerkungen

[1] Henke, Winfried; Rothe, Hartmut: Paläoanthropologie, Berlin/Heidelberg 1994, Vorwort.
[2] So sind beispielsweise die folgenden Namen zu Stande gekommen: Homo chapellensis, Homo leakeyi, Homo heidelbergensis, Homo narmadensis und viele weitere.
[3] Henke, Winfried; Rothe, Hartmut: s.o., S. 330
[4] Mayr, Ernst: Das ist Biologie, Heidelberg/Berlin 1998, S. 199
Die Art-Problematik ist in diesem Buch Kapitel 7 S.173–204 sehr anschaulich dargestellt. Ernst Mayr verweist darauf, dass der Begriff *Varietät* neben Darwin auch von Linné benutzt wurde.
[5] Henke, Winfried; Rothe, Hartmut: s.o., S. 68. Zur Hybridisierung: »Diese Form der Artentstehung ist im Tierreich ein sehr seltenes Ereignis, sodass hierauf im Folgenden nicht mehr eingegangen wird«.
[6] Der als eigene Art geführte amerikanische Rotwolf (*Canis rufus*) ist aus der Verbindung von Grauwolf (*Canis lupus*) und Kojote (*Canis latrans*) hervorgegangen. (Spektrum der Wissenschaft 1995/11)
[7] Spekulationen, die die Hybridisierung in die Entstehungsgeschichte der Menschen einbeziehen, gibt es, z. B. Ebeling, Werner; Engel, Andreas; Feistel, Rainer: Physik der Evolutionsprozesse. Berlin 1990, S. 23.

18 Die Geschichte der Australopithecinen

1. Von den Anfängen zum Australopithecus afarensis

Zum besseren Verständnis sei zunächst kurz die gebräuchliche Klassifizierung in hierarchischer Reihenfolge angeführt, soweit die menschliche Entwicklung betroffen ist:

- Klasse (*Classis*) – Säugetiere
- Ordnung (*Ordo*) – Primaten, eigentlich Herrentiere, sie umfasst Affen und Halbaffen. Es gibt heute etwa 600 Arten in dieser Ordnung, von dem kleinen Mausmaki (*Microcebus*) bis zum Homo sapiens.
- Überfamilie (*Superfamilia*) – Hominoiden, es sind dies die Menschenartigen, zu denen heute alle Menschenaffen gezählt werden, die Schimpansen, die Orang-Utans und die Gorillas, aber auch die Gibbons (*Hylobates*).
- Familie (*Familia*) - Hominiden, dies sind menschliche Vorläufer und Zugehörige.
- Gattung (*Genus*) – Australopithecus und Homo
- Art (*Species*) – Homo sapiens
- Rasse (*Subspecies*)

Säugetiere gibt es seit etwa 200 Millionen Jahren. Sie haben sich aus Reptilien entwickelt. Säuger haben also gemeinsam mit den Dinosauriern gelebt, waren aber in deren Ära nur so groß wie die heutigen Ratten und Mäuse. Die Blütezeit der Säugetiere begann mit dem Übergang von der Kreidezeit zum Tertiär, vor 65 Millionen Jahren; dies ist der Zeitpunkt, zu dem die Dinosaurier, aller Wahrscheinlichkeit nach durch eine Umweltkatastrophe, verschwanden. Mit dem neuen Anfang nach der Katastrophe bestanden ideale Bedingungen für die Säugetiere, sich chaotisch auszubreiten.

Es gibt Fossilien, annähernd 55 Millionen Jahre alt, die der Urform der Primaten zugerechnet werden (*Plesiadapis tricuspidens*). Die Ordnung der Primaten wurde vielfältig; der ursprüngliche Formenreichtum war größer als heute; es hat also auch bei den Primaten eine chaotische Vervielfältigung der Arten gegeben. Heute gibt es noch etwa 600 Arten.

Je näher wir dem Menschen kommen, desto kleiner wird die Zahl der überlebenden Arten, beinahe, als habe es den Arten kein Glück gebracht, mit der Hauptstammlinie der Menschen verwandt zu sein. Es existieren heute nur noch wenige Hominoiden; es hat aber nach einer Schätzung in den letzten 35 Millionen Jahren 84 verschiedene Arten gegeben. Eine Reihe von älteren Fossilien der Hominoiden wurde gefunden und eingehend untersucht; sie sind nur schwer einzuordnen und für unser Thema ohne Bedeutung.[1]

Man kann definieren, dass die Menschwerdung mit der Trennung zweier Entwicklungslinien ihren Anfang genommen hat, von denen eine zu uns Menschen und die andere zu der heutigen Tierart geführt hat, mit der wir am engsten verwandt sind, den Schimpansen. Dieser Zeitpunkt ist für unser Verständnis der Menschwerdung nicht übermäßig bedeutsam. Er ist wohl eher psychologisch wichtig: Damals hat alles angefangen, die Trennung von Mensch und Tier begann. Nehmen wir an, die Trennung sei vor 6,5 Millionen Jahren erfolgt.

Alle Arten, die biologische Vorläufer der Menschen waren oder von diesen abstammen und die in den letzten 6,5 Millionen Jahren gelebt haben, gehören zur Familie der Hominiden. Wir haben nicht viele, aber doch genügend Fossilien gefunden, um die Entwicklung der Hominiden nachzuzeichnen; Hominiden, das sind menschliche Vorläufer und Zugehörige, einschließlich des Menschen. Wir unterscheiden zwei Gattungen von Hominiden: die Gattung Australopithecus und die Gattung Homo.

Von beiden hat es mehrere Arten gegeben, solche, die sich in die Hauptlinie einordnen lassen, an deren Ende wir selbst stehen, und viele andere, die wieder verschwunden sind. Wenn wir diese Entwicklung überschauen, überrascht die Tatsache, dass außer dem Homo sapiens keine anderen Hominiden überlebt haben. Das letzte überlebende Bindeglied zwischen uns Menschen und der heutigen Tierwelt sind die Schimpansen.

In Ostafrika wurden keine Fossilien entdeckt, die man der Schimpansenlinie zurechnen könnte und die jünger als 8 Millionen Jahre sind. Wenn von einer bestimmten Art für einen bestimmten Zeitraum keine Fossilien auftauchen, beweist das nicht allzu viel; möglicherweise hatte man nur Pech beim Suchen. Es liegt aber doch nahe, dass die genealogische Trennung beider Linien, der Menschen und der Schimpansen, von einer geographischen Trennung begleitet war. Es gab keine Berührungspunkte mehr. Vielleicht hat sich deswegen die Schimpansenlinie, anders als die vielen Hominidenarten, die nicht zu Menschen wurden, bis heute erhalten.

Nach neuen Schätzungen hat es 17 verschiedene Arten von Hominiden gegeben, bislang werden 9 Arten geführt. Die Zuordnung der Fossilien zu diesen Arten ist überaus problematisch. Wir müssen ein Puzzle zusammensetzen, von dem die meisten Stücke fehlen. Die gängige Literatur kommt auf 5 Arten der Gattung Australopithecus und 4 Arten der Gattung Homo; diese Zahlen sind aber vorläufig, und es gibt abweichende Meinungen.

Aus den ersten 2,5 Millionen Jahren seit der Trennung von der Schimpansenlinie, also aus der Zeit vor 6,5 bis 4 Millionen Jahren, sind die Fossilien so spärlich, dass wir uns kein Bild von der frühen Entwicklung machen können. Genau genommen wissen wir nur, dass es frühe Hominiden gegeben hat, denn sonst könnte es uns nicht geben. Es gibt spekulative Beschreibungen ihrer Skelette, wir müssen aber akzeptieren, dass es sich einstweilen um ein fehlendes Glied, ein *missing link* handelt.

Die letzten Fossilien, die eindeutig dem Australopithecus afarensis zugeschrieben werden, sind etwa 3 Millionen Jahre alt. Wenigstens 1 Million Jahre lebte der Australopithecus afarensis sehr wahrscheinlich als einzige Hominidenart in Afrika. Es ist sinnvoll, sich zu vergegenwärtigen, um welche Zeitspanne es sich handelt. Wir überblicken historisch nicht einmal 10 000 Jahre, ein Hundertstel der Existenzzeit dieser ersten Hominiden.

2. Die späten Australopithecinen

Wir unterscheiden heute 5 Arten von Australopithecinen. Die späten Australopithecinen lebten gleichzeitig mit den ersten Arten der Gattung Homo, dem Homo habilis und dem Homo erectus. Folgende Gegenüberstellung, in Einheiten von Millionen Jahren, soll die Erscheinungszeiten der verschiedenen Arten erläutern: (Zur Vereinfachung wird Gattungsname Australopithecus vor einer Artbezeichnung mit A. abgekürzt):

```
|4 MJ        |3 MJ
  < A. afarensis  >         |2 MJ
             < A. africanus  >
             < A. aethiopicus >
                 < A. boisei     >    |1 MJ
                    < A. robustus  >
                    < Homo habilis  >                |0M
                         < Homo erctus  >
                    ( Homo sapiens neandertalensis) <****>
                              ( Homo sapiens) <*******?
```

Die Existenzzeiten sind nur Abschätzungen, abgeleitet von den Funden. Gibt es keine Funde für eine bestimmte Zeit, bedeutet das selbstverständlich nicht, dass diese Art während der fraglichen Zeit nicht existent war. In der zeitlichen Darstellung wirken die Verhältnisse recht übersichtlich. Die Schwierigkeiten liegen im Detail. Es ist hier unmöglich, alle Implikationen der Paläoanthropologie darzustellen; ich möchte zur Erläuterung nur auf eine Schwierigkeit hinweisen.

Die Arten A. aethiopicus, A. boisei und A. robustus gehören nach überwiegender Auffassung der Paläoanthropologen nicht zur Stammeslinie der Menschen. Sie besitzen zwar ein größeres Gehirn als die A. afarensis, haben sich jedoch in einer anderen Hinsicht spezialisiert: Es sind reine Pflanzen- und Früchteesser – sie sind herbivor und frugivor. Ihre Molaren, die Backenzähne, sind vergrößert, die Kaukraft ist verstärkt; harte Nahrung musste zermahlen werden. Die Molaren sind schwerer und robuster geworden. Die Hauptlinie führt freilich zu geringerer Kauleistung und zu geringerflächigen Molaren wie beim Homo habilis, Homo erectus und beim Homo sapiens. Die Arten der Gattung Homo sind

Allesesser, sie sind omnivor. Es besteht demnach eine Aufspaltung der Australopithecinen in einen spezialisierten Ast, die Pflanzen- und Früchteesser, und in einen generalisierenden Ast, der in der Lage ist, beide Nahrungsquellen für sich zu nutzen.

Der A. afarensis war wohl vornehmlich ein Pflanzenesser, er lebte von Blättern, Früchten, Bodenpflanzen und möglicherweise von Wurzeln. Hat er sich außerdem von Fleisch ernährt, das als Aas in der Savanne zur Verfügung stand? Wenn sich seine biologischen Nachfahren auf pflanzliche Nahrung spezialisiert haben, könnte man schließen, dass diese Spezialisierung bei dem A. afarensis nicht bestanden hat. Einen Hinweis auf Fleischnahrung geben uns die Schimpansen, von denen vermutet wird, dass sie einst in der Savanne lebten. Die männlichen Schimpansen jagen gelegentlich noch heute. Insofern darf angenommen werden, dass auch die männlichen A. afarensis auf Fleisch aus waren. Vielleicht gelang es in der Frühzeit der Savanne leichter, gelegentlich an fleischliche Nahrung zu kommen, denn auch die potenziellen Beutetiere mussten die Adaption an die streckenweise baumlose Savanne erst leisten. Es mag Bodenbrüter gegeben haben, denen man auflauern und deren Nester man plündern konnte; auch sollte es möglich gewesen sein, kleinere Tiere zu jagen und Aas von verendeten oder gerissenen Weidetieren zu ergattern. Unbestritten ist, dass sich die ersten Arten der Gattung Homo wenigstens ergänzend von Aas ernährt haben, bevor sie in konsequenter Weiterverfolgung dieser Linie zu leistungsfähigen Jägern wurden.

Nach dem obigen Schaubild scheint der A. africanus die natürliche Verbindung zwischen dem Australopithecus afarensis und dem Homo habilis darzustellen. A. africanus war zierlich, nur unwesentlich größer als A. afarensis, hatte aber ein um 10% größeres Gehirnvolumen. Die Stirn und der Kopf waren etwas größer geworden, die Frontzähne verkleinert. Sehr merkwürdig ist, dass die Backenzähne gegenüber A. afarensis vergrößert waren, also eine Entwicklung zur Pflanzenkost hin genommen hatten. Wenn man von dieser Entwicklung des Gebisses absieht, wäre der A. africanus, wie oben vermutet, eine natürliche Weiterentwicklung des A. afarensis auf dem Weg zur Gattung Homo.

Was bedeutet das? Gehört A. africanus in die Stammeslinie der Menschen, und hat das Gebiss sozusagen einen Schlenker eingelegt, zuerst vergrößerte Backenzähne, später, mit der Nutzbarmachung der eiweißhaltigen Fleischkost, wieder eine Verkleinerung? Oder gibt es noch eine andere Art, von der bis jetzt Fossilien nicht gefunden wurden; eine Art, ähnlich dem A. africanus, aber mit anderem Gebiss, die eine Verbindung zwischen dem A. afarensis und der Gattung Homo darstellen könnte? Oder hat es Homo habilis früher als angenommen gegeben und eine Varietät von A. afarensis etwas länger als bislang dokumentiert? Es sind offene Fragen, über die nur widersprechende Spekulationen angestellt werden können. Spekulationen sind durchaus erlaubt; Erkenntnisse sind die Kinder vorangegangener Spekulationen.

3. Die Vermehrung der hominiden Arten vor 2,5 Millionen Jahren

Die Hominiden haben ihren Siegeszug vor 6,5 Millionen Jahren angetreten. Die erste Art, von der wir so viele Fossilien gefunden haben, dass wir uns ein genaueres Bild machen, war der A. afarensis, der die Szene bis vor 3 Millionen Jahren beherrschte. Bei aller Vorsicht, die bei Urteilen geboten ist, falls Fossilien fehlen, können wir doch feststellen, dass mehr als die Hälfte der Zeit, in der Hominiden existierten, sich nur eine Art nachweisen lässt und möglicherweise auch nur bestanden hat. Aus der Zeit vor 2,5 bis 1,5 Millionen Jahren haben wir Nachweise von mindestens 6 Arten. Es kann, wenn auch vielleicht nicht von einer Explosion, so doch von einer überraschenden Vielfalt gesprochen werden.

Für diese plötzliche Artenvielfalt, die als *Taxon Pulse* geführt wird, gibt es eine theoretische Überlegung. Es wird vermutet, dass einzelne Populationen einer zunehmenden und sich räumlich ausdehnenden Art in andere, vielleicht weniger geeignete Gebiete auswandern und sich dort unter abweichenden äußeren Umweltbedingungen zu einer neuen Art entwickeln. Das wäre eine Artenentstehung nach dem geographischen Szenarium, wie ich es schon beschrieben habe. Die Entstehung der Australopithecinen, die sich ausschließlich von Pflanzen ernährten, der A. aethiopicus, A. boisei und A. robustus, ließe sich so erklären; sie wären von Individuen der Hauptlinie, die zum Menschen führt, gewissermaßen auf mindere Weidegründe gedrängt worden und hätten sich dort schmalerer Kost anpassen müssen.

Vermutlich ist aber diesem Szenarium eine Zeit der chaotischen Zunahme von Varietäten vorausgegangen. Die Eroberung der ostafrikanischen Savannenlandschaft war durch eine immer vollkommenere Anpassung der A. afarensis und A. aethiopicus bis zu einem derartigen Grad erreicht, dass der Selektionsdruck nachließ; es ergab sich Spielraum für Mutationen. Varietäten bildeten sich, die als Arten in statu nascendi aufgefasst werden können, als Arten vor einer sich notwendig anschließenden selektiven Aussiebung. Diese Aussiebung setzte dann ein, als die Habitate knapp wurden. In den unwirtlichen Gebieten, die fortan besiedelt werden mussten, haben sich Varietäten durch Selektion weiterentwickelt, die für die dortigen Lebensbedingungen, magere Pflanzenkost, geeignet waren. Aus der Auffächerung des A. afarensis behaupteten sich in der Selektionsphase zwei Linien - die zum Generalisten Homo und die zu den nur pflanzenfressenden Australopithecinen, deren letzter vor 1 Million Jahren verschwand.

Es ist zu vermuten, dass wir für den Zeitraum von etwa 2,5 bis 1,5 Millionen Jahren noch weitere Fossilien entdecken, deren Zuordnung problematisch ist; es wären Spielarten und Varietäten die sich in der chaotischen Phase entwickelten, aber mit der Abnahme von freien Habitaten wieder verschwanden.[2]

Anmerkungen

[1] Der älteste Hominiodea ist der Proconsul (24–14 MJ); gefolgt von der Dryopithecus-Gruppe (12–8 MJ) und der Sivapithecus-Gruppe (16–5,5 MJ). Fundorte liegen vornehmlich in Ostafrika, aber auch in Europa und Asien. Alle waren Baumtiere.

[2] Die Forschung ist in Fluss. Laufend gibt es neue Entdeckungen die das Bild wandeln. Vorbehalte über die Richtigkeit der Angaben sind systemkonforme Notwendigkeit.

19 Der erste Mensch

1. Der Homo habilis

Die erste Art der Gattung Homo war der Homo habilis, der geschickte, fähige Mensch. Er ist vor über 2 Millionen Jahren entstanden. Wie schon die Fossilien der vorangegangenen letzten Australopithecinen, vermitteln auch die des Homo habilis ein diffuses Bild. Man könnte annehmen, der Mensch habe die Bühne der Erde heimlich durch die Hintertür betreten.

Der Nachfolger des Homo habilis, der Homo erectus, ist relativ gut dokumentiert. Er war als »erster Mensch« akzeptiert, da tauchten Fossilien einer anderen Art auf, die offensichtlich bereits vor dem Homo erectus existierte. Diese Fossilien ließen sich zeitlich zwischen Homo erectus und den späten Australopithecinen einordnen, zeigten aber Unterschiede. Die Paläoanthropologen haben alle diese Zwischenformen der Art Homo habilis zugeschrieben, allerdings zugleich festgestellt, dass er *polymorph* sei, d.h. vielgestaltig. Um Ordnung zu schaffen, unterscheidet man eine engere Definition des Homo habilis (*sensu strico*) und eine weitere Definition (*sensu lato*).

Es gibt Autoren, die annehmen, dass sämtliche dem Homo habilis zugeschriebenen Fossilien in drei Arten aufgeteilt werden müssten. Aus einer Fundstätte im Norden Kenias (*Koobi Fora*) stammen Fossilien, von denen man vermuten muss, dass sie eine eigene Art bilden, sie lassen sich in kein bestehendes Schema einordnen. Die Funde haben als Homo rudolfensis Eingang in die Literatur gefunden; sie sind etwa 1,9 Millionen Jahre alt. Beim Homo rudolfensis könnte es sich andererseits um eine Unterform des Homo habilis handeln. Seinem Gehirnvolumen entsprechend müsste er als eine eigene Art angesehen werden, es betrug 750 cm^3 gegenüber 630 cm^3 bei dem (enger definierten) Homo habilis.

Dieser Gesamtüberblick über die Literatur zum Homo habilis stützt meine Vermutung, dass es sich um Varietäten als Ergebnis einer chaotischen Entstehung von Arten handelt. Die Bewältigung der äußeren Umstände könnte einen solchen Grad von Perfektion erreicht haben, dass der Selektionsdruck nachließ und infolgedessen Varietäten – Spielarten – entstanden.

Wie sah dieser Homo habilis ungefähr aus? Seine Stirn wirkte stark fliehend. Ober- und Unterkiefer waren denen des heutigen Menschen ähnlich. Er hatte größere Schneidezähne als A. afarensis, aber auch als der spätere Homo erectus; seine Eckzähne waren groß im Vergleich zu den Backenzähnen. Homo habilis lief aufrecht wie schon sein Vorgänger. Es bestand nach wie vor ein starker Sexualdimorphismus, die Männer waren erheblich größer und schwerer als die Frauen. Vermutlich hatte Homo habilis noch ein dünnes Fell. Fossilien des Homo habilis wurden vornehmlich in Ostafrika gefunden, was aber wenig beweist. Bei Funden aus Südafrika ist zweifelhaft, ob sie dem Homo habilis zugerechnet werden können. Genau genommen ist der Name – Homo habilis – eine Sammelbezeichnung für hominide Fossilien in einer Übergangszeit vor 2,2 bis 1,5 Millionen Jahren.

2. Der Homo erectus

Diese Art imponiert weniger durch seine morphologischen Veränderungen gegenüber dem Homo habilis als vielmehr durch seine Ausbreitung. Wir finden ihn in ganz Afrika, von den Wüsten abgesehen, und in großen Teilen von Eurasien. Die ersten Funde stammen aus Java (1887), und lange Zeit schloss man deswegen, der Mensch habe sich in Südostasien entwickelt. Mehrere Fundstätten auf Java haben dann aber doch zu der Auffassung geführt, dass es sich bei den Fossilien um Homo erectus handelt, der dort von etwa 1,5 Millionen bis vor 0,5 Millionen Jahren lebte. Ebenso ist belegt, dass der Homo erectus in China verbreitet war, zahlreiche Fundstätten sind bekannt. Darüber hinaus wurden Fossilien in Indien und in Vietnam entdeckt.[1]

In Afrika, in der Stammlandschaft von Kenia, aber auch in Südafrika und in Marokko ist der Homo erectus nachgewiesen. In Mitteleuropa wurde der Homo Heidelbergensis berühmt; das von dort stammende Fossil – ein Unterkiefer – kann dem Homo erectus zugerechnet werden.

Der Homo erectus war omnivor, ein Allesesser; er war sicher ein guter Jäger. Das kann als eine Voraussetzung für seine weite Verbreitung angesehen werden; er war nicht an ein bestimmtes Biotop gebunden, und jagdbare Tiere gab es fast überall in Eurasien. Er war anders als die späten und nicht zur Hauptlinie gehörenden Australopithecinen ein echter Generalist; er besaß die Fähigkeit, sich verschiedenen Umweltsituationen anzupassen. Wir können ihn uns in Fellkleidung vorstellen. Der Homo erectus war größer und kräftiger als sein Vorgänger. Wir müssen annehmen, dass er in der Lage gewesen ist, Feuer zu entfachen und zu nutzen. Ich betone, dass dies nur eine begründete Annahme ist; Feuerspuren, die man fand, könnten auch von einem Blitzeinschlag herrühren. Wir nehmen an, dass er verbal kommunizieren konnte; vielleicht war er schon dabei, eine Sprache zu entwickeln.

3. Was macht den Menschen zum Menschen?

Die Natur macht keine Sprünge. Zwischen Tier und Mensch hat es nie eine strikte Grenze gegeben; andererseits vollzog sich eine Stammesentwicklung, an deren Beginn Tiere standen, an deren Ende aber die Menschen. Ohne Sprünge geht die Nacht in den Tag über. Eine klare Definition, wann ist noch Nacht, wann ist Tag, kann unmöglich gegeben werden. Dennoch dürfen wir behaupten: Die Sonne macht's. Erst war sie nicht da, und dann war sie da, und es war Tag.

Was also macht den Menschen zum Menschen? Ist es ein einziges bestimmendes Merkmal? Sehen wir uns in der Tierwelt um, dann kommen wir zu der Auffassung, dass häufig ein artbestimmendes Merkmal bei der Entwicklung zu erkennen ist; irgendein markantes Merkmal war gleichsam die Leitlinie. Giraffen wurden immer größer, die Pferde schneller, und die Elefanten bekamen einen längeren Rüssel. Von dieser Feststellung ausgehend ist es wohl berechtigt, nach einem tragenden Merkmal bei der Menschwerdung zu fragen.

Eine Spekulation stützt die Vermutung, dass es ein artbestimmendes Merkmal gegeben hat. Wir können nicht annehmen, dass jedes körperliche und auch jedes Verhaltensmerkmal mit gleicher Wahrscheinlichkeit durch Mutationen verändert wird. Es gibt ältere Merkmale, wie beispielsweise für den Stoffwechsel der Zellen verantwortliche, die nahezu mutationsresistent sind. Es gibt andere Merkmale, die sehr wohl dazu neigen, durch Mutationen Änderungen zu erfahren. Es sind vermutlich die jüngeren, eben erst entstandenen Merkmale; sie haben sich bereits bewährt und verändern sich unter Selektionsdruck weiter. Sie etablieren einen Trend.

Betrachten wir die körperliche Entwicklung der Hominiden, dann fällt sofort die Zunahme des Gehirnvolumens auf. Es wächst von etwa 400 cm³ bei dem A. afarensis über 440 cm³ beim A. africanus und 630 cm³ bei dem Homo habilis bis zu 830 cm³ beim Homo erectus. Das mittlere Gehirnvolumen eines modernen Homo sapiens liegt bei etwa 1 250 cm³. Mit der Zunahme des Gehirnvolumens steigt die Größe des Kopfes auch bei den Neugeborenen, was zur Anpassung der Beckenmaße und zur Erweiterung des Geburtskanals führt.

Von geringerer, sekundärer Bedeutung dürfte sein, dass beim Homo habilis der Kaudruck abgenommen hat, was wir an den kleiner werdenden Molaren und dem zurückgehenden Untergesicht erkennen. Hieraus lässt sich auf reichhaltigere Nahrung und bessere Zubereitung schließen. Die Eckzähne springen nicht mehr hervor, und der Freiraum zwischen den Eckzähnen und den Molaren verschwindet.

Das einzige über Millionen von Jahren durchgehend erkennbare körperliche Merkmal ist also die Zunahme des Gehirnvolumens. Ein größerer Kopf war kein Selektionsmerkmal. Der größer werdende Kopf kann nur als Sekundärfolge von Leistungen gesehen werden, die zu erbringen waren und deren Bewältigung ein größeres Gehirnvolumen erforderte. Wäre die Kopfgröße das Moment einer sexuellen Selektion gewesen, hätte er ja auch hohl werden können. Es muss also eine Verhaltensleistung gegeben haben, die für die Reproduktion derart bedeutsam war, dass diejenigen Individuen, die eine solche Verhaltensleistung besonders gut erbrachten, sich bevorzugt fortpflanzten.

Wir dürfen vermuten, dass es sich über Jahrmillionen um dieselbe Verhaltensleistung gehandelt hat, die ständig vollkommener bewältigt wurde. Es wird die sein, die den Menschen zum Menschen macht. Welche könnte es sein? Nähern wir uns einmal der Antwort, indem wir das ausschließen, was wahrscheinlich nur eine geringe Rolle gespielt hat.

4. Was nicht im Vordergrund stand

Es ist üblich anzunehmen, dass die Menschen immer intelligenter geworden sind, und der Intelligentere, so müssten wir dies verstehen, konnte sich besser fortpflanzen und seine Intelligenz vererben. Ich bezweifle diesen schlichten Erklärungsansatz.

Was wir normalerweise als Intellekt bezeichnen, ist unsere Fähigkeit, gedankliche Prozesse im Kopf durchzuspielen, Probleme zu lösen, um gute Entscheidungen zu treffen. Der Intellekt ist aber kein primär reproduktionsfördernder Faktor; weder können wir dies in historischer Zeit feststellen, noch für die biologische Vorzeit annehmen. Der Intellekt wäre nur dann reproduktionsfördernd, wenn bei der Wahl des Geschlechtspartners vorab Intelligenztests angestellt würden.

Damit sich ein Merkmal herausbilden kann, bedarf es einer Rückkopplungsschleife, es bedarf eines Feed-backs. Das Merkmal muss zur Folge haben, dass sein Träger als Konsequenz dieses Merkmals zu einer höheren Reproduktionsrate kommt als alle anderen Individuen der gleichen Population. Die Rückkopplungsschleife sollte aber nicht nur *qualitativ* wirksam sein, sondern auch *quantitativ*. Betrachten wir als Beispiel die uns bereits bekannten Giraffen. Es ist ein Unterschied, ob kürzerhalsige Exemplare sich nur mit 45% der Weibchen paaren dürfen und die Längerhalsigen mit 55% oder ob die Kürzerhalsigen völlig ausscheiden und die Längerhalsigen die gesamte Zeugung übernehmen. Es kommt auf den Rückkopplungsgrad an; dieser kann 100% betragen, wenn alle Individuen, die das fragliche Merkmal nicht aufweisen, von der Zeugung ausgeschlossen werden.

Der menschliche Züchter kann einen Rückkopplungsgrad von 100% erreichen; in der Natur ist er kaum vorstellbar. Natürlich spekulieren wir, wenn wir den Rückkopplungsgrad von Selektionsprozessen abschätzen, die vor 1,5 Millionen Jahren stattfanden. Wir können allerdings Merkmale in ihrer gegenseitigen Bedeutung abwägen.

Kehren wir zurück zu den Hominiden und der Frage, wieweit die Problemlösungskapazität selektiv bedeutend sein kann und ob sie einen hohen Rückkopplungsgrad erreicht. Der normale hominide Tagesablauf war, nicht anders als der unsrige, vorwiegend Routine. Probleme, die bei guter Lösung zu einer merklich über dem Durchschnitt liegenden Reproduktionsrate für den Problemlöser führen, waren vermutlich die Ausnahme. Zudem schaltet er die Konkurrenz nicht aus. Ich möchte einen Zusammenhang zwischen Intellekt und Reproduktion nicht grundsätzlich ausschließen; der Rückkopplungsgrad kann aber nur gering gewesen sein und das Hirnwachstum für sich gesehen nicht erklären.

Eine höhere Intelligenz mag den Gebrauch von Werkzeugen ermöglichen. Einfachste Handwerkzeuge wie Schaber, Stichel, Faustkeile usw. sind dokumentiert. Aber sogar noch in der Steinzeit, also vor 30 000 oder 15 000 Jahren, mehr als 1,5 Millionen Jahre nach der Zeit, die wir hier untersuchen, waren die

Werkzeuge so grob und rudimentär, dass sie irgendeine evolutionäre Entwicklung nicht erklären könnten. Dazu müssten wir annehmen, dass eine Population durch Werkzeuggebrauch anderen Hominiden so überlegen gewesen sei, dass sie deren Existenzmöglichkeit einschränkte. Die Fähigkeit, Werkzeuge zu gebrauchen, erklärt das Hirnwachstum nicht.

Auch Wanderbewegungen mögen Intelligenz erfordern; ein Selektionsantrieb lässt sich allerdings davon nicht herleiten. Die Unterschiede zwischen dem Gehirnvolumen javanischer Fossilien und denen aus dem vorderen Orient sind nicht markant. Hätte die Auswanderung eine besondere Intelligenz verlangt, dann müssten die javanischen Hirnvolumina sich positiv von den afrikanischen unterscheiden. Bei den Wanderungsbewegungen hat es sich wohl primär nicht um logistisch geplante Heereszüge gehandelt; eher waren es langsame Besiedlungen über viele tausend Generationen hinweg. Homo erectus zeichnet sich weniger durch seine Wanderlust aus, als durch seine Reproduktionsleistung, die ihn zwang, immer neue Gebiete zu besiedeln.

Derek Bickerton macht das Erlernen der Sprache für die Zunahme des Gehirnvolumens verantwortlich.[2] Auch diese Auffassung vermag ich nicht zu teilen. Sprache ist kein Selbstzweck. Es ist ja nicht so, dass eines Tages der Gedanke aufkam, nun sei es so weit, die Sprache zu entwickeln. Für die Kommunikation durch Sprache muss es einen Antrieb gegeben haben, sie musste ein Problem lösen. Ein Eisbär leidet nicht daran, keine Sprache zu besitzen, er hätte nichts zu sagen. Die Frage nach der Sprache bringt uns dem eigentlichen Motor der Menschwerdung allerdings näher. Zu fragen ist nämlich, warum Sprache sich entwickelt hat, welcher Antrieb dies bewirkte, welche Funktion sie übernahm.

5. Der wahrscheinliche Grund

Wir suchen eine Begabung, eine Fähigkeit des entstehenden Menschen, die sich im Kopf abspielt, sonst hätte sie nämlich kein Hirnwachstum hervorgerufen, eine Befähigung, die wir noch heute besitzen und die bei der Ausübung einen erheblichen Reproduktionsvorteil, also einen hohen Rückkopplungsgrad, bewirkt. Diese Begabung ist *das gruppendienliche Verhalten*.

Zu gruppendienlichem Verhalten gehören all die Verhaltensweisen, die der Gruppe als Einheit gesehen zum Vorteil gereichen. Es umfasst zunächst die gegenseitige soziale Hilfsbereitschaft, die Aufzucht von verwaisten Gruppenangehörigen, die Verteidigung der Gruppenmitglieder gegen Beutegreifer und artgleiche Räuber sogar unter Einsatz des eigenen Lebens, die Einordnung in das hierarchische System, aber auch den Wunsch, in dem hierarchischen System aufzusteigen.

Eine leistungsfähige Gruppe bedarf einer guten Abstimmung zwischen den Gruppenmitgliedern. Hierzu sind bei wachsender Gruppengröße besondere mentale und mnemotechnische Fähigkeiten gefordert. Je mehr Individuen der Einzelne persönlich kennen und hierarchisch einordnen kann, umso größer kann die Gruppe sein. Bei gezieltem Vorgehen muss der Einzelne über das Kennen und Einordnen hinaus auch noch befähigt sein, ein arbeitsteiliges Vorgehen zu planen, zu verstehen und zu realisieren. Die größere und besser abgestimmte Gruppe war einer kleineren oder einer gleich großen weniger gut organisierten Gruppe überlegen.

Das ausgeprägte gruppendienliche Verhalten hat den Menschen zu Menschen gemacht. Es ermöglicht die Bildung von großen und leistungsfähigen Gesellschaften, auf dem Weg zu denen von heute.

Anmerkungen

[1] Henke, Winfried; Rothe, Hartmut: Paläoanthropologie, Berlin/Heidelberg 1994
[2] Bickerton, Derek: Language & Species, Chicago, USA 1990

20 Die Selektion zur menschlichen Gesellschaft

1. Die Konkurrenz zwischen den Gruppen

Es gibt eine aus der Frühzeit stammende und nach wie vor erkennbare Solidarität zwischen Individuen. Wir Menschen finden Kleinkinder »süß«, sind emotional unmittelbar angesprochen, schnell bereit, sie zu schützen und zu füttern. (Das gilt selbst für Haustierbabys wie Hunde, Katzen, Esel und Pferde.) Eine der ältesten Verhaltensweisen war das Flirten adoleszenter weiblicher Individuen; junge Frauen erregten wohl bereits damals Aufmerksamkeit, ähnlich wie bei Schimpansen und Menschen heute.

Abgesehen hiervon unterscheiden wir Zugehörige von Fremden. Für alle geschlossenen Gruppen gilt folgende Definition, denn sonst wären es eben keine geschlossenen Gruppen:

In geschlossenen Gruppen erkennen sich die Individuen als zur Gruppe gehörig; sie verhalten sich gegenüber Zugehörigen und Fremden unterschiedlich.

Die Grundtendenz ist offensichtlich: Die Zugehörigen werden gut behandelt, alimentiert, geschützt und verteidigt; heute würden wir sagen: Sie werden geliebt. Demgegenüber bestehen Vorbehalte gegen die Fremden: Sie sind in jedem Fall Konkurrenten bei der Nahrungsbeschaffung, vielleicht auch feindlich gesonnen; man muss vor ihnen auf der Hut sein. Je stärker diese Abgrenzung ist, umso besser funktioniert die Gruppe.

Wie auch immer wir annehmen, dass die Hominiden gelebt haben – in kleineren unabhängigen Urklans, die vereinzelte Habitate bewohnten, oder in größeren verstreut lebenden Verbänden, die mehr oder weniger intensive Kontakte pflegten –, unvermeidlich ist die Abgrenzung gegen andere Gruppen, Raub und Abwehr von Raub, die Eroberung von Habitaten und ihre Verteidigung. Der Erfolg einer sich durchsetzenden Art von Hominiden muss zur Knappheit von Habitaten geführt haben und somit zu Konflikten. Die Wanderungen des Homo erectus können nur so verstanden werden: Nicht Wanderlust war der Antrieb, sondern die Enge der Stammlandschaft, vielleicht verschärft durch klimatische Probleme, die zu Kämpfen und zu Vertreibung geführt haben.

Kombattanten waren die Gruppen. Die leistungsfähigste Gruppe obsiegte, eroberte die umkämpften Ressourcen für weiteres Gedeihen; unterlegene Gruppen entwichen oder wurden usurpiert, vielleicht versklavt, was dann zur genetischen Vermischung führen konnte. Die Leistungsfähigkeit einer Gruppe ergibt sich aus zwei Kriterien: der gruppendienlichen Begabung der Mitglieder und der schlichten Größe. Zu den Begabungen gehört die Fähigkeit, Kriege zu führen; von ihr handelt das nächste Kapitel.

Je älter die Hominiden waren, umso kleiner waren die Gruppen, umso geringer war die Zahl, die ein Individuum mnemotechnisch unterscheiden konnte. Wir müssen uns wieder vergegenwärtigen, dass nicht intellektuelle Leistung zu größeren Gruppen führte, sondern es hat sich ergeben, dass die größeren Gruppen den anderen überlegen waren. Die überlegene Gruppe zeichnete sich durch die Gruppenbegabung seiner Mitglieder aus. Diese wurde selektiert. Sie ist Merkmal des Homo sapiens.

Für die Gruppen der Hominiden galt das gleiche Gesetz, das wir für die Entwicklung von neuen Arten bereits kennen gelernt haben: Was sich durchsetzt, was funktioniert, das bleibt bestehen. Dieser Grundsatz lässt sich auch aggressiver formulieren:

Das, was in der Vergangenheit funktioniert hat, bestimmt die Zukunft, solange, bis es nicht mehr funktioniert.

Welche Begabungen ermöglichte es den Individuen, in größer werdenden, stabilen Gruppen zu leben?

2. Das menschliche Gedächtnis

Eine der bemerkenswertesten Fähigkeiten des Gedächtnisses von uns Menschen ist das Speichervermögen für Gesichter und Stimmen. Aus Hunderten von Gesichtern bei dem Besuch einer Oper erkenne ich sofort einen Schulfreund, den ich seit Jahrzehnten nicht mehr gesehen habe. Wenn ich ihn anspreche, muss ich nicht mit der peinlichen Antwort rechnen »Entschuldigen Sie, mein Herr, Sie müssen mich verwechseln«, ich bin mir meiner Sache ganz sicher. Am Telefon erkennen wir bereits bei der Begrüßungsformel einen Bekannten an seiner Stimme, auch wenn wir seit Jahren nicht mehr miteinander gesprochen haben. Unser Gedächtnis ist hier überaus leistungsfähig; es kontrastiert mit unserer geringeren Fähigkeit, vergangene Vorgänge zeitlich zu ordnen. Versuchen Sie, sich an ihre abendlichen Tätigkeiten der letzten 10 Tage zu erinnern, und Sie werden erkennen, welche Schwierigkeiten diese einfache Aufgabe bereitet. Diese mnemotechnische Fähigkeit war in der Savanne nicht gefragt. Das persönliche Kennen von möglichst vielen Mitgliedern war aber entscheidend für die Stabilität einer größeren Gruppe.

Beim Urklan kannte jeder jeden; dies ist das Merkmal einer individualisierten geschlossenen Gesellschaft. Je mehr Gesichter sich die einzelnen Individuen einzuprägen in der Lage waren, desto größer konnte die Gruppe werden; und die größere Gruppe war erfolgreicher. Nehmen wir an, dass eine Gesellschaft mehrere Habitate bewohnte, dass einzelne Individuen gelegentlich den Wohnplatz wechselten, dann war es wichtig, zu erkennen, ob jemand dazugehört oder ein Fremder ist, der sich einschleicht und böse Absichten hat. Bei kriegerischen Auseinandersetzungen, die uns im Verlauf der Geschichte begleiten werden, ist es wichtig gewesen, nahezu blind zu erkennen, wer Freund oder Feind ist. Unser differenziertes Unterscheidungsvermögen für Stimmen und Gesichter, unsere Fähigkeit, physiognomische Merkmale und individuelle Sprachmerkmale über Jahre zuverlässig im Gedächtnis aufzubewahren und parat zu haben, ist eine gruppendienliche Fähigkeit.

3. Die geschlossene anonyme Gesellschaft und die Sprache

Gerne möchte ich mit dem Homo erectus ein neues Element in den hominiden Sozialverband einführen. Ich bitte, das als Merkhilfe anzunehmen; natürlich kann keiner wissen, wann die *geschlossene individualisierte* Gesellschaft - jene der Schimpansen und des Urklans – in die *geschlossene anonyme* Gesellschaft übergegangen ist, in der wir heute leben. Immerhin könnte die geschlossene anonyme Gesellschaft vom Homo erectus »erfunden« worden sein.

Die geschlossene individualisierte Gesellschaft stieß irgendwann an ihre Grenzen. Es war einfach nicht mehr möglich, dass alle Gesellschaftsmitglieder einander kannten. Andererseits war es ein Vorteil, einer größeren Gesellschaft anzugehören. Nehmen wir an, diese Gesellschaft habe mehrere Habitate bewohnt, gesellschaftliche Kontakte hätten bestanden und gegenseitige Hilfe in Notlagen wäre vereinbart. Woran konnte man ein Gruppenmitglied erkennen, wenn die persönliche Bekanntschaft nicht mehr Gewähr leistet war? Wir irren nicht, wenn wir annehmen, dass eine gemeinsame Sprache das Bindungselement der entstehenden anonymen Gesellschaft war.

Spekulationen darüber, ab wann es Sprache gegeben haben könnte, sind müßig. Meinungen darüber lassen sich weder bestätigen noch widerlegen. Verbale Kommunikation müssen wir schon für den Australopithecinen annehmen. Die Qualität des Informationsaustausches können wir nicht abschätzen, anfangs vermutlich nur ein verbales Verständigen über Emotionales, begleitet von Körperkontakten, beispielsweise Freude über ein Wiedersehen von Lauten begleitet oder Kummer, Hunger, Angst geäußert mit anderen Lauten, die sich von Hilferufen unterscheiden. Es gab vermutlich Worte für unterschiedliche Befindlichkeiten und für eine Reihe von Dingen. Sprache hat eine kulturelle Dimension und ihre Ausdruckkraft entwickelte sich durch äußere Notwendigkeiten.

Derek Bickerton vermutet, dass zuerst der Homo erectus eine Vor-Sprache (*Protolanguage*) gehabt haben muss, worunter Bickerton eine Sprache versteht, die aus der Aneinanderreihung von Worten besteht, mit einfachsten Präfixen. Sätze und Syntax gesteht Bickerton der Vor-Sprache noch nicht zu. Er nimmt an, dass ohne Vor-Sprache die Wanderungsbewegung des Homo erectus nicht denkbar gewesen wäre. Diese Annahme hat einiges für sich.[1]

Über den Austausch von Befindlichkeiten und einfachen Berichten und Anweisungen hinaus hat die Sprache eine sehr starke gruppenbildende Funktion: Durch Tonfall, Verwendung von bestimmten Ausdrücken, das Idiom, gestattet sie, augenblicklich festzustellen, wer dazugehört und wer nicht. Damit konnten größere Gruppen entstehen, in denen das persönliche Kennen nicht mehr nötig war.

Dialekte sind heute noch verräterisch. So gut ein Zugezogener den bayerischen, alemannischen oder den Berner Dialekt verstehen, schätzen und lernen mag – wer nicht mit ihm aufgewachsen ist, wird ihn ungefähr sprechen können, aber nie den originalen Tonfall, die richtige Sprachmelodie treffen. Dazu passt der Bericht von D. Bickerton über den Caspar-Hauser-Effekt, dass nämlich die über die

Vor-Sprache hinaus gehende moderne Sprache mit Syntax und abgeschlossenen Sätzen, in der es auf die Position des Wortes in einem Satz ankommt, um einen bestimmten Inhalt auszudrücken, von den Kindern nie mehr erlernt werden kann, die in den ersten 10 Jahren ihres Lebens ohne Sprache aufgewachsen sind.

Wir nehmen es zur Kenntnis und vermuten, dass es kein Zufall ist. Die Fähigkeit der Kinder, frühzeitig die Sprache zu erlernen, wurde selektiert: Diejenigen, die es schafften, hatten eine größere Chance, erwachsen zu werden, sie konnten sich in schutzbedürftigem Alter als Zugehörige bemerkbar machen und die Solidarität der Gruppe in Anspruch nehmen.

Die Fähigkeit, im Erwachsenenalter einen neuen Dialekt oder eine neue Sprache zu erlernen, liegt nicht im Interesse der Gruppe. Die Mühe, mit der wir – Kinder ausgenommen – eine Sprache erlernen, lässt uns vermuten, dass eine Selektion im Sinne dieser Fähigkeit nie bedeutungsvoll war. Die Abgrenzung über Sprache und Dialekt funktioniert bei allen Hominiden. Sie stabilisiert die kulturelle Gemeinschaft.

Es gibt andere Arten, die in geschlossenen anonymen Gesellschaften leben und die sich gegen andere Gruppen und gegen fremde Individuen abgrenzen. Die Wanderratten (*Rattus norvegicus*) sind eine solche Art. Die zu einem Klan gehörenden Individuen erkennen sich am hausinternen Geruch. Die Funktion des richtigen Geruchs bei den Wanderratten hat bei der Gattung Homo der richtige Dialekt übernommen.

4. Gemeinschaftserlebnisse und die Musik

Versuchen wir zu ergründen, wie die Individuen das Gruppenleben wahrgenommen haben, was sie dazu brachte, ein gruppendienliches Verhalten als erfreulich wahrzunehmen, obwohl es ihnen erhebliche Verzichtsleistungen abverlangte. Das Bewusstsein: »Ich diene meiner Gruppe« ist kaum eine ausreichende Motivation für persönliche Opfer. Soziales, gruppendienliches Verhalten wurde und wird noch heute als Genuss erlebt. Die Angst vor Vereinsamung und die Freude am Gemeinschaftsleben stabilisieren die Gruppen.

Sich gemeinsam zu erfreuen, steigert das Vergnügen, auf dem Oktoberfest, beim Fasching, in Diskos. Feste werden genussvoll erlebt. Das Wahrnehmen von Rhythmus ist eine uralte, auch tierische Eigenschaft. Eibl-Eibesfeldt berichtet, dass bereits bei niedrigen Wirbeltieren unter rhythmischen Einwirkungen physiologische Vorgänge in gleiche Frequenz und Phasenlage geraten, also wahrgenommen werden. Wir Menschen sind rhythmischen Einflüssen ausgesetzt, die wir als angenehm empfinden.[2] Wir wiegen die Kinder und signalisieren ihnen damit unsere schützende Anwesenheit. Wir kennen außerdem das rhythmische Laufen, den Herzschlag, den eigenen und gelegentlich den von anderen, und wir kennen die Rhythmik der Kopulation.

Die erfreuliche Grunderfahrung von Rhythmus wurde zum sozialen Kitt.

Das gemeinsame Erleben von leicht zu produzierender Rhythmik vermittelt das Gefühl von Schutz und Geborgenheit. Rhythmische Bewegungen wurden zum Tanz, stimmliche Beteiligung entwickelte sich zum Gesang. Erinnern wir uns, dass die hohe weibliche Stimme vermutlich schon zur Zeit der Australopithecinen eine erotisierende, erfreuliche und auch antreibende Empfindung hervorzurufen in der Lage war. Die Individuen erlebten das Beieinandersein, das gemeinsame Bewegen, die gleichgeschaltete Aufmerksamkeit als etwas Anzustrebendes. Jeder möchte dabei sein, der Ausschluss würde als verletzende Schmach wahrgenommen. Diese Gemeinsamkeit hat sich als Gegengewicht zur stammesgeschichtlich älteren Abgrenzung der Individuen etabliert.

Zum erfreulichen Teil des Gruppenerlebnisses gehört das gemeinsame Speisen. Bei allen Feiern, Geburt, Hochzeit, Tod, wird heutzutage gemeinsam gegessen. Bei den Griechen war die gemeinsame Mahlzeit rituell mit einem Dankopfer verbunden; sie trug sakrale Züge. Unser christliches Abendmahl ist der späte Niederschlag eines gruppenverbindenden Gemeinschaftserlebnisses, das aus der menschlichen Vorzeit stammt.

5. Die Geburt des Witzes

Die Freude an Witzen ist ein merkwürdiges menschliches Phänomen. Die unerwartete Pointe erzeugt Lustgefühle – ein kurzes Aha-Erlebnis, eine überraschende Erkenntnis über unerwartete Zusammenhänge, eine blitzartige Erweiterung des Horizonts.

Die Natur hat alle Tätigkeiten, die auszuführen sie für notwendig oder nützlich erachtet, mit der Prämie des Lustgewinns ausgestattet, so könnte man wohl sagen – wenn man Ursache und Wirkung einen Augenblick umkehrt. Den Witz findet man bei allen Völkern, und es ist legitim zu fragen, warum die Freude an Witzen eine solche Wertschätzung genießt. Gegenüber der banalen Weitergabe einer Information nimmt der Witz eine Sonderstellung ein, da der Empfänger anzeigen muss, dass er die Botschaft erhalten und verstanden hat: Er muss lachen oder wenigstens schmunzeln, was mit einem Entblößen der Zähne verbunden ist, und das gilt bei allen Menschen als Zeichen freundlicher, unaggressiver Gesinnung. Es würde erhebliche Selbstkontrolle verlangen, diesen Genuss zu verheimlichen. Das fast unkontrollierbare Signal an den Erzähler ist für den Erzählenden überaus wichtig. Es ist ein Merkmal des Witzüberganges, dass Sender und Empfänger in gleicher Weise Honig aus dem Vorgang saugen. Beide werden den Witz weitererzählen, der ursprüngliche Erzähler, um den erlebten Erfolg zu wiederholen, und der Beschenkte, damit auch er einmal bei diesem lustigen Geschäft in die Rolle des Gebenden gelangt.

Die Verbreitung von Witzen ist also programmiert. Ein Witz behält seine Prägnanz, bis jeder ihn kennt. Peinlich wird die Situation, wenn ein Adressat den Witz bereits gehört hat, aber dem Erzähler die Freude nicht nehmen möchte. Es ist eine ungute Situation, vor der sich gewitzte Witzerzähler dadurch schützen, dass sie mit der Frage beginnen: »Kennst du den?«

Primär war der Witz eine Belohnung für eher normale Kommunikation. Das Vergnügen an der Kommunikation kennen wir. Wetterbericht, Börsenkurs oder Mitteilungen über die deutsche Regierungskunst sind freilich nicht witzig. Der Witz hat sich von der reinen Mitteilung getrennt. Nennen wir den Witz eine qualifizierte Mitteilung mit spannungslösender Tendenz. Witze haben meistens einen aktuellen Bezug, es sei denn, sie sind so gut, dass sie allgemein Menschliches ansprechen, doch dann kennt man sie oft schon. Dem Witz liegen hauptsächlich Themen zu Grunde wie Unterdrückung, menschliche Fehlleistung, Ohnmacht, schlechtes Wetter, miese staatliche Autoritäten; Witze zeichnen sich durch eine befreiende, erlösende Tendenz aus; lassen wir hier die männlichen Stammtischwitze mit ihrer fortdauernden Aktualität außer Betracht.

Jeder Witz ist ein mehr oder minder garnierter Vergleich von *prima facie* nicht zusammengehörenden Elementen, deren Zusammenführung überrascht und befreit. 1933 fragt der Lehrer die Schüler: »Von welcher Rasse sind die Juden?« – »Semiten!« – »Sehr gut! und die Deutschen?« – »Antisemiten!« Die Rassenideologe wird ganz auf die Schnelle und erlösend einfach ad absurdum geführt. Sicher kennen Sie die folgende Diskussion: »Die Juden sind unser Unglück!« – »Ja! Die Juden und die Radfahrer!« – »Wieso die Radfahrer?« – »Wieso die Juden?«

Ein Vorbehalt gegen die bestehende Gesellschaft wird kurzzeitig aufgelöst. Warum hat die Evolution ein Interesse daran, dass qualifizierte Wahrheiten verbreitet und gruppeninterne Spannungen abgebaut werden? Warum haben die Menschen sich mit der merkwürdigen Eigenschaft, bei der Weitergabe dieser qualifizierten Wahrheiten Lust zu empfinden und sich dadurch friedlich stimmen zu lassen, erfolgreicher fortgepflanzt und diese alberne Marotte an ihre Nachkommen weitergegeben, während die Witzunbegabten beinah völlig ausgestorben sind? Die Witzbegabten waren die besseren Kommunikatoren, sie führten zu einer homogenen, ausgeglichenen und damit leistungsfähigen Gesellschaft. Meine Generation erinnert sich noch an die kritischen Witze während der Nazizeit; wenn man heute davon berichtet, muss man hinzufügen, dass das Weitererzählen dieser Witze mit dem Tod bedroht war.[3] Heute erfreuen wir uns an Witzen; deren frühere Bedeutung ist in den Hintergrund getreten.

6. Klein gedruckte Spielregeln

Es ist in unserem Alltagsleben schwierig, die vielen Schranken und Tabus wahrzunehmen, denen wir gehorchen. Wann zum Beispiel darf man jemanden ansprechen und mit welchen Worten, was gilt als aggressiv, was als unterwürfig, was als beleidigend? Wie benimmt man sich in bestimmten Situationen? Wie schätze ich die Position meines Gegenübers ein, wie vergleicht er seine mit meiner? Rede ich ihn mit Titel oder mit Namen an? Wie kann ich einen Vorbehalt gegen einen

Gesprächspartner gerade noch zum Ausdruck bringen, ohne die ungeschriebenen Regeln zu verletzen? Muss oder darf ich mich an diese oder jene Dame erinnern? Alle Implikationen einer vergangenen Begegnung sind mir sofort gegenwärtig und müssen unmittelbar in angemessenes Verhalten umgesetzt werden.

Jede Verletzung der Regeln – ich nenne sie klein gedruckte Spielregeln – die ein Gegenüber sich zu Schulden kommen lässt, versetzt mich in gesteigerte Aufmerksamkeit. War dies ein Lapsus, eine Provokation oder nur ein Zeichen mangelnder Erziehung? Wie muss ich darauf reagieren, um den Mittelweg zwischen Selbstachtung und aggressiver Überreaktion zu finden? Wie schätze ich mich persönlich in meiner in Frage gestellten Rangordnung ein?

Bewusst wird uns die Komplexität unseres gesellschaftlichen Systems, die Rigidität der klein gedruckten Spielregeln, wenn wir mit jemandem aus einem anderen Kulturkreis zusammentreffen, der unser klein Gedrucktes nicht beherrscht. Wenn er sich in Szene setzt, Fragen stellt, die man nicht stellen darf, mehr von sich berichtet als schicklich ist, dann sind wir unbeschadet der Tatsache, dass wir dem Fremden keinen Vorwurf machen können, ernstlich verstört, wir empfinden Missbehagen. Umgekehrt bemerken wir oft nicht, wie wir fremde Regeln verletzen.

Verhaltensregeln haben schon bei den Australopithecinen bestanden; sie sind auch bei heute lebenden Primaten zu beobachten. Die größere Gruppe, bei der das gegenseitige Kennen nicht mehr möglich war, so wie sie aller Wahrscheinlichkeit nach erstmals bei dem Homo erectus bestanden hat, bedurfte verbesserter Spielregeln, um das friedliche Miteinander zu ermöglichen. Die immer wiederkehrende Frage, worin der evolutionäre Wert bestanden hat, welchen Umständen wir die Entwicklung einer gesellschaftlichen Verhaltensstruktur verdanken, lässt sich hier leicht beantworten.

Jede Gesellschaft besteht aus Individuen, die das Gleichgewicht zwischen persönlichem Interesse und dem Interesse der Gesellschaft finden müssen. Wegweiser – das sind die klein gedruckten Spielregeln – erleichtern das Zusammenleben, schaffen Ordnung, reduzieren innere Reibung. Deren Einhaltung erleben wir angenehm emotionslos; alles ist o. k., wohingegen uns deren Verletzung verstört. Die Erinnerung an eigene, emotional zu Stande gekommene Übertretungen erleben wir als peinlich, fast als Versagen.

Unsere klein gedruckten Spielregeln sind das Produkt von Kulturen. Die Fähigkeit, Spielregeln zu erlernen und zu befolgen, ist angeboren, sie ist das Ergebnis eines selektiven Prozesses. Sie ist eine Manifestation unserer Fähigkeit, in sozialen Gemeinschaften leben zu können. Die Spielregeln unterscheiden sich. Gesellschaften ohne Spielregeln gibt es nicht.

Anmerkungen

[1] Bickerton, Derek: Language & Species, Chicago, USA ,1994.
[2] Eibl-Eibesfeldt, Irenäus: Die Biologie des menschlichen Verhaltens, München 1997
[3] Erich Ohser, bekannt als e. o. plauen, der Schöpfer der Bildgeschichten von Vater und Sohn, wurde auch wegen des Erzählens kritischer Witze eingesperrt und nahm sich am 5. April 1944, in sicherer Erwartung des Todesurteils – wegen Wehrkraftzersetzung – im Gefängnis das Leben.

21 Der Krieg

1. Ein biologisches Phänomen

Im letzten Kapitel wurden dargelegt, dass es die Menschen gelernt haben, in großen Gruppen, in anonymen geschlossenen Gesellschaften zu leben. Große Gruppen sind kein Selbstzweck, es muss ein selektiver Druck zu größeren Gruppen bestanden haben; nach unserem Verständnis der Biologie müssen größere Gruppen bei der Erzeugung und Aufzucht von Nachwuchs erfolgreicher gewesen sein als kleinere. Wir haben vermutet, dass die größere Gruppe bei kriegerischen Unternehmungen erfolgreicher war, dass sie kleineren Gruppen überlegen war. Diese Vermutung bedarf zu ihrer Akzeptanz weitere Beweise. Diese weiteren Beweise liefern uns menschliche Verhaltensweisen, kriegerische Qualitäten, die wir heute beobachten können.

Krieg ist ein organisierter, mit Waffengewalt ausgetragener Konflikt zwischen Völkerrechtssubjekten oder Bevölkerungsgruppen innerhalb eines Staates zur gewaltsamen Durchsetzung politischer, wirtschaftlicher, ideologischer oder militärischer Interessen.

Diese – übliche – Definition unterstellt, dass die Durchsetzung von Interessen Grund für den Krieg sei. Dies ist sicher häufig, aber keineswegs immer richtig. Es gibt Beispiele dafür, dass der Krieg als Selbstzweck exekutiert oder doch wenigstens gewünscht wurde. Der römische Kaiser Severus Alexander, von dem man sagen könnte, er sei ein aufgeklärter Herrscher gewesen, hatte einen Einfall von Germanen abzuwehren. Er bemühte sich um eine diplomatische Lösung ohne Blutvergießen, indem er den Germanen Geld anbot. Seine Soldaten schätzten dies nicht, sie wollten die kriegerische Auseinandersetzung. Sie erschlugen aus Verärgerung den jungen Kaiser und seine Mutter im Jahre 234 in Mainz. Nach Auffassung der Soldaten war der Krieg offenbar eine angenehme und gewinnträchtige Veranstaltung. Wenn man bedenkt, dass der frühzeitige und gewaltsame, oft mit Schmerzen verbundene Tod in Kriegen unvermeidbar ist, dann ist die Meinung der Soldaten objektiv falsch. Für die Soldaten war der Krieg trotz allem erstrebenswert; es ist Gegenstand der Untersuchung, wie dies kommen konnte.

Kaiser Friedrich II. von Hohenstaufen war einer der erfolgreichsten Kreuzfahrer; im Jahr 1228 gelang es ihm durch geschickte Verhandlung die heiligen Stätten in Jerusalem für das Christentum ohne Blutvergießen zu sichern. Die Kurie, vertreten durch Papst Gregor IX., hätte, aus welchen Gründen auch immer, eine kriegerische Auseinandersetzung der diplomatischen Lösung vorgezogen und war verärgert; sie versuchte während der kreuzzugsbedingten Abwesenheit des Kaisers dessen Königreich Sizilien mit Waffengewalt zu erobern.

Historische Abläufe sind schwer zu durchschauen; die Annahme, dass Kriege der Durchsetzung definierter Interessen dienen, ist sicher nicht grundsätzlich richtig. Kriege finden wenigstens auch deswegen statt, weil die kriegsführenden Parteien, und auch die Soldaten selbst, kriegslüstern sind; dies bedeutet, dass sie den Krieg als Mittel zur Verbesserung der persönlichen Befindlichkeit wahrnehmen. Es führt kein Weg an der Annahme vorbei, dass in der biologischen Geschichte der Menschen eine Selektion zu kriegerischen Fähigkeiten und zu Lustgefühlen bei deren Ausübung stattgefunden hat.

2. Die kriegerischen Qualitäten

Einige menschliche Präferenzen und Eigenschaften sind anzuführen.

[1] Junge Männer, keineswegs weiser als ältere, aber intelligenter, lernen schnell, erkennen flink Zusammenhänge, sind in der Wissenschaft und als Schachspieler schöpferischer als alte Experten; trotz dieser Intelligenz zeichnen sie sich durch die Unfähigkeit aus, Gefahren realistisch einzuschätzen. Von einer gefährlichen Situation geht für sie ein unwiderstehlicher Reiz aus, sei es als Rennfahrer, Bergsteiger, Sportflieger, Polarforscher, Skifahrer oder Autofahrer. Aus einem gewissen Überschwang heraus haben sie ein Urvertrauen, alles werde schon gut gehen. Diese Eigenschaft erkennen wir zum Beispiel an der überproportional häufigen Verwicklung von jungen Männern in Verkehrsunfälle. Für die Gruppe ist die Unfähigkeit, Gefahren vorauszusehen förderlich: Als Kämpfer gehen sie höhere Risiken ein, was der Kampfkraft einer Gruppe zugute kommt. Es hat sich ergeben, dass die Gruppe mit tollkühnen jungen Männern häufiger siegte, was ihr ermöglichte, viele Nachkommen großzuziehen. Der Verlust junger Männer kann verschmerzt werden; das Schwergewicht der Reproduktion liegt bei den Frauen, der männliche Beitrag fällt energetisch kaum ins Gewicht.

[2] Als harmlosere Spielart kennen wir die Liebe zum Risiko beim Glücksspiel. Niemand betreibt Glückspiel aus Gewinnsucht, außer den Casinounternehmern. Das zu befriedigende Bedürfnis ist die Erregung, die wir beim Verteilen der Karten, beim Klappern der Würfel und beim Rollen der Kugel verspüren. Wir nehmen, als klug rechnende Spieler, den Verlust in Kauf, um das prickelnde Erlebnis genießen zu können. Die Tatsache, dass wir beim Risiko Vergnügen empfinden, muss einen evolutionären Grund haben, und dies ist die Verführung zu Glück verheißenden Erlebnissen, die in Wirklichkeit zu Verletzung und Tod führen können. Die Physiologen machen Endorphine und Adrenalin für das Glücksgefühl verantwortlich, und dies ist auch richtig; es ist die Realisation dessen, was sich evolutionär als zweckmäßig herausgestellt hat.

[3] Männerbünde sind genetisch verankert, wir kennen sie schon bei den Schimpansen. Es waren Jagdbünde, die sich aber auch als kriegerische Einheiten bewährten. Alle die Gruppen, in denen die männlichen Individuen gerne zusammen waren, einen eigenen Klub bildeten, sich bei kriegerischen Auseinanderset-

zungen voreinander auszeichnen wollten, waren erfolgreich. Kameradschaften ersetzten Familie und Klan, sie sind Lebensmittelpunkt der Krieger.

[4] Der Kampf selbst wird von den Kombattanten als Rausch erlebt. In Langemarck (Westflandern) marschierten im Oktober 1914 schlecht ausgebildete und schlecht geführte freiwillige Rekruten sinnlos und singend auf gegnerische Maschinengewehrstellungen los und wurden erschossen. Der gemeinsam erlebte Rausch, die elementare Erregung ließ die armen Burschen alle Vernunft verlieren. Dieses Ergebnis kläglichen Versagens der Führung wurde als unüberbietbare Heldentat aus vaterländischer Gesinnung heraus der nächsten Generationen als Beispiel dargeboten. Der Kampfesrausch könnte als Trick der Gruppe angesehen werden, mit dem Opfer weniger wichtiger Individuen kriegerischen Erfolg zu erzielen. Richtiger ist es zu sagen, dass die Gruppen, bei denen die jungen Männer, alle anderen Motive auslöschend, dem Kampfesrausch verfielen, den Gruppen überlegen waren, bei denen dies nicht oder in geringerem Maße der Fall war. Die Neigung zum Kampfesrausch wurde selektiert.

[5] Der tapfere Mann genießt hohes Ansehen, er wird mit Orden geschmückt. Die Wertschätzung des Helden ist Teil der Gruppendienlichkeit. Held zu sein schmeichelt dem »Ego«. Alle Literatur preist den Helden, von Hektor, Achilles bis Richthofen. Die Wertschätzung der Helden ist so ausgeprägt, dass eine genetische Ursache wahrscheinlicher ist als eine kulturelle.

[6] Ein merkwürdiges Verhalten von Soldaten ist die Unterwerfung unter das Reglement der Führung. Zur Einstimmung beginne ich mit einem nur mäßig komischen Witz. (Natürlich kennen Sie ihn schon). Ein General sagt zum Kompaniechef, nach einer Befragung der Rekruten: »Es ist mir egal, ob sich die Sonne um die Erde dreht, oder die Erde um die Sonne. Aber einheitlich muss die Meinung sein!« Für eine Gruppe ist Einheitlichkeit der Meinung von Vorteil. Wenn alle das Gleiche denken, sich einem gemeinsamen Prinzip unterordnen, dann ist die Außenwirkung der Gruppe verstärkt; es gibt keine Diskussionen im Innenbereich. Die gleichgeschaltete Kampfeinheit ist der mehr individualistisch eingestellten Einheit überlegen. Die Einheitlichkeit hat den größeren Stellenwert, richtig oder falsch ist von geringerer Bedeutung.

Soldaten werden zu einheitlichem Verhalten getrimmt, zur gleichen Haltung, normierten Bewegungsabläufen, Zurückhaltung der eigenen Meinung, zur blinden Unterordnung unter Befehle bei Missachtung eigener Antriebe. Die soldatische Tugend des bedingungslosen Gehorsams, des »Kadavergehorsams« wird gepflegt; ein guter Soldat folgt widerspruchslos einem sinnlosen Befehl, der ihm den Tod bringt.

Diese Potenz zur eigenen Unterordnung kann nur genetischen Ursprungs sein. Die Modalitäten der Unterordnung sind kulturell. Alle Armeen überhöhen die Unterwerfung, den unbedingten Gehorsam, mit Erziehung und Drill, also mit kulturellen Mitteln; das Exerzieren, das Tragen gleicher Uniformen manifestieren die Gleichschaltung, sie stärken das eigne Machtbewusstsein und sollen als Drohgebärde dem Feind Angst einflößen. Die Uniform ist ebenfalls als Mittel der

Abgrenzung zu verstehen; sie manifestiert die Gruppe, sie trennt Freund von Feind.

Der kompromisslose Gehorsam ist der Widerpart der Zivilcourage; wenn wir eine Beklemmung dabei verspüren, eine der Gruppenmeinung widersprechende Meinung zu äußern, so ist dies ebenfalls Teil unserer genetischen Disposition zur Unterordnung; sie ist schwer zu durchbrechen.

3. Die Selektion zur leistungsfähigen Gruppe

Ganz allgemein gesehen war bei der Entstehung von Arten eine Varietät den übrigen bei der Reproduktion überlegen; hieraus ergab sich, dass deren Zahl zunahm und die der Konkurrenten ab, sodass sie sich durchsetzen konnte. Dieser kontemplativen Entwicklung folgten viele Pflanzen und Tiere. Das vergleichsweise moderate Verfahren hat sich irgendwann bei einigen Tierarten in dem Sinne verfeinert, dass eine Varietät die Konkurrenten aggressiv an ihrer Ausbreitung hinderte. Dies realisiert sich beispielsweise bei dem Infantizid, dem Töten von Kindern, die der Tötende nicht gezeugt hat. Es hat sich ergeben, dass dieses Verfahren der Verbreitung der eigenen Varietät dienlich war.

Biologische Gruppen, so haben wir festgestellt, sind Zusammenschlüsse von Individuen, die arbeitsteilig Nahrung besorgen und Nachwuchs aufziehen. Sie waren oder sind in ihrer Gesamtheit der Selektion unterworfen; dies bedeutet, dass die Gruppen in Konkurrenz zueinander stehen. Die Gruppen selektieren sich; diejenigen, die den meisten Nachwuchs hervorbringen, breiten sich aus und mit ihnen die Fähigkeit der Individuen, erfolgreich Gruppen zu bilden.

Wir können annehmen, dass sich in ähnlicher Weise wie bei der Entstehung der Arten Methoden ergeben haben, andere Gruppen bei deren Entwicklung zu behindern. Wiederum müssen wir darauf achten, dass der kausale Ablauf richtig verstanden wird: Es hat sich ergeben, dass diejenigen Gruppen, die dazu neigten, andere Gruppen zu stören, sich besser fortpflanzten und ihr unfreundliches Benehmen an die nächste Generation weitergeben konnten.

Die äußeren Umstände bei der Entstehung der Menschen haben zusätzlich zu unfreundlichem Umgang miteinander eingeladen. Welches Szenarium wir uns auch immer vorstellen: Mit der Zunahme der Kopfzahl muss der Lebensraum irgendwann an seine Grenzen gekommen sein; eine erfolgreiche Art nimmt zu und benötigt mehr Platz. Kämpferische Aktionen waren unvermeidlich. Die jeweils siegreiche Gruppe hatte eine bessere Chance sich weiter zu vermehren, sie hatte die besseren Ressourcen. Wie bei allen biologischen Entwicklungsprozessen müssen wir auch hier einen Rückkopplungskreis annehmen, der sich selbst verstärkte, sodass die Gruppendienlichkeit unter entscheidendem Einschluss kriegerischer »Tugenden« zum Merkmal der Art Homo sapiens werden konnte. Wir können uns dies – in gleicher Weise wie bei der Entstehung von Arten – modellmäßig als *Kaskade* vorstellen; es sei in Erinnerung gerufen: Modelle sind immer ideal und nur partiell real.

Eine Gruppe zeichne sich durch eine gute Reproduktionsleistung aus, aber auch als aggressiver, unangenehmer Nachbar. Ihre Leistungsfähigkeit bei der Erzeugung von Nachkommen wird auf Grund des aggressiven Verhaltens höher sein als bei den Nachbargruppen, und irgendwann wird sie diese verdrängt und sich über das gesamte Gebiet der Population ausgebreitet haben. Die erfolgreiche Gruppe wird zu groß, um noch organisch geschlossen existieren zu können und zerfällt. Die Teilgruppen entwickeln sich zu einzelnen Organismen; was bedeutet, dass die Individuen ihre genetisch verankerte *Gruppendienlichkeit* diesen geteilten Gruppen angedeihen lassen. Es gibt wieder eine kriegerische Auseinandersetzung zwischen den Teilgruppen. Irgendwann behauptet sich eine der neuen Gruppen, weil sich deren Individuen wieder als besonders gruppendienlich und kämpferisch erweisen. Die obsiegende Gruppe breitet sich wieder auf das Gebiet der Population aus, und das Spiel beginnt von neuem.

Die Geschichte der Hominiden kann ich mir kriegerisch vorstellen; sie muss voll von Grausamkeiten gewesen sein. Unabhängig von dem Kaskadenmodell gibt es weitere Tatsachen, die diese Annahme unterstützen.

Mit der Trennung von der Schimpansenlinie hat die Evolution der Menschheit vor 6,5 Millionen Jahren begonnen. Keine andere Art von Hominiden hat überlebt. Ich halte es für sehr wahrscheinlich, dass viele Varietäten und Arten in den letzten 3 Millionen Jahren schlicht ausgerottet worden sind. Die Schimpansenlinie hat sich nur deswegen gehalten, weil sie einen grundsätzlich anderen Lebensraum besetzte und Interessenkonflikte nicht vorstellbar sind. Die geschichtlichen Vorgänge unterstützen die Annahme, dass Genozid fremder Rassen eine Rolle gespielt hat. Die fast komplette Ausrottung der amerikanischen Ureinwohner möge als Beispiel dafür ausreichend sein, dass eine genetische Disposition zur konsequenten Tötung artgleicher Fremder in den menschlichen Köpfen besteht. Jedenfalls wäre es verfehlt anzunehmen, Kriege und Genozid gäbe es erst, seitdem wir dies mit den Mitteln der historischen Forschung nachweisen können.

Als sehr wichtiges Indiz für das Kaskadenmodell sind die Übereinstimmungen zwischen den menschlichen Rassen. Die australischen Aborigines haben sich vermutlich erst vor 40 000 Jahren von der eurasischen Stammeslinie getrennt und eine eigene Entwicklung genommen. Sie erscheinen uns nach diesen 40 000 Jahren fremd. Welche Trennungen, welche separaten Entwicklungen mag es in den letzten 500 000 Jahren gegeben haben, deren Spuren die Paläoanthropologen verwirren, und die alle wieder verschwunden sind? Dieses Verschwinden kann nicht durch mangelnde Anpassung an die Biosphäre erklärt werden, sondern nur durch Vertreibung und Ausrottung, allerdings bei Genfluss zwischen den Parteien und erneuten Selektionsprozessen, bei denen sich wiederum die gruppendienlichen Fähigkeiten durchsetzten.

Ich bitte das hier dargestellte Szenarium nicht so misszuverstehen, als wären die Hominiden ununterbrochen in Kriege verwickelt gewesen. Die kommunikativen und die kulturellen Fähigkeiten haben sich ebenfalls entwickelt; eine nur auf Krieg ausgerichtete, also im Kern gegen artgleiche Individuen gerichtete parasitäre Verhaltensweise hätte nicht zu einer erfolgreichen Art führen können. Es war so, wie wir es aus der historischen Zeit kennen: Perioden der beschaulichen Existenz wechseln mit Auseinandersetzungen. Die Fähigkeit zu Kampf und Krieg hat sich über viele tausend Generationen entwickelt, aber ebenso die Fähigkeit zu friedlichem miteinander Auskommen, vornehmlich im Innenbereich. In Notlagen, tatsächlichen oder eingebildeten, kann die kriegerische Potenz virulent werden.

22 Der Weg zum Homo sapiens

1. Was kennzeichnet den Homo sapiens?

Der Homo sapiens ist vor etwa 500 000 Jahren aufgetaucht. Dieser bildliche Ausdruck hat seine Berechtigung, denn wir wissen nicht, wie er entstand. Von seinem Vorgänger, dem Homo erectus, unterscheidet er sich, deswegen ist es angemessen, ihn als neue Art zu betrachten. So wenig wie der Homo erectus ein scharf umrissenes Bild bietet, so wenig gilt das für den Homo sapiens; widersprüchliche Funde kennzeichnen seine Entwicklung.

So sehr sich Homo erectus und Homo sapiens auch unterscheiden; so wenig lässt sich eine genaue Trennlinie ziehen. Es hat sich als zweckmäßig ergeben, zwischen einem älteren *archaischen* Homo sapiens und einem jüngeren, dem *modernen* Homo sapiens zu unterscheiden.[1] Letzteren gibt es seit etwa 110 000 Jahren; in Genezareth (Palästina) wurden Skelette von mehreren Personen gefunden, die etwa vor 110 000 Jahren gelebt haben und dem modernen Homo sapiens zugerechnet werden. Übrigens gibt es gibt Hinweise dafür, dass die Toten von Genezareth bestattet wurden; dies wäre der älteste dokumentierte Fall für diese Übung.[2]

Neben dem archaischen Homo sapiens und dem modernen Homo sapiens gab es noch den Homo sapiens neanderthalensis, den Neandertaler, er wird einer eigenen Entwicklungslinie zugeordnet, die ebenfalls vor etwa 500 000 Jahren ihren Anfang nahm. Der Neandertaler unterscheidet sich durch sein robustes Skelett von der Hauptlinie.[3]

Je mehr wir uns in der biologischen Geschichte der Gegenwart nähern, desto mehr Fossilien finden wir. Das ist nicht überraschend; denn erstens gab es mit der Zeit immer mehr Hominiden; zweitens sind deren Hinterlassenschaften nach 400 000 Jahren weniger stark verrottet als die um 2–3 Millionen Jahre älteren Fossilien. Die vielen Funde erhellen nicht nur das Bild, sie machen es leider auch komplizierter. Wir sind nicht einmal sicher, ob es berechtigt ist, von einer einzigen Art Homo sapiens zu sprechen.

Die Paläoanthropologen nennen den Homo sapiens *polytypisch* und *polymorph*. Es gibt Tierarten, die polymorph sind und Rassen bilden; sie lassen sich durch Züchten in ihrem Erscheinungsbild verändern; daneben existieren Arten, denen man das Attribut konservativ zubilligen muss, weil sie hartnäckig an der einheitlichen Form festhalten und kaum zu verändern sind. Es gibt große und kleine Hunde, aber nur ähnlich große Katzen; an ihnen scheitern die menschlichen Modellierer.

Auch wir heutigen Menschen zeigen morphologische Vielfalt, wir sind polymorph, und müssen dies als für die Art Homo sapiens typisch zur Kenntnis nehmen. Die Polymorphie, die Vielgestaltigkeit des menschlichen Erscheinungsbildes muss darauf zurückgeführt werden, dass beim Homo sapiens über die

Kopfgröße und Beckenmaße hinaus kein ausgeprägter, auf die Ausbildung des Skeletts hinwirkender Selektionsprozess bestanden hat. Das, was den Menschen zum Menschen gemacht hat und Gegenstand der Selektion war, die soziale Begabung, das, was wir gruppendienliches Verhalten genannt haben, ist am Skelett nicht erkennbar.

2. Wo kommt der moderne Mensch her? Die zwei Theorien

Es ist unbestritten, dass der Homo sapiens eine eigene Art bildet, die sich vom Homo erectus abgrenzt. Sein Gehirnvolumen ist nochmals vergrößert auf Werte, die wir heute bei uns feststellen können, auf etwa 1 250 cm³. Aber wo kommt der Homo sapiens her? Zu dieser grundlegenden Frage gibt es zwei Theorien, eine Entscheidung darüber, welche Theorie den Vorzug genießt und welche verworfen werden muss, ist nicht in Sicht. Beide Theorien sind interessant, ich möchte sie kurz darstellen.

[1] Die erste Theorie nimmt an, der Homo erectus habe sich überall auf der besiedelten Welt zum modernen Homo sapiens gewandelt; sie wird unter der Bezeichnung *multiregionale Evolution* geführt. Der Homo erectus, so könnte argumentiert werden, sei überall ähnlichen Umweltbedingungen ausgesetzt gewesen, was einen vergleichbaren Selektionsdruck zu Folge gehabt hätte, weswegen eine parallele Entwicklung in dem gesamten Verbreitungsgebiet angenommen werden könne. Wir haben gesehen, dass Entwicklungstendenzen auch durch sexuelle Selektion erklärbar sind, insofern ist eine parallele Entwicklung von getrennten Populationen grundsätzlich möglich, wenn das Normbild, das Auswahlprinzip bei der Wahl des Zeugungspartners in den diversen Populationen vergleichbar ist. Eine Evolution, die in verschiedenen Populationen, aber unabhängig voneinander stattfindet und doch zu kompatiblen, einer Art zuzurechnenden Individuen führt, ist also nicht grundsätzlich ausgeschlossen.

[2] Die zweite Theorie geht von der Vorstellung aus, der moderne Mensch sei in Afrika entstanden und von dort aus vor etwa 100 000 Jahren auf die ganze Welt ausgeschwärmt. Diese Vorstellung firmiert unter der Bezeichnung *Out-of-Africa-Theorie*. Der moderne Homo sapiens hätte sich durch Selektion in Afrika durchgesetzt und zunächst örtlich den älteren archaischen Homo sapiens und vielleicht noch Reste des Homo erectus verdrängt, um dann im gesamten hominiden Verbreitungsgebiet ebenso zu verfahren. Die Frage, was denn aus den Individuen der früheren Hominiden geworden sei, die ja, wie Befunde beweisen, in China und auf Java in großen Kolonien gelebt haben, wird unterschiedlich beantwortet. Der leistungsfähigere Homo sapiens mit seinem größeren Gehirn habe sich eben durchgesetzt. Eine gewisse Hybridisierung wird für denkbar gehalten, wenngleich dies das Bild des Homo sapiens kaum beeinflusst haben könne. Kriegerische Auseinandersetzungen werden angenommen. Viel-

leicht seien die Ureinwohner in unwirtliche Gebiete abgedrängt worden und dort untergegangen; möglicherweise seien sie schlicht ausgerottet worden. Wenn man bedenkt, wie in historischer Zeit bei Eroberungen mit den Ureinwohnern und deren Kulturen umgegangen worden ist – beispielsweise in den beiden Amerikas – so ist dies zumindest denkbar.

Bevor wir auf die beiden Theorien eingehender zu sprechen kommen, soll von einem neuen Wissenszweig berichtet werden, der Aufschluss geben könnte.

3. Die Paläogenetik

Das Erbgut jedes biologischen Wesens ist von immenser Vielfalt. In jedem weiblichen Ei und in jeder Samenzelle, aber auch in allen anderen Körperzellen, ist das gesamte Baumuster eines pflanzlichen oder tierischen Individuums gespeichert. Es umfasst alle Informationen, die erforderlich sind, ein Individuum herzustellen. Dieses DNA genannte Baumuster wird von Generation zu Generation weitergegeben. Bei sexueller Fortpflanzung werden zwei kompatible, aber variante Baumuster gemischt; die Verteilung väterlicher und mütterlicher Merkmale auf das Kind sind zufällig. Eine Ausnahme hiervon machen aber die Mitochondrien; es sind Zellorganelemente, die nur in der weiblichen Linie vererbt werden; sie werden mtDNA genannt.

Bei der Weitergabe von Informationen von einer Generation zur nächsten wird sehr viel Informationsmüll mitgeschleppt: Strukturen, die vor Urzeiten vielleicht einmal eine Rolle gespielt haben, aber durch die weitere Entwicklung überholt sind. Nachdem die Strukturen nicht stören, bleiben sie funktionslos erhalten, werden von Generation zu Generation weitergereicht und verwirren die Genetiker.

Dieser Informationsmüll ist für das nach einer Zeugung entstehende Wesen ohne Belang. Da bei der mtDNA eine sexuelle Durchmischung nicht stattfindet, müssten also auch die Informationen, die ich als Informationsmüll bezeichnet habe, an sich immer unverändert von Mutter auf Tochter weitergegeben werden. Das ist aber nicht der Fall. Im Lauf der Zeit, besser, im Lauf der Generationen, d.h. der Kopiervorgänge, schleichen sich Kopierfehler ein. Kopierfehler haben keine Konsequenzen und erscheinen bei der nächsten Generation als kopierte Fehler.

Die Genetiker können diese Kopierfehler untersuchen. Sie können auch abschätzen, nach welcher Zeit mit welchen Kopierfehlern zu rechnen ist. Die Untersuchung der genetischen Struktur der mtDNA von heutigen Personen und das Ausmaß der festgestellten Abweichungen voneinander hat zu der Annahme geführt, dass das Auseinandergehen der modernen Menschen vor so etwa 200 000 Jahren begonnen hat. Zu dieser Zeit existierte eine Frau, von der alle heute lebenden Menschen abstammen. Diese Ur-Eva ist lediglich eine theoretische Person, deren Vorhandensein aus logischen Erwägungen gefordert wird, ebenso wie wir früher gefordert haben, dass es einen Urahn gegeben hat, von dem die heutigen Schimpansen und wir selbst abstammen. Die aus vergleichbaren Überlegungen geforderte Stammesmutter wird als *lucky mother* bezeichnet. Es ergab sich zufällig, dass ausgerechnet deren Töchter und ihre gesamten weiblichen Nachkommen nie ausstarben; alle heutigen Frauen gehen auf sie zurück.

Die *lucky mother* lebte mit sehr großer Wahrscheinlichkeit in Afrika. Die Linien aller anderen Frauen, die gleichzeitig gelebt haben, sind erloschen. Die Vorstellung einer ersten Menschenfrau, von der wir alle abstammen, ist natürlich Wasser auf die Mühlen der *Out-of-Africa*-Anhänger. Allerdings muss die Zeitangabe von 200 000 Jahren mit Skepsis betrachtet werden. Es gibt noch keinen zuverlässigen Zeitmaßstab. Von einer Bestätigung der *Out-of-Africa*-Theorie kann nicht die Rede sein.

Die Veränderung der mtDNA ist nur ein Beispiel für genetische Untersuchungen, die helfen können, paläoanthropologische Fragen zu klären. In genetischem Material sind weitere Informationen versteckt, die zu gezielten Forschungen einladen. Die Paläogenetik steht am Anfang einer viel versprechenden Entwicklung; sie wird die Paläoanthropologie bereichern.

4. Überlegungen zu den beiden Theorien

Der Homo erectus ist vor mehr als anderthalb Million Jahren aus Afrika ausgewandert. Die Fossilien in China und auf Java belegen das. Wir wissen nicht ganz genau, warum diese Auswanderung in Gang kam. Wenn es irgendeiner Gruppe gut geht, sie hinreichend Nahrung, Wasser und Platz findet, fehlt jeder Antrieb, den bestehenden Zustand zu verändern. Unsere heutige menschliche, aus Reichtum und Langeweile geborene Lust zu Abenteuern können wir bei dem Homo erectus nicht voraussetzen. Es muss Not bestanden haben.

Denkbar ist, dass die zum Leben geeigneten Habitate knapp geworden waren und dass dies ein Anlass für die Auswanderung gewesen sei. Nicht auszuschließen ist, dass klimatische Veränderungen ursächlich waren. In den letzten 700 000 Jahren hat es in den nördlichen Breiten acht Wechsel von Warm- zu Kaltzeiten gegeben.[4] Klimatische Veränderungen, etwa von Feucht- zu Trockenzeiten können wir auch in Ost- und Südafrika annehmen.

Der Homo erectus ist erstmals vor mehr als anderthalb Millionen Jahren aus Afrika ausgewandert. Die von den *Out-of-Africa*-Anhängern geforderte Auswanderung des modernen Homo sapiens soll vor 100 000 Jahren eingesetzt haben. Es ist aber nicht plausibel, die Auswanderung auf zwei Ereignisse zu begrenzen. Zwischen diesen beiden Migrationen muss es etliche andere gegeben haben; die auslösenden Impulse können nicht nur vereinzelt aufgetreten sein. Möglicherweise haben sich die älteren Gruppen in Zentralchina gegen die neuen Zuwanderer gewehrt, die irgendwann dort ankamen und bewohnte Habitate für sich in Anspruch nehmen wollten. Ebenso ist es denkbar, dass die Neuen und die Alten in getrennten Gebieten gewohnt haben und jahrtausendelang in Kleinkriege gegeneinander verwickelt waren, bis nach 10 000, 20 000 oder 30 000 Jahren eine neue Auswanderungswelle kam.

Wir müssen von der Voraussetzung ausgehen, dass es zwischen den Individuen der verschiedenen Wanderungsbewegungen zum Blutaustausch, zum Genfluss gekommen ist. Erinnern wir uns daran, welche hervorgehobene Rolle die Sexualität bei allen Hominiden seit dem Australopithecus afarensis spielt. Auf die Vergewaltigung und das Flirten zur Anbahnung von Beziehungen wurde schon mehrfach hingewiesen. Genfluss würde die unsystematisch erscheinende Vielgestaltigkeit der aufgefundenen Fossilien erklären.

Wenn man im Gegensatz hierzu von der Baumstruktur ausgeht, also merklichen Blutaustausch zwischen den früheren und späteren Auswanderungswellen ausschließt, dann müsste an den Fossilien der jüngeren Hominiden ein Entwicklungssprung irgendwann im Laufe der letzten 100 000 Jahre festzustellen sein. Dies ist nicht der Fall. Das Fehlen von erwarteten Fossilien beweist zwar nichts; es ist aber festzuhalten, dass die Vorstellung *Out-of-Africa* durch Fossilien nicht belegt ist. Nach den Fossilien zu schließen, hat sich der Homo erectus in mehreren Gebieten zum Homo sapiens gemausert, wie es die Anhänger der multiregionalen Evolution vermuten.

Nach dem im letzten Kapitel angenommenen Kaskadenmodell fand eine sich fortsetzende Selektion zwischen den Gruppen statt, wobei sich jeweils die bessere soziale Begabung und die besseren Kämpfer durchgesetzt haben. Zu erinnern ist an den Merksatz (Kapitel 4/3): *Bei der Evolution kommt es nicht auf die Individuen an, sondern auf die Merkmale.* Der Selektionsprozess nach dem Kaskadenmodell müsste auf der ganzen besiedelten Welt immer wieder stattgefunden haben. Insofern wäre den Befürwortern der *multiregionalen Evolution* zuzustimmen. Das Selektionsmerkmal – hier die Gruppendienlichkeit – hat sich überall durchgesetzt.

Andererseits hat es die *lucky mother* gegeben, wann immer es war. Die Fortpflanzungslinien aller ihrer Zeitgenossinnen sind nach vielen weiteren Generationen, vielleicht sogar erst nach vielen Tausend Jahren, verschwunden. Ist es nicht vorstellbar, dass die Vielgestaltigkeit sich über die väterlichen Linien erhalten hat?

5. Der Neandertaler

Das erste Erfolgsrezept des Homo sapiens ist seine intensive Fähigkeit, das eigene Interesse dem Interesse der Gruppe unterzuordnen. (So wie wir es auch von anderen sozialen Arten kennen.)

Neben dieser primären Eigenschaft hat sich im Lauf der biologischen Geschichte während der letzten vier Millionen Jahre eine weitere Tendenz durchgesetzt: diejenige zum Generalisten, zum Spezialisten für alles. Erinnern wir uns an die von der Hauptlinie zum Homo sapiens abzweigenden Australopithecinen, A. aethiopicus, A. boisei und A. robustus. Der gemeinsame Ahn, der A. afarensis, hatte noch alle Anlagen zum Generalisten. Die »Abweichler« wurden reine Pflanzenfresser, die Kaukraft verstärkte sich, größere Molaren wurden entwickelt zum Zermahlen harter pflanzlicher Nahrung. Die höhere erforderliche Kraft musste bereitgestellt werden. Es fand eine Selektion in eine ökologische Nische statt. Die spezialisierten Australopithecinen, die sich durch Robustheit auszeichneten, sind verschwunden.

Der Generalist passt demgegenüber in jede Nische, die er, anders als der Spezialist, auch wieder verlassen kann. Er weiß sich in einer kalten Umwelt zu behelfen und ebenso bei extremer Hitze. Er ist anpassungsfähig und deswegen krisenfest. Die Anpassungsfähigkeit ist das weitere entscheidende Merkmal des modernen Homo sapiens. In Kapitel 10/1 habe ich gezeigt, dass eine leistungsfähige, wehrhafte Gruppe im Innenbereich »chaotische« Mutationen, also die Entstehung von Spezialbegabungen zulässt. Wir müssen annehmen, dass dies für die Hauptlinie der Fall gewesen ist. Klima und Lebensumwelt können sich ändern, ein Beutetier kann aussterben, eine zum Leben notwendige Pflanze bei Dürre verschwinden. Die in dieser Nische beheimatete Art geht unter, sie verschwindet. Der Generalist findet immer eine neue Existenzgrundlage.

Der Neandertaler bildet eine eigene Stammeslinie. Sie begann vor 500 000 Jahren als Varietät des Homo erectus, hat sich vom Ante-Neandertaler zum Prae-Neandertaler entwickelt und wurde dann, vor 100 000 Jahren, zum klassischen Neandertaler. Die erste Fundstätte ist eine namensgebende Landschaft, das Neandertal der Düssel bei Düsseldorf. In einer Grotte fand man 1856 eine Schädelkalotte. Lange wurde diskutiert, ob es sich um ein vormenschliches Fossil handelt oder nicht.

Weitere Funde zeigten, dass es sich bei dem Neandertaler um eine Art handelt, die hauptsächlich in Mittel- und Süd-Europa lebte, aber auch im nahen Orient. Er muss, wenn man seine körperlichen Merkmale analysiert, schwer gearbeitet haben, er hatte riesige Kraft; er hat also unter äußeren Bedingungen gelebt, in denen die Kultivierung von Kraft ein Überleben ermöglichte. Gleichzeitig entwickelte er ein großes Gehirnvolumen, das dem des modernen Homo sapiens entspricht. Wir schließen daraus, dass er sozial begabt war und in Gesellschaften lebte, die zielgerichtet langfristige Projekte verfolgen konnten.

Er lebte in Europa während und zwischen den Eiszeiten. Es ist anzunehmen, dass der Neandertaler ein qualifizierter Jäger gewesen ist, vielleicht war er in der Lage, mit ausgefeilter Technik und Fallen Mammuts zu erjagen. Die Entwicklung seiner Frontzähne stützt die Vermutung, dass er sein Gebiss als Werkzeug verwendete.

Er ist vor 30 000 Jahren verschwunden. Wir können nur spekulieren, was zu seinem Untergang führte. Er war auf alle Fälle eher ein Spezialist als ein Generalist. Josef H. Reichholf vertritt die Auffassung, das er wenigstens in weit geringerem Maß als die übrigen Spielarten des Homo sapiens der Sprache mächtig gewesen sei; er schließt dies aus dem Kehlkopf der Neandertaler, der nicht so gebaut war, dass er eine Sprache in unserem Sinne ermöglicht hätte; dieses Defizit habe seinen Untergang beschleunigt. Auslösende Ursache aber sei eine Klimaänderung und das Verschwinden der Großtiere gewesen. Der Neandertaler sei ein Spezialist für Großtierjagd gewesen, der sich in der verändernden Umwelt keine neue Existenzgrundlage hatte schaffen können; mit seiner robusten Konstitution, mit seiner Kraft konnte er nichts mehr anfangen.[5]

Andererseits hat er einige Klimawechsel überlebt, und seine Intelligenz hätte ihn ebenso überleben lassen sollen wie seinen Vetter, den modernen Homo sapiens. Ich vermute, dass er in kriegerische Auseinandersetzungen mit dem begabteren modernen Homo sapiens verwickelt war und schlicht vertrieben worden ist. Eine der jüngsten Fundstätten des Neandertalers ist Gibraltar; vermutlich sein letztes Refugium. Eine weitere Flucht war wohl nicht möglich; der Sprung über die Meerenge nach Afrika hätte ihn überfordert. Vor wem hätte er fliehen sollen, wenn nicht vor dem überlegenen modernen Homo sapiens, der ihn als Fremden bekämpfte, so wie er andere fremde Hominiden und Varietäten bekämpfte, die alle ausnahmslos ausgestorben sind?

Eine nicht endende Diskussion beschäftigt sich mit der Frage, ob es, unabhängig von der unbestrittenen Tatsache, dass die Neandertaler nicht unsere Vorfahren waren, doch gelegentlich einen Genfluss zwischen dem modernen Homo sapiens und Homo sapiens neanderthalensis gegeben hat. Es gibt Fundstätten mit Fossilien von beiden, was nichts darüber aussagt, ob sie gleichzeitig zugegen waren. Es gibt strukturelle Merkmale von Neandertalern, die auch bei einigen Funden des Homo sapiens der Jungsteinzeit auftreten.[6] Ein Genfluss zwischen Neandertalern und dem modernen Homo sapiens ist nicht auszuschließen, angesichts der Tatsache, dass sie gleichzeitig in Europa existiert haben. Es mag wie eine billige Lösung eines Problems aussehen, wenn bei unklaren Stammeslinien ein Genfluss postuliert wird. Wenn es aber wirklich so war?

6. Die Menschwerdung. Ein kurzer Überblick

Der moderne Mensch verdankt seine Existenz der Evolution; eine nicht evolutionäre Entstehung wurde bisher noch nie beobachtet; sie kann außer Betracht bleiben.

Die entscheidenden Merkmale bei der Menschwerdung, soweit sie sich aus Fossilien erschließen, sind die zweibeinige Fortbewegung, die Fähigkeit, pflanzliche und tierische Nahrung zu verarbeiten, das Kopfvolumen und der angepasste Geburtskanal. Die mentalen Fähigkeiten, die zum Gehirnwachstum geführt haben, lassen sich an den Fossilien nicht ablesen.

Jede mentale Fähigkeit bedarf zu ihrer Entwicklung der Selektion; sie muss also von reproduktiver Bedeutung gewesen sein. Intelligenz, Werkzeugbenutzung und ausgefeilte Jagdmethoden reichen zur Erklärung des Hirnwachstums nicht aus; sie erklären nicht ausreichend den selektiven Vorteil bei der Reproduktion, der durch diese Fähigkeiten bewirkt werden konnte. Die Sprache bewirkt für sich gesehen keinen reproduktiven Gewinn; es muss ein selektiver Prozess bestanden haben, der die Entwicklung der Sprache befördert hat.

Es bleibt als Erklärung für das Hirnwachstum die Entwicklung der *gruppendienlichen Fähigkeiten;* es sind dies die Fähigkeit zum Ertragen vieler Individuen in einem engen Lebensraum, zur gruppeninternen Kommunikation, die Akzeptanz einer Hierarchie, die Opferbereitschaft im Interesse der Gruppe, die zuverlässige Unterscheidung zwischen Gruppenmitgliedern und Gruppenfremden, und, *last but not least,* kriegerische Begabungen.

Nicht nur die Individuen waren der Selektion unterworfen, sondern die Gruppen; die stärkere Gruppe setzt sich gegen andere Gruppen durch und gewinnt hierdurch einen reproduktiven Vorteil; die Nachkommen zeichnen sich wiederum durch das gruppendienliche Verhalten und durch vielfältige Begabungen aus.

Diese biologische Geschichte hat uns Menschen geformt. Wir haben uns im Lauf von Millionen Jahren den Notwendigkeiten angepasst, die uns überleben ließen. Uns wurden gesellschaftliche Verhaltensweisen anerzogen, denen wir heute noch folgen, in einer Welt, die sich grundsätzlich von der Welt unterscheidet, in der sich die Verhaltensweisen als nützlich erwiesen haben. Diese Verhaltensweisen erleben wir als Wünsche, Handlungsantriebe und als die Fähigkeit, kulturell entwickelte Handlungsweisen und Wertsysteme zu integrieren.

Im letzten Teil dieses Buches versuche ich darzustellen, wie wir diese Verhaltensweisen und Wertvorstellungen erleben und wie sie unser heutiges Leben gestalten.

Anmerkungen

[1] Die Nomenklatur ist nicht einheitlich. Gelegentlich werden nur die Funde seit etwa 110 000 Jahren dem Homo sapiens zu gerechnet, und alle früheren Funde nicht dem älteren Homo sapiens, sondern noch dem Homo erectus.
[2] Henke, Winfried; Rothe, Hartmut: Paläoanthropologie, Berlin/Heidelberg 1994, S. 452
[3] Auch in diesem Fall ist die Nomenklatur nicht einheitlich. Der Neantertaler wird gelegentlich nicht dem Homo sapiens zugerechnet, sondern als eigene Art betrachtet.
[4] Henke, Winfried; Rothe, Hartmut: s. o., S. 520
[5] Reichholf, Josef H.: Das Rätsel Menschwerdung, München 1990
[6] Henke, Winfried; Rothe, Hartmut: s.o., S. 504

Vierter Teil

Bewusstsein und Gewissen in der Vergangenheit und in der heutigen Gesellschaft. Das biologisch–kulturelle Kontinuum und der Weg in die Zukunft mit dem Blick auf die Vergangenheit

23 Über das Bewusstsein

1. Bewusstsein und Biologie

Für Philosophen ist das Bewusstsein eine Art Begleitwissen um das eigene seelische Sein und dessen Befindlichkeit. Psychologen sehen in dem Bewusstsein das Ganze des augenblicklichen Seelenlebens. Für die Ethiker steht im Zentrum des Bewusstseins das Erlebnis des Gewissens, das uns mit einer inneren Stimme sagt, was »gut« und »böse« sei. Zu dieser Antwort kann man kommen, wenn man die Frage nach dem Gewissen dadurch beantworten will, dass man in sich hineinhorcht und aus dem eigenen Erlebnis Rückschlüsse zieht. Diese subjektive Betrachtungsweise kommt schwerlich zu objektiven Erkenntnissen.

Das Bewusstsein wird allgemein als ein Phänomen gesehen, das den Menschen zum Menschen macht. Der Mensch kann »Ich« sagen, er kann sich subjektiv von anderen Menschen abgrenzen und sich selbst als Individuum wahrnehmen. Man könnte also postulieren, das Bewusstsein sei der Kristallisationskern der individuellen Persönlichkeit. Dieser blumige Erklärungsversuch sagt indes nicht viel aus; wir sollten uns mit Scheinantworten nicht zufrieden geben.

Die sich zunächst anbietende Kinderfrage, was denn das Bewusstsein eigentlich sei, teilt das Schicksal anderer generalisierender Was-ist-Fragen, wie die Fragen, was denn das Weltall, das Sonnensystem, unsere Erde und das auf ihr beheimatete Leben eigentlich seien: Sie können nicht beantwortet werden. Schon das Stellen einer solchen Frage ist ein erster Schritt in die Irre; denn es impliziert, dass eine informative Antwort doch möglich wäre, eine Antwort, die mehr vermittelt als ein konturloses Wohlbefinden.

Wenn wir von einem Phänomen nicht sagen können, was es eigentlich sei, so können wir doch die Wirkungen betrachten, die von ihm ausgehen. Wir wissen nicht, was die Gravitation eigentlich ist, und wie sie es fertig bringt, in die Ferne zu wirken. Diese Wirkung selbst ist hingegen durchaus Gegenstand fruchtbarer physikalischer Forschung. Auch bei der Untersuchung biologischer Phänomene, an denen wir mit Was-ist-Fragen scheitern, können wir mit der Hoffnung auf interessante Aufschlüsse fragen, welche Wirkungen von ihnen ausgehen. Mit der Hoffnung auf eine Antwort können wir also fragen: Welche Leistung erbringt das Bewusstsein für den Bewusstseienden?

2. Die Leistung des Bewusstseins

Tier und Mensch haben sich so entwickelt, dass sie Energie aufnehmen und verarbeiten und mit dieser Energie Nachkommen produzieren können. Jede Entwicklung hat diesem Zweck gedient; dies muss auch für das Bewusstsein gelten. Wir erleben im Bewusstsein *Befindlichkeiten*. Wir erleben uns selbst als glücklich, satt, ängstlich, von Zahnschmerzen geplagt, angetrieben, bestimmte Dinge zu bewirken, oder als verlassen und unglücklich.

Empfinden ist ein energieverzehrender Prozess. Energieverzehrende Prozesse müssen aber, wenigstens in der biologischen Vergangenheit, irgendetwas im Sinne der Reproduktionsförderung geleistet haben, denn sonst wären sie nicht entstanden. Empfinden, so erfreulich oder schmerzlich dies für den Einzelnen sein mag, scheint aber – zunächst – für die Reproduktion ohne Bedeutung zu sein. Eine angenehme Befindlichkeit ist aber erfreulicher als eine unangenehme, weswegen wir bestrebt sind, Umstände herbeizuführen, die uns eine angenehme Befindlichkeit bescheren. Liegt hierin der Schlüssel zum Verständnis der funktionellen Bedeutung des Bewusstseins? Ich glaube, dass dies der Fall ist.

Wir gestalten unsere Zukunft. Wir bilden in unserem Bewusstsein ein Modell von dem Zustand, den wir nach einer Handlung vermutlich erleben werden. Wenn wir im Regen stehen und frieren, können wir uns ohne gedankliche Schwierigkeiten vorstellen, wie wir uns in einer trockenen warmen Umgebung fühlen würden, einen heißen Glühwein schlürfend. Die Gestaltung der Zukunft ist hier unproblematisch. Anders ist es, wenn wir zwischen zwei möglichen Modellen zukünftiger Befindlichkeiten entscheiden müssen. Wenn wir nass und frierend an einer steilen Bergwand stehen, die herabzusteigen nicht ohne Gefahr ist, dann impliziert ein Modell, dass wir weiterhin frieren und unbehaglich eine ungewisse Hilfe erwarten, und das andere, dass wir uns bei dem Versuch abzusteigen verletzen. Wir gestalten gedanklich Modelle für zwei Verhaltensalternativen und *entscheiden*, welche Alternative uns die bessere Befindlichkeit beschert.

Verschiedene Befindlichkeitsebenen sind zu verarbeiten; die körperliche Befindlichkeit, die Befindlichkeit bei der Erfüllung einer sozialen Aufgabe, die Hebung des Selbstwertgefühls bei einem Verzicht, aber ebenso das Vergnügen, das wir erleben, wenn wir jemandem Freude bereiten. Auch die negative Seite bedarf der Verarbeitung: Das schlechte Gewissen nach einer schäbigen Handlung, die Selbstvorwürfe nach einer impulsiven Tat unter mangelnder Selbstkontrolle.

Die momentanen und die zu erwartenden Befindlichkeiten angesichts eines Problems haben zudem eine zeitliche Dimension; ein unmittelbar bevorstehendes Vergnügen ist in Beziehung zu setzen zu allfälligem Missbehagen, das sich nach dem Konsum des Vergnügens in der Zukunft einstellen kann. Auch wenn ein Terrorist mit einer Bombe im Rucksack in einen Bus steigt, den er in Kürze mit sich selbst in die Luft sprengen wird, tut er dies im Interesse einer guten Befindlichkeit: Er ist irrsinnig stolz auf sich, weil er von allen Kollegen grenzenlos bewundert wird, er denkt an die Angst und den Schrecken, die er unter den verhassten Feinden verbreitet, und an den großartigen jenseitigen Lohn, der ihm von den Experten seines Glaubens in glühenden Farben ausgemalt worden ist. Vielleicht denkt er auch an die stolze Trauer, die seine Familienangehörigen empfinden werden, die ihn bisher als Spinner belächelt haben. Festzuhalten ist:

Mit dem Bewusstsein treffen wir Entscheidungen für unser Verhalten.

Die subjektiv beste Entscheidung verspricht eine optimale Verbesserung der

Befindlichkeit und wird daher ausgewählt. Im Lauf der Generationen ergibt es sich, durch *trial and error*, durch Versuch und Misslingen, dass die Individuen in ihren Entscheidungen immer treffsicherer werden; diejenigen, die die erfolgreichsten Entscheidungen treffen, vererben die Fähigkeit, gute Entscheidungen zu treffen an ihre Nachkommen.

Ich bitte dies nicht in dem Sinne zu verstehen, das Bewusstsein sei nichts als ein Organ zum Herbeiführen von Entscheidungen. Unsere Hände waren früher Füße und dienten der Fortbewegung, heute spielen wir damit Klavier. Auch das Bewusstsein hat heute weitere Aspekte. Am Anfang der Entwicklung zu unserem Bewusstseins aber stand das Abwägen von Verhaltensalternativen.

3. Das tierische Bewusstsein

Menschen zeigen Befindlichkeiten und entscheiden mit dem Bewusstsein. Auch Tiere zeigen Befindlichkeiten, woraus wir schließen, dass sie ein Bewusstsein haben; Bewusstlose zeigen keine Befindlichkeit. Bei vielen sozial lebenden Tieren ist das Zeigen von Befindlichkeiten eine Hilfe für das Funktionieren des sozialen Systems. Diese Tiere können Freude und Kummer ausdrücken, sie können drohen; sie zeigen Gefühle, die sich nicht grundsätzlich von den unseren unterscheiden.

Ich erinnere mich an meinen ersten Hund, der mich immer überschwänglich begrüßte. Er sprang an mir hoch in der Hoffnung mein Gesicht zu erreichen und quietschte vor Begeisterung. Er freute sich ganz einfach, und ich freute mich auch. Der Zusammenhalt des Rudels der Hundeartigen ist die Voraussetzung für eine erfolgreiche Aufzucht. Wenn das Zusammentreffen von Rudelmitgliedern oder die Rückkehr des Chefs mit einer überaus angenehmen Empfindung verbunden ist, die sich noch steigert, wenn der Partner ebenfalls hoch erfreut ist und dies zeigt, ist das wichtiger Kitt für die Gesellschaft.

Für jeden Tierliebhaber, für jeden Beobachter ist es offensichtlich, dass auch bei Tieren die Befindlichkeiten zu Entscheidungen führen. Zu meinen Bekannten gehört eine Familie von Kohlmeisen. Alle Kohlmeisen lieben Pinienkerne. Diese Familie hat sich ein wenig an mich gewöhnt, ich biete ihnen gelegentlich ihre Leibspeise an. Ein Elterntier – ich weiß nicht, ob es Vater oder Mutter ist – pickt sie mir aus er Hand. Es ist für diesen kleinen Vogel eine beinahe tollkühne Aktion. Dieser Riesenkoloss mit seinen schrecklichen Greifern verkörpert die Gefahr schlechthin. Auf der Gegenseite stehen aber gute Erfahrungen mit diesen leckeren Kernen. Interpretieren wir den Entscheidungsprozess. Der Vogel möchte den Kern haben. Er hat Angst vor meiner Hand. Spontan fällt ihm ein, dass er die Situation kennt. Er erinnert sich daran, dass im Lauf von vielen Fütterungen der Pinienkern immer näher an meine Hand gerückt ist und hierbei nichts Böses geschehen ist. Dies gibt den Ausschlag.

Nur ein Elterntier pickt mir aus der Hand; der Lebensgefährte traut sich nicht und wartet, bis ich ihm den Kern zuwerfe. Er hat vielleicht einmal eine schlechte

Erfahrung mit Händen gemacht. Bemerkenswert ist auch das Verhalten der Jungtiere. Sie beobachten mich aus der Entfernung genau. Dann kommen sie näher, um besser zu sehen. Auf meinem Gartentisch liegt die offene Hand mit Kernen. Zwei Junge sitzen auf dem Tisch und beobachten das kühne Elterntier. Unmittelbar nach dem Picken fliegt dieses davon und die Jungen mit ihm; die Flucht, so interpretiere ich, löst die ängstliche Spannung, zumal der Kern erobert ist; die Jungtiere fliegen mit, weil das Wegfliegen eines Gefährten immer als Alarmsignal betrachtet wird. Ein Jungtier kommt aber sofort zurück. Es setzt sich auf die Lehne eines Gartenstuhles. Dann fliegt es für einen kurzen Augenblick auf den Tisch, wohl um auszuprobieren, ob etwas Böses passiert. Beim nächsten Versuch bleibt es auf dem Tisch. Auch Kohlmeisen haben eine Körpersprache, ich sehe, wie das Vögelchen um eine Entscheidung ringt, den Kopf hebt und wieder neigt, zur Seite wiegt, sich meiner Hand nähert, aber gleich wieder zurück hüpft. Es muss ja von dem Elterntier lernen, Nahrung zu finden, und hat gesehen, wie es geht. Andererseits ist das Missbehagen groß. Und nun eine überraschende Aktion: Es lässt die Flügel etwas hängen und lässt sie vibrieren, so wie es die Jungtiere machen, wenn sie ein Elterntier anbetteln. Es hat seinen Pinienkern bekommen. Ich muss Hinzufügen: Das Schütteln der Flügel bei den Singvögeln ist nicht nur Betteln, es ist eine allgemeine Aufforderung wie etwa: »Na los, mach schon!«.

Wenn wir ein satte Katze am Ofen beobachten, so drängt sich uns der Eindruck auf, dass diese Katze sich überaus wohl befindet. Der evolutionäre Sinn ist offenbar: sie ruht und verdaut bei geringem Energieeinsatz, denn es ist angenehm warm. Sie konditioniert sich für folgende Aktionen. Wir wissen, dass Sie diesen Zustand nur unter äußerem Zwang aufgeben wird. Aus Erfahrungen wissen wir, dass die Katze bestrebt ist, diesen Zustand immer wieder herbeizuführen. Wir schließen daraus, und aus vielen ähnlichen Beobachtungen, dass sich Tiere wohl fühlen können, und so handeln, dass dieser Zustand wiederkehrt.

Die Katze und die Meisen haben aus ihrer Situation heraus, mit ihrem Bewusstsein, so können wir annehmen, Entscheidungen getroffen. Bei der Diskussion des menschlichen Bewusstseins können wir unsere eigenen Erlebnisinhalte zu Rate ziehen, die objektivierbar sind, da wir durch Meinungsaustausch annehmen können, dass andere Menschen vergleichbare Bewusstseinsinhalte wie wir selbst erleben. Tierische Wahrnehmungen können wir nicht nachempfinden; aber unsere Beobachtungen erlauben den Schluss, dass grundlegende Unterschiede zu uns nicht bestehen. Jede Handlung, die ein mit Bewusstsein begabtes Tier ausführt, dient dazu, im Augenblick der Entscheidung ein Maximum an Wohlbefinden oder doch wenigstens ein Minimum an unangenehmen Befindlichkeiten hervorzurufen.

4. Gibt es einen prinzipiellen Unterschied?

Das menschliche Bewusstsein hat sich aus tierischem Bewusstsein entwickelt. Aber was ist dazugekommen? Es könnte argumentiert werden, bei uns Menschen sei etwas Bewusstseinserweiterndes hinzugetreten, das eine neue, eben die menschliche Qualität begründet und uns prinzipiell von den Tieren abhebt. So gefällig diese Auffassung ist, sie kommt nicht an der Tatsache vorbei, dass auch diese neue Qualität ein biologisches, evolutionäres Produkt sein muss, denn ein nicht evolutionärer Entstehungsprozess wurde noch nie beobachtet. Auffassungen dieser Art mögen uns erhaben erscheinen, zur Ergründung der Wahrheit leisten sie nichts. Es ist hilfreicher, auch bei der Untersuchung des Bewusstseins, von der Arbeitshypothese auszugehen, dass Mensch und Tier sich graduell, aber nicht prinzipiell unterscheiden.

Ich ahne das Missbehagen, das dieser Absatz auslösen wird. Müssen wir uns mit einer restriktiven Betrachtungsweise des Bewusstseins bescheiden, die unserem Gefühlserleben so wenig zu entsprechen scheint? Dieses Buch beschäftigt sich mit der Naturgeschichte des menschlichen Sozialverhaltens. Wenn wir uns nicht bemühen, uns strikt an das zu halten, was wir untersuchen können, an das was wirkt, können wir nicht zu einem allgemein vermittelbaren Ergebnis kommen. Wenn wir die Grenze der Naturwissenschaft nicht streng beachten, können wir unbemerkt in die christliche Ethik, die Scharia oder in völkisches Gedankengut abgleiten.

Die Beschränkung auf das, was naturwissenschaftlich vermittelbar ist, was wirkt, bedeutet aber nicht, das es sonst nichts gäbe. Die Beschränkung impliziert nur, dass es Fragen gibt, die unbeantwortbar sind. Spekulationen über diese Fragen mögen die Befindlichkeit verbessern, sind aber unfruchtbar und das Ergebnis wäre nicht vermittelbar. Nur aus rein kulturellen Vorstellungen stammende Antworten auf unbeantwortbare Fragen können nicht befriedigen. Sie können zu Grausamkeiten führen.

24 Von tierischen und menschlichen Entscheidungen

1. Das Steuersystem

Tiere können sich frei bewegen. Durch Beobachtung von herumtollenden Hundewelpen kommen wir spontan zu der Auffassung, dass keine direkte Steuerung besteht; wir erleben die Tiere als frei; sie können sich individuell bewegen, so wie sie wollen. Andererseits wissen wir, dass die Tiere vererbten Antrieben folgen, die sie veranlassen, am Leben zu bleiben, einen Zeugungspartner zu finden und Nachkommen aufzuziehen. Wie passen die überkommenen Antriebe, die wir vermuten müssen, zu der individuellen Freiheit, die wir beobachten?

Betrachten wir die Steuerung von Tieren als Ingenieure. Es gibt automatische, rein reflektorische Steuerungen, wie wir sie bei Fleisch fressenden Pflanzen annehmen können. Alle denkbaren Kombinationen von Eingangssignalen führen immer zu einer genau definierten Handlung. Eine solche direkte, automatische Steuerung wäre bei sich frei bewegenden Tieren wegen der Masse der möglichen Kombinationen von Eingangssignalen und wegen der Vielzahl der unterschiedlichen zu steuernden Bewegungsabläufe schwer vorstellbar. Unsere Beobachtung von Tieren erlaubt nicht die Annahme, in den Tieren sei eine direkte, reflektorische Steuerung am Werk; vielmehr sehen wir, dass in den Tieren Entscheidungen fallen; die Handlungen des Tieres führen dann aber doch zu den Ergebnissen, die wir erwarten; sie besorgen sich die zum Leben notwendige Energie und erzeugen Nachwuchs.

Die Antriebe in den Tieren sind also eher Tendenzen oder Empfehlungen; auch ein liebestoller Rüde verlässt den Eingang zum Haus der läufigen Hündin, wenn er Gefahr läuft, durch einen stärkeren Konkurrenten verletzt zu werden. Was wir sehen ist, dass in dem Tier eine individuelle Entscheidung getroffen wird, die den Antrieben tendenziell folgt, aber doch die gerade bestehende Umweltsituation berücksichtigt. Tiere könnten also bei einem begrenzten Entscheidungsspielraum als frei angesehen werden. Ebenso richtig könnte man aber auch sagen, in dem Tier sei eine überaus raffinierte Steuerung am Werk, die von der Umwelt die erforderlichen Signale erhält und das Verhalten eben doch direkt steuert. Letztere Auffassung würde durch die Tatsache untermauert, dass die überwiegende Mehrheit aller Tiere einer Art sich unter den gleichen Umständen im Wesentlichen auch gleich verhält.

Die Frage, wie weit eine reflektorische Steuerung oder eine freie Entscheidung vorliegt, kann nicht grundsätzlich geklärt werden. Bei einem Regenwurm oder einer tanzenden Mücke vermuten wir das Schwergewicht eher bei rein reflektorischem Verhalten; während wir bei einer Meise, bei der wir individuelle Charakterzüge erkennen, geneigt sind, eine Entscheidung zu vermuten, die auch individuelle Elemente enthält.

Und wie ist es bei uns Menschen? Die idealistischen Philosophen des Abendlandes haben auf diese Frage eine Antwort parat: der Mensch habe über alle physische Bedingtheit hinweg einen »freien Willen«.[1] Als Biologen müssen wir aber erkennen, dass dieser freie Wille ein blutleeres Konstrukt ist, denn ohne biologische Bedingtheit gäbe es nichts zu entscheiden. Was immer ein Mensch entscheidet und dann vollzieht, steht in Bezug zur Biosphäre und seiner Einbindung in sie. Das Organ, mit dem wir denken, fühlen und entscheiden, ist Teil der Biosphäre, was wir denken hat einen Bezug zu unseren biologisch gewachsenen sozialen Fähigkeiten, und das Ergebnis unserer Entscheidungen äußert sich in physikalischen Arbeitsprozessen.

Anscheinend gibt es einen fließenden Übergang von reflektorischem Verhalten zu individuellem Verhalten; je weiter wir in der Naturgeschichte zurückgehen, umso mehr treffen wir auf Organismen, bei denen das Schwergewicht auf reflektorischem Verhalten liegt. Mit der Weiterentwicklung der Tiere, mit zunehmender Komplexität der biologischen Organismen verschiebt sich das Schwergewicht zu individuellen Entscheidungen; der Mensch wäre demnach mehr an der individuellen Seite angesiedelt. Wieweit die Möglichkeit, individuelle Entscheidungen zu treffen, etwas qualitativ Neues, oder nur ein verfeinertes reflektorisches Verhalten ist, vermögen wir nicht zu entscheiden.

Die tierischen und die menschlichen Steuerungen sind Dinge *sui generis*, für die wir ein Wort erfinden müssten. Es wäre eine Diskussion um Worte, würden wir sagen, die Steuerung der Tiere sei eine unvollkommene Version des »menschlichen Geistes« mit seinem »freien Willen«. Diese Worte sind gedankliche Konstrukte; sie eignen sich nicht zur Beschreibung von Abläufen und Wirkungszusammenhängen in der belebten Materie. Wir müssen akzeptieren, dass es Fragen gibt, die sich deswegen stellen, weil unser Wortschatz für reale Gegebenheiten keine Begriffe parat hält. Fragen nach der Übereinstimmung von Gegebenheiten mit Begriffen aus dem idealistischen philosophischen Wortschatz müssen in die Irre führen, Antworten kann es nicht geben, und erfundene Antworten haben keinen Erklärungswert. Hilfreich wird sein, wenn wir untersuchen, wie es bei der evolutionären Entwicklung der Biosphäre zu dem gekommen ist, was wir *individuelle Entscheidungen* genannt haben.

2. Individuelle Entscheidungen

Wir kennen bei den Tieren Reflexhandlungen: Ein Reiz löst immer die gleiche Bewegung aus. Ein Rezeptor nimmt einen Reiz wahr, leitet ihn an das zentrale Nervensystem weiter, und dieses löst die Reflexhandlung aus. Der Reflexablauf ist angeboren. Wenn unsere Hand etwas sehr Warmes oder sehr Kaltes spürt, ziehen wir die Hand zurück, ohne dass es zu einer bewussten Entscheidung gekommen wäre. Wenn wir einen Schatten vor den Augen sehen, schließen wir reflektorisch die Lider, ein Reflex, der die Augen schützt. Reflexhandlungen sind unbedingt, gleichen Ursachen folgen immer gleiche Wirkungen, und dies bei allen Tieren einer Art.

Bei einem Reflex muss das auslösende Signal einen Schwellenwert erreichen, damit es überhaupt wahrgenommen werden kann. Dieser Schwellenwert ist bei dem Reflex fast immer eine Konstante. Wir können sagen, dass der Reflex wie durch einen Schalter ausgelöst wird; das Eingangssignal kann nur vorhanden oder eben nicht vorhanden sein, und wenn es vorhanden ist, dann wird immer der gleiche Reflex ausgelöst.

Neben dem Reflex kennen wir die verwandte *Instinkthandlung*. Gleiche Signale lösen wieder gleiche Handlungen aus, aber mehr oder weniger beeinflusst durch die augenblickliche Situation des Tieres. Wir erkennen dies an einer Erhöhung des Schwellenwertes, nur wenn das Signal stärker ist, wird die Instinkthandlung ausgelöst; dieser Schwellenwert richtet sich nach der jeweiligen Umweltsituation des Tieres. Hierbei spielt die Vorgeschichte der auszulösenden Handlung eine Rolle, d. h. der zeitliche Abstand zu ihrem letzten Auftreten. Ein Individuum, das vor nicht langer Zeit gefressen hat, bedarf eines stärkeren auslösenden Signals um wieder den Instinktablauf der Nahrungsaufnahme auszulösen, und ein Tier, das gerade kopuliert hat, bedarf starker sexueller Reize, um wieder aktiv zu werden.

Auf diesem Wege ist die individuelle Entscheidung von Tieren entstanden. Die direkte Ja/Nein–Steuerung wird durch eine differenzierte Steuerung ersetzt, die die Größe des Eingangssignals zu der eigenen Situation in Beziehung setzt und danach entscheidet, ob die Instinkthandlung durchgeführt wird oder eben nicht. Man könnte als Beobachter sagen, die eigene Situation, die eigene Befindlichkeit wird wahrgenommen und zur Entscheidungsfindung herangezogen.

Wir haben hier den Beginn zu subjektiver Entscheidung betrachtet, und die Entwicklung hat sich fortgesetzt. Der individuelle Spielraum wurde immer größer, bis man von einer rationalen Entscheidung sprechen kann. Wir müssen notwendig voraussetzen, dass mit jedem Schritt in Richtung auf eine zunehmend individuelle Entscheidung eine Verbesserung der Reproduktion einher gegangen ist. Je differenzierter die Eingangssignale bewertet worden sind, umso mehr Nachkommen konnten erzeugt werden, die wiederum die verfeinerten Steuerungsmechanismen an weitere Generationen übermitteln konnten.

3. Die Bewertung der Signale

Für heutige frei laufende oder fliegende Tiere ist die Steuerung schon recht kompliziert. Sie nehmen zunächst einmal Signale ihres Körpers wahr, die beispielsweise Hunger oder Durst melden. Eine weitere Gruppe von Signalen betrifft die Umwelt, in der sich das Tier zurechtfinden muss. Es gibt zudem bestimmte Sinneseindrücke, die Aktionen erfordern. Aufgesperrte Schnäbel von Nestlingen müssen den Antrieb auslösen, in diese Schnäbel Fressbares hineinzustopfen. Schließlich sind die Signale zu berücksichtigen, die aus dem Gedächtnis kommen und die Erfahrung mit früheren Abläufen vergegenwärtigen.

Aus allen diesen Signalen muss das Tier eine Entscheidung treffen, in dem Sinne, dass es weiter leben und reproduktiv tätig sein kann. Diese Signale müssen zunächst umgesetzt werden; sie müssen in eine solche Form kommen, dass mit ihnen etwas anzufangen ist. Wie kann man sonst Helligkeit, Hunger, Bodenabstand und Windgeschwindigkeit in Beziehung zueinander setzen? Wie groß muss der Hunger einer Meise sein, um beim Aufpicken eines Korns einen Bodenabstand von nur 50 cm bei geringer Entfernung von einem Gebüsch zu tolerieren, in dem eine Katze lauern könnte? Kann man Hunger in cm ausdrücken? Kann eine wahrgenommene Gefahr so groß sein, dass man die Kinder im Stich lässt?

Es ist hilfreich anzunehmen, dass hierfür ein *Bewertungscode* besteht, der jedes Eingangssignal gewichtet. Wir könnten uns vorstellen, dass der Bewertungscode ein Informationsspeicher ist, der für jedes Eingangssignal ein angemessenes Ausgangssignal abgibt. Alle gleichzeitig eintreffenden Signale werden bewertet und dann einem Entscheidungsorgan zugeführt, das nun dem Hunger oder der Angst nachgeben kann. Der Bewertungscode leistet noch etwas Weiteres: Er unterscheidet Wichtiges und Unwichtiges. Der normale Ablauf mag zufällig sein. Warnsignale über Gefahrensituationen und Signale, die genetisch unmittelbar mit Aktionen verknüpft sind, müssen aber als wichtig wahrgenommen werden. Das Tier verarbeitet die von Bewertungscodes eingehenden gewichteten Signale mit dem Organ, oder dem Teil des Gehirns, das Befindlichkeiten wahrnehmen kann; wir nennen es: *das Bewusstsein*. Die Signale, die der Bewertungscode abgibt – und hiermit kehren wir zu einer subjektiven Betrachtungsweise zurück – nehmen wir Menschen, und vermutlich auch das Tier, als angenehme oder unangenehme Gefühle wahr, die uns zu Handlungen veranlassen, die unsere Befindlichkeit verbessern. In dem wir dies tun, verhalten wir uns so, wie es nach der stammesgeschichtlichen Erfahrung vernünftig ist.

Tiere entscheiden bei der Bewertung der aufgenommenen Situation beispielsweise zwischen dem Genuss, einen Pinienkern zu verzehren, und der konkurrierenden Angst, die ein guter Lehrmeister ist. Wir würden sagen, das Tier entscheidet gefühlsmäßig, so wie wir gefühlsmäßig entscheiden können, wenn wir nicht denken. Genauer wäre es wohl zu sagen, dass wir die Möglichkeit haben, differenzierter, rationaler abzuwägen, als dies der Kohlmeise möglich ist.

Der Bewertungscode ist eine Modellvorstellung; ich hoffe, dass er unser Verständnis dafür erleichtert, wie tierische und auch menschliche Entscheidungen zu Stande kommen. Der Bewertungscode ist eine individuell gefärbte Einrichtung; mehr noch als die äußere Erscheinung eines Tieres gilt für diesen Code, dass kein Individuum eine exakte Kopie eines Elterntieres ist. Bei exakten Kopien wäre eine Weiterentwicklung nicht möglich. Dadurch, dass Tiere innerhalb einer gewissen Bandbreite unterschiedlich reagieren, sind auch die Ergebnisse ihrer Reaktionen unterschiedlich. Maßstab für die Qualität einer Reaktion ist der reproduktive Erfolg. Insofern verbessert sich der Bewertungscode von Generation zu Generation, bis er sich asymptotisch einem Optimum nähert. Natürlich ist dieses Optimum auf die gerade bestehende Umwelt bezogen. Zurückblickend können wir feststellen, dass in den Bewertungscode alle Erfahrungen eingeflossen sind, die alle Tiere der Ahnenreihe im Laufe von Hunderttausenden von Generationen gemacht haben. Das Ergebnis ist das, was wir *Stammesgedächtnis* nennen.

Wenn wir annehmen, dass im Bewusstsein Handlungsentscheidungen getroffen werden, die sich aus Signalen von den Bewertungscodes herleiten lassen, dann sind diese Codes Informationsspeicher mit zunehmend differenzierteren Inhalten; neue Verhaltensweisen werden ausprobiert, und wenn sie reproduktiv günstig sind, werden sie an die nächste Generation weitergegeben. Die Entscheidungen werden immer differenzierter und die Codes genauer; irgendwann kann man sagen: Hier handelt ein individueller Organismus, dessen Bewusstsein ihm ein optimales Verhalten ermöglicht. Oder müssen wir nicht doch sagen: Dieser Organismus wird von einem sehr raffinierten Programm gesteuert?

4. Das Leib-Seele-Problem aus biologischer Sicht

Wir haben uns unmerklich einem klassischen Problem genähert. Wir können uns eine mit Sensoren ausgestattete künstliche Intelligenz vorstellen, die aus den gleichen Eindrücken, die wir als Menschen empfangen, einen Homunculus in menschlicher Gestalt so steuert, dass er in seinem Verhalten von einem Menschen praktisch nicht unterscheidbar ist. Auch einen Zufallsgenerator könnten wir in die künstliche Intelligenz so einbauen, dass ihre Umsetzung von Eingangssignalen in Verhalten bei weniger wichtigen Entscheidungen nicht vorhersehbar ist. Eine solche künstliche Intelligenz mag auf technologische Schwierigkeiten stoßen; prinzipielle Probleme bestehen nicht. Genau wie natürliche Menschen würde dieser Homunculus vor Feuer davon laufen und bei Gefahr Gesellschaft suchen. (Vermutlich wird er besser Schachspielen können als wir Normalsterblichen.) Bei Hitze wird er weglaufen, weil ihm seine Sensoren dies eingeben, nicht aber weil er unter Hitze leidet wie wir Menschen. Ein menschliches Bewusstsein können wir ihm nicht zugestehen, selbst wenn sein Programm die Fähigkeit einschließen sollte, uns dies vorzuspielen. Auch wir empfangen Eingangssignale und verarbeiten diese zu Verhaltensanweisungen. Wir bedienen uns hierzu einer physischen Einrichtung, des Gehirns. Wenn es beschädigt oder alt und verbraucht ist, oder wenn das Programm abstürzt, z. B. bei Panik, beeinträchtigt dies die Qualität unseres Verhaltens. Auch die künstliche Intelligenz bedarf einer physischen Einrichtung, eines Computers, der versagen kann. Wir Menschen erklären unsere Findung von Entscheidungen so: Wir nehmen Umwelteindrücke wahr und setzen sie so in Handlungen um, dass uns das vorausberechnete Ergebnis unseres Handels befriedigt. Das Ergebnis ist zumindest ähnlich wie beim Homunculus mit seiner künstlichen

Intelligenz, auch dieser empfängt Signale und setzt sie in vernünftige Handlungen um, beispielsweise mit dem Ziel, weiter existieren zu können. Er hat hierbei aber keine menschlichen Gefühle, er leidet nicht und kann nicht triumphieren.

Wir sollten ihm dies nicht als Manko ankreiden, zum vernünftigen Handeln benötigt er eben keine Gefühle; er bedient sich eines anderen technischen Prinzips.

Sind also Gehirn und Bewusstsein nichts als eine raffinierte Steuerung, die sich evolutionär entwickelt hat? Ich vermeide Sätze mit dem »nichts als«; es würde hier die ungerechtfertigte Aussage implizieren, das sich die Funktion des Bewusstseins darin erschöpft, Entscheidungen über das Verhalten zu fällen. Wir können eine über die biologische Funktion hinaus gehende Komponente des Bewusstseins weder ausschließen noch bestätigen. Mit dieser Ungewissheit müssen wir leben. Dies bewusst zu tun betrachte ich als Tugend.

5. Die Entwicklungsgeschwindigkeit der Evolution

Bei der Entstehung der Arten haben wir festgestellt, dass die Varietät erhalten bleibt und sich fortsetzen kann, die ein neues Merkmal als Erste praktisch einsetzen konnte. Bei der Diskussion der zeugungsunabhängigen Sexualität bei den Hominiden war zu vermuten, dass die Umwidmung einer bekannten Einrichtung für einen neuen Zweck deswegen erfolgreich war, weil sie unmittelbar zur Verfügung stand. Die Evolution neuer körperlicher Merkmale nimmt, gemessen in Generationen, sehr viel Zeit in Anspruch, jedenfalls mehr als die neue Verwendung einer bereits bestehenden Einrichtung. Da immer die zeitlich erste Variante umgesetzt wird, kann man sagen, dass in der Evolution die Tendenz zu schnellen Lösungen besteht.

Die Evolution des Bewertungscodes, der das Verhalten von tierischen und menschlichen Individuen steuert, ist ein weiteres Beispiel für die der Evolution innewohnende Tendenz zur Beschleunigung, die in Kapitel 8 ausführlich behandelt worden ist. Nicht die langwierige Entwicklung von körperlichen Merkmalen erbringt die Verbesserung der Reproduktionsleistung, sondern das bessere, das im Sinne der Reproduktion zielgenauere Verhalten. Der Bewertungscode – das Stammesgedächtnis – einer Art kann mit der Software eines Computers verglichen werden. Der Computer bleibt unverändert, kann aber auf Grund einer verbesserten Software doch mehr leisten, als ihm dies mit einer weniger guten Software möglich wäre.

Das Stammesgedächtnis von Tieren ist in der DNS enthalten, es ist grundsätzlich bei entsprechend aufwändigen Versuchen körperlich nachzuweisen. Der Umbau, die Anpassung an die gleich bleibende oder sich ändernde Umwelt benötigt also immer noch Zeit, wiederum gemessen in Generationen. Der nächste Schritt der Evolution bringt wiederum eine Beschleunigung; es ist dies die *kulturelle* Weitergabe von Verhaltensanweisungen. Kinder lernen von ihren Eltern zunächst einmal durch Nachahmen, wie man sich nützlich verhält. Diese Informationsweitergabe benötigt nur eine Generation. Die beschleunigenden Schritte sind hiermit aber noch nicht abgeschlossen; nach den bisherigen Erfahrungen gibt es keinen Grund, dies zu vermuten.

Kehren wir zurück zu dem Bewusstsein, zur Steuerung von tierischem und menschlichem Verhalten. Auf eine weitere Komplikation bei individuellen Entscheidungen treffen wir bei der Untersuchung von sozial lebenden Tieren.

Anmerkung

[1] Spinoza bezeichnet das in der Herrschaft der Vernunft über die Leidenschaften bestehende sittliche Ideal als »Freiheit«. Kant: »Alle Handlungen vernünftiger Wesen, sofern sie Erscheinungen sind, stehen unter der Naturnotwendigkeit; ebendieselben Handlungen aber, bloß respektive auf das vernünftige Subjekt und dessen Vermögen, nach bloßer Vernunft zu handeln, sind frei.«

25 Das Bewusstsein der Individuen von in Gruppen lebenden Arten

1. Die zusätzlichen Aufgaben des Bewusstseins

Erinnern wir uns daran, worin wenigstens bei der Entstehung des Bewusstseins dessen einzige Aufgabe bestand: Es sollte sein Individuum so steuern, dass dieses seine Aufgaben erfüllen kann, dass es am Leben bleibt und Nachwuchs erzeugt. In Tausenden von Generationen hat sich das Bewusstsein mit seinen Bewertungscodes entwickelt, und jedes Individuum in der Ahnenreihe, das diese Aufgabe besonders erfolgreich absolvieren konnte, wurde mit Nachkommenschaft belohnt, die sich wiederum in der gerade gegenwärtigen Umwelt bewähren musste. Dies ist der Kern der Evolution.

Mit der Bildung von Gruppen kommt in dieses einfache System eine völlig neue Note. Das, was die Einzelgänger bei der Bildung von Gruppen evolutionär hinzulernen mussten, stand im Widerspruch zu dem, was vorher galt. Gruppendienliches Verhalten, so das Teilen von Nahrung und der wenigstens gelegentliche Verzicht[1] auf Fortpflanzung, ist den Antrieben der Einzelgänger entgegengerichtet. Es entsteht die Spannung zwischen alten und neuen Antrieben. Auch das in die Gruppe eingebundene Individuum muss um seine Selbsterhaltung besorgt sein, und, wenn auch durch die Spielregeln der Gruppe eingeschränkt, Nachwuchs erzeugen. Das einzelgängerische Verhaltensmuster ist ja nicht völlig außer Kraft gesetzt, sondern nur modifiziert worden, es wurde komplexer. Das Bewusstsein musste lernen, eine weitere Entscheidungsdimension zu verarbeiten, es musste lernen, private Bedürfnisse gegen diejenigen der Gruppe abzuwägen.

Außerhalb dieser sofort erkennbaren Komplikation ist weiterhin zu berücksichtigen, dass die äußeren Lebensumstände sich laufend wandeln; so wie wir dies bei allen biologischen Abläufen anzunehmen gelernt haben. Die Gruppe kann in schlechtes Wetter kommen, in Auseinandersetzungen mit artgleichen Gruppen verwickelt werden, sich bei einer Dürre durchschlagen müssen, oder alle Gruppenmitglieder können an einer Infektion erkranken. Unter allen diesen erschwerenden Umständen muss jedes Gruppenmitglied die eigenen Interessen, die seines Nachwuchses, und die der Gruppe als Ganzes im Auge behalten, und eine Entscheidung über sein Tun fällen. Es gibt keinen objektiven Maßstab für die Richtigkeit einer Entscheidung. Nach dem Prinzip von *trial and error* besteht die Gruppe dann weiter, wenn die vielen subjektiven Entscheidungen der Individuen dies möglich machen.

2. Die ideale Welt bei der Entstehung des sozialen Bewusstseins

Wir müssen uns in unserer heutigen Welt mit einem Bewusstsein zurechtfinden, das in einer recht simplen Welt, ja unter geradezu idealen Verhältnissen entstanden ist. Dies soll nicht sagen, dass es vor einer Million Jahren auf der Erde unter den Hominiden sehr friedlich zugegangen wäre, sondern dass die Verhältnisse recht übersichtlich, leicht zu überschauen waren. Die Hominiden lebten in mehr oder weniger einfachen, hierarchischen Gruppen. Das Ordnungsprinzip und transzendente Vorstellungen waren kongruent; übertragen auf unsere historische Geschichte würden wir sagen, dass eine Trennung zwischen Staat und Religion nicht bestanden hat. Auf Grund der gemeinsamen Herkunft waren benachbarte Gruppen ähnlich organisiert und hatten eine gemeinsame Sprache, die gesellschaftlichen Umgang ermöglichte.

Trotz dieser historisch entstandenen Verwandtschaft wurden die anderen Gruppen als potenzielle Gefahr wahrgenommen, mit der fortlaufenden Bereitschaft, deren Angriffe abzuwehren, oder auch einmal selbst anzugreifen, um das eigene Territorium zu vergrößern.

3. Die Begründung für ein Modell des menschlichen psychischen Apparates

In den beiden letzten Kapiteln habe ich mich bemüht darzulegen, wie das Bewusstsein durch Evolution entstanden ist, wie es höheren Tieren ermöglicht, sich so zu verhalten, dass sie am Leben bleiben und Nachwuchs großziehen können. Nun sind die Verhältnisse bei Einzelgängern übersichtlich. Die eigentliche Bedeutung des Bewusstseins in unserem heutigen Sprachgebrauch tritt mit der neuen Dimension zu Tage, die von ihm angesichts der dauernden Spannung verarbeitet werden muss, die zwischen dem individuellen Bedürfnis und dem der Gruppe als Ganzem nun einmal besteht; genauer gesagt: bestanden hat, als sich unser heutiges menschliche Bewusstsein entwickelt hat.

In diesem und in den nächsten Kapiteln soll im Detail untersucht werden, wie Entscheidungen des Einzelnen zum Handeln in diesem immer währenden Spannungsfeld zu Stande kommen. Der bisher gebrauchte Ausdruck *Bewusstsein* ist für das, was die Entscheidung in einem sozial lebenden Individuum trifft, nicht so recht geeignet. Wir müssten das Bewusstsein in Komponenten zerlegen um diese getrennt untersuchen zu können, und das widerspricht unserer Vorstellung von Bewusstsein, das wir als Einheit wahrnehmen. Wir sprechen daher besser vom *psychischen Apparat,* von welchem Teilbereiche als Bewusstsein betrachtet werden können.

Die mikroskopische Untersuchung eines menschlichen Gehirns wird uns keinen Aufschluss geben können, so wenig wie die physische Untersuchung eines Computers uns irgendeine Erkenntnis über das auf ihm laufende Programm gewährt. Der Computer oder der psychische Apparat, sind in erster Annäherung *black boxes* – schwarze Kästen –, denen wir Eingangssignale zuführen und die daraus entwickelten Ausgangssignale registrieren. Wir können probieren, welche Eingangssignale welche Reaktionen hervorrufen. Was aber in den schwarzen Kästen abläuft, wissen wir nicht.

Um eine verständliche Ordnung herzustellen, bilden wir ein Modell. Unsere Computer sind so gestaltet, dass wir mit Hilfe eines Modells eine für uns verständliche Verbindung zwischen Eingangs- und Ausgangssignalen herstellen können. Das Modell hat nur indirekt etwas damit zu tun, was in dem Computer tatsächlich abläuft. Es ermöglicht uns jedoch, die Leistung des Computers zu begreifen; wir können jetzt etwas mit ihm anfangen und mit ihm arbeiten, wir können voraussagen, von welcher Qualität die Ausgangssignale sein werden.

Wir suchen also ein Modell unseres psychischen Apparates, das zu erklären in der Lage ist, wie menschliche Entscheidungen zu Stande kommen, insbesondere die hier im Vordergrund stehenden Entscheidungen über unser soziales Verhalten. Für dieses Modell können wir uns auf einige Fixpunkte stützen. Wir erleben unsere eigenen Entscheidungsfindungen; wir können sie objektivieren, Alternativen benennen und unsere Entscheidungen begründen. Wir kennen gesellschaftlich historische Abläufe und können rückschließen, dass hierbei in den Köpfen der Beteiligten Entscheidungsprozesse abgelaufen sind, die sich nicht grundsätzlich von den unsrigen unterscheiden. Ein wichtiger Fixpunkt ist schließlich, dass jeder Antrieb, den ich als Handlungsalternative in mir wahrnehme, in irgendeiner Beziehung zu der evolutionären Vorgeschichte der Menschheit, und somit auch zu der von sozial lebenden Tieren stehen muss. Der stammesgeschichtliche Aspekt ergibt sich aus der Erkenntnis, dass jedes manifest gewordene Merkmal reproduktionsfördernd gewesen sein muss.

Schon Sigmund Freud hat Modelle des menschlichen psychischen Apparates entworfen – der Ausdruck stammt von ihm –, und sie sind durchaus leistungsfähig. Uns aber interessiert ein anderer Aspekt des psychischen Apparates: Wie kommen unsere differenzierten gruppendienlichen Verhaltensweisen zu Stande? Welche Rolle spielt die Kultur bei unserem Gruppenverhalten?

4. Die Grundvorstellung

Schon bei Sigmund Freud steht das »Ich« im Zentrum. Es ist auch bei ihm der eigentliche Kern der Persönlichkeit. Wir können uns vorstellen, das »Ich« sei im Zentrum eines Kreises angesiedelt, und dieser sei in Sektoren aufgeteilt, von denen jeder einem Antrieb zugeordnet sei. Alle Sektoren sind in der Lage, Informationen in der Form von Gefühlen an das »Ich« heranzutragen. Das »Ich« sei der Regierungschef und die Sektoren die Minister. Jeder Sektor vertritt eine Meinung und stürmt auf das »Ich« ein, seinen Vorschlägen zu folgen und bietet relatives Wohlbefinden an, wenn man denn seinen Vorschlägen folge. Sie drohen mit Missbehagen, sollte das »Ich« die Vorschläge des Sektors verwerfen.

Die Sektoren stehen in Konkurrenz zueinander, die Empfehlungen, die sie ins Zentrum übermitteln, widersprechen sich institutionell, denn sie haben meist biologisch ein unterschiedliches Alter. Alle aber haben eines gemeinsam: Sie haben eine Stammesgeschichte, sie haben sich evolutionär aus Anfängen entwickelt; ihr heutiger Einfluss auf menschliches Verhalten erklärt sich nur aus der Bewährung, die diese Antriebe auf die Reproduktionsleistung der Individuen ausgeübt haben.[2] Die Antriebe können wie körperliche Merkmale betrachtet werden; wenn sie sich bewähren, dann erhöht sich ihr Wert, weil sich immer die Individuen bevorzugt fortpflanzen, die dieses Merkmal in starkem Maße aufweisen. Die Antriebssysteme, die Sektoren, erhalten Eingangssignale aus dem endokrinen System und von den Sinnesorganen über die Umwelt; sie übersetzen diese Signale unter Anwendung eines Bewertungscodes und leiten es an das Zentrum, an das um Wohlbefinden bemühte »Ich«; dieses entscheidet, leidet und feiert.

Die Sektoren, die Antrieben zugeordnet werden können, sollen im nächsten Kapitel – auch unter Bezug auf die entsprechenden tierischen Antriebe – dargestellt werden. Folgende Antriebe lassen sich unterscheiden:

– die Selbsterhaltung
– die Erzeugung und Aufzucht von Nachkommen
– die Herstellung von Ordnung
– der stammesgeschichtliche Sozialcode
– die eigene soziale Wertschätzung; das »Ego«
– der kulturelle Sozialcode
– die Bildung von Männerbünden

Die hier gewählte Reihenfolge ergibt sich aus dem vermutlichen Alter der betreffenden Antriebe. Es ist unerheblich, ob die Sektoren irgendwelchen Regionen im Gehirn zugeordnet werden können oder nicht. Es gibt Querverbindungen und individuelle unterschiedliche Gewichtung der Sektionen. Das obwaltende Prinzip ist das »Ich« als entscheidendes, die Befindlichkeit erlebendes Zentrum, das relatives Wohlbefindens anstrebt. Die getroffene Einteilung soll vornehmlich das soziale Verhalten erklären. Individuelle Antriebe wie zum Malen von Bildern oder zum Musizieren müssen außerhalb der Betrachtung bleiben, was nicht ausschließt, dass sie für das individuelle Verhalten, auch für das von Gruppen, von großer Kraft sein können.

Dem »Ich« stehen über alle Sektoren hinweg einige Hilfsfunktionen und Arbeitsmethoden zur Verfügung, die bei der Entscheidung von Bedeutung sind: das Gedächtnis, die Aufmerksamkeit, der Intellekt, sowie schließlich die Substitution und die Assoziation.

Anmerkungen

[1] Ich habe lange versucht den Ausdruck *Verzicht* an dieser Stelle zu vermeiden. Früher war das Individuum angetrieben, Nachkommen zu erzeugen. In der Gruppe – beispielsweise als Arbeitsbiene – wurde ihm dies selektiv abgewöhnt, es war nicht mehr nützlich. Durch das dem Altruismus verwandte Wort *Verzicht* könnte angenommen werden, wir näherten uns soziobiologischem Gedankengut. Dies ist aber nicht der Fall. Ich habe in Kapitel 4 – auch im Anschluss an eine entsprechende Textstelle bei Charles Darwin – sprachlich gewohnter, verständlicher Ausdrucksweise Vorrang vor letzter Richtigkeit gegeben.

[2] Die Produktionsleistung der Individuen leitet sich im vorliegenden Zusammenhang aus der Produktionsleistung der Gruppe ab. Die gruppendienlichen Verhaltensweisen sind individuelle Fähigkeiten. Hierzu gehört die Fähigkeit, Individuen zu zeugen, die ihrerseits nur Gehilfen der Gruppe sind, auch wenn sie selbst an weiterer biologischer Reproduktion nicht mehr teilhaben. Dies wurde schon angemerkt; es sei hier wiederholt.

26 Die Antriebe

1. Selbsterhaltung und Fortpflanzung

Beginnen wir mit den ältesten Antrieben, der Selbsterhaltung und Fortpflanzung; es genügt die Erwähnung; sie sind so alt wie das Leben.

Alle Tiere, die nicht den Willen zum Leben haben, leben nicht. Alle Tiere betreiben die Aufzucht von Nachkommen; tun sie dies nicht, sterben sie aus. Alle unsere Vorfahren, zurückgehend bis in die Regenwälder Afrikas, den Kleinsäugern der Kreidezeit, den Reptilien des Karbons und den Einzellern in der Ursuppe, alle haben sie den Tod vermieden und sich fortgepflanzt. Weil das so war, gibt es uns.

Die Antriebe zur Kopulation, die Vorbereitungen, die unbedingte Forderung kennen wir; das, was wir als Liebe wahrnehmen, was uns in jungen Jahren als Lebensinhalt erscheint, ist das Ergebnis von Hunderttausenden von Generationen; diejenigen, die dies so wichtig genommen haben wie wir selbst, sind unsere Ahnen. Diesen Antrieben zu folgen verspricht Genuss, sich ihnen zu versagen Frustration.

Es gibt eine Konkurrenz zwischen den Antrieben zur Selbsterhaltung und zur Fortpflanzung. Ein Tier nimmt nur selten den sicheren Tod in Kauf, um ein eigenes Kind am Leben erhalten zu können. Es hat sich – in den stammesgeschichtlichen Bewertungscodes – ein Gleichgewicht eingestellt, das der Tatsache Rechnung trägt, dass das erhaltene Leben eines Elterntieres zu weiterem Nachwuchs führen kann.

2. Die Herstellung von Ordnung

Ich habe bei der Psychoanalyse immer eine Erklärung für so etwas wie den Ordnungstrieb vermisst. Es wurde mir angeboten, dies als eine übertragene Funktion von dem Sauber–Werden von Kleinkindern zu begreifen; es hat mich nicht überzeugt. Wir alle lieben Ordnung, ob wir putzen, räumen, sammeln, die Biologie klassifizieren, Naturgesetze aufstellen, Telefonbücher schreiben, Religionen säubern, Gesetze systematisch beschließen und vieles mehr. Die Ordnung ist dem Perfektionismus verwandt, jenem Gefühl, nur dann eine Arbeit als abgeschlossen weglegen zu können, wenn alles bis ins letzte Detail erledigt ist. Wie bei vielen Antrieben, die wir in uns wahrnehmen, treibt der Wunsch nach deren Befriedigung seltsame Blüten. Die alten Damen und Herrn, die Patiencen legen, sind von einer tiefen Befriedigung erfüllt; das Glücksgefühl, wenn die Patience aufgeht, ist ein Antrieb für diese merkwürdige Beschäftigung. Ordnung ist der Gegenspieler des unheimlichen Chaos.

Die Ordnungsliebe bedarf einer biologischen Basis; wo wäre sie sonst hergekommen? Primär, so glaube ich, hängt die Ordnung mit der Notwendigkeit des geographischen Begreifens der Umwelt zusammen. Die als Einzelgänger lebenden Tiere mussten sich in ihren Revieren auskennen, lange bevor es Gesellschaften unter Säugern und Vögeln gab. Vögel, Säuger und auch einige Insekten müssen den Ort ihrer Nestlinge zuverlässig wieder finden.[1] Die Neugier, die wir an menschlichen und tierischen Kleinkindern beobachten und die wir in uns selber verspüren, ist ein Antrieb, die eigene Umwelt besser kennen zu lernen, ihr Ordnungsprinzip zu begreifen.

Der Ordnungstrieb hat bei den sozial lebenden Tieren eine weitere Funktion übernommen. Neben der Umwelt, die als geordnetes System zu begreifen war, kommt nun die Ordnung der gruppeninternen Hierarchie hinzu. Der Trieb, hier ordentliche Verhältnisse zu schaffen und aufrecht zu erhalten, vermeidet innere Reibung; es ist unökonomisch, jeden Tag eine neue Hierarchie auszukämpfen. Soziale Ordnung ist wie die Ordnung in der geographischen Umwelt längerfristig angelegt, sie ist etwas, von dem man erwartet, dass sie bestehen bleibt. Wie immer muss ein Bezug zur Leistungsfähigkeit – hier des Klans oder der größeren Gesellschaft – bestehen. Wir empfinden das Bedürfnis nach gesellschaftlicher Ordnung, nach geordneten Verhältnissen; mit Chaoten kann man keinen Staat machen.

Tiere und Menschen haben die Ordnung von der Umwelt gelernt. Die erlebte Ordnung der Umwelt hat dazu geführt, dass in unseren Köpfen ein Abbild der Umwelt entstanden ist, das ordentlicher ist als die Umwelt selbst. Von Fluktuationen abgesehen ist die Umwelt ja auch recht konstant; das Leben funktioniert deswegen, weil die Verhältnisse andauern, unter denen Arten entstanden sind. Wir Menschen streben unsererseits nach Ordnungsprinzipien; wir entwickeln Gesetze, die das soziale Miteinander steuern.

Die Ordnung tritt auch als Purismus, als Tendenz zur Reinhaltung in Erscheinung. Viele Religionen neigen zum Purismus. Als Beispiel mögen die Puritaner gelten, die im England des 16. Jahrhunderts nicht nur die anglikanische Kirche von Relikten des Katholizismus reinigten, sondern auch ihren Staat, Verfassung und Lehre. Auch Fanatiker sind Puristen, sie können nur eine Lehre gelten lassen, und die Widersacher, wenigstens so weit sie sich nicht überzeugen lassen, werden umgebracht. Ein gutes Beispiel für den menschlichen Hang zum Purismus und Fanatismus ist die französische Revolution; die befreiende Reinigung von den Relikten des untergegangenen Feudalstaates realisierte sich in extensiver Köpfung nachweislicher und vermuteter Anhänger desselben.

Der geschichtliche Ausflug hat uns zum scheinbaren Gegenspieler der Ordnung geführt, zum Hang, eine übermächtig gewordene alte Ordnung revolutionär zu beseitigen. Genau genommen ist dieser Hang zur Revolution nicht der Wunsch nach Unordnung und Chaos, sondern die Sehnsucht nach einer neuen einfachen und übersichtlichen Ordnung, die Sehnsucht nach einem neuen Anfang; diese Sehnsucht äußert sich mitunter eben nicht in der Formulierung der neuen Ordnung, sondern vorab in der Beseitigung der verhassten älteren

Ordnung. Ohne dieses Rütteln an einer alten Ordnung gäbe es auf kultureller Ebene keine Evolution. Dieser Hang zur neuen Ordnung erscheint häufig bei jungen Menschen. Sie sind der Motor vieler kultureller Weiterentwicklungen.

Stammesgeschichtlich sind die Ansätze zu Ordnung älter als der Sozialcode, weswegen sie vor diesem aufgeführt sind.

3. Der stammesgeschichtliche Sozialcode

Geschlossene Gruppen, bei Tier und Mensch, konnten sich bilden, weil sich die Individuen einer Gruppe erfolgreicher fortpflanzen konnten, als es Einzelgängern möglich war. Geschlossene Gruppen zeichnen sich dadurch aus, dass die Individuen den Drang zur Gruppe und zur Abgrenzung gegen artgleiche Individuen außerhalb der Gruppe verspüren. Die Unterscheidung zwischen artgleichen Mitgeschöpfen – dieser gehört dazu, jener ist ein Fremder – ist die unerlässliche Voraussetzung jeder geschlossenen Gruppe.

Die meisten sozialen Verhaltensweisen von in Gesellschaften lebenden Tieren sind im Genom verankert, sie sind stammesgeschichtlich manifestiert, ich bezeichne sie in ihrer Gesamtheit als *stammesgeschichtlichen Sozialcode*, zur Unterscheidung vom *kulturellen Sozialcode*, der Verhaltensantriebe umfasst, die nicht im Genom manifestiert sind, sondern kulturell tradiert werden; er spielt bei uns Menschen eine vorherrschende Rolle. Es ist Teil des menschlichen stammesgeschichtlichen Sozialcodes, kulturell tradierte Verhaltensnormen und Vorstellungen durch Prägung aufzunehmen, ja geradezu aufzusaugen.

Zum stammesgeschichtlichen Sozialcode gehört, dass alle Individuen den Wunsch nach Gesellschaft erleben. Sie verspüren bei Vereinsamung Missbehagen und suchen insbesondere bei Gefahr Anschluss an die Gruppe. Er umfasst auch die Riten zum Abbau der gruppeninternen Aggression, so beispielsweise die Fellpflege bei Primaten. Nicht nur diese wird genüsslich erlebt; auch Unterwerfung unter den Boss kann Wohlbefinden bereiten. Es besteht bei einigen Arten sozusagen ein Speicherplatz im Gehirn für ein herausragendes Individuum, und dieser Speicherplatz muss von einem ranghohen Individuum eingenommen werden, um ein Gefühl von Unsicherheit und Frustration loszuwerden. Sehr gut lässt sich dies bei Pavianen beobachten; wenn ein ranghohes Männchen seinen Machtanspruch kundtut, hat man den Eindruck, dass sich ein kleiner oder rangtieferer Pavian nur wohl fühlt, wenn er unterworfen und durch ein paar lässige Kopulationsbewegungen des Ranghoheren akzeptiert wurde.

Die Individuen aller Arten, deren Gruppen hierarchisch gegliedert sind, müssen bereit sein, die Rolle des Bosses zu übernehmen, aber ebenso die Rolle des Rangtieferen; ohne die »freudige« Akzeptanz letzterer Rolle kann eine Gruppe nicht existieren. Wir Menschen haben diese Möglichkeit; ich sehe religiöse Unterwerfungsriten in diesem Zusammenhang, und ich verstehe das hiermit verbundene Glücksgefühl. Meine Skepsis setzt ein, wenn aus dem Wunsch nach einer transzendenten Institution – eine wirklich würdige Institution für eine Unterwerfung kann nur transzendent gedacht werden – auf deren Existenz geschlossen wird.

Es gibt viele artspezifische und genetisch manifestierte soziale Verhaltensweisen, die den Erfolg der Gruppe Gewähr leisten; so das gemeinsame Jagen bei den Wildhunden und den Löwinnen, und die Arbeitsteilung bei den Staaten bildenden Insekten, die gemeinsame Wanderung der Primaten; zu erwähnen ist die gemeinsame Abwehr von Fressfeinden, wie wir es bei den Dohlen kennen gelernt haben; auch Herdentiere können durch gemeinsames Agieren, das *Mobbing*, einen Fressfeind vertreiben.

Der menschliche stammesgeschichtliche Sozialcode könnte als Bodensatz des Gruppenverhaltens angesehen werden. Die Bereitschaft, Fremde als Feinde wahrzunehmen und zu verprügeln, Hass gegen imaginäre Feinde zu empfinden und Abweichler in den eigenen Reihen zu lynchen, sind hier angesiedelt. Wut und Fanatismus liegen nahe. Der stammesgeschichtliche menschliche Sozialcode ist der willfährige Partner aller Demagogen.

4. Die öffentliche Wertschätzung. Das »Ego«

Es ist nicht Merkmal aller tierischen Gruppen, dass ein Boss die Geschicke der Gruppe leitet. Das Ordnungsprinzip der Insektenstaaten funktioniert durch andere im Genom gespeicherte Verhaltensmuster, auch ohne Boss. Diese Institution »Boss« ist nur grammatikalisch männlich, ich bitte ausdrücklich zu verstehen, dass die Funktion nicht nur bei vielen Arten, sondern auch bei der Species Homo sapiens von weiblichen Individuen wahrgenommen werden kann und wird.

Die Institution des Bosses ist nützlich für die Gruppe, sonst gäbe es sie nicht. Der Boss musste etwas leisten, er muss qualifiziert sein, denn sonst könnte er die Funktion, die zu seiner Existenz geführt hat, nicht ausüben. Wenn er die Funktion nicht mehr ausüben kann, weil er zu alt oder zu verbraucht ist, dann muss ein neuer Aspirant zur Verfügung stehen. Der Aspirant muss aber von dem Drang beseelt sein, Boss zu werden. Er kämpft mit dem derzeitigen Boss oder mit Konkurrenten, und der Sieger wird neuer Boss. Es verspricht Wohlgefühl, anderen sagen zu können, was sie tun sollen; es unterscheidet sich markant von dem Missbehagen, das wir empfinden, wenn wir einem anderen unterworfen sind.

Der evolutionär gewachsene Wunsch, Boss zu sein, konkretisiert sich bei uns Menschen im »Ego«, es ist jener Antrieb, der nach öffentlicher Wertschätzung dürstet. Es ist genussvoll, öffentliche Anerkennung zu finden, beispielsweise eine Wahl zu gewinnen. Meine Mitbürger haben bekundet, dass ich gut bin, sie vertrauen mir, sie leihen mir etwas Macht, das Leben wenigstens in einem kleinen Bereich nach meinem Willen zu gestalten.

Es ist systemgemäß, das »Ego« außerhalb des »Ichs« anzusiedeln, denn das »Ego« bietet dem »Ich« Handlungsoptionen an; es verspricht dem »Ich« Genuss, wenn es seinem Vorschlag folgt, den Nebenbuhler mit irgendwelchen Tricks aus dem Weg zu räumen. Viele »Ego«-betonte Zeitgenossen widmen ihr ganzes Leben ihrem Ehrgeiz. Es gibt aber auch Zeitgenossen, die mit einem schwachen »Ego« überaus erfreulich, man könnte sagen im Schatten, geruhsam leben. Haben sie nicht Recht?

Die Befriedigung des »Ego«, das Glücksgefühl durch öffentliche Anerkennung, können wir heute losgelöst von Machtausübung sehen. Die praktischen Wünsche werden den Möglichkeiten angepasst. Der dritte Platz in einem sportlichen Wettbewerb auf Bezirksebene, kann ungeahnte Glücksgefühle vermitteln, ebenso der Applaus auf einer kleinen Bühne, ein eigenes Büro, ein größeres Auto, die lobende Erwähnung in der Lokalpresse, ein kleiner Orden auf dem Revers, ein leistungsfähiges Bankkonto, die Mitgliedschaft in einem honorigen Klub. Das vermittelte Glücksgefühl, die Befriedigung des eigenen »Ego«, ist ein subjektives Phänomen, und wir Mitbürger haben gelernt, diesem Glücksgefühl des Einzelnen möglichst nicht im Wege zu stehen.

In Kapitel 14/4 habe ich die Vermutung geäußert, dass die Position des Alphatieres, des Bosses, mit Zeugungsprivilegien verbunden war. Bei uns Menschen hat das Streben nach Prominenz, Macht und Einfluss primär mit der Sexualität nichts mehr zu tun, wenngleich die erheblichen Chancen, die ein Privilegierter genießt, von diesem gerne in Anspruch genommen werden.

5. Der kulturelle Sozialcode

Wir sollten aus systematischen Gründen die Informationen, die kulturell von Generation zu Generation weitergegeben werden, von denen trennen, die im Genom gespeichert sind.

Kultur ist die Summe alles Tradierten, alles Gelernten. Sie umfasst alles, was wir von Hause aus nicht wissen können und vornehmlich in unserer Kindheit und unserer Adoleszenz lernen. Das Wort »Alles« ist hier wirklich umfassend, und die folgende Aufzählung hat nur beispielhaften Charakter: Sprache, Religion, Ethik, Recht, Technik, Kunst, Musik, Philosophie, Wissenschaft, Sport. Das, was uns täglich lenkt, ohne dass wir nur einen Gedanken daran wenden, ist ein Teil unseres kulturellen Erbes.

Kultur gibt es auch bei Tieren. Von Löwen ist bekannt, dass sie nur solche Beutetiere jagen, von denen sie gelernt haben, dass man sie jagen und verzehren kann. Das Wissen hierüber wird also kulturell tradiert. Die ersten Schimpansen, die das Öffnen einer Nuss mit einem schweren Stein durch einen Zufall entdeckt hatten, konnten dieses nützliche Wissen sofort und überzeugend an andere weitergeben. Die Leistung der Kultur besteht in der Geschwindigkeit der Übertragung von Informationen von Generation zu Generation. Das Brutverhalten muss im Genom gespeichert sein, es hat sich über Tausende von Generationen entwickelt; das Aufschlagen einer Nuss wird durch Nachahmen sofort an die nächste Generationen weitergegeben.

Wir haben bei der Verfolgung der Entwicklung von Arten immer wieder festgestellt, dass die Geschwindigkeit der Adaptation neuer »Erfindungen« bevorteilt wird. Wir haben gesehen, dass die Varietät, die ein zufällig entstandenes Merkmal als Erste in die Praxis umsetzt, den Vorteil ausschöpfen kann und sich zur Art weiterentwickeln kann (Kapitel 8/6). Wir müssen annehmen, dass dieser Mechanismus auch bei kulturell tradierten Verhaltensweisen wirksam ist.

Kinder und Heranwachsende saugen jedes Wissensangebot wie ein Schwamm auf. Sie lernen die Kommunikation, die Spielregeln des Verhaltens; sie ahmen die Erwachsenen nach, erziehen Puppen oder spielen Krieg. Wir erkennen den beachtlichen Speicherplatz in den kleinen Köpfen, der alles übernimmt, was nur angeboten wird. Die Übernahme von Informationen wird auch mit *Prägung* bezeichnet. Es ist bekannt, dass beispielsweise geschlüpfte Gänse sich dem ersten bewegten Gegenstand, den sie wahrnehmen und der Töne von sich gibt, nachfolgen. Sie wurden von diesem Gegenstand *geprägt*, der immer die Mutter ist, wenn kein Naturforscher manipulierend eingreift. Früh eingeprägtes Wissen und Verhaltensantriebe haften so fest, bei Mensch und Tier, dass man – fälschlich – zu der Meinung gelangen könnte, sie seinen genetisch verankert.

Der kulturelle Sozialcode umfasst die Sprache, die Traditionen von Kunstwahrnehmung und Kunstschöpfung, Erziehung und der Sportausübung und vieles mehr. Dies sind für eine konkrete Gesellschaft typische Merkmale. Im Zusammenhang mit dem Thema dieses Buches sind die Informationen von besonderem Interesse, die sich unmittelbar mit den zwischenmenschlichen Beziehungen, mit dem sozialen Verhalten von uns Menschen beschäftigen. Nennen wir den Teil des kulturellen Sozialcodes, der das soziale Verhalten steuert, *(kulturelles) Wertesystem;* er soll die Felder unserer sozialen Antriebe umfassen, die durch die Begriffe *Sitte, Moral und Religion* umrissen sind. Dies sind diejenigen Antriebe und diejenigen *Bewertungen* von Taten, die von dem Gewissen beurteilt werden.

Der Speicherplatz im Gehirn für soziale Normen – das Wertesystem – kann als ein leeres Gesetzbuch betrachtet werden. Es ist, als ob das lernende Kind oder der Adoleszent auf Verhaltensnormen, auf Gesetze wartet. Es erwartet, dass die Gesetze Opfer fordern und bei Fehlverhalten Strafen vorsehen. Wir sind bereit, uns Geboten zu fügen, Verzicht zu leisten, Speiserestriktionen zu beachten, die Sexualität einschränkende Verbote zu befolgen, zu hungern und zu frieren, Strapazen zu erleiden oder uns in Gefahr zu begeben. Die Hominiden haben in ihrer langen Geschichte immer wieder Not, Hunger, Schmerz und Angst überstehen müssen, sodass diese Teil der ordentlichen Lebenswahrnehmung geworden sind, also ordentlicherweise nun einmal dazugehören. Vielleicht liegt hierin die Erklärung dafür, dass wir Misshelligkeiten, die uns vom Wertesystem zugemutet werden, fast klaglos ertragen. Es mag den Masochismus erklären, der sich zum Beispiel im Flagellantentum besonders eindrucksvoll manifestiert.

Zu den tradierten Geboten gehört auch ein diese einbindender Überbau, der sie in einem Bild, in transzendenten Vorstellungen zusammenfügt und in eine verständliche Form bringt; das sind die Religionen. Mit Geschichten, Bildern und Legenden bringen sie Ordnung in das Geflecht von Geboten; sie schließen Strafen für Fehlverhalten und Belohnungen für normgerechtes Benehmen ein. Die Religionen bieten auch Erklärungen für Rätsel der Umwelt dar, so darüber, wie die Welt entstanden ist, womit das Bedürfnis nach einer umfassenden Ordnung befriedigt wird.

6. Die Männerbünde

Männerbünde sind für uns so selbstverständlich, dass wir sie nicht als bemerkenswert wahrnehmen; sie begegnen uns als Kampfgruppen, Expeditionen, Ordensbruderschaften, Kardinalskollegien, freiwillige Feuerwehren, Freimaurer, Jesuiten, Waffen-SS, studentische Korporationen, konspirierende Offiziere, Geheimdienste und gelegentlich auch als Berufsverbände, als Zünfte.

Wir können nicht umhin anzunehmen, dass der Drang zu Männerbünden genetisch verankert ist; es ist eine extreme Form der Abgrenzung, die auch Frauen wegen ihrer Andersartigkeit als Fremde, als nicht zugehörig ausschließt. In den Männern der Gattung Homo besteht der tiefverwurzelte Wunsch, einen Männerklub zu gründen oder sich einem anzuschließen. Der Wunsch des Anschlusses ist umso größer, je erhabener der Bund erscheint und je schwieriger es ist, tatsächlich aufgenommen zu werden.

Männerbünde sind historisch sehr früh nachweisbar. Ein aus Persien stammender Kult – der Mithraskult – tauchte aus der kulturellen Frühzeit auf und ist seit fast 3 000 Jahren belegt. Die Bünde des Mithraskultes waren streng hierarchisch gegliedert; ein Aspirant musste mehrere Stufen erklimmen, um richtig dazuzugehören. Die Mitglieder waren durch das Versprechen von unverbrüchlicher Treue aneinander gebunden. Ursprünglich stand die gemeinsame Jagd im Vordergrund, später auch andere Kampfhandlungen. Verbindend waren Riten, eidliche Verpflichtungen, gemeinsames Opfern; das gemeinsame Speisen war von hervorgehobener kultischer Bedeutung. Der Mithraskult hat sich lange gehalten; Anhänger waren viele römische Legionäre. Er hat sich gewandelt, aber selbst die Fähnlein der Landsknechte erinnern an den Mithraskult.

Allen Männerbünden ist eine Tendenz zur rigiden vertikalen Struktur und zu Geheimriten gemeinsam. Die Schlägermensuren bei den studentischen Korporationen sind ein solcher Ritus. Ein Bewerber durchläuft viele Stufen, um dann einen Platz in der Hierarchie zu erhalten. Es gibt geheime Erkennungszeichen, bündnerische Treue über alle sonstigen sozialen Bindungen hinweg, und Abzeichen der Würde, wie wir sie heute noch bei militärischen Strukturen sehen. Es gibt rationale Gründe für die Männerbünde. Es wäre ein logistischer Nachteil, Kriege mit Frauen und Kindern im Tross zu führen. Die frühen Hominiden mussten beweglich sein und konnten die Frauen auf den Jagdzügen nicht mitnehmen. Männerbünde hatten einen Sinn. Selektiert wurden Systeme, bei denen die vorwiegend mit Reproduktion beschäftigten Frauen nicht gefährdet waren. Die heutige Bedeutung von Männerbünden liegt meist jenseits praktischer Erwägungen – wenn wir das Militär einmal ausnehmen.

Man könnte über die Marotte hinweggehen, wenn nicht unwillkommene Konsequenzen durch diesen alten Antrieb verursacht würden. Stammtische und Veteranenvereine sind wohl harmlos. Aber wie steht es mit Straßengangs, mit Geheimdiensten, mit kriminellen Vereinigungen? Wie beurteilen wir Offizierkorps, die als Diktatur einen Staat übernehmen, natürlich um diesen zu »retten«? Wie bewerten wir den Männerbund der Nazirichter, die sich alle nach dem Krieg gegenseitig freisprachen, weil dem jeweils Angeklagten Kastenmitglied bei Terrorurteilen Unrechtsbewusstsein gefehlt habe? Die gleichen Richter haben die ungebildeten Vollstrecker an der Basis des Systems gnadenlos ins Gefängnis geschickt.[2] Alle Männerbünde sind der Gefahr ausgesetzt, interne Normen und Treueversprechen höher zu bewerten als Gesetze. Zu erinnern ist an die römischen Prätorianer, die ein Staat im römischen Staate waren und gelegentlich Kaiser einfach ernannten.

Wenn wir unsere Gesellschaft aus der biologischen Vorgeschichte heraus verstehen lernen wollen, dann können wir an der Tendenz zur Männerbündelei nicht vorbeigehen. Wir sollten uns der Tatsache bewusst sein, dass es sich um einen Atavismus handelt. Zu wissen, wo die Männerbündelei herkommt, ermöglicht es uns, sie zu objektivieren, sie kritisch wahrzunehmen. Wir sollten zur Kenntnis nehmen, dass der Wunsch zur Bündelei in unseren jugendlichen Männern lebendig ist, und sollten ihnen Strukturen anbieten, um *ad hoc* Bünde zu vermeiden, die das Bündniserlebnis durch Prügelei mit gleich gearteten Bünden oder mit der Polizei verifizieren.

Anmerkungen

[1] Das Weibchen der Grabwespe *Ammophilia adriaansei* gräbt mehrere Nester zur Eiablage und versorgt die sich aus dem Ei entwickelnde Made mit Nahrung, mit Raupen. Die Wespe kennt die Lage der Nester, die sie gelegentlich inspiziert und später verschließt, ganz genau.
Nach Portmann, Adolf: Das Tier als soziales Wesen, Zürich 1978

[2] Müller, Ingo: Furchtbare Juristen, München 1987.
Kein einziger Jurist wurden wegen Verbrechen im dritten Reich nach dem Krieg verurteilt. Einer wurde Ministerpräsident eines Bundeslandes.

27 Hilfsfunktionen und Arbeitsmethoden

1. Der Intellekt

Wir Menschen können gedankliche Prozesse durchführen, wir können *denken*. Es erscheint mir nützlich, diese Fähigkeit losgelöst von unseren übrigen Methoden zu betrachten, mit denen wir zu Entscheidungen kommen; ich bitte Sie, sich das Denkvermögen frei von praktischen Aufgaben vorzustellen und für dieses Vermögen das Wort *Intellekt* zu akzeptieren. Er ist der Teil des psychischen Apparates, mit dem wir wertfrei analytische Prozesse durchführen, rechnen, Geometrie betreiben und Schach spielen.

Der Intellekt steht dem »Ich« zu Gebote. Wir empfinden Lust beim Denken, insbesondere wenn es sich in gewohnten Bahnen abspielt, z. B. beim Schach oder Bridgespielen, Kreuzworträtsellösen oder beim Schreiben von Computerprogrammen. Denken kann auch Last sein, wenn das Problem ungewohnt oder sehr schwierig ist. Das Missvergnügen führt dazu, dass das »Ich« sich eine gefühlsmäßige Entscheidung erlaubt oder gestattet, statt der analytischen Lösung einer Differenzialgleichung ein kleines Computerprogramm zu schreiben, das die angestrebte Lösung »ausprobiert«.

Wenn wir denken, gehen wir fast immer von Annahmen aus unserer Umwelt, aus unserem Kulturkreis aus, ohne uns dessen bewusst zu sein. Dies ist auch gut so, denn fast immer stimmen die Annahmen; nicht gedankliche Kunststücke sind gefragt, sondern praktische Ergebnisse. Der biologische Wert des Sektors Intellekt kann aus der Abschätzung der Folgen des eigenen, tierischen oder menschlichen Tuns erklärt werden. Wer vor einem Feind flieht, muss durch den Intellekt ermitteln, in welcher Richtung ein Maximum an Sicherheit erwartet werden kann; genauer, welches Tun in Zukunft – nachher, morgen, im Winter, nächstes Jahr – zu einer besseren Befindlichkeit führt. Die Entscheidung kommt dadurch zu Stande, dass mehrere Abläufe unter der Bewertung der sich ergebenden Konsequenzen im Kopf durchgespielt werden. Nach mehreren modellhaften Abläufen kann abgeschätzt werden, welche Maßnahme im Sinne einer guten Befindlichkeit am günstigsten sein wird. Bleibt keine Zeit, läuft das Notprogramm Panik ab, das Programm für irrationalen Aktionismus.

Wir Menschen bewerten den Intellekt als ein wichtiges Merkmal des Menschseins. Wir neigen aber dazu, die Bedeutung des Intellekts zu überschätzen, wir gestehen dem Ergebnis intellektueller Denkprozesse eine Richtigkeit zu, die oft nicht gerechtfertigt ist. Besinnen wir uns darauf, wie der Intellekt biologisch entstanden ist, worin sein evolutionärer Wert bestand. Die Hominiden lebten in Gruppen; also ist der Intellekt zu einer Zeit entstanden, in der die Leistungsfähigkeit der Gruppe selektiert wurde. Der Intellekt hatte die Aufgabe, im Interesse des Urklans oder einer nachfolgenden Gruppe praktische Probleme zu lösen, logistische Aufgaben zu erledigen, Häuser zu errichten, möglichst viele Tiere zu erlegen oder möglichst viel Terrain zu erobern und hierbei viele Feinde zu töten. Das Gebot war, der Gruppe, in die man integriert war, zu dienen. Eine Gruppe hatte dann reproduktiven Erfolg, wenn ihre Individuen gute, richtige, vielleicht auch schwierig zu erlangende Entscheidungen gefällt hatten. Diese waren immer Entscheidungen von praktischer Relevanz in einem eng umrissenen Umfeld.

Das Problem mit dem Intellekt besteht darin, dass wir das Ergebnis einer rationalen Überlegung überbewerten, weil wir die Voraussetzungen nicht realisieren, von denen wir ausgehen. Ohne dies wahrzunehmen, bewerten wir das Ergebnis unserer Überlegungen nach dem generellen Genusswert für das »Ich« unter dem Einfluss der anderen Sektoren. Unser Bedürfnis nach Ordnung, unsere Akzeptanz des kulturellen Wertesystems korrumpiert unseren Intellekt; dieses kann so über alle Maßen stark werden, dass das »Ich« dem Intellekt verbietet, sich mit bestimmten Gedankengängen zu beschäftigen. Das Erlebnis von Zweifel führt zu Unsicherheit, Angst und Verlassenheit. Der Intellekt dient häufig nur dazu, zu dem Ergebnis zu kommen, das angenehm ist. Es ist eine allgemeine Lebenserfahrung, dass bei Diskussionen sehr oft gar nicht versucht wird, sich einer objektiv guten Lösung oder gar der Wahrheit zu nähern, sondern intelligente Argumente vorzubringen, die die Richtigkeit der eigenen vorgefassten Meinung unterstützen.

Über kulturell definierte Wertesysteme nachzudenken, sie eventuell in Zweifel ziehen zu müssen, wäre von keiner Prämie begleitet, das Ergebnis solcher Überlegungen könnte nur die geschätzte Ordnung gefährden. Ein weiterer Ausbau des Wertesystems, eine Ergänzung, eine Spezifizierung, eine Anwendung auf den Spezialfall ist gerne gesehen; das Denken in dieser Richtung erhöht das persönlich Ansehen und pflegt das »Ego«. Eine fortlaufende, nie zu Ende kommende Differenzierung des Wertesystems scheint vorprogrammiert.

2. Individuelle Erfahrung, Gedächtnis und Assoziation

Das Gedächtnis ist eine uralte Institution, die auch bei Einzelgängern lebensnotwendig ist. Es ist, mit anderen Worten, das Lernen aus Erfahrung. Ohne individuelle Erfahrung und Gedächtnis sind höhere Tiere und Menschen nicht lebensfähig. Die brutpflegenden Eltern müssen ihre Brut auffinden und Futterplätze in Erinnerung behalten, sie müssen erlebte Gefahren im Gedächtnis behalten, um sie zu vermeiden; aber nicht nur praktische Erfahrungen werden gespeichert, sondern auch Erlebnisinhalte, sowohl erfreuliche als auch unerfreuliche. Sigmund Freud hat festgestellt, dass unangenehme Erlebnisse, an die zu denken missbehaglich ist, aus dem *bewussten* Erinnern verbannt werden, aber dennoch Wirksamkeit entfalten.

Das Gedächtnis bedarf eines Ordnungsprinzips. Die gespeicherten Informationen, die ins Bewusstsein zu heben nützlich ist, müssen parat sein. Das Gedächtnis bedient sich zur Auffindung von Informationsinhalten der *Assoziation*. Ursprünglich getrennte isolierte psychische Inhalte wie Gefühle, Ideen, Erlebnisse und Eindrücke können derart miteinander verknüpft – assoziiert – werden, dass der Zweite im Bewusstsein erscheint, wenn der Erste angetippt wird. Wie immer interessiert der biologische Hintergrund: Ein erfreuliches oder unerfreuliches Ereignis wird mit den Umständen verknüpft, unter denen es aufgetreten ist. Wolken werden mit Niederschlag verknüpft, brüllende Löwen mit Gefahr, kreisende Geier mit einer Aas-Mahlzeit, schnell laufende oder schreiende Klanmitglieder mit Gefahr.

Die Assoziation hat sich über diese Urerlebnisse hinaus als ein psychisches Verfahren etabliert, das »Ich« zu angenehmen Gefühlen zu führen. Durch die Assoziation wird Unbekanntes, Unheimliches, Ungeklärtes in bekanntes Terrain überführt. Unbekannte physikalische Phänomene werden durch ein vereinfachtes Modell erklärt. Es besteht eine assoziative Beziehung zwischen den beobachteten, unbekannten Phänomenen und dem klaren und übersichtlichen Modell. Das Modell tritt an die Stelle der Wirklichkeit.

Im religiös kulturellen Bereich spricht man nicht von Modellen, die seelischen Frieden vermitteln, sondern von Gleichnissen. Wir kennen Gott nicht, implizieren aber, dass er uns liebt. Wir wissen dies, weil er uns wie ein guter Hirte umsorgt, Sünden vergibt, wie der Vater dem verlorenen Sohn, den Lohn den Arbeitern im Weinberg, die erst am späten Nachmittag zur Arbeit erschienen sind, nicht versagt, und weil er dem treuen Hiob aus seiner Misere geholfen hat. Unsere Prediger auf allen Kanzeln leben von Gleichnissen, von Beispielen, von Modellen. Durch Assoziationen gelingt es ihnen, eine friedliche, gelöste Grundstimmung herbeizuführen, und, als Seelenhirte, die Schafe beieinander zu halten.

Dies ist eine positive Wirkung; es ist grundsätzlich besser, wenn sich Menschen gut fühlen. Im Interesse der intellektuellen Redlichkeit erscheint es aber notwendig, sich über die hier in aller Unschuld zur Anwendung gelangenden psychischen Mechanismen im Klaren zu sein, woraufhin man sie etwas kritischer bewerten wird.

3. Die Substitution

Um die unser heutiges Leben gestaltenden Funktionen zu verstehen, müssen wir wieder einmal in unsere Entstehungszeit zurückblicken. Der Urklan war recht übersichtlich: Es gab einen Boss, ein paar Anwärter auf diesen Job, es gab Fußvolk und Heranwachsende. Der Position des Bosses verdanken wir das »Ego«, jenen Teil unseres psychischen Apparates, der den Wunsch verkörpert, Boss zu sein. Ich glaube nicht näher begründen zu müssen, dass es überaus genussreich ist, anderen zu sagen, was sie tun müssen, Erfolg zu haben, bewundert zu werden.

In unserer heutigen Gesellschaft gibt es wenige Positionen für einen Boss, aber sehr viel Bedarf für solche »Ego«-befriedigende Stellungen. Es besteht also hier ein Bedarf für Genussbefriedigung, und diesen Bedarf deckt unsere Gesellschaft mit vielen »Ego«-befriedigenden *Substitutionen*.

Die Psychoanalyse kennt die Übertragung, die Substitution; dies ist die Übertragung von Wünschen an eine frühere Bezugsperson auf eine neue Person, beispielsweise einen Therapeuten. Man kann vieles in unserer Gesellschaft als Substitution auffassen, als Schaffung von Ersatz zur Befriedigung von Bedürfnissen, wobei ich bitte, dies nicht abwertend zu verstehen. Substitute sind das, worauf wir stolz sind, auf Medaillen, Titel für sportliche Leistungen, Titel für akademische Graduierung, Mitgliedschaft oder sogar Ehrenmitgliedschaft in Klubs oder Vereinen, auf die Funktion als Vorsitzender oder Beisitzer in irgend welchen Körperschaften, auf Erwähnung im Guinnessbuch der Rekorde oder der Tagespresse.

Geld ist als Substitut für Macht »Ego«-pfleglich, insbesondere wenn viele wissen, dass man es besitzt. Die Sucht älterer Manager, immer mehr Geld anzuhäufen, noch bedeutender, noch einflussreicher zu werden, ein noch größeres Imperium zusammenzunageln, muss indes als pathologischer Ausreißer betrachtet werden.

Es gibt auch eine Substitution für das Bedürfnis nach Ordnung. Das Ziel, in der menschlichen Umwelt perfekte Ordnung herzustellen, ist schlicht nicht erreichbar. Wir neigen dazu, in Teilbereichen eine Ordnung herbeizuführen und uns an dieser belanglosen Kleinordnung zu erfreuen. Die große Unordnung, das unheimliche Chaos, wird durch die erfolgreiche Ordnung im Detail substituiert. Komplette Sammlungen sind eine ordentliche Sache, eine kleine Vollkommenheit. Der Besitz aller Briefmarken mit abgebildeten Hunden ist eine Quelle der Befriedigung und Ergötzung. Orden, zumal kriegerische, sind nicht nur Manifestationen von erbrachten Leistungen, sie sind ein Wert an sich. Ein Ordensträger fühlt sich gut, wenn er den Orden umgehängt hat, sein »Ego« führt Glücksgefühle an das »Ich« ab. Orden sind ein probates und wohlfeiles Mittel, kriegerischen Mut und tollkühne soldatische Leistungen zu erlangen. Die Wertschätzung durch Orden überwindet symbolisch den Tod, denn sie werden gelegentlich auf dem letzten Weg vorangetragen.

Jede Gruppe, beispielsweise eine militärische Körperschaft, ist für die ihr angeschlossenen Individuen ein Wesen, ein Phänomen, dem anzugehören eine Ehre ist. Die Ehre einer Körperschaft ist immateriell; sie wird durch eine Fahne, eine Standarte oder ein Feldzeichen substituiert. Die Römischen Legionen hatten Feldzeichen, damit man sich in der Schlacht orientieren konnte. Diese Feldzeichen haben dann Karriere gemacht. Im 16. und 17. Jahrhundert war ein Fähnlein die übliche kriegerische Einheit von Landsknechten. Die Ehrerbietung, die man gegenüber der Körperschaft empfindet, wird auf das Symbol übertragen. Für die Ehre, die Fahne, muss gekämpft werden. Ich versage mir, Details über den Kult zu berichten, der im Dritten Reich mit Fahnen zelebriert wurde. Merkwürdig sind Fahnen, die in christlichen Prozessionen mitgeführt werden, vermutlich sind sie Relikte der römischen Organisationsform der frühen Kirche, der wir auch das Latein als Kirchensprache verdanken.

Substitute gibt es, weil es in unserer heutigen Gesellschaft so wenig Möglichkeiten gibt, biologisch gewachsene Bedürfnisse zu befriedigen. Unsere Welt hat keine Ähnlichkeit mehr mit der Welt, in der unsere Bedürfnisse gewachsen sind. Es ist nur das erwartete Ergebnis, wenn wir im kleinen Bereich, in unserer unmittelbaren

Umwelt versuchen, Strukturen zu schaffen, die in der Lage sind, unsere Bedürfnisse zu befriedigen. Jeder von uns wünscht, sich in seinem sozialen Umfeld wohl fühlen zu können. Ich wünschte, dass wir uns hierbei der biologisch–historischen Entwicklung, wie dies denn alles zu Stande gekommen ist, bewusst werden.

4. Personalisierung und Kausalität

Der Substitution verwandt ist die Personalisierung, die wir schon in Kapitel 4/4 Absatz [2] kennen gelernt haben.

Die Hominiden in der Savanne mussten mit dem sich erst langsam entwickelnden Intellekt in ihrer Umwelt zurechtkommen. Alles Unbekannte war unheimlich. Die Herstellung von kausalen Zusammenhängen war ein wichtiger Schritt bei der Bewältigung der Umwelt. Eigenes Tun erzeugt immer wieder bestimmte Ergebnisse, es ist dies ein geordneter, insofern befriedigender Ablauf, auf den man sich verlassen kann. Haben dann nicht alle Ereignisse einen Grund?

Wir neigen dazu, unbekannte Phänomene zu personalisieren, ihnen einen Akteur zuzuordnen. Donner und Blitz müssen einen Grund haben, denn sonst gäbe es dieses Phänomen nicht, und die Vorstellung, ein zorniger Gott sei der Verursacher, beseitigt Unklarheit, stellt Ordnung her und erlaubt, eine Beziehung zu dem unheimlichen Phänomen herzustellen. Transzendente Vorstellungen haben hier ihre Quelle. Das »Gute« ist personalisiert in einem guten, den Menschen gewogenen Gott, das »Böse« in einem übel wollenden. Die erste erotische Kontaktaufnahme wird einem pfeileversendenden Amor zugeschrieben, und das aufgewühlte Meer einem zornigen Meeresgott. Die Vorstellung wird *kultiviert*, dem kulturellen Sozialcode zugeordnet und zu einem mehr oder weniger logischen System zusammengefügt. Die Kinder werden an dieses System herangeführt, und dieses System wird zu ihrem Weltbild, das sie dann an ihre eigenen Kinder weitergeben. Es entsteht ein kulturelles Kontinuum.

Personalisierungen spielen nach wie vor eine große Rolle bei uns Menschen.[1] Die Sternbilder und die Planeten steuern nicht nur auf eine geheimnisvolle Weise unser Geschick, sondern gestalten, abhängig von unserem Geburtsdatum, unsere Veranlagungen und Begabungen. Die Personalisierung von Gottheiten manifestiert sich nicht nur in der Vorstellung an sich, sondern darüber hinaus nochmals in ihren Darstellungen und Abbildungen, denen dann besondere, beispielsweise heilsame, Kräfte zugeordnet werden.

5. Die Aufmerksamkeit

Dem »Ich« steht über alle Hilfsfunktionen hinweg noch ein Assistent zur Verfügung: die Aufmerksamkeit. Man kann sich *bewusst* auf irgendeine Hilfsfunktion konzentrieren, um genau zu ergründen, wie bedeutungsvoll die von dort übermittelten Signale für eine Entscheidung tatsächlich sind. Im Gedächtnis kann man mit seiner gesamten Aufmerksamkeit nach einem entfallenen Namen suchen. Die Aufmerksamkeit erscheint mir unteilbar, obwohl immer wieder berichtet wird, dass Genies ihre Aufmerksamkeit zwei oder drei Gegenständen gleichzeitig widmen konnten. Vermutlich sind es nur Legenden: Julius Caesar soll es möglich gewesen sein, den Bericht eines Botschafters anzuhören und gleichzeitig einen Brief an den Senat zu diktieren. Von W. A. Mozart wird gesagt, er hätte gleichzeitig eine Partitur einer mental abgeschlossenen Komposition niedergeschrieben und sich außerdem mit einer neuen Komposition beschäftigt. Ich vermute, dass die Aufmerksamkeit zwischen den beiden mentalen Tätigkeiten, die beide Aufmerksamkeit erfordern, hin und her geschaltet wird. Viele an sich anspruchsvolle Tätigkeiten sind zur Routine geworden, sodass wir sie ohne Aufmerksamkeit verrichten können, sozusagen im Rückenmark. Man kann Auto fahren und zudem aufmerksam ein Gespräch führen. Seine Aufmerksamkeit auf einen bestimmten Gegenstand zu richten kann psychische Schwerarbeit sein. Aufmerksamkeit kann gelernt werden und muss geübt werden. Ich erinnere mich an den verzweifelten Ausruf so mancher Lehrer: »Aber nun konzentriert euch doch mal!«

Anmerkung

[1] Die Gene als das eigentliche Kontinuum des Lebens und Quelle tierischer und menschlicher Antriebe zu sehen ist eine dem Wunsch nach Übersichtlichkeit und Ordnung entsprungene, befriedigend erscheinende Personalisierung.

28 Das Gewissen – Was »gut« und was »böse« ist

1. Der Anwalt der Gruppe

»Das Gewissen, im weitesten Sinne, bedeutet die Fähigkeit des menschlichen Geistes zur Erkenntnis der sittlichen Werte, Gebote und Gesetze, im engeren Sinne aber deren Anwendung auf das eigene unmittelbar zu vollziehende Handeln«.[1] Sittliche Werte, Gebote und Gesetze, einschließlich der Strafandrohung bei deren Übertretung, und die Forderung, die Übertretung zu ahnden, gibt es in allen Kulturen und bei allen Völkern. Das Gewissen ist eine überaus strenge Instanz, eine Übertretung der Gebote und Gesetze erleben alle Menschen als Pein, die bis zur Verzweiflung reichen kann. Gewissen ist, nach Pascal, die unmittelbare Erkenntnis des Sittlichen; nach Kant die sich selbst richtende Urteilskraft.

Das Gewissen beschäftigt sich mit sittlichen Werten; es bewertet eigenes und fremdes Tun als »gut« oder »böse«. Für jeden Menschen, für jede Gruppe von Menschen oder auch für die einer Religion angehörenden Menschen gibt es ein kulturelles Wertesystem, an dem geplante oder vollzogene Handlungen oder Unterlassungen qualifiziert werden. Dieses Wertesystem enthält alle Handlungsgebote und Verbote, die im Gewissen beurteilt werden. Das Wertesystem ist Teil des (umfassenderen) kulturellen Sozialcodes; von seiner Natur und von seiner generellen Akzeptanz hängt es ab, ob eine Gruppe funktionsfähig ist.

Alle Menschen haben ein Gewissen; insoweit gehört das Phänomen Gewissen eindeutig zum stammesgeschichtlichen Sozialcode. Diese Institution hat sich so entwickelt, dass sie in der Lage ist, kulturell entstandene Wertesysteme zu akzeptieren, besser: aufzusaugen. Unsere Erkenntnis, dass nichts ohne biologischen Grund entstanden ist, lässt uns fragen, wie es denn zu dem merkwürdigen Gewissen gekommen ist, worin sein evolutionärer Wert besteht oder doch wenigstens bestanden hat. Die Antwort ist einfach: Das Gewissen führt zu gruppendienlichem Verhalten: *Das Gewissen ist der Anwalt der Gruppe.*

Es tendiert dazu, die Individuen ihre eigenen subjektiven Interessen zurückstellen zu lassen und sich im Sinne einer Gruppe zu verhalten. Das klassische Erlebnis des Gewissens ist der Konflikt zwischen den eigenen Interessen und denen der Gruppe. Jeder weiß, dass er soziale Pflichten hat, dass er Nahrung mit den Mitmenschen teilen muss, dass er Klanmitglieder nicht schädigen und nicht betrügen darf, dass er sich an gemeinsamen kultischen Veranstaltungen beteiligen sollte, dass es Regeln gibt, die die Erfüllung seiner sexuellen Wünsche begrenzen. Verstöße – auch unvermeidliche – verursachen das schlechte Gewissen. Dieses hat auch etwas mit der Angst zu tun, aus der Gruppe ausgeschlossen zu werden. Das schlechte Gewissen macht uns schuldig, es vermittelt das Gefühl, der Gruppe etwas zu schulden, ihr noch einen Dienst erweisen zu müssen. Wir erleben dies als Strafe, die wir bereit sind zu akzeptieren, wenn wir hierfür wieder in den Kreis der Gruppe aufgenommen werden. Schuld und

Sühne sind elementare menschliche Lebenserfahrungen, und die gewährte Verzeihung als Wiederaufnahme in die Gruppe – in die Gesellschaft – ist ein erstrebenswertes Gut; es befreit uns vom schlechten Gewissen.

Sowohl des Handeln im eigenen Interesse als auch das Handeln im Interesse der Gruppe: Beide haben einen genetischen Ursprung, von beiden ist bekannt, dass sie sich in der biologischen Vorzeit als reproduktionsfördernd erwiesen haben. Der jüngere Antrieb – der zu gruppendienlichem Verhalten – musste sich aber bei seinem Entstehen gegen den älteren, auf das Individuum gerichteten, Antrieb durchsetzen.

Wir Menschen erleben den Zwiespalt. Wir müssen gruppendienlich handeln, wollen aber auch den eigenen Vorteil nicht aus dem Auge verlieren. Wir qualifizieren die beiden Tatkomplexe mit zwei Worten, eines mit positiver Färbung »gut«, eines mit negativer Färbung »böse«. Das neu hinzugekommene sittliche Verhalten musste sich erst durchsetzen, es gilt als schwerer zu realisieren, es wird emotional unterstützt und mit einem Wort positiver Färbung gekennzeichnet.

2. Die unterschiedlichen Wertesysteme

Die individuelle Wahrnehmung des Gewissens verführt immer wieder zu der Annahme, dass sich dahinter ein göttliches Gebot verbirgt. Goethe kleidet dies in die Worte: »Ein guter Mensch in seinem dunklen Drange ist sich des rechten Weges wohl bewusst.« [2] Irgendwie weiß eben jeder, was »gut« und »böse« ist, und deswegen müsste es »gut« und »böse« als absolute Qualität eben doch geben. Diese Annahme hält nicht stand.

Ohne Zweifel gibt es einige Regeln, die wir dem stammesgeschichtlichen Sozialcode zurechnen müssen, und die für alle Menschen gleich sind. Es ist dies jenes Minimum an Verhaltensweisen, ohne die eine funktionierende soziale Gruppe nicht bestehen könnte. Das Töten von Klanmitgliedern ist gruppenschädlich, es muss mit starken Hemmungen belegt sein. Der spontane Wunsch, ein in Gefahr geratenes Kind zu retten, ist allgemein menschlich.[3] Eine Gruppe, in der Kinder dazu neigen, ihre Eltern umzubringen, geht unter. Mit diesen und wenigen weiteren grundsätzlichen Geboten und Verhaltensanweisungen ist die Gemeinsamkeit aller Menschen erschöpft. Das Verhalten wird durch die verschiedenen kulturellen Sozialcodes, insbesondere durch die Wertesysteme geregelt.

Zum Verständnis des menschlichen sozialen Verhaltens ist es aber unerlässlich zu akzeptieren, dass es verschiedene kulturelle Wertesysteme gibt und gegeben hat.

In den verschiedenen Systemen ist jeweils etwas anderes »gut« und »böse«. Zur Erläuterung einige wenige Beispiele.

Bei den im indonesischen Sumatra heimischen Dayaks war es üblich, dass die jungen Männer ihrer Braut einen erbeuteten frischen menschlichen Kopf zu Füßen legten. Dies war rituelle Werbung, die die Potenz des jungen Mannes unter Beweis stellte, die sich ja um diejenige des Erschlagenen erhöht hatte. Ein junger Dayak wäre am Rand des Klans als verachteter Außenseiter ohne Frau geendet, hätte er sich dem Gebot zum Töten eines Wildfremden entzogen. Die Getöteten gehörten einfach nicht dazu, es waren Fremde, so bedeutungslos wie irgendeine Sache.

Im alten China galt es als vornehm, die Füße der Mädchen zu verstümmeln. Es war eine Manifestation der Vornehmheit; wer nicht laufen kann, muss nicht arbeiten, und wer nicht arbeitet, ist vornehm. Mütter verhalfen Töchtern so zu guten Partien, und sie hätten sich schuldig gefühlt, hätten sie die Füße ihrer Töchter nicht am gesundem Wachstum gehindert.[4]

Der chinesische Kaiser T'ai-tsu, 1. Kaiser der Sing-Dynastie, hatte verfügt, dass seine Frau und weitere 40 Konkubinen nach seinem Tod (976 n. Chr.) zu töten und mit ihm zu begraben seien. Weder er selbst, noch die Vollziehenden wären auf die Idee gekommen, dies als »böse« Tat zu qualifizieren. Die Geschichte berichtet nicht von einer Willensäußerung der Betroffenen.

In Afrika werden heute noch die Genitalien von weiblichen Kindern verstümmelt. Die Eltern, oft die Großmütter, würden sich einer Unterlassungssünde schuldig fühlen, wenn sie diese Prozedur nicht vollzögen. Im strengen Islam müssen Frauen in der Öffentlichkeit ihr Gesicht verhüllen. Die Entfernung der männlichen Penisvorhaut ist als religiöses Gebot im nahen Orient verbreitet und hatte möglicherweise einen hygienischen Hintergrund.

Religiöse Fastengebote, Diätgebote, Beschränkungen der sexuellen Ausübung bis zur totalen Abstinenz, Vorschriften für eheliche Verbindungen, Vorschriften über den Umgang mit bestimmten Tierarten, Beschränkungen über das, was gesagt und geschrieben werden darf, was als blasphemische Äußerung mit göttlichem Zorn belegt ist, alles dies gehört zu irgendwelchen Wertesystemen.

Die Monogamie wird hier zu Lande als sittliches Gebot nicht in Zweifel gezogen, wenngleich nur lasch praktiziert. Bigamie ist immer noch ein Straftatbestand. In Tibet hatte eine Frau mehrere Männer, und im Islam ein Mann heute noch bis zu vier Frauen, wenn er sich das leisten kann.

Zu einem Wertesystem gehört die Strafe, die wir anderen auferlegen, oder die wir selbst erwarten. Das Übertreten von religiös verbrämten Geboten belegt die Scharia mit abstoßenden Strafen, wie dem Steinigen oder Abhacken von Gliedmaßen. Eine Spezialität des Christentums im Mittelalter war das Verbrennen von Frauen bei lebendigem Leibe; hierdurch sollte deren Seele vor der ewigen Verdammnis für die Sünde errettet werden, es mit dem Teufel getrieben zu haben; und dies gestanden die armen Mädchen und Frauen unter der Folter.

3. Die Natur der Wertesysteme

Die skizzierte Unterschiedlichkeit der verschiedenen Wertesysteme verdeutlicht, dass es eine aus der Natur stammende Verhaltensanweisung, die als Norm für unser gesellschaftliches Verhalten gelten könnte, nicht gibt. Die Natur ist weder »gut« noch »böse«; diese Worte stehen in keiner Beziehung zu Phänomenen der Biosphäre.

Die Hominiden haben die Fähigkeit entwickelt, kulturell entstandene Verhaltensanweisungen und Gebote so zuverlässig zu übernehmen, dass ihre Gruppe, ihr Klan, ihr Volk oder ihre Ethnie existieren und erfolgreich Nachkommen erzeugen können. Ein Wertesystem hat also zwei Aufgaben. Sie muss die Individuen so steuern, dass die Gruppe funktioniert. Sie muss weiterhin die emotionalen Bedürfnisse der Individuen befriedigen.

Alle Gruppen sind der Selektion unterworfen. Die erfolgreichere Gruppe besteht fort und erzeugt erfolgreich Nachkommen. Irgendwann ist die genetische Evolution abgeklungen, die schneller zu Ergebnissen kommende kulturelle Evolution hat sie unwirksam werden lassen. Wir können annehmen, dass dies innerhalb der letzten 100 000 Jahre geschehen ist. Die Gruppen – die jetzt Stämme, Völker oder Ethnien waren – haben sich primär nicht mehr durch genetische Merkmale, sondern durch die kulturellen Sozialcodes, oder, spezieller, durch die Wertesysteme unterschieden. Konkurrenz zwischen Gruppen gab es nach wie vor, Unterscheidungsmerkmale waren aber jetzt die unterschiedlichen Wertesysteme, die wir als Organisationsprinzipien von Gruppen bzw. Völkern verstehen können. Die Wertesysteme haben sich zufällig entwickelt; es herrschten Bedingungen, die wir aus der Entstehung von Arten her kennen: Zufällig chaotisch entstandene Varietäten stehen im Konkurrenzkampf; diejenigen, die sich unter den bestehenden Verhältnissen am besten bewähren, bleiben bestehen.

Es ist festzuhalten:

Wertesysteme (und somit auch Religionen), sind – analog zu Arten – Erscheinungen der Evolution, sie sind chaotisch entstanden und der Selektion unterworfen.

Anmerkungen

[1] Brugger, Walter: Philosophisches Wörterbuch, Freiburg/Basel/Wien 1976
[2] Faust 1. Teil, Prolog im Himmel
[3] Allerdings hat es organisierte Kindermorde gegeben, so in Bethlehem oder in den Behindertenheimen des Dritten Reiches. Die Tatsache, dass dies praktiziert werden konnte, ist ein Indiz für die Macht der Wertesysteme über eine stammesgeschichtlich anzunehmenden Antrieb, Kinder zu schützen. Die getöteten Kinder waren Fremde, sie wurden nicht als gruppenangehörig betrachtet.
[4] Das Verstümmeln der weiblichen Füße geht bis auf die Tang-Dynastie (619–907 n. Chr.) zurück und wurde vereinzelt noch im 20. Jahrhundert praktiziert. Es war ursprünglich nur bei gehobenen Ständen üblich, später aber allgemein verbreitet. Die Prozedur begann bei Kindern von 3 Jahren. Die Füße wurden mit einem 6 m langen Stoffband so weit eingebunden, dass alle vier kleinen Zehen Richtung Ballen zeigten. Dann wurden die Mittelfußknochen wiederholt mit einem schweren Stein zertrümmert. Nachdem die Knochen gebrochen waren, mussten die Füße Tag und Nacht fest mit Tüchern gebunden werden, bis sichergestellt war, dass sie nicht mehr zusammenwachsen würden. Das Schönheitsideal waren Füße nicht länger als 10 cm. Die ihre Töchter quälenden Mütter hätten vor schlechtem Gewissen nicht schlafen können, wenn sie dem Flehen der Kinder nachgegeben hätten, mit der Schinderei aufzuhören. Es war eben die Voraussetzung für eine gute Partie. Die »Lotosfüße« sollten ursprünglich zu den wiegenden Schritten der Tänzerinnen führen. Tatsächlich war der Gang der geschundenen Frauen nicht nur beschwerlich, sondern auch plump und hässlich. Grießler, Margareta: China. Alles unter dem Himmel, Sigmaringen 1995

29 Das Feindbild

1. Der Ursprung

Zur Wiederholung: Eine geschlossene biologische Gruppe ist ein Zusammenschluss von Individuen mit engen sozialen Bindungen im Innenbereich, die sich gegen außenstehende artgleiche Individuen abgrenzen.

Bemühen wir zunächst nicht die biologische Geschichte, die zur Gruppe führt, sondern die schlichte Logik. Eine geschlossene Gruppe muss sich abgrenzen. Wenn Beute gemacht wird, kann sie nicht unter allen Individuen einer Art verteilt werden. Wenn eine geschlossene Gruppe ein Territorium beherrscht, hat sie hiervon nur dann einen Nutzen, wenn sie verhindert, dass Individuen der gleichen Art in diesem Territorium auf Nahrungssuche gehen.

Erinnern wir uns nun an die biologische Vorgeschichte von Gruppen. Alle Gruppen verdanken ihre Entstehung der Tatsache, dass sie als Gruppe bei der Erzeugung von Nachkommen erfolgreicher waren, als es Einzelgängern möglich war. Die erfolgreiche gemeinsame Aufzucht klappt aber nur, wenn die gemeinsam erarbeiteten Ressourcen nur der gruppeneigenen Nachkommenschaft zugute kommen. Das gruppendienliche Verhalten hat sich entwickelt, es ist ein im Genom verankertes Verhaltensmerkmal, das sich mit der Bewährung nach und nach manifestiert hat und die Gruppenexistenz ermöglichte. Die soziale Abgrenzung ist im stammesgeschichtlichen Sozialcode von uns Menschen als Teil des gruppendienlichen Verhaltens verankert.

2. Das Feindbedürfnis

Ich möchte an Kapitel 27/5 und das Kausalitätsbedürfnis der Hominiden erinnern. Es verursacht Missbehagen, die Ursache eines Phänomens nicht zu kennen, und dieses Missbehagen ist so verstörend, dass eine kausale Ursache schlicht erfunden wird. Diese erfundene Ursache erklärt nichts, befriedigt aber das mentale Bedürfnis.

Es ist eine Urerfahrung, dass bedrohliche Ereignisse auf einen Fremden, einen Feind zurückgeführt werden müssen. Dies ist ein aus der menschlichen Geschichte nicht wegzudenkendes Denkmuster: Personalisierung des Missgeschicks, des Unglücks. Meist sind es boshafte oder beleidigte Götter, die Sturm, Dürre, Krieg und Tod, Pest und Cholera über die Menschen bringen. Es sind die hohen Mächte oder auch einmal ein ungünstiges Horoskop, das in menschliche Geschicke eingreift. Mit Göttern, die Unglück gebracht haben, kann man reden, sie besänftigen, ihnen Opfer anbieten; insofern gestatten sie eine Verarbeitung des Unglücks, einen Abbau der durch das Unglück hervorgerufenen inneren Spannungen.

Bevorzugter Gegenstand von Personalisierungen sind indes konkurrierende Gruppen, die man schon immer nicht leiden konnte, und denen man alles Böse zutraut. Ungemach verlangt Aktion, schließlich kann man ein widriges Geschick nicht mit gefalteten Händen über sich ergehen lassen. Aber eine Aktion braucht ein Ziel, eine Richtung, sie muss sich *gegen* etwas richten. Ein Rest von Vernunft wird eingesetzt, um eine geeignete Zielgruppe für die Aktion auszuwählen. Deren Mitglieder dürfen nicht übermächtig sein, man sollte ihnen also an Kampfstärke überlegen sein, und man muss sie sofort erkennen, an ihrer Hautfarbe, ihrer Kleidung, am Dialekt, kurz, an ihrer unbehaglichen Andersartigkeit. Ihre tatsächliche Urheberschaft an dem Unglück muss nicht nachgewiesen werden, was bei spontanen Aktionen auch kaum möglich ist. Die lächerlichsten Argumentationen genügen, um diese spontanen Aktionen auszulösen.

Aktionen gegen einen vermeintlichen Verursacher von Unglück sind heilsam für die handelnde Gruppe, insbesondere für die am unteren Ende der Hierarchie angesiedelten Individuen; sie erleben eine höhere Wertschätzung; sie werden endlich in die Gemeinschaft eingeschlossen, sie werden gebraucht. Es entspricht meiner Lebenserfahrung, dass gerade Menschen von geringem Selbstwertgefühl solche Aktionen vehement befürworten und in Gang setzen. Ein Missgeschick, ein schon eingetretenes Unglück ist oft nicht erforderlich, um eine abgegrenzte Minderheit als feindlich wahrzunehmen und zu bekämpfen. Es genügt, wenn die Furcht vor Unglück besteht. Diese Furcht wird häufig von interessierter Seite geschürt, um aus der Reaktion der Gruppe Vorteile für sich zu ziehen. Furcht vor Überfremdung, vor einer gefährlichen Verschwörung einer Minderheit wird leicht erregt.

3. Der Antisemitismus

Es gibt überall auf der Welt, in der Vergangenheit und in der Zukunft, Rassismus und irrationale Fremdenabwehr. Wenn ich den Antisemitismus als Beispiel herausgreife, dann deswegen, weil ich Zeitzeuge des Holocaust war und die Frage, wie er geschehen konnte, ein Motiv für meine Beschäftigung mit der *Entstehung der menschlichen Gesellschaft* war.

Die Antisemiten sind sich nicht darüber einig, ob es sich um eine Ablehnung der Juden aus rassischen, religiösen, nationalen oder sozialen Gründen handelt. So alt und persistent der Antisemitismus auch sein mag; einen realen Grund, der die gegen Juden gerichtete Feindschaft als berechtigt erscheinen lassen könnte, gibt es über die hier gegebene Erklärung hinaus nicht. Antijüdische Hetze hat es bereits in der Antike gegeben. Judenverfolgung gab es seit der biblischen Zeit überall in Europa und im nahen Orient, und dies bis heute; Zeiten relativer Ruhe wechselten mit gesellschaftlicher und sozialer Diskriminierung, mit gnadenloser Verfolgung bis zur versuchten Ausrottung.

Die jüdische Religion, bis ins 19. Jahrhundert das tragende verbindende Element des Judentums, ist die eigentliche Ursache des Antisemitismus. Die jüdische Religion mit ihren Verheißungen und den strengen religiösen Geboten grenzte die Juden ab. Sie verstehen sich selbst als das von Gott erwählte Volk. Das Christentum und auch der Islam sind expandierende, missionierende Religionen, die ihre fortwährende Existenz der Gewinnung neuer Anhänger verdankten. Das Judentum kennt keine Mission. Der Bestand dieser Religion erklärt sich daraus, dass durch Unterweisung, durch Prägung bei bewusster Abgrenzung, jedes jüdische Kind jüdisch bleiben soll. Um die Kausalität ins rechte Licht zu rücken: Weil dieser kleine semitische Stamm aus Palästina so strenge Regeln hatte und seine Kinder entsprechend unterwies, gibt es diese Religion heute noch.

Jede Ethnie ist durch gemeinsame kulturelle Merkmale definiert, so durch Sprache und Religion. Die Juden – zerstreut unter die Völker (5. Moses 4,27) – lebten in anderen Gesellschaften; sie waren Nachbarn und Geschäftspartner, aber doch rätselhaft abgegrenzt und geheimnisumwittert; sie hatten unbekannte Rituale, eine eigene Sprache, blieben bei ehelichen Verbindungen meist unter sich und unterhielten enge Beziehungen mit allen anderen jüdischen Gruppen auf der Welt. Sie waren ein Element der Unordnung und Verunsicherung. Sie gehörten nicht dazu. Das Judentum war immer eine sehr gut organisierte Minderheit; sie war das ideale Objekt für die Personalisierung von Unglück.

Betrachten wir als Beispiel für eine Zeit exzessiver Judenverfolgung das Mittelalter. Innocenz III., Papst von 1198–1216, hatte die vom Judentum ausgehende Abgrenzung intensiviert. Den »Gläubigen« wurde untersagt, im Kreise der Ungläubigen zu wohnen. Der Geschlechtsverkehr zwischen Juden und Christen galt als Verbrechen. Juden mussten eine sie ausweisende Kleidung tragen, das »Kainszeichen«, damit niemand, der das Verbot des Geschlechtsverkehrs mit Juden verletzte, sich auf einen Irrtum herausreden könne.

Im Jahr 1348 verbreitete sich in Europa eine der grauenvollsten Epidemien, die es je gegeben hat. Die aus dem Orient eingeschleppte Pest, der Schwarze Tod, raffte ein Drittel der gesamten Bevölkerung dahin, die Bevölkerung ganzer Landstriche und Städte verschwand. Das Grauen verlangte eine Erklärung, denn nichts geschieht ohne Grund. Die Juden, so wurde kolportiert und überall geglaubt, hatten die Brunnen vergiftet. Unter Folter gestanden die Juden die Brunnenvergiftung. Zu Tausenden wurden wehrlose Juden dem Henker ausgeliefert, geköpft erschlagen und verbrannt.

Ritualmorde an christlichen Kindern und Hostienfrevel hängte man ihnen an und glaubte daran. Göttliche Rache für Sündigkeit sei eine Folge jüdischen Fehlverhaltens. Es gibt Hunderte von Beispielen. Der Franziskanermönch Capistrano zog in der Mitte des 15. Jahrhunderts durch Europa, erpresste von Juden die unsinnigsten Geständnisse durch Folter und liquidierte ganze jüdische Gemeinschaften. Am 4. Juli 1450 verbrannte man in Breslau nach einem Inquisitionsprozess 41 Juden, nachdem zwei Juden unter Tortur einen Hostienfrevel gestanden hatten. Der Rest der jüdischen Gemeinschaft wurde aus Breslau vertrieben, Kinder unter sieben wurden geraubt und christlichen Familien übergeben.[1]

Der Holocaust, die maschinelle Ermordung von Juden während des zweiten Weltkrieges, reiht sich als Kulmination des Antisemitismus in diese Reihe ein. Adolf Hitlers »Mein Kampf« enthält eine fantastische Aufzählung von Beschuldigungen gegen das Judentum; die Juden hätten den Verlust des ersten Weltkrieges zu verantworten, seien die Akteure hinter dem Bolschewismus, außerdem beherrschten sie verderblich die westlichen »Plutokratien«, zu kultureller Tätigkeit genetisch unfähig und von früh bis spät bestrebt, blonde germanische Mädchen zu verführen und zu schwängern.[2] Alles dies wurde wenigstens so weit geglaubt, dass sich hinreichend Helfer fanden, den Holocaust zu exekutieren.[3]

4. Organisierte Minderheiten

Der Antisemitismus ist ein Beispiel für das Schicksal von organisierten Minderheiten. Es gibt weitere Beispiele. Kaiser Nero hat den frühen Christen den Brand von Rom angedichtet, den er vermutlich selbst legen ließ. Das wurde zumindest soweit geglaubt, dass es die erste Christenverfolgung in Rom auslösen konnte. Damals und in den ersten Jahrhunderten waren die Christen eine gut organisierte Minderheit, die sich dem römischen Weltbild verweigerte. Im Jahr 1998 hat eine asiatische Wirtschaftskrise die Währung von Indonesien stark an Wert verlieren lassen, was viele Menschen in Not brachte. Hierfür machte man die schon immer beargwöhnte abgegrenzte chinesische Minderheit verantwortlich. Viele chinesische Geschäftsleute wurden getötet und ihre Häuser verbrannt. Mit dem Währungsverfall hatten sie nicht das Geringste zu tun, es genügte, dass man ihnen böse Machenschaften zutraute. Das Gleichgewicht zwischen einer gesellschaftsformenden Mehrheit und einer organisierten Minderheit ist häufig labil. Es geht jahrelang gut, und durch irgendwelche besonderen Vorgänge wird die Fremdenfeindlichkeit virulent.

5. Die Virulenz der Xenophobie

Xenophobie ist eine potenzielle Erscheinung, die gelegentlich virulent werden kann. Im Europa von heute herrscht verbreitet Wohlstand, und es gibt keine Veranlassung, irgendwelche Fremden zu fürchten oder abzuwehren. Bei Hunger, Durst, Gefahr, grassierenden Infektionen, Naturkatastrophen, dem Gefühl der Ausweglosigkeit und Frustration wird ein Feind gesucht, der für all dies verantwortlich gemacht und bestraft werden kann. Fremde, zumal Afrikaner, sind in Mitteleuropa gelegentlich Opfer von blinder Wut, die bis zur gewaltsamen Tötung führt. Die frustrierten, meist jugendlichen Täter machen – wie gezeigt aus atavistischen Motiven – die Fremden für ihre Frustration verantwortlich. Es ist für Demagogen sehr einfach, aus dem Schüren von Xenophobie kurzfristige Vorteile zu ziehen. Mit dem Hinweis auf Überfremdung und der Gefährdung der eigenen kulturellen Identität durch die *multikulturelle Gesellschaft* lassen sich Wahlen gewinnen.

Wenn kriegsähnliche Konflikte erst einmal in Gang gekommen sind, wird das Unglück laufend geschaffen, auf das reagiert werden muss, und dann macht die Identifikation des Feindbildes keine Schwierigkeiten mehr. Feindbilder werden sehr bald Teil des kulturellen Sozialcodes; sie werden von Generation zu Generation auf beiden Seiten vererbt. Bei derartigen gegenseitigen Feindbildern ist auch die Rache zum Ausgleich gegnerischer böser Taten ursächlich für eine nicht endende Kette von Gewalttätigkeiten. So eine klassische Feindschaft wird vererbt, und jenseits aller intellektuellen Überlegungen weiß jedes Individuum der einen Partei, dass der Gegner »böse« ist; und jede Partei hat hinreichend Beweise für diese Annahme. Die Auseinandersetzung zwischen irischen Katholiken und protestantischen Oraniern in Nordirland sind eine solche Paarung, ebenso die Kosovo-Albaner und die Serben, die Juden und die Araber in Palästina, die Moslems und die Serben in Bosnien; die Kurden und die Türken in Anatolien. Die idealen Paarungen in Afrika aufzuzählen würde eine Seite füllen. Als Außenstehender versteht man beide Parteien und weiß gleichzeitig, dass Appelle an die Vernunft nutzlos sind. Dies ist eine Illustration für die in Kapitel 27/1 geäußerte Behauptung, dass eine Evolution des Intellekts nur indirekt stattgefunden hat.

In einer anonymen Gesellschaft – und in einer solchen leben wir – gibt es eine *Fremdenscheu,* mit der wir jedem begegnen, den wir nicht kennen. Wir zeigen keine Gemütsbewegung, und wir blicken einen Fremden nicht an. Diese Fremdenscheu rechne ich nicht zur Xenophobie, es ist mehr eine Maßnahme zum Haushalten mit Emotionen. Für jedermann ist die Zahl der Freunde und Bekannten begrenzt; und man kann nicht mit allen Menschen bekannt sein, die einem begegnen. Jeder Blickkontakt kann aber als Einladung zu einer Bekanntschaft aufgefasst werden.

Anmerkungen

[1] Keller, Werner: Und wurden zerstreut unter alle Völker, München/Zürich 1966
[2] Das Buch »Mein Kampf« entlarvt Hitler als einen vom Antisemitismus besessenen Psychopathen. Es möge hier eine kleine Textauswahl genügen:
S. 331: »Daher ist das jüdische Volk bei allen scheinbaren intellektuellen Eigenschaften dennoch ohne jede wahre Kultur, besonders aber ohne jede eigene. Denn was der Jude heute an Scheinkultur besitzt, ist das unter seinen Händen meist schon verdorbene Gut der anderen Völker.«
S 359: »Wenn wir all die Ursachen des deutschen Zusammenbruchs (1918) vor unseren Augen vorbeiziehen lassen, dann bleibt als die letzte und ausschlaggebende das Nichterkennen des Rasseproblems und besonders der jüdischen Gefahr übrig«.
S. 630: »Diese Verpestung unseres Blutes, an der Hunderttausende unseres Volkes wie blind vorübergehen, wird aber vom Juden planmäßig betrieben. Planmäßig schänden diese schwarzen Völkerparasiten unsere unerfahrenen, jungen blonden Mädchen und zerstören dadurch etwas, was auf dieser Welt nicht mehr ersetzt werden kann«.
S. 751: »Im russischen Bolschewismus haben wir den im 20. Jahrhundert unternommenen Versuch des Judentums zu erblicken, sich die Weltherrschaft anzueignen.«
[3] Broszat, Martin (Hrsg.): Kommandant in Auschwitz. Autobiographische Aufzeichnungen des Rudolf Höss. München 1963. Es gibt unzählige Berichte, Meinungen, Aufzeichnungen über die Geschichte Einzelner und über Interpretationen des Holocaust. Die Autobiografie von Höss nimmt deswegen eine Sonderstellung ein, weil ein Täter seine Motivation darlegt. Höss schildert sich durchaus glaubwürdig als ein vereinnahmtes Werkzeug der SS. Er glaubte alles, was man ihm sagte, und mit oppositionellen Ideen hatte er keinen Kontakt. Mit der gleichen Willfährigkeit, mit der er die Ermordung der Juden in Auschwitz organisierte, arbeitete er mit seinen Anklägern zusammen, obwohl er genau wusste, dass er der Todesstrafe nicht entgehen konnte. Er wurde im April 1947 in Auschwitz gehängt. Der Versuch, Höss mit den Begriffen »gut« und »böse« in den Griff zu bekommen, über ihn Zugang zu den Geschehnissen zu gewinnen, zerschellt. Höss war sicher gefühlskalt, in erster Linie aber war er banal.

30 Historische Abläufe

1. Der biologische Kontext

Vor der historischen Geschichte gab es die biologische Naturgeschichte der Menschheit. Die historische Geschichte beschäftigt sich mit tatsächlichen Geschehnissen, die biologische Geschichte mit grundsätzlichen Abläufen und Entwicklungen. Die Abläufe selbst unterscheiden sich nicht; sowohl in der Naturgeschichte als auch in der historischen Geschichte handeln Hominiden oder später Menschen, deren Antriebe wir untersucht haben und die wir kennen. Die Unterscheidung, die wir notgedrungen treffen müssen, resultiert nicht aus der Unterschiedlichkeit der Abläufe, sondern aus der Unterschiedlichkeit der Qualität der Informationen.

Ich darf in Erinnerung rufen: In der Biosphäre entstehen dadurch neue Arten, dass zufällig entstandene Varietäten sich bewähren, und sich ihre neuen Merkmale dann genetisch in der neuen Art manifestieren. Etwas Ähnliches geschieht bei den Kulturen: Zufällig entstandene Varietäten älterer kultureller Sozialcodes mit ihren Wertesystemen müssen sich bewähren, um dann zu einer etablierten Kultur, einer Religion, einer Partei oder einem neuen Staatswesen zu werden. Diese neue Kultur, oder dieser neue Teil einer bestehenden Kultur manifestiert sich dadurch, dass sie so von Generation zu Generation weitergegeben werden, ohne dass ernstlich an ihnen gezweifelt wird. Das ursprünglich Neue wird jetzt als Teil der Umwelt wahrgenommen.

Für die geschichtliche Überlegung kommt es auf die Wertesysteme an, die das soziale Verhalten regeln. Diese Wertesysteme müssen sich dadurch bewähren, dass sie zwei Bedingungen erfüllen.

[1] Sie müssen bewirken, dass die Gruppe erfolgreich mit der Umwelt kommunizieren kann.

Dies kann an die Bedingung geknüpft sein, dass die Individuen erfolgreich Nachkommen hervorbringen können, oder dass eine Religionsgemeinschaft hinreichend Mittel hat, um werben zu können, um Mission betreiben zu können. Die durch das Wertesystem gebildete Gruppe muss einfach funktionieren.

[2] Das Wertesystem muss mit dem stammesgeschichtlichen Sozialcode, jener genetischen Instanz, über die alle Menschen verfügen, kompatibel sein. Sie muss das Verlangen nach Gemeinschaft und hierarchischer Ordnung erfüllen. Sie muss auch Opfer und Verzicht einfordern. Sie muss ein Weltbild anbieten.

Bei der biologischen Interpretation historischer Vorgänge müssen wir das Gewicht handelnder historischer Persönlichkeiten geringer ansetzen, als dies die Historiker zu tun gewöhnt sind. Wir können historische Persönlichkeiten als Kristallisationskerne verstehen, die aus der gegebenen Situation heraus, aus einer geeigneten Stimmungslage ihrer Zeitgenossen, aktiv werden. Alexander der Große konnte nur deswegen Persien und Indien erobern, weil er Soldaten vorfand, die er begeistern konnte, die bei der Erfüllung seiner Befehle zunächst eine gute Befindlichkeit erlebten, selbst wenn sie schließlich ums Leben kamen.

Historische Abläufe konnten geschehen, sie mussten es nicht. Aus einer diffusen Ausgangslage heraus bilden sich Varietäten kultureller Sozialcodes, von denen dann einige, begünstigt durch Zufälle, das Bild der menschlichen Geschichte gestaltet haben.

Wenn aus kleinsten Anfängen eine Bewegung entsteht, die – nur im historischen Maßstab – über lange Zeit die geschichtlichen Abläufe nachhaltig beeinflusst, dann wird gelegentlich gesagt, dies könne kein Zufall gewesen sein, denn zufällig könnten solche Bewegungen – wie beispielsweise das Christentum – nicht entstanden sein. Mit einer solchen Argumentation würden wir die Naturwissenschaft verlassen und uns auf nicht vermittelbares Terrain begeben; nützliche Erkenntnisse sind dabei nicht mehr zu erwarten. Historische Abläufe, dies ist der gewichtige Ansatz, folgen den gleichen Gesetzen wie biologisch-historische Abläufe. Möglichkeiten und Zufälligkeiten gestalten. Voraussagen sind problematisch; nur zurückblickend können wir feststellen, welche Einflüsse bestanden und gewirkt haben.

2. Das Christentum

Wenn wir Religionen wie das Christentum betrachten, müssen wir herausfinden, welche Bedürfnisse die Religion bei ihrem Beginn vorgefunden hat. Welche Erwartungen des stammesgeschichtlichen Sozialcodes konnten von der bestehenden Gesellschaft nicht befriedigt werden? Wenn ein Anfang gemacht ist, stabilisieren Gewöhnung und Trägheit die Religionen, auch wenn die Umstände nicht mehr oder nicht mehr in dem Ausmaß bestehen, denen sie ihre Entstehung verdankten. Sie wurden zu kulturellen Wertesystemen, die von Generation zu Generation durch Prägung weitergereicht werden. Auch hier ist der Vergleich zu biologischen Arten erkennbar: Eine manifest gewordene Art persistiert, auch wenn die Umstände, denen sie ihre Entstehung verdankt, nicht mehr bestehen.

Das römische Reich der Kaiserzeit war ein ideales Umfeld für neue religiöse Ideen. Der Reichtum versammelte sich in den Städten, wohin Lieferungen aus allen Provinzen kamen; und dieser Reichtum gestaltete die Gesellschaft. Es war wenig Platz für Kleinunternehmer, Handwerker, Detailvertrieb; alles was man hätte herstellen können, wurde billiger eingeführt. Kleine Handwerker und Bauern entließen ihre Sklaven in die Freiheit, weil sie nicht mehr in der Lage waren, deren Unterhalt zu erwirtschaften. Die Güter waren in der Hand von wenigen alten Familien. Der normale Bewohner konnte aber von öffentlichen städtischen Verpflegungsangeboten Gebrauch machen. In den Städten lebten Abkömmlinge von allen Völkern des Reiches, die als Sklaven, ausgediente Soldaten, Freigelassene und als landflüchtige Bauern hierher gekommen waren.

Verbindend war die lateinische Sprache und im Osten die griechische Sprache, vor allem aber die bis ins Detail über das ganze Reich normierte Zivilisation. Emotionale Bedürfnisse wurden durch die großstädtischen Unterhaltungen befriedigt, die kämpferischen Darbietungen in den Arenen, die es in allen Provinzstädten gab, und insbesondere durch die Pferderennen. Die Rennställe, die jeweils bestimmte Farben zur Identifikation verwendeten, waren so bedeutend und gruppenbildend wie heute die Fußballklubs; sie befriedigten das unbewusste Bedürfnis nach Zugehörigkeit zu irgendetwas, und nach aktiver Parteinahme. Zudem bestand viel Sektierertum, Reste von animistischen Religionen und Mysterienkulten aus den entferntesten Ecken des römischen Reiches. In Pompei ist ein Kultraum einer unbekannten Sekte entdeckt worden. Die offizielle Staatsreligion, abgeleitet von den Göttern des klassischen Griechenlands, und den Kaiserkult müssen wir als verbraucht annehmen, und sicher empfand der Plebs in den Städten die Exekution dieser Altreligion nicht als emotional bewegend.

Die Kluft zwischen Arm und Reich war groß, und die alten adeligen Familien mit Grundbesitz und Geld waren *die Gesellschaft;* die Mittellosen waren sich ihrer geringen sozialen Wertschätzung bewusst. Eine weitere Klasse war frustriert und bereit, in neuen Gedanken Lebensinhalt zu suchen: die Frauen der wohlhabenden Römer, die weitgehend rechtlos den jeweiligen Eheherren unterworfen waren.

Es herrschten, als weitere Voraussetzung für die Verbreitung einer neuen Religion, ausgezeichnete Verkehrsverbindungen, sodass nicht nur Güter, sondern auch Informationen schnell und zuverlässig reisen konnten. Es herrschte Frieden, und vereinzelte Kriege in entfernten Provinzen des Nordens und Ostens waren Angelegenheit der dortigen Militärstatthalter und des erstklassig organisierten Berufsheeres, man spürte nichts davon.

Die Ursache für den beginnenden Erfolg des Christentums war das sich über das ganze Reich verbreitende Gefühl mangelnder gesellschaftlicher Einbindung und Wertschätzung unter der mittellosen Bevölkerung. Bildlich gesprochen glich die Situation einem trockenen Strohhaufen, den nach einer zündenden Fackel dürstete. Irgendeine Religion sollte das bestehende Bedürfnis befriedigen, das Bedürfnis nach einer verbindenden Sinngebung, die der menschlichen Natur Rechnung trägt, dem Bedürfnis nach ausgewogenem Wohlbefinden, was auch das Bedürfnis nach Opfer und Hingabe, aber auch nach Wertschätzung des Geringsten einschließt.

Viele Zufälligkeiten haben zu dem Siegeszug des Christentums beigetragen. Einer der vielen Wanderprediger, die durch Palästina zogen, bemühte sich, die verkrustete alttestamentarische jüdische Religion mit neuen Ideen zu beleben. Er verstand die Bedürfnisse seiner Zeitgenossen intuitiv besser als das religiöse jüdische Establishment; er predigte einen persönlichen, anteilnehmenden, allmächtigen und liebenden Gott, der niemanden gering schätzte. Er predigte als Jude für Juden, an die ganze Menschheit hat er kaum gedacht. Er war vermutlich von Todessehnsucht erfüllt, denn er war intelligent genug, um zu wissen, dass er mit seinem Wutausbruch bei den Geldwechslern auf dem Tempelvorplatz in Jerusalem nur den offenen Hass des etablierten Systems auslösen konnte.

Ohne den Apostel Paulus wäre der hingerichtete Wanderprediger vergessen worden. Paulus besaß römisches Bürgerrecht, war aber in der jüdischen Religion verwurzelt und kannte sich in der griechischen Philosophie aus. Seine Bildung, seine Gestaltungskraft, insbesondere aber seine Leidenschaft und Sturheit ließen ihn die Grundzüge der entstehenden Religion definieren und verbreiten. Die griechische Tradition und Kultur genossen bei den Römern hohes Ansehen, und die Wertschätzung, die die neue Religion im griechisch geprägten Osten erfuhr, war ein guter Start für die Verbreitung in Rom selbst und später im ganzen römischen Imperium.

Es wird leicht vergessen, dass das Christentum in den ersten nachchristlichen Jahrhunderten in Konkurrenz zu vielen anderen Religionen stand, unter ihnen auch der Mithraskult. Erst im Lauf der ersten Jahrhunderte konnte es sich gegenüber den Konkurrenten durchsetzen, weil es den menschlichen Bedürfnissen besser entsprach.

3. Die Kirche

Gestaltende Elemente der katholischen Kirche sind der zu einem Weltbild entwickelte Glaube, eine strenges Wertesystem und eine leistungsfähige Organisation. Die Kirche wurde durch diese Elemente erfolgreich und hat die kulturelle Entwicklung zunächst in Europa maßgeblich beeinflusst. Dies war möglich, weil sie die Erwartungen der Menschen an eine solche Institution erfüllen konnte. Die Kirche hat sich hierarchisch gegliedert, und insofern erfüllte sie den Wunsch nach Sicherheit und Ordnung in den verheerenden Wirren des untergehenden römischen Reiches. Die in ihrem Namen errichteten Bauwerke sind von erhabener Größe und Schönheit; die Dimensionen, die an ihnen offenbar werdende Gestaltungskraft von Künstlern, der Glockenklang und die festlichen Gesänge sind ergreifend und lassen die Besucher göttliches Wirken spüren. Das Bedürfnis nach Unterwerfung, nach Hingabe an eine würdige Obrigkeit, nach Teilhabe an einer weltweiten Gemeinschaft wird befriedigt.

Alle Menschen erleben den Zwiespalt zwischen den unmittelbaren, alten egoistischen Bedürfnissen und den jüngeren Erfordernissen der Gruppenexistenz. Dieser Zwiespalt ist, wie wir gesehen haben, das Grundgerüst der Dualität von »gut« und »böse«. Die beiden Antriebe mussten wirksam sein, um eine Gruppe in der Savanne oder in der späteren Zeit irgendwo in Eurasien lebensfähig zu erhalten. Die subjektive Abstimmung zwischen beiden ist eine Quelle schwieriger Entscheidungen. Die Kirche verstärkt die subjektiven Schwierigkeiten durch die Idee der *Sünde*, der Rationalisierung eines immer vorhandenen Gefühls, aus Eigensucht der Gruppe gegenüber schuldig zu sein. Sündig ist nicht nur das Tun der Individuen, vielmehr sind alle Individuen bereits sündig geboren. Aber dieses von ihr geschaffene Dilemma löst die Kirche auch wieder, sie befreit den Einzelnen aus den Fängen der Sünde, sie erteilt Absolution und erlöst das Individuum von seinem schlechten Gewissen. Sie fordert hierfür allerdings das Bekenntnis zu ihr, oder, was in ihrem Selbstverständnis das Gleiche ist, zu den von ihr vertretenen transzendenten Vorstellungen.

Die Konkretisierung des Sündenbegriffs geht auf Papst Gregor den Großen (590–604) zurück. Er integrierte die furchtbare Alternative von Himmel und Hölle bewusst in das Ordnungsprinzip der Kirche und förderte somit entscheidend die düstere und angstvolle Grundstimmung, die kennzeichnend für die mittelalterlichen Religiosität geworden ist.[1]

Der kirchliche Organismus bedarf zu seiner Lebensfähigkeit materieller Güter, und diese werden von den Mitgliedern beigesteuert. Wie jeder Organismus entwickelt sich auch die Kirche weiter, sie verfeinert die Methoden. Das Wertesystem wurde im Lauf der kirchlichen Geschichte weiter präzisiert; und dies bei zunehmender Beschränkung der Sexualität, womit sich die Chancen zu sündiger Verstrickung vergrößerten. Die Sünde wurde mit immer schrecklicheren Strafen belegt, die, unheimlich genug, erst nach dem Tode greifen würden. Die Angst vor der ewigen Verdammnis ließ den Bedarf nach Absolution wachsen und erhöhte damit auch die wichtigen finanziellen Zuwendungen für den Apparat. Die sich hieraus entwickelnde Geldgier, der Anschein, die ewige Seligkeit sei käuflich, hat zur Kirchenspaltung geführt. Eine ursprünglich friedliche Religion wurde im Lauf der Zeit wehrhaft, witterte überall Feinde und verwickelte sich mehr und mehr in kriegerische Auseinandersetzungen. Die verbale Akzeptanz der Macht der Kirche, das Bekennen zu ihr, die Unterwerfung unter sie, vermeidet – dies ist ein Teil ihrer praktizierten »Heilslehre« – die nach dem Tode drohenden schrecklichen und ewigen Qualen. Aus Barmherzigkeit mit den Seelen wurde schon diesseits viel gequält, um von den der ewigen Verdammnis anheim gegebenen Sündern die erlösende Anerkennung der Kirche zu erhalten.

Die Praxis der mittelalterlichen und neuzeitlichen Kirche wird niemand als menschenfreundlich bezeichnen. Die Päpste und die Inquisitoren waren aber Menschen wie wir alle, die von den Umständen geprägt worden sind und sich nach eigenem Vermögen verhalten haben. Sie waren Teil einer Entwicklung. Dem Glauben wohnt die Vorstellung inne, alles Diesseitige sei von geringerer Bedeutung und das eigentlich Wichtige sei das Jenseits, dessen Kraft mit dem jüngsten Tag in sichtbare Erscheinung trete und zudem endgültig »gut« von »böse« trenne. Das hiermit verbundene Wertesystem hat die Taten der kirchlichen Würdenträger geprägt, und ihr Verhalten ist erklärbar. Sie haben die Maßnahmen ergriffen, die geeignet waren, die Kirche auch weltlich zu stärken. Alle Menschen tragen den Wunsch in sich, ihre Gruppe zu stärken, ihr Nachgeltung und allgemeine Akzeptanz zu verschaffen, ihren Erfolg zu mehren. Die Hominiden in der Savanne wollten ihrem Urklan dienen, ihn gedeihen lassen und Schaden von ihm wenden, auch wenn sie noch nicht in der Lage waren, dies verbal zu äußern.

Wir kennen die relative Bedeutung von kulturell gewachsenen Wertesystemen und sollten aus unserer heutigen Sicht eines anderen kulturellen Wertesystems über die Päpste und Inquisitoren nicht urteilen, was zum Verständnis der damaligen Vorgänge auch nichts beitragen würde. Wir können aber nicht umhin, durch das Verhalten der damaligen Würdenträger der Kirche ästhetisch verstört zu sein.

Die Kirche ist solange erfolgreich, solange sie die sich wandelnden mentalen Bedürfnisse ihrer Anhänger hinreichend zu befriedigen vermag, was bedeutet, dass sie letztlich ein Gefühl von Geborgenheit vermittelt und die Befolgung gerade noch nachvollziehbarer sittlicher Wertvorstellungen einfordert. Wenn sie dies nicht mehr vermag, dann geschieht es, dass sie an Bedeutung, an Akzeptanz verliert und irgendwann verschwindet, wie eine biologische Art, die sich einer sich wandelnden Umwelt nicht mehr anpassen konnte.

4. Der Nationalsozialismus

Der Nationalsozialismus war eine Katastrophe für die Besiegten, aber auch für die Sieger und zahllose Unbeteiligte. An den materiellen Folgen hatten alle Menschen viele Jahre zu tragen, die Aufarbeitung des immateriellen Schadens ist noch nicht abgeschlossen. Die Dimension der Katastrophe ist eine emotionale Belastung für jede Diskussion. Nach wie vor wird versucht zu ergründen, wie dies alles geschehen konnte. Viele wurden schuldig. Erklärt Schuld einen historischen Ablauf?

Wir sollten uns bemühen, *sine ira et studio*, den Nationalsozialismus als einen historischen Vorgang zu sehen, der geschehen konnte, aber nicht geschehen musste. Dies kann vielleicht zu Erkenntnissen führen, die Wiederholungen weniger wahrscheinlich machen.

Wir können zur Ermittlung der Ursachen drei Spuren verfolgen. Zunächst muss die historische Situation des deutschen Reiches vor dem ersten Weltkrieg betrachtet werden. Welche inneren Spannungen können wir annehmen? Die zweite Spur führt uns zu den »biologischen« Bedürfnissen der Deutschen vor der Machtergreifung 1933; was brachte sie dazu, sich dem Verführer kritiklos in die Arme zu werfen? Die dritte Spur führt uns zu der Lunte, die die Katastrophe auslöste.

Staaten bestehen, weil sich das Staatsvolk mit der Obrigkeit identifiziert. Im Deutschen Reich vor dem ersten Weltkrieg war diese Identifikation besonders ausgeprägt. Das Reich war erst im Anschluss an den Sieg von 1871 über Frankreich entstanden; zur Siegesfeier wurde in Versailles der preußische König zum deutschen Kaiser gewählt. Im Bewusstsein seiner Bürger war das Deutsche Reich stets mit erfolgreichen kriegerischen Ereignissen verknüpft. Der Kaiser wurde zum »Sieger im Siegerkranz«. Zu Ehren des politischen Schöpfers des neuen Staates, Reichskanzler Bismarck, nahezu ein nationales Symbol, entstanden im ganzen Reich Bismarcktürme. Viele Veteranen- und Kriegervereine hielten die Erinnerung an den Sieg gegen die Franzosen wach. Der letzte deutsche Kaiser, unfähig zur Selbstkritik, verstärkte mit seinem unseligen Flottenbauprogramm die nationalen Überflug–Fantasien und belastete hierdurch die Beziehung zu England. Es ergab sich eine Melange aus nationalem Größenwahn, Überbewertung der soldatischen Tugenden und des Militärs, latentem, wenn auch noch nicht aggressivem, Antisemitismus und moderater Verachtung der Nichtdeutschen.

Die nationale Grundstimmung verstärkte sich durch die Auseinandersetzung mit einem internen Gegner, der Sozialdemokratie, der Interessenvertretung der neuen Klasse der Industriearbeiter. Die Sozialdemokraten suchten nach internationalen Verbündeten, nach Kontakt mit den Arbeiterklassen anderer Länder und wurden aus diesem Grund als »vaterlandslose Gesellen« diffamiert. Diese internen Gegner waren eine Herausforderung aller »guten« Deutschen, die sich demonstrativ gegen die neue Klasse abgrenzten. Die Sozialdemokraten litten unter dieser Diffamierung. Auch sie wollten gute Deutsche sein und haben daher im Reichstag 1914 den Kriegskrediten zugestimmt, woraufhin der Kaiser »keine Parteien mehr kannte, sondern nur noch Deutsche«.[2]

Noch gewichtiger ist die zweite Spur mit den »biologischen« Bedürfnissen. Den Verlust des zuerst geradezu enthusiastisch begrüßten ersten Weltkrieges erlebten viele als schwere Demütigung.

War nicht die kriegerische Stärke ein gestaltendes Merkmal des Deutschen Reiches? Nur zu gerne wurde geglaubt, die deutschen Soldaten, im Felde unbesiegt, hätten den Krieg durch Versagen der Heimat, sozusagen durch einen »Dolchstoß in den Rücken« verloren. Die nach dem Krieg gegründete Republik musste die Aufräumungsarbeiten übernehmen, Übereinkünfte mit den siegreichen Feinden treffen und das Versailler »Diktat« akzeptieren. Die Bürger im Nachkriegsdeutschland hatten Schwierigkeiten mit diesem Staat. Ohne Stolz, geradezu untertänig, verhandelte er mit den Feinden. Dies war vernünftig und nicht erfolglos, was aber die Bürger nicht honorierten. Der Staat wurde als schwächlich wahrgenommen. Den Reichspräsidenten konnte man diffamieren, was nur zu endlosen Prozessen führte. Beim Kaiser wäre dies undenkbar gewesen.

Vielleicht hätte sich der liberale Weimarer Staat im Laufe der Zeit durchsetzen können. Aber die Weltwirtschaftskrise Ende der Zwanzigerjahre führte zum Kollaps. Der Staat funktionierte nicht mehr. Das Parlament war entscheidungsunfähig, regiert wurde mit präsidialen »Notverordnungen«. Depression, Arbeitslosigkeit, Hunger und Not ließen den Staat jede Autorität verlieren. Die Bürger fühlten sich allein gelassen. Das in jedem Menschen – als Teil des stammesgeschichtlichen Sozialcodes – lebende Bedürfnis, man müsse irgendwo dazugehören, um als Teil eines übergeordneten, verehrungswürdigen Ganzen zu gelten und hieraus Selbstachtung zu beziehen, verlangte nach Erfüllung. Jeder wie auch immer geartete Messias, der die Mühseligen und Beladenen um sich schart, wäre als Hoffnungsträger, als emotionaler Ankermast akzeptiert worden.

Hier kommen wir zur dritten Spur, die wir nur als zufällig wahrnehmen können: Es kam Hitler mit seiner heute kaum noch verständlichen demagogischen Ausstrahlung. Er wollte den Krieg, und er hat es nicht verschwiegen. Leider glaubte ihm dies niemand, der Gedanke an einen neuen Krieg war zu schrecklich. Hitler war pathologischer Antisemit, seine Vorstellung von einer »Lösung der Judenfrage« wurde als persönliche und nicht ernst zu nehmende Marotte abgetan; gegen einen Dämpfer für die Juden hatte man nichts. Hitlers Einfluss verstärkte sich durch das beginnende elektronische Zeitalter; ein Radio zur gezielten Indoktrination stand in jedem Haushalt. Nach der nur oberflächlich noch demokratisch legitimierten »Machtergreifung« im Jahre 1933 unterwarf sich seine Partei einen Staat, dessen Staatsdiener zum Widerstand unfähig waren. Bürgerliche Rechte und Menschenwürde wogen geringer als die Tradition zum Gehorsam gegenüber der Obrigkeit, die sich bemühte, an die Tradition des Bismarckreiches anzuknüpfen. Hitlers Gehilfen, zu denen viele Generäle gehörten, waren an humanistischen Werten weniger interessiert als an persönlichem Erfolg; sie ergaben sich nationalen Überheblichkeitsdelirien. Teils waren sie verblendete Idealisten, teils Opportunisten, und kaum verantwortungsbewusste, klar denkende Analytiker. Die »Machtergreifung« im Jahr 1933 fand, auch dies ein Zufall, genau zu dem Zeitpunkt statt, zu dem sie funktionieren konnte. Das bevorstehende Abflauen der Weltwirtschaftskrise hätte jede Regierung in einem versöhnlichen Licht erscheinen lassen.

Die Katastrophe des zweiten Weltkrieges ist einmalig. Dies gilt auch für den Holocaust. Die Dimension der industriellen Ermordung von Juden und anderer Missliebiger – gemessen an der Zahl der Ermordeten – ist beispiellos. Nicht die besondere Verkommenheit der Exekutoren, sondern die industrielle Perfektion war Ursache der Dimension. All dies sollte uns nicht daran hindern zu begreifen, dass die Täter Menschen mit der gleichen genetischen Ausstattung waren wie wir alle. Sie sind zum Unglück ihrer Opfer, und auch zu ihrem eigenen, in eine Situation geraten, die sie furchtbare Taten ausführen ließ.

Gruppendienliches Verhalten der Individuen ist eine Voraussetzung für jede Gesellschaft. Die artgleiche Umwelt teilt sich in Dazugehörige, die »Guten«, und Fremde, die leicht zu »Bösen« werden. Persönliche Interessen treten zurück, sich einzugliedern ist mental programmiert. Zivilcourage stört. Das Wort entlarvt: Das zu sagen, was man denkt, bedarf der Courage. Es ist schwer, sich gegen die eigene Gruppe aufzulehnen, aus der Reihe auszuscheren und sich zu bemühen, das Handeln der Gruppe zu steuern. Der einzelne normale Mensch – ich bitte dieses Konstrukt zu entschuldigen – lehnt sich nicht auf. Warum auch? Was alle tun, ist erlaubt. Man verschwindet in der schützenden Anonymität. Und wenn Unrecht geschieht? Das Wegsehen bietet sich an, es ist gefahrlos.

Die Frage nach der persönlichen Schuld von Beteiligten und Unbeteiligten lässt uns nicht los. Sie kann im Rahmen des Versuches, historische Abläufe als Wirken biologischer Gesetzmäßigkeiten erkennbar zu machen, nicht abgehandelt werden. Persönliche Schuld erklärt keinen Ablauf. Es gab persönliche Verstrickungen, die teils geahndet wurden, und teils nicht. Viele hätten Grund gehabt, sich wegen ihres tatenlosen Zusehens schuldig zu fühlen. Die Repräsentanten des Regimes wurden durch den internationalen Nürnberger Gerichtshof bestraft, ebenso die Handlanger und Mörder des Systems, teilweise auch von deutschen Gerichten. Die Mittelschicht des Beamtenapparates, so die »schrecklichen Juristen«, die auf Grund ihrer Bildung hätten erkennen müssen, zu welchen Taten sie beitrugen, gingen »mangels Unrechtsbewusstseins« straffrei aus. Sie hätten nur ihre Pflicht getan und Befehlen gehorcht. Einige machten in der deutschen Bundesrepublik nach 1945 Karriere. Der Bruch der christlichen Kirchen mit ihren eigenen Wertesystemen muss erwähnt werden.

Viele Details über das Naziregime wurden von der Geschichtswissenschaft zusammengetragen. Jede Nachzeichnung muss fragmentarisch bleiben. Den unvermeidlichen Vorwurf – so einfach war es wirklich nicht – nehme ich hin. Es geht darum, biologische Gesetze als historische Antriebe erkennbar zu machen.

Die Bestrafung schuldig Gewordener hilft kaum, weitere Katastrophen zu vermeiden. Wir wissen – wir können wissen – wie unser Denken zu Stande gekommen ist, welche Bedingungen in der ostafrikanischen Savanne geherrscht haben, damit wir so werden konnten, wie wir sind. Wir müssen begreifen, dass die Lehren aus der Savanne, die uns geformt haben und die damals nützlich waren, heute in die Irre führen können. Wir müssen begreifen, dass die freudige emotionale Gleichschaltung zu Entwicklungen führen kann, von denen man nach der Exekution kleinlaut sagen muss, dies alles hätte man wohl nicht gewollt. Wir müssen lernen, unseren Emotionen zu misstrauen. Gefühl ist kein guter Lehrmeister. Was alle denken ist deswegen nicht richtig. *Wir brauchen eine Kultur, die uns den Umgang mit uns selbst lehrt. Wir müssen lernen uns selbst zu misstrauen.*

Anmerkungen

[1] Pirenne, Henri: Geschichte Europas von der Völkerwanderung zur Reformation, Frankfurt 1956
[2] Viele historische Schriftwerke erläutern die kulturelle deutsche Grundstimmung vor und zwischen den Weltkriegen. Zwei Schriftwerke möchte ich als Beispiel anführen. Kühn, Erich: Schafft anständige Kerle, Berlin/Leipzig 1938; Ulrich, Bernd; Ziemann, Benjamin (Hrsg.): Krieg im Frieden. Die umkämpfte Erinnerung an den ersten Weltkrieg, Frankfurt am Main 1997

31 Der heutige gesellschaftliche Alltag

1. Die veränderte Umwelt

Bei der Entstehung der menschlichen Gesellschaft waren die Verhältnisse übersichtlich. Der Urklan, die individuelle geschlossene Gesellschaft war die Heimat der Mitglieder. Die Hierarchie war Teil der Umwelt; alle mentalen sozialen Bedürfnisse wurden durch die Mitglieder, und durch die Gruppe als Ganzes befriedigt. Etwas komplizierter waren die Verhältnisse bei der späteren anonymen geschlossenen Gesellschaft. Es muss innerhalb der großen, durch gemeinsame Kultur und Sprache definierten Gesellschaft kleinere Gruppierungen, möglicherweise Großfamilien oder Freundeskreise gegeben haben, die »Nestwärme« und persönlichen Kontakt anboten.

Unsere heutige Gesellschaft passt in ihren Größendimensionen nicht so recht zu den Bedürfnissen, die in der menschlichen Vorgeschichte entstanden sind. Wir streben aber nach der Befriedigung dieser Bedürfnisse. Der Staat mit seinen kaum überschaubaren Gesetzen bietet Ordnung, begrenzt aber den persönlichen Freiraum, verlangt monetäre Opfer und ahndet Verstöße gegen seine Regeln. Er kann jetzt weniger als in den früheren Jahren des 20. Jahrhunderts die Bürger emotional an sich binden. Unsere gesellschaftlichen Wünsche befriedigen wir in vielen kleinen Gruppierungen wie Familien, Vereinen, Stammtischen, Parteien, Firmen, Kirchen und Klubs. Die Soziologen haben herausgefunden, dass wir in allen diesen kleinen Gesellschaften unterschiedliche Funktionen übernehmen können, manchmal als Zuarbeiter, manchmal als Boss, was auf eine breite Palette von individuellen Möglichkeiten schließen lässt. Ohne solche Welten im Kleinen können wir nicht leben.

2. Spontane Gruppen

Wo Menschen zusammenkommen, kann eine »Spontangruppe« entstehen; an Tischen im Bierzelt, in Skihütten, Eisenbahnabteilen, auf Tribünen von Sportveranstaltung, in Schlangen beim Anstehen, bei Gruppenreisen. Die Möglichkeit zur Kommunikation wird wahrgenommen, obwohl es für einen Informationsaustausch kaum Grund gibt; es besteht schlicht ein elementares Bedürfnis zum Schwätzen. In Ansätzen wird eine Rangordnung erkennbar, jeder hat den Wunsch viel zu erzählen, und wer am meisten redet, betrachtet sich schon als Anwärter für den imaginären Posten eines Gruppenchefs. Spontangruppen sind ein erfreuliches Merkmal unserer Gesellschaft; ich erinnere mich indes noch an eine Zeit, in der die Spontaneität dieser Gruppen darunter gelitten hat, dass man mit Spitzeln der Staatsmacht rechnen musste.

3. Der Stoffwechsel von Gruppen

Alle längerfristig angelegten Gruppen bedürfen einer materiellen Basis. Es sind dies zunächst einmal die Zigtausende von Vereinen und Sportklubs. Sie erfüllen vorgeblich einen Zweck; richtiger ist, dass sie eine Welt im Kleinen bilden, die unsere gesellschaftlichen Wünsche erfüllen; sie bieten einen begrenzten, überschaubaren Bekanntenkreis an, der einen selbst mag und auch ein Auditorium zur Befriedigung sozialer Wertschätzung bietet.

Alle diese Vereine, die Teil eines übergeordneten Staates sind und keinen Profit erwirtschaften, benötigen zu ihrer Existenz Mittel, um ihren Betrieb aufrecht zu erhalten, und sei es nur um Rundschreiben zu verschicken, Zusammenkünfte zu organisieren und gegebenenfalls auf dem Gebiet des Vereinszwecks an Konkurrenzen teilzunehmen. Die Mittel stammen von den Mitgliedern. Ein Verein braucht zahlende Mitglieder, um deren Erwartungen erfüllen zu können. Er steht insofern in Konkurrenz zu allen anderen Vereinen. Es gibt allerdings Vereine, die ihre Exklusivität so sehr hüten, dass die Mitgliedschaft in ihnen generell erstrebenswert ist; sie haben immer Aspiranten, aus denen sie neue Mitglieder auswählen können. Andere Vereine werben direkt oder indirekt um neue Mitglieder.

Die Konkurrenz erinnert an biologische Wesen; es ergibt sich, dass die Vereine, die besser als andere soziale Bedürfnisse befriedigen, florieren und wachsen, während andere verschwinden; wir können von einer evolutionären Entwicklung sprechen. Die »Währung« von Vereinen und ähnlichen Gruppen sind die Individuen.

Zwischen den Individuen und den Vereinen und ähnlichen Gruppen besteht also ein Vertrag: für die Befriedigung mentaler Bedürfnisse ermöglichen die Individuen den Vereinen weiter zu bestehen. Dieser Leistungsaustausch kann als »Stoffwechsel« der Vereine angesehen werden, er ist weniger das Ergebnis einer bewusst getroffenen Vereinbarung; man könnte sagen, dass er sich einstellt. Es gibt auch parasitäre Varianten von Vereinen, deren Spezialität es ist, sich die Mitglieder durch ausgefeilte psychologische Methoden zu unterwerfen und auszubeuten.

4. Das Geflecht der gewinnorientierten Firmen

Unser gesellschaftliches Leben wird von Firmen beherrscht, die nach Gewinn streben. An dem Geflecht von miteinander kommunizierenden Unternehmen sind einige Merkmale eines sich autokatalytisch selbst aufbauenden Systems erkennbar. Unternehmen, die früher hauptsächlich Handwerker waren, haben Bedürfnisse der Bürger befriedigt. Dem steht heute das Hervorrufen von Bedürfnissen zur Seite. Die Firmen wurden zunächst noch von unternehmenden Personen geleitet, die diese Firmen langfristig erhalten wollten. Kontinuität und zukunftsorientierte Strategie waren die Leitbilder. Heute gilt Kontinuität immer weniger als Selbstzweck und wird nur aufrecht erhalten, wenn die Kasse stimmt. Generell steht heute die möglichst schnelle Erwirtschaftung von Gewinn, von Geld im Vordergrund. Diesem Ziel wird eine Firma schon einmal geopfert. Aus einer Wirtschaft, die angetreten ist, die Lebensbedürfnisse der Bürger gegen Entgelt zu befriedigen, ist ein Gesellschaftsspiel geworden. Alles ist im Rahmen großzügiger Gesetze erlaubt, wenn es Geld bringt. Dies zu verdammen ist nicht hilfreich. Die Eigengesetzlichkeit der sich autokatalytisch selbst aufbauenden Systeme ist unschwer zu erkennen: Immer neue Verfahren zur Beschleunigung des Geldkreislaufs und zur schnelleren Erwirtschaftung von mehr Geld werden ausgeheckt.

5. Verschränkte Systeme

Eine besondere Form des gesellschaftlichen Alltags sind »verschränkte Systeme«, die in ihrer Funktion an Symbiosen, oder an das Gleichgewicht zwischen Jäger und Beute in der Biosphäre erinnern. Ein verschränktes System besteht aus zwei oder mehreren Strukturen, die gegenteilige Interessen haben, aber voneinander leben.

Eine schon klassisch zu nennende Paarung ist die Drogenszene und die Drogenabwehr. Der Drogenbedarf besteht; und Drogen gibt es auf der Welt, sie sind leicht herzustellen. Die Drogenabwehr will nicht, dass das ausgewählte Konsumprodukt zu den Abnehmern kommt und erschwert den Transport und den Handel. Dadurch werden Handel und Transport teuer. Die Konsumenten zahlen für die Produkte mehr und mehr, sodass an Handel und Transport gut verdient werden kann. Die Drogenabwehr erhöht ihren Einsatz, das Produkt wird noch teurer, und somit der Vertrieb auch rentabler. Die Drogenabwehr bekommt mehr Geld vom Staat, um Drogen abzuwehren. Beide Seiten verdienen gut und leben prächtig in gegenseitiger Abhängigkeit. Die Abwehr würde brotlos, wenn die Preise der Drogen so weit sinken, dass auch der Handel nur noch kleine Gewinne zulässt.

Ein sehr gutes Beispiel für verschränkte Systeme war die Aufrüstung zu Zeiten des Kalten Krieges. Die Rüstungsindustrie im Westen und die im Osten waren Partner. Eine Anstrengung auf der einen Seite hat eine entsprechende Anstrengung auf der anderen Seite hervorgerufen. Die Rüstungsindustrie, die Militärs, die Geheimdienste und die Forschung auf beiden Seiten des eisernen Vorhangs konnten prächtig auf Kosten der jeweiligen Staaten leben. Es ist kurios, dass die Staaten den beidseitigen Nutznießern dieses Systems aufgetragen hatten, Abrüstungsvorschläge auszuarbeiten.

Unterschiedliche Wertevorstellungen sind der Kern der verschränkten Systeme. Im ersten Fall gilt der Konsum bestimmter Konsumgüter als verwerflich und ungesund, im zweiten Fall, dass der jeweilige Gegner »böse« und gefährlich ist.

Der Ablauf ist vergleichbar zu Abläufen in der Biosphäre: Es geht weiter, solange das Gleichgewicht anhält. Jeweils beide Partner erhöhen ihre Anstrengungen; so wie die Blüten immer prächtiger und süßer werden, um Insekten anzulocken. Die gejagten Tiere, wie Gazellen, wurden immer schneller, um Fressfeinden zu entfliehen, und die Jäger immer raffinierter, um die Beute zu überraschen oder in kurzen Sprints einzuholen. Je länger sich das Gleichgewicht einpendelt, umso zuverlässiger bleibt es erhalten. Das Gleichgewicht der Rüstung ist aus dem Lot geraten, zum Nachteil der Generalität und der Rüstungsindustrie beider Seiten. Drogenvertrieb und Drogenabwehr sind noch im Gleichgewicht.

6. Das persönliche Profil

Wir schaffen es nicht, auf allen Gebieten unserer gesellschaftlichen Existenz mental präsent zu sein. Jeder von uns hat sich ein privates *Interessensprofil* geschaffen. Wir haben, jeder für sich, eine Auswahl unter den sich bietenden Möglichkeiten getroffen. Mäßiges Interesse an der Politik mag sich verbinden mit einer Leidenschaft zum Ski–Fahren, Zuneigung zur großen und kleinen Familie, Mitwirkung an der örtlichen freiwilligen Feuerwehr und beruflichem Ehrgeiz. Unser Profil deckt sich in einigen Punkten mit dem von anderen Mitbürgern, mit denen wir dann zusammenarbeiten. Es wäre ein Zufall, wenn zwei Profile deckungsgleich wären.

Jeder muss aus seinem Profil heraus auch sein Weltbild wenigstens gedanklich definieren. Es muss, je nach Neigung, wenigstens oberflächlich stimmig sein. Man kann nicht gleichzeitig Vegetarier und Metzger sein. Wenn wir einem Glauben anhängen, müssen wir gedanklich einen Kompromiss schließen: Die Forderungen der Religion gelten als ideale Vorstellungen, die auch dann ihre Berechtigung haben, wenn sie im Alltag nicht verwirklicht werden können. Die Umwelt muss im Wesentlichen als widerspruchsfreies System wahrgenommen werden, damit es unseren Wunsch nach Ordnung befriedigt. Es ist, als ob jeder, für sich selbst, eine eigene Gruppierung bildet.

Die Gesellschaft als Ganzes, oder gar das Schicksal der Menschheit spielt eine geringe Rolle: wir verfolgen unsere Kleinziele; dass unser Fußballklub in die nächsthöhere Liga aufsteigt, ein Feuerwehrhaus gebaut wird, wir in eine höhere Gehaltsklasse aufrücken, oder dass eine Erfindung realisiert wird. In ihrer Gesamtheit bilden die auf die Zukunft Einfluss nehmenden Aktivitäten der Weltbürger das, was Physiker »Rauschen« nennen, ein Mischmasch aus Tausenden von Signalen, ohne markante Schwerpunkte.

32 Das biologisch–kulturelle Kontinuum

1. Kultur und Biologie

Wir haben uns angewöhnt, das kulturelle menschliche Leben losgelöst von der Biosphäre wahrzunehmen. Die Biosphäre, das sind Mikroben, Pflanzen und Tiere, die so vor sich hin leben, wie sie es aus ihrer Struktur heraus vermögen. Wir Menschen hingegen sind kulturbegabt, können neue über die Biosphäre hinaus ragende Elemente schaffen, die sich in Bauwerken, der Literatur, der Musik und der Organisation des Zusammenlebens materialisieren. Wir wissen, dass wir Menschen aus lebender Materie bestehen und insofern deren Gesetzen unterworfen sind. Für den Bereich der Kultur – die Summe tradierter Informationen – lassen wir dies aber nicht gelten; es erscheint uns, dass etwas grundlegend Neues zu dem Homo sapiens hinzugekommen ist, etwas, das außerhalb des biologischen Geschehens angesiedelt ist. Wir erleben uns als »geistige« Wesen und insofern erhaben über biologisches Geschehen.

Ich habe in den zurückliegenden Kapiteln gezeigt, dass menschliches Verhalten durchaus Parallelen zu tierischem Verhalten aufweist, und dass dort, wo elementare Unterschiede bestehen, doch wenigstens die uns aus der Tierwelt bekannten Entwicklungsmechanismen erkennbar sind. Ich erinnere daran, dass menschliche Merkmale wie Gewissen, Freundschaft und Fremdenabwehr ohne Schwierigkeiten als gruppendienliche Phänomene erklärbar und evolutionär entstanden sind, also der Biosphäre zugerechnet werden können. Es lohnt sich zu untersuchen, wie weit auch menschlich–kulturelle Entwicklungen auf die funktionellen Wurzeln zurückzuführen sind, die wir aus der Biosphäre kennen.

2. Die Kultur

Unter »Kultur« sollen im vorliegenden Zusammenhang alle Informationen verstanden werden, die über die Grenze zwischen den Generationen weitergegeben werden und nicht im Genom gespeichert sind. Die Kultur ist wenig strukturiert; es bietet sich an, zwischen verschiedenen Feldern zu unterscheiden.

Das erste Feld betrifft die Verhaltensweisen, die das Zusammenleben von Individuen in einer Gesellschaft regeln. Hierzu gehören Sprache, Wertesysteme und Religionen. Diese Informationen werden von einer Generation zur nächsten durch Prägung weitergegeben. Jede heranwachsende Generation lernt durch Nachahmung und verbale Kommunikation, das ist kein intellektueller, sondern ein unwillkürlicher Prozess. Zu dieser Art der Weitergabe von Informationen treten in historischer Zeit, so etwa seit 10 000 Jahren, Bild– und Schriftwerke über transzendente Vorstellungen und schließlich das kodifizierte Recht.

Ein zweites Feld der Kultur können wir der Wissenschaft und der Technik zuordnen. Jedes ein Revier beanspruchende Tier bedarf der Orientierung in seiner Umwelt, und jede Biene muss in ihren Stock zurückfinden. Dies sind die ersten Anzeichen eines geographischen Erkennens der Umwelt, aus der sich unsere Wissenschaft entwickelt hat, die ja selbst das Erkennen unserer Umwelt anstrebt. Die Besonderheit der menschlichen Forschung und Technik ist, dass sie von Generation zu Generation fortschreiten, dass jede Generation auf den Ergebnissen der vorangegangenen aufbaut.

Als weiteres Feld der Kultur wollen wir die *Kunst* betrachten. Sie umschließt im allgemeinen Sprachgebrauch auch besondere Fertigkeiten, wie auf einem Trapez waghalsig zu turnen oder raffinierte Speisen zuzubereiten. Beschränken wir den Begriff hier auf Literatur, Musik und bildende Kunst; er umfasst somit alles vom Menschen Geschaffene, soweit es über die reine Funktionalität hinaus weist. Von Kunst kann man sprechen, wenn der Konsument mit dem Produkt eines Schöpfers derart kommunizieren kann, dass er anregende, bedenkenswerte oder auf eine andere Weise begrüßenswerte Assoziationen erfährt. Die Kunst ist also ein Medium zum Vermitteln auch nicht verbaler Erlebnisinhalte. Das Schaffen von Kunstwerken erfordert handwerkliche Fähigkeiten und Einfühlungsvermögen; Kunst ohne gedankliche Hinwendung zum Konsumenten erscheint schwer vorstellbar.

3. Die Ordnung der Biosphäre

Lassen wir den Ursprung des Lebens und die menschlich–kulturelle Entwicklung zunächst außer Betracht und wenden uns der Biosphäre zu, wie sie heute Gegenstand unserer Forschungen ist. Ihr entscheidendes Merkmal ist, dass sie sich wandelt; neue Arten entstehen, alte verschwinden. Versuchen wir zunächst einen Begriff für alles zu finden, was Objekt einer *Wandlung* sein kann, wir brauchen einen solchen Oberbegriff zur *Art*, denn auch andere Strukturen wandeln sich. Nennen wir alle Teile, die sich wandeln können – ein wenig willkürlich – »Gebilde«. Die Gesamtheit der Biosphäre zerfällt in viele Gebilde, wie nur beispielsweise Arten, Gesellschaften, Biotope und Symbiosen. Allen diesen Gebilden ist gemeinsam, dass sie mit der Umwelt im Wirkungszusammenhang stehen und grundsätzlich fähig sind, sich zu erweitern oder gleichartige Gebilde zu produzieren. Sie bestehen aus chemischen Elementen oder aus untergeordneten Gebilden, die ihrerseits aus chemischen Elementen bestehen. Soweit sie produktiv tätig werden, geben sie ihre Baupläne an eine nächste Generation weiter.

Gebilde sind durch ihre Baupläne definiert, dies sind Informationen, die wir uns idealisiert als immateriell vorstellen können.

Um zum Kern der ablaufenden Prozesse vorzudringen, müssen wir die uns aus der Biologie geläufigen Prozesse etwas allgemeiner verstehen. Der grundlegende Prozess der Entwicklung von neuen Gebilden lässt sich auf die folgenden Merksätze reduzieren:

[1] *Alle Gebilde kommunizieren mit ihrer Umwelt (~ Stoffwechsel).*
[2] *Alle Gebilde reproduzieren sich, wobei neue Merkmale oder Veränderungen an Merkmalen erscheinen können (~Mutation).*
[3] *Die Reproduktion steigt mit dem Ausmaß der Kommunikation.*
[4] *Es ergibt sich, dass reproduzierte Gebilde miteinander konkurrieren (~Selektion).*
[5] *Etablierte Gebilde verharren; sie werden nur durch einen Entwicklungssprung einer Neuerung verdrängt.*
[6] *Je öfter Merkmale unverändert weiter gegeben wurden, umso geringer ist die Tendenz zu ihrer Veränderung.*
[7] *Es ergibt sich, dass Gebilde mit neuen Merkmalen komplexer und differenzierter werden.*

Diese Merksätze bedürfen einiger ergänzenden Erklärungen.

Zu Merksatz [1] muss der Ausdruck *Kommunikation* erklärt werden. Alle Gebilde stehen in funktionellem Wirkungszusammenhang mit ihrer Umwelt, die andere Gebilde einschließt. Losgelöst von der Biosphäre sind sie nicht vorstellbar und nicht existenzfähig. Gebilde leben dadurch, dass sie mit anderen Gebilden kommunizieren. Dieser Ausdruck steht für: Sie stehen miteinander in funktionellem Wirkungszusammenhang. Die Art der Kommunikation ergibt sich durch die Merkmale, ist also eine spezifische Eigenschaft von Gebilden.

Die Kommunikation kann gut oder weniger gut sein, hierfür sind auf der einen Seite die Merkmale und auf der anderen Seite die Umwelt verantwortlich. Dort, wo Gebilde und Umwelt gut korrelieren, blüht die Kommunikation, und die entsprechenden Merkmale erscheinen erneut bei der nächsten Generation; Merksatz [3] könnte auch lauten: *Was sich bewährt, bleibt.*

Merksatz [4] hält nur ein notwendiges Ergebnis fest: Gebilde einer neuen Generation mit unterschiedlichen Merkmalskombinationen kommunizieren mit der Umwelt; diejenigen, die dies erfolgreicher als andere realisieren, also einen größeren Stoffwechsel realisieren, beziehen hieraus Vorteile für ihre weitere Reproduktionen.

Etablierte Arten bleiben bestehen, so wie wir dies am Beispiel der Buchfinken gesehen haben. (Kapitel 6/1) Ohne die mit Merksatz [5] festgestellte *Trägheit* wäre eine stetige, stabile Weiterentwicklung, die wir beobachten, nicht vorstellbar. Erst eine merkliche Veränderung der Umwelt oder eine hiermit meist einhergehende erhebliche Neuerung etablierter Arten lässt die Entwicklung fortschreiten. Die Biosphäre entwickelt sich immer weiter; zyklische Wiederholungen sind nicht zu beobachten. Für Arten (Gebilde) gibt es bei sich ändernder Umwelt die Möglichkeit der Anpassung; wenn dies nicht mehr geht, sterben sie aus. Es ist zu vermuten, dass eine Mutationsresistenz alter Gebilde – nach Merksatz [6] – dafür verantwortlich ist, dass die Biosphäre zeitlich gerichtet abläuft. Bestätigt wird dies durch die Erfahrung, dass sehr alte Arten über Jahrmillionen weitgehend unverändert geblieben sind; wie die ersten Landtiere, die vor etwa

400 Millionen Jahren entstanden sind. Es entspricht andererseits der Erfahrung, dass neue Merkmale sich schnell weiterentwickeln. Das Merkmal der sozialen Fähigkeiten der Hominiden hat sich innerhalb der kurzen Zeit von nur 4 Millionen Jahren so entwickelt, dass aus Tieren Menschen werden konnten.

Merksatz [7] ist eine Folge der vorangegangenen: Eine verbesserte Kommunikation bedarf immer raffinierter Maßnahmen. Ein Tier ist erheblich komplexer als eine Zelle, und eine Gruppe ist wiederum komplizierter als ein Tier. Das nächst komplexere Gebilde probiert sich aus, wenn es einen Vorteil bringt, bleibt es bestehen.

Es ist zu untersuchen, wieweit diese aus der genetischen Entwicklung von Arten gewonnenen Merksätze auch bei kulturellen Entwicklungen erkennbar sind. Dies soll zunächst im Bereich der Wissenschaft und Technik untersucht werden.[1]

4. Aus der Werkstatt der Technik

Betrachten wir als Beispiel die Entwicklung der thermischen Kraftmaschinen, wie sie sich in den in den letzten 300 Jahren zugetragen hat. Kraftmaschinen sind ganz allgemein alle Maschinen, die in der Lage sind, Arbeit zu leisten. Von alters her sind die Wasserräder und Windräder bekannt. Gemeinsames Merkmal der thermischen Kraftmaschinen ist es, dass zunächst durch Verbrennung Wärme erzeugt wird, die dann in mechanische Bewegung, in Arbeit umgesetzt wird.

Eine erste, überaus simple Maschine wurde 1690 von dem französischen Physiker Denis Papin erfunden. Ein zylindrischer Raum war durch einen beweglichen Kolben abgeschlossen; durch Wärme wurde Wasser verdampft, was den Kolben wegen des zunehmenden Volumens des Dampfes anhob. Nach dem Hub wurde die Wärmequelle entfernt, das Wasser kondensierte und der Kolben ging in die Ausgangsstellung zurück. Papin setzte diese Maschine zum Pumpen von Wasser ein. Die Maschine war wohl eher eine Versuchsanordnung zur Demonstration physikalischer Vorgänge als eine brauchbare Kraftmaschine.

Die englischen Ingenieure Thomas Savery und Thomas Newcomen entwickelten die alte französische Maschine weiter. Savery trennte den Zylinder von der Dampferzeugung, verwendete dabei auch zwei Zylinder (1698); Newcomen übertrug die Kraft der Zylinder über Hebel und setzte Gewichte zur Rückführung der Kolben ein (1705). Diese weiterentwickelten Kraftmaschinen erzeugten noch keine Drehbewegung; sie wurden ebenfalls zum Pumpen von Wasser eingesetzt. Diese Maschinen können als zweite Generation der thermischen Kraftmaschinen betrachtet werden; sie konnten, um im Bild der Biosphäre zu bleiben, mit der Umwelt besser kommunizieren als die spielerische Maschine von Denis Papin. Der Einsatz der Maschinen von Savery und Newcomen war auf das Pumpen von Wasser meist aus Kohlengruben beschränkt; in der Umwelt von 1705 gab es keine andere Verwendung für eine schlichte Hin–und Herbewegung.

Die Maschine von Papin kommunizierte mehr schlecht als recht mit der Umwelt. Eine Modifikation, die wir mit einer biologischen Mutation vergleichen können, schafften die Ingenieure Savery und Newcomen. Wir wissen, dass es viele »Mutationen« gegeben hat, viele Überlegungen und Versuche, die sich zum großen Teil als verfehlt herausgestellt haben. Geblieben ist – zunächst – eine Maschine, die leistungsfähiger war als die Papins, die besser mit der Umwelt kommunizieren konnte.

Den entscheidenden Durchbruch zu einer »modernen« Dampfmaschine schaffte in den letzten Jahren des 18. Jahrhunderts der Schotte James Watt durch eine Reihe von grundlegenden Erfindungen. So konnte er die hin und her verlaufende Bewegung durch eine Kurbelwelle und eine Pleuelstange in eine Drehbewegung umsetzen. Weiterhin verbesserte er die Kondensation des Wassers durch spezielle und von den Zylindern unabhängige Kondensatoren. James Watt erfand weiterhin den rotierenden Fliehkraftregler, der die Dampfzufuhr zu den Zylindern so steuerte, dass die Drehzahl der Drehbewegung weitgehend konstant blieb.

James Watt hat ebenso wie viele andere Ingenieure Versuche durchgeführt, und »Mutationen« ausprobiert, und hierbei auch viele Fehlschläge erlebt. Nur das geeignete, kommunikationsfähige Produkt blieb bestehen. Seine Maschine wurde auch deswegen zum Erfolg, weil die Umwelt mit ihr kommunizieren konnte; die Welt war fähig geworden, Nutzen aus einer angetriebenen Drehbewegung zu ziehen. Nach Merksatz [3] stieg die Zahl der hergestellten Maschinen mit dem Nutzen, mit zunehmender Kommunikation.

Die Dampfmaschine gestaltete die Umwelt. Viele Arbeitsmaschinen entstanden, die durch die Drehbewegung angetrieben werden konnten. Schon 1786 lief das erste dampfgetriebene Schiff vom Stapel und verkehrte auf dem Delaware River in den USA. 1819 überquerte zum ersten Mal ein Dampfschiff, ein Raddampfer, den Atlantik. Bereits 1800 wurden die ersten Drehbänke von stationären Dampfmaschinen angetrieben. Die erste Eisenbahn, mit einer Dampflokomotive, wurde 1829 in Betrieb genommen. Die Entwicklung der Dampfmaschine und in ihrem Gefolge aller thermischen Kraftmaschinen und die zugehörigen Arbeitsmaschinen war »explosiv«, so wie es die Entwicklung der Säugetiere nach dem Verschwinden der Dinosaurier vor 65 Millionen Jahren war.

Nachdem ein Bedarf für Kraftmaschinen entstanden war, differenzierten sich diese für die verschiedenen Anwendungen, nach Merksatz [7]. In der nächsten Generation entstanden neue Entwicklungslinien der thermischen Kraftmaschinen, so beispielsweise die Hochdruck–Dampfmaschine, der Ottomotor, der Dieselmotor, Dampfturbinen, Triebwerke für den Luftverkehr und der Drehkolbenmotor. Thermische Kraftmaschinen treiben größere Schiffe als die Titanic an, und kleine Mähmaschinen, die wie ein Rucksack zu tragen sind. Alle diese Kraftmaschinen besetzen eigene ökologische Nischen.

Es hat bei der Entwicklung der thermischen Kraftmaschinen das stattgefunden, was wir aus der Biologie kennen: eine Diversifikation auf Spezialgebiete bei zunehmender Komplikation, nach Merksatz [7]. Ein Flugtriebwerk ist nun mal komplizierter als eine Einkolben-Niederdruck-Dampfmaschine. Alle bestehenden Kraftmaschinen gibt es, weil sie sich in Zeiten der Selektion gegen andere behaupten konnten. Die praktische Erprobung gibt den Ausschlag, so wie in der Biosphäre. Der Wankelsche Drehkolbenmotor konnte sich, bei allem technischen Charme, nicht behaupten. Die Urform der Kolbendampfmaschine ist im Rückgang und wird kaum noch produziert, sie ist von dem Maschinen der nächsten Generationen überholt worden, ihre Mutationspotenz war erschöpft; sie musste verschwinden, wie einige Beuteltiere in Australien, die der Konkurrenz von »modernen« Säugetieren nicht stand halten konnten. Für die Technik und die Biosphäre gilt der Grundsatz: Nur das, was sich unter den obwaltenden Umständen hinreichend gut bewährt, bleibt erhalten.

Bei allen technischen Entwicklungen besteht auch die Spannung zwischen Erprobtem und den Neuerungen, nach Merksatz [5]. In der klassischen belebten Welt steht die Neuerung in Konkurrenz zur Vorform; bei unzureichender Verbesserung verschwindet die Neuerung. Ebenso steht die möglicherweise leistungsfähigere, aber unerprobte und mit Risiken behaftete neue Maschine in Konkurrenz zur Vorform, die vielleicht etwas weniger effektiv aber zuverlässig arbeitet, weil sie alle »Kinderkrankheiten« bereits überstanden hat. Eine denkbare gute Maschine wird unter Umständen nie realisiert, weil sie den Entwicklungsvorsprung einer konkurrierenden und etablierten älteren Maschine nicht einholen kann. In der Biologie und in der Technik spielt der Zufall eine Rolle.

Die Parallelität zwischen biologischer und menschlich kultureller Entwicklung besteht auch für Felder, von denen man dies nicht sofort vermuten würde.

5. Die bildende Kunst

Es ist nützlich, sich die Beziehung zwischen Kunstbetrachter und Kunstwerk zu vergegenwärtigen. Der Betrachter möchte von der Harmonie des Bauwerkes, von der Kühnheit der Statik beeindruckt werden oder von der Komposition eines Gemäldes. Er hofft, dass mythische Vorstellungen für ihn durch eine Darstellung an Realität gewinnen. Die Betrachtung eines Kunstwerkes führt zu einer Beziehung zum Schöpfer des Werkes. Welche individuellen Einflüsse hat er verarbeitet, was bedeutet dieses oder jenes, hatte er Humor, wo und wie hat er in seiner Entwicklung gelernt, wie setzt er sich gegen ältere Meister ab, und inwiefern korreliert dies mit weiteren persönlichen Erfahrungen aus seinem Leben? Ist eine Beziehung zu unserem eigenen Leben herstellbar, oder gewinnen wir neue Aspekte zum Leben überhaupt?

All dies sind Merkmale der Kommunikation. Das Kunstwerk, alleine in der Wüste, ist keines; es bedarf der betrachtenden Menschen, die fähig sind, mit dem

Dargestellten und auch mit dem Schöpfer zu kommunizieren. Der Betrachter soll bereichert werden, er hofft auf neue, erregende Eindrücke, oder er wünscht bekannte und erfreuende Erlebnisse zu wiederholen.

Zu den frühesten Bildwerken, die wir kennen, gehören die Malereien in der Höhle von Lascaux. Sie zählen zur Anfangszeit der Kultur der Magdalénien, die der späten Würm–Eiszeit zugerechnet wird. Die ersten Bildwerke sind etwa 20 000 Jahre alt; die Höhle war vermutlich viele Tausend Jahre bewohnt, und Darstellungen von diesen vielen Tausend Jahren können wir bewundern. Die Menschen suchten in der Höhle Zuflucht vor dem Eiszeitwinter und sehnten sich nach Sommer und Jagd. In der Zeit der erzwungenen Muße erinnerten sie sich an die Jagdsaison und ritzten Jagdeindrücke in die Höhlenwand. Die Bilder waren Gehilfen der Fantasie; sie wurden nachgeahmt und verbessert, sie waren eine Quelle der Freude für Künstler und Betrachter. Ob hiermit kultische und animistische Vorstellungen verbunden waren, wissen wir nicht; Aussagen hierzu sind spekulativ.

Die Spannung zwischen bewährten und neuen Gebilden, gilt auch für die Kunst. Es gibt den Wunsch nach Wiederholung eines einmal erlebten Kunstgenusses, die Tendenz zur Beharrung, wie wir dies – mutatis mutandis – aus Merksatz [5] kennen. Wer sich an bestimmten Richtungen erfreut hat, beispielsweise an der flämischen Malerei des 15. Jahrhunderts oder der Malerei der französischen Impressionisten, wird lieber diese Werke aufsuchen als die von Otto Dix und Egon Schiele. Ähnliches gilt für die Musik: Die Liebhaber von Barockmusik werden eher in eine Aufführung der Brandenburgischen Konzerte gehen als in das Violinkonzert von Paul Hindemith.

Stilepochen folgen einander; aufschlussreich sind die Übergänge. Neue Elemente kommen in die Darstellungen, die als Verletzungen, als Grenzerscheinungen der gerade gültigen Kunstrichtung wahrgenommen werden. Dies sind beunruhigende aufregende, neue Gebilde, die ihren Reiz aus der Grenzsituation zu dem Gewohnten beziehen; neue dissonante Harmonien entfalten ihre Attraktion dadurch, dass sie fast schmerzlich langsam zu den bekannten Harmonien zurückführen. Bildliche Darstellungen sind nicht mehr detailgenaue Wiedergaben, sondern Eindrücke, die das Dargestellte interpretieren, die Wesentliches hervorheben oder verfremden. Neues wird versucht und den Rezipienten von Kunstwerken angeboten. Die neuen Versuche bewähren sich, wenn sie über kurz oder lang die Aufmerksamkeit der Betrachter gewinnen; sie können dann stilbildend werden.

Dieser Prozess ist dem Prozess der Entstehung von Arten vergleichbar. Die Akzeptanz durch das Publikum, die erfolgreiche Kommunikation ist Maßstab für die Bewährung einer neuen Kunstrichtung. Die neue Stilrichtung benötigt Glück und eine bereite Umwelt, um sich durchzusetzen, ebenso wie eine biologische Varietät glücklicher Umstände, in Form einer geeigneten Umwelt, bedarf, um sich zur Art mausern zu können. Den Erfolg einer Art erkennen wir an ihrer Vermehrung; den einer neuen Stilrichtung daran, dass weitere bildende Künstler sie sich zu Eigen machen und entsprechend viele Bildwerke der neuen Art produzieren.

6. Gesellschaftliche Organisationen

Alle gesellschaftlichen Organisationen haben sich aus dem Urklan evolutionär entwickelt. Sie werden von Generation zu Generation weitergereicht, sie sind Gebilde mit eigner Geschichte, wie dies auch aus den Beispielen des Kapitels 30 hervorgeht. Organisationen existieren, weil sie mit den sie tragenden Individuen kommunizieren; sie befriedigen deren mentale Bedürfnisse. Diese bestehen in dem Wunsch nach Ordnung, Hierarchie und Schutz; sie sind bereit, für die Organisation Opfer zu bringen; sie empfinden sie als gegebenen Teil der Umwelt. Martin Luther kleidet den Wunsch nach Hinwendung zur Organisation in die Worte: »Alle Obrigkeit ist von Gott«. Die Organisation wird transzendental überhöht, so durch den Zusatz »heilig«; ich erinnere an das Heilige Römische Reich, oder die Heilige Katholische Kirche.

Ein Beispiel der evolutionären Entwicklung von gesellschaftlichen Strukturen ist die Organisation der Führung. Die erste Führung war der Klanchef. Irgendwann mag es sich herausgestellt haben, dass seine Nachkommen Vorteile gegenüber andern Klanmitgliedern hatten, also bessere Chancen, Nachfolger zu werden. Aus diesem Mechanismus, so können wir uns vorstellen, entwickelte sich die Übung einen direkten Nachkommen als »geborenen« Nachfolger zu etablieren. Hieraus wurde nach Hunderten von Generationen die automatische erbliche Nachfolge und schließlich die Merkwürdigkeit des Gottesgnadentums; bei den Pharaonen waren die Herrscher Abkömmlinge der Götter. Die Praxis führte im Lauf der Zeit dazu, dass die geborenen Herrscher Gehilfen beschäftigten. Sie wurden im eigenen Interesse aktiv oder im Interesse ihrer Gehilfen und Satrapen. Oft waren sie deren Werkzeug. Wir können dies interpretieren: Die tragende Gesellschaft bestand nicht mehr aus dem Herrscher und seinem Volk, sondern dem Herrscher und seinen Satrapen, seinen »Prätorianern« und seiner Familie; diese wurden vorgezogen und dadurch zu willigen Gehilfen bei der Beherrschung der Übrigen vernachlässigten und murrenden Untertanen.

Die Geschichte ist eine Folge von Auseinandersetzungen zwischen alten Strukturen und nach Rechten verlangenden Untertanen. Zwei unterschiedliche Vorstellungen von Gebilden stehen in Konkurrenz zueinander. Es ist die Auseinandersetzung zwischen Beharrung und Fortschritt, die in Merksatz [5] erscheint. Die Beharrung, das ist die Tendenz zum Erprobten, es ist der Hang zur Tradition, zum Glauben der Väter. Der Fortschritt erkennt Mängel der überkommenen Strukturen und wünscht deren Anpassung an neue Gegebenheiten. Bei Not werden die überkommen Strukturen in ihrer Gesamtheit in Frage gestellt, um eine neue, überschaubare, einfache Ordnung zu schaffen. Beharrung und Fortschritt werden häufig mit dem Etikett »rechts« und »links« nach der Sitzordnung im alten deutschen Reichstag gekennzeichnet. Sie stehen nicht nur im deutschen Sprachraum für Tradition einerseits und für Fortschritt andererseits.

In jedem Kulturkreis gibt es alte Merkmale, die sich jeder Weiterentwicklung zu widersetzen scheinen. Unsere christlichen Wertvorstellungen, die teilweise auf das alte Testament und Moses zurückgehen, und die hiermit verbundenen Strukturen werden geglaubt; sie sind Teil unserer Kultur geworden. Es besteht unverkennbar eine Beziehung zwischen dem Alter, der Ehrwürdigkeit von Wertvorstellungen und deren Immobilität, wie dies in Merksatz [6] formuliert ist.

Unverkennbar ist die Komplizierung und Diversifizierung – nach Merksatz [7] – unserer heutigen staatlichen Strukturen gegenüber denen des Gottesgnadentums souveräner Herrscher. Die Aufteilung der staatlichen Macht in Legislative, Exekutive und Jurisdiktion ist kompliziert und bedarf ausgeklügelter kodifizierter Normen; ihr Ergebnis ist immerhin, dass dieser Staat in der Lage ist, mit den ihn bildenden Individuen so zu kommunizieren, dass er selbst erhalten bleibt und diesen Individuen Freiraum lässt. Die höhere Leistungsfähigkeit wird mit der Komplikation erkauft. Die Zunahme der Zahl der Gesetze belehrt uns, dass die Tendenz zu weiterer Komplikation und Diversifikation anhält. Wir können dies als Folge des menschlichen Hangs zur Ordnung, zu Perfektion, zur Regulierung auch des letzten Details verstehen.

7. Das Kontinuum

Die Biosphäre gehorcht den Gesetzen der Physik und Chemie – sonst wäre der Schluss unausweichlich, dass unsere Vorstellungen von Chemie und Physik ergänzungsbedürftig sind. Ebenso wären unsere Vorstellungen von Evolution dann ergänzungsbedürftig, wenn in unserer kulturellen Entwicklung nicht evolutionäre Erscheinungen zu beobachten wären. Ich bitte dies nicht so zu verstehen, dass unsere Kultur nichts weiter als eine Weiterentwicklung der biologischen Evolution sei, die auch zur Vielfalt unserer Biosphäre geführt hat. Die menschliche Kultur mit ihren vielen Facetten ist eine Erscheinung *sui generis*, die Gegenstand eigener Forschungen ist. Wir sollten uns aber der Tatsache bewusst sein, dass sie sich aus der biologischen Evolution nahtlos entwickelt hat, den gleichen Gesetzmäßigkeiten folgt und mit ihr ein Kontinuum bildet. Diese Erkenntnis ist mehr als eine intellektuelle Spielerei; sie sollte uns ins Bewusstsein rufen, dass unsere tradierten Wertesysteme, aber auch die künstlerischen Erscheinungen sich aus biologischem Geschehen entwickelt haben. Es wäre wünschenswert, dass wir als Folge dieser Kenntnis Wertvorstellungen mit mehr Abstand, mit mehr Gelassenheit sehen könnten.

Die menschliche Kultur besteht aus »Gebilden«, die zufällig entstanden sind und sich evolutionär entwickelt und behauptet haben. Sie kommunizieren mit Menschen und erfüllen deren genetisch entstandenen Bedürfnisse. Wenn sie dies nicht mehr vermögen, verschwinden sie.

Wir können unsere Biosphäre als Beispiel eines sich autokatalytisch selbst aufbauenden Systems betrachten. Wir können nicht ausschließen, dass es weitere solche Systeme gibt. Es besteht die Vermutung, dass alle denkbaren autokatalytischen, sich selbst aufbauenden Systeme den skizzenhaft umrissenen Merksätzen folgen.

8. Der Biologismus

Viele Geisteswissenschaftler schätzen es nicht, wenn sich Biologen in ihrer Domäne tummeln. Sie nennen dies »Biologismus«. Die Nachsilbe »ismus« ist unter den höflichen Forschern ein Ausdruck von Geringschätzung. So wird der Biologismus als die ungerechtfertigte Ausdehnung spezifisch biologischer Begriffe und Denkweisen auf außerbiologische Wissensgebiete verstanden. Übergriffe der Biologen, so wird befürchtet, führten zur Leugnung der Eigenständigkeit und Eigentümlichkeit des menschlichen Geistes. Die Erkenntnis, dass biologische und kulturelle Entwicklungen Parallelen aufweisen, die zu der Annahme von übergreifenden Gesetzmäßigkeiten führen, ist nicht aggressiv. Auch die Geisteswissenschaften – die man besser »Kulturwissenschaften« nennen sollte – sind der Disziplin unterworfen, die man früher nur von den Naturwissenschaften eingefordert hat. Es gehört zu den Aufgaben der Kulturwissenschaften, kulturelle Entwicklungen zu untersuchen und nachvollziehbar zu interpretieren. Sie können nicht prinzipiell unvereinbar mit anderen Wissenschaften sein.

Gerne erinnere ich mich an einen meiner akademischen Lehrer, an Aloys Wenzl, Professor für Philosophie an der Universität München in den Fünfzigerjahren. Er verblüffte seine Hörer mit dem Ausspruch: »Nur der kann den Geist leugnen, der noch nie etwas von Geist in sich verspürt hat!«

Der zu verspürende Geist, so meinte er, sei etwas Immaterielles, das zur Biologie hinzukäme und besondere Wirkungen entfalte, was sich naturwissenschaftlicher Betrachtung vom Grundsatz her entziehe. Diese Auffassung hat eine lange Tradition; sie kann Gegenstand historischer Forschung sein. Sie ist aber vom Kern her ein *Glaube*, der bei wissenschaftlichen Untersuchungen keine Hilfe ist.

Anmerkung

[1] Das Thema der Unterkapitel würde mehrere Bücher füllen. Ich bitte die extreme Kurzfassung von einigen herausgegriffenen Beispielen unter dem Gesichtspunkt zu verzeihen, dass extreme Vereinfachung auch veranschaulicht – es ist im Rahmen dieses Buches nicht anders möglich.

33 Die Funktion der Zeit in der Biosphäre

1. Die Evolution der Evolution

Unter Evolution verstehen wir meist nur die biologische Entwicklung der Biosphäre, die Entstehung von Arten. Wir können feststellen, dass die Arbeitsmethode der Evolution sich im Laufe von 3 Milliarden Jahren gewandelt hat. Zuerst bildeten sich autokatalytische Verbindungen, die in der Lage waren, sich selbst zu reproduzieren und somit insgesamt an Masse zuzunehmen. Hierzu mussten die notwendigen chemischen Elemente in hinreichender Menge vorhanden sein und die physikalischen Bedingungen wie Energiezufuhr, Druck und Temperatur die spontane Entstehung von chemischen Verbindungen ermöglichen. Wenn zufällig zur Autokatalyse fähige Verbindungen entstehen, dann ist unausweichlich, dass diese Verbindungen vermehrt auftreten. Sie stehen in einem Konkurrenzverhältnis zu allen anderen Verbindungen, die nur spontan, durch Zufall entstehen; die autokatalytisch begabten sind bevorteilt und beanspruchen die gesamte vorhandene Materie für sich. Es ist dies ein Effekt der sich ergibt, zu seinem Verständnis ist irgendein planender Eingriff nicht erforderlich. Diese bevorzugten Verbindungen können nun ihrerseits untereinander Verbindungen ausprobieren und zu weiteren autokatalytischen Verbindungen auf einer nächst komplexeren Ebene führen.

Im Laufe von unvorstellbaren Zeiten haben sich durch den Aufbau zu immer komplexeren Systemen schließlich Zellen gebildet, die sich durch Teilen vervielfachen konnten. Diejenigen, die dies praktizieren konnten, haben die zur Verfügung stehende Materie an sich gebunden. Es bestand wiederum eine Konkurrenzsituation, die wir als elementares Moment eines sich selbst aufbauenden Systems verstehen müssen. Es gilt der oft zitierte Grundsatz, dass das, was sich bewährt – was der Konkurrenz überlegen ist – bestehen bleibt und sich fortsetzt.

Der nächste Schritt der Evolution ist die Bildung von Zellansammlungen. Die Zellen haften aneinander; wir können uns vorstellen, dass die äußeren Zellen einer Ansammlung eine Schutzfunktion für die inneren Zellen übernehmen. In der weiteren Entwicklung haben sich die Zellen von Zellansammlungen differenziert und unterschiedliche Funktionen übernommen. Wie immer bestand eine Konkurrenzsituation, und die Zellansammlung mit einer guten Arbeitsteilung unter den Zellen war anderen Zellansammlungen überlegen. Der Fortschritt war, wie wir dies im letzten Kapitel kennen gelernt haben, mit einer Komplikation verbunden; nicht mehr die Zellen waren jetzt der Konkurrenz unterworfen, sondern die Ansammlungen.

Aus den Zellansammlungen wurden Tiere, die nicht mehr ortsgebunden zu sein brauchten, sondern die benötigte Materie woanders finden konnten. Die Evolution hatte einen entscheidenden Schritt getan, sie hatte sich selbst evoluiert, ihre Arbeitsmethoden verbessert. Betrachten wir nur die ganz großen Schritte auf dem Weg zu uns. Die nächste Komplikation war die Entwicklung von verschiedenen Tieren, die sich auf bestimmte Umgebungen und bestimmten Nahrungserwerb spezialisierten. Das anfängliche Kontinuum zwischen verschiedenen Formen von Zellansammlungen wurde verlassen; es entstanden definierte biologische Arten. Ein großer Fortschritt war die Entwicklung der Zweigeschlechtlichkeit, der theoretisch eine ganz besondere Bedeutung zukommt: Es war wieder eine Erfindung, die evolutionäre Entwicklung beschleunigte.

Machen wir einen großen Sprung. Der Zusammenschluss von Tieren einiger Arten zu Gruppen war eine weitere wichtige Erfindung des sich selbst aufbauenden Systems Biosphäre. Die Gruppe war den Einzelgängern überlegen. Wiederum war der Schritt vorwärts mit Spezialisierung und Komplizierung verbunden.

Bei der Entstehung der Art Homo sapiens können wir weitere neue Methoden der Evolution beobachten. Die biologische Entwicklung hat dazu geführt, dass die hominiden Individuen fähig wurden, kulturelle Informationen aufzunehmen und sich nach ihnen zu richten. Wiederum ist die Beschleunigung festzustellen: Tradierte Antriebe und Verhaltensweisen entfalten ihre Wirkung erheblich schneller, als diejenigen, die im Genom gespeichert werden müssen. Die hominiden Gruppen waren der Konkurrenz unterworfen; die besser organisierte Gruppe war den anderen überlegen. Genau genommen bestand eine Konkurrenz zwischen den kulturell tradierten Bildungsprinzipien der verschiedenen Gesellschaften.

Auf kulturellem Gebiet setzte sich die Evolution fort. Wir können einige weitere Schritte des biologisch–kulturellen Kontinuums feststellen. Die Entwicklung der Technik begann mit Werkzeugen, die der menschlichen Arbeitskraft einen besseren Wirkungsgrad verliehen. Ein wichtiger Schritt war der Einsatz von Tieren zur Leistung von Arbeit. Kraftmaschinen traten an die Stelle von Tieren. Der Entwicklungssprung von den Tieren zu den Kraftmaschinen war die erste industrielle Revolution; mit der maschinellen Verarbeitung von Daten erleben wir gerade die zweite.

Wir müssen erkennen, dass sich die Evolution wandelt, sie ist selbst Gegenstand der Evolution. Das grundlegende Prinzip aber blieb gleich: Die Konkurrenz zwischen ähnlichen Gebilden führt zu immer besserer Kommunikation mit der Umwelt, und neue Gebilde werden die Basis für eine Fortsetzung der Entwicklung.

2. Die Evolution und die Zeit

Die evolutionäre Entwicklung beschleunigt sich. Die ersten Zellen, die zellkernlosen Bakterien, die Blaugrün-Algen, die Prokaryoten, hat es vor mehr als 2,8 Milliarden Jahren gegeben. Es dauerte 1,4 Milliarden Jahre, bis sich die ersten Mikroorganismen mit Zellkern gebildet hatten, die Eurykaryoten. Es waren Zellen, aus denen die komplexeren Organismen der heutigen Biosphäre aufgebaut sind. Die ersten Fossilien, die auf die Existenz von maritimen Tiere schließen lassen, sind 670–550 Millionen Jahre alt. Die Zeit der Biosphäre, die wir überblicken, war jetzt schon zu drei Vierteln verstrichen.

Vor 450 Millionen Jahren entstanden die ersten Wirbeltiere, ein »wenig« später, vor 400 Millionen Jahren kamen die ersten Tiere an Land. Die Vögel und die Säugetiere begannen ihren Siegeszug nach der Katastrophe vor 65 Millionen Jahren, dem Übergang von der Kreide zum Tertiär. Zu diesem Zeitpunkt war, von uns heute aus gesehen, 98% der Geschichte des Lebens vergangen. Zu Beginn der Entwicklung zum Menschen – der Trennung der Schimpansenlinie von der Menschenlinie vor 6,5 Millionen Jahren – waren bereits 99,8% der überblickten, biologischen Zeit verstrichen.

Vor diesem beschaulichen Hintergrund scheint sich die Entwicklung des Menschen geradezu zu überschlagen. Die neue Methode, die kulturelle Übertragung von neuen Arbeitsmethoden und die organisierte Arbeitsteilung in Gruppen bedurfte nur noch einer extrem kurzen Zeit ihre Wirksamkeit zu entfalten.

Machen wir einen Sprung zu den letzten 5 000 Jahren; man könnte sie als das Zeitalter der Wissenschaft und Technik bezeichnen. Die Beschleunigung der Entwicklung, der Evolution, ist auch hier erkennbar. Die Bauten der Pyramiden in Mexiko und Ägypten waren technisch überzeugende Leistungen. Nicht zufällige geologische Entwicklungen, nicht Knochengerüste wie bei den Koralleninseln schufen neue Erscheinungen, sondern der Mensch, der mit Baumaterialien umzugehen gelernt hatte und einen Sinn für das Machbare, einen Sinn für Statik entwickelt hatte.

Vor 250 Jahren begannen die Kraftmaschinen die Welt zu erobern. Heute sind sie nicht mehr wegzudenken, sie gestalten unser Leben. Vor 70 Jahren begannen die ersten Überlegungen, die ersten Forschungen zum »elektronischen Zeitalter«, zur Datenverarbeitung. Eine Arbeitsmaschine läuft immer noch viele Jahrzehnte, bis sie veraltet, überholt oder nicht mehr funktionsfähig ist. Unsere Computer sind wesentlich schneller überholt; sie laufen nur noch etwa 4 Jahre.

Wenn wir jede Epoche einer Stufe der Entwicklung zuordnen, nach deren Erklimmung die Entwicklung vorübergehend stetig verläuft, dann sind die Epochen immer kürzer geworden. Die längste Epoche, die von den Blau–Grünalgen zu den Zellen mit Kern dauerte noch 1,4 Milliarden Jahre, die Entwicklung von den ersten Kraftmaschinen bis zu deren Vervollkommnung 250 Jahre; die bisherige Entwicklung der Datenverarbeitung von den lächerlichen Anfängen in den Vierzigerjahren bis zur heutigen, nicht mehr wegzudenkenden Perfektion, etwa 50 Jahre.

Man könnte sagen, dies sei der wachsenden menschlichen Intelligenz zuzuschreiben. Die Intelligenz, soweit sie im Genom vererbt wird, hat sich aber nicht mehr verändert. Die biologische Evolution von uns Menschen ist längst abgeschlossen. Ein genetischer Rückkopplungskreis, auch der von Gruppen, besteht kaum noch. Das von Generation zu Generation weitergereichte Wissen ist der Kern der heutigen Evolution; ein Wissensgebiet, das sich bewährt, das Resultate verspricht, wird weiter verfolgt; ein abgegrastes Gebiet wird als Erinnerungsposten unverändert mitgeführt.

Ich möchte dieses Unterkapitel zu einem Satz verdichten:
Es ist ein Merkmal der Evolution, dass sich deren Entwicklung beschleunigt.
Der Satz ist verständlich und plakativ, auch wenn der Zeitmaßstab und ein Maßstab für die Höhe von Entwicklungsschritten fehlt; die Realität ist derart ins Auge springend, dass dieser Satz durchgehen kann.

3. Gesellschaft, Forschung und Technik

In der Biosphäre bestand die Evolution in der schrittweisen Anpassung an die Umwelt. Wir Menschen sind traditionsbewusst, ohne äußere Notwendigkeit wollen wir unseren kulturellen Sozialcode nicht ändern; wir meinen, es sollte alles so bleiben, wie es ist. Unsere Ordnungsliebe lässt uns wünschen, dass alles an seinem Platz bleibt. Die sich ändernde Umwelt lässt dies nicht zu.

Die gesellschaftliche Entwicklung des Industriezeitalters sollte getrennt von Wissenschaft und Technik gesehen werden. Wissenschaft und Technik sind es, die unsere Umwelt laufend verändern; sie sind die aktiven, gestaltenden Elemente der Entwicklung; die Gesellschaft mit ihren sozialen Strukturen ist abhängig, sie muss sich anpassen. Wir forschen und entwickeln, weil uns der Hang hierzu in der Savanne anerzogen worden ist; die »Forscher« haben die Gruppen vorangebracht. Wir forschen und überlegen, wie denn alles zusammenhängt, und wir entwickeln neue Verfahren und Geräte; damit verändern wir die Rahmenbedingungen für die Gesellschaft, die nicht mehr so weitermachen kann wie bisher.

Durch die Dampfschiffe wurden die Segelschiffe mit den dazugehörigen Matrosen überflüssig. Zu Beginn der ersten industriellen Revolution wurden mit den mechanischen Webstühlen alle Weber überflüssig, trotz Fleiß und Mühe waren sie der Technik unterlegen; für sie hatte sich die Umwelt verändert. Mit dem Ende der Dampflokomotiven haben alle Heizer ihren Job verloren. Es geht nicht nur um Jobs. Durch die medizinische Forschung und die Beherrschung vieler Infektionskrankheiten hat sich in den Industrieländern das durchschnittliche Lebensalter während der letzten 150 Jahre verdoppelt. Es bedeutet eine Veränderung der Umwelt: Was tun mit den alten Leuten, die nicht mehr arbeiten, aber essen wollen?

Die Kette der durch Wissenschaft und Technik hervorgerufenen Veränderungen der Umwelt lässt sich auch in die Zukunft extrapolieren: Zunahme des Kohlendioxids in der Atmosphäre, vermutlich eine Temperaturzunahme mit langsamem Abschmelzen der Polkappen unter Erhöhung des Spiegels der Weltmeere, Verbreitung radioaktiver Stoffe in der Biosphäre – wobei das unheimliche, künstlich erzeugte Plutonium hervorgehoben werden muss.

Eine gezielte Steuerung der Forschung im Hinblick auf die Zukunft findet kaum statt. In Europa und Amerika wird viel Geld dafür ausgegeben, das Energieproblem durch die Fusionsreaktion von Wasserstoffkernen endgültig zu lösen. Ich bezweifle die Machbarkeit. Ich verstehe aber auch den Versuch nicht. Die Fusion hätte ökonomisch nur dann einen Sinn, wenn die gewonnene Energie so billig wäre, dass sie unsere Häuser im Winter heizen und im Sommer kühlen könnte, unsere Autos und Züge fahren und unsere Flugzeuge fliegen lassen könnte. Eine derartige Energieerzeugung außerhalb des natürlichen Energiekreislaufs der Biosphäre würde unsere Erde in wenigen Tausend Jahren unbewohnbar machen. Die Politiker an den Hebeln der finanziellen Macht wissen es nicht, und die Forscher haben es nicht verraten. Sie sind von dem technischen Problem gepackt, dessen Lösung ihnen Ruhm und Befriedigung bescheren wird. Das Verhalten dieser Forscher ist Teil der Eigengesetzlichkeit der Entwicklung unserer Biosphäre.

4. Die Vergangenheit steuert die Zukunft

In der Evolution steuert die Vergangenheit die Zukunft. Das, was sich bewährt hat, wird fortgeführt. Die Zukunft wird ausprobiert, so wie sie in der Vergangenheit ausprobiert worden ist. Wir Menschen forschen, das haben wir immer gemacht, und sehen das Produkt unseres Fleißes als »Fortschritt«. Ohne die Konsequenzen unserer Forschungen so recht zu bedenken, sind wir von dem Urvertrauen beseelt, es werde alles immer so weitergehen, so wie es in der guten alten Zeit war. Wir roden Wälder wie eh und je, wir bauen Autos und Flugzeuge wie eh und je, und wir fördern fossile Brennstoffe wie eh und je. In unserm Tun richten wir uns nach der Vergangenheit, ebenso wie die Evolution unserer Biosphäre sich an der Vergangenheit orientiert hat, deren Teil wir sind. Einige von uns wollen, dass es so bleibt, wie es jetzt gerade ist, und nehmen die Zunahme der Zahl der Menschen nicht recht zur Kenntnis; die Übrigen gehen in ihrem Fortschrittsglauben davon aus, das der Fortschritt auch weiterhin Früchte tragen wird, wie dies schon immer war.
Die Biosphäre entwickelt sich dadurch, dass sich die Organismen – unter Einschluss der menschlichen Gesellschaften – an der Vergangenheit orientieren.
Die Geschwindigkeit dieser Entwicklung nimmt zu. Alles, was wir wissen ist, dass wir in nicht zu ferner Zukunft an eine schmerzhafte Grenze stoßen werden. Das Fatale ist: Wir können nicht einhalten. Wir können nicht beschließen, ab jetzt alle Forschung einzustellen und beschaulich zu leben. Nachdenken lässt sich nicht reglementieren. Eine zur Ruhe gekommene, »zeitlose« Zeit können wir uns nicht einmal vorstellen. Das Weitermachen, Verbessern, das Streben nach mehr Erkenntnissen ist unsere Natur, es ist die Gesetzmäßigkeit der Evolution, die in uns wirksam ist. (Ich hatte immer Schwierigkeiten, mir den Himmel als erfreulichen Ort vorzustellen). Wir steuern nicht die Entwicklung, wir vollziehen sie ruhelos.

Als Menschheit sind wir unfähig, die Zunahme unserer Zahl zu steuern. Die Geschwindigkeit der Zunahme wird abnehmen; der Vermehrungssprung des abgelaufenen Jahrhunderts war auf die Verlängerung der Lebenszeit der Individuen zurückzuführen, er wird sich nicht wiederholen. Trotzdem wird die Zahl der Menschen weiter zunehmen. Als schmerzhaftes Korrektiv der Übervölkerung sehe ich nur Mangel und Krankheit. Eine durch Einsicht gesteuerte Beschränkung der Zahl erwarte ich nicht.

Es wird weiter geforscht, und das Ergebnis wird wie eh und je Probleme bereiten. Die Segnungen der Forschung werden – wie immer – nur einem Teil der Menschheit zugute kommen. Ein die Menschheit umfassendes Gemeinsamkeitsgefühl mit praktischen Auswirkungen ist nicht vorstellbar. Immer wird es Gruppen geben, zu denen sich Menschen zusammenschließen und die andere ausschließen.

34 Quintessenz

1. Die menschliche Gesellschaft

Bei der Menschwerdung hat sich unsere Fähigkeit entwickelt, auch in größeren Gesellschaften leben zu können. Diese Fähigkeit haben wir dem stammesgeschichtlichen Sozialcode zugerechnet. Er umfasst das gruppendienliche Verhalten, das es auch bei in Gruppen lebenden Tieren gibt. Der stammesgeschichtliche Sozialcode hat sich dadurch herausgebildet, dass Hominiden als Gruppen der Selektion unterworfen waren. Gruppen haben miteinander konkurriert, wobei ihre Leistungsfähigkeit und damit ihre weitere Existenz von dem gruppendienlichen Verhalten ihrer Individuen abhing. Dieser Entwicklungsprozess kam irgendwann zum Abschluss; vermutlich, Zug um Zug, mit der Möglichkeit, Informationen und Verhaltensvorgaben kulturell weiterzugeben. Geblieben ist der stammesgeschichtliche Sozialcode, ein Merkmal aller lebenden Menschen. Dem stammesgeschichtlichen Sozialcode ist die Fähigkeiten zuzurechnen, kulturelle Sozialcodes derart zu verinnerlichen, dass sie individuell nur schwer in Frage gestellt werden können.

Der kulturelle Sozialcode umfasst alle Merkmale, die eine Gesellschaft oder auch einen Kulturkreis gegenüber anderen auszeichnen; er wird durch Tradition von Generation zu Generation weitergereicht und stellt gesellschaftsspezifische, vom Leben der Individuen unabhängige Strukturen dar. Kinder und Heranwachsende werden mit dem kulturellen Sozialcode geprägt. Die kulturellen Sozialcodes wandeln sich, ihre Kontinuität bleibt erkennbar.

Ein Teil jedes kulturellen Sozialcodes ist ein Wertesystem; es enthält Regeln über den Umgang der Gruppenmitglieder miteinander und ebenso über das Verhalten der Gruppe als Ganzes. Diese Regeln sind häufig mit einem bildhaften, religiösen Überbau verbunden, der auch Erklärungen über Phänomene der Natur einschließt und Strafen bei Fehlverhalten vorsieht. Religionen sind Beispiele für Wertesysteme.

Wertesysteme werden von den Individuen verinnerlicht, sie sind Basis der emotionalen Existenz, sie bestimmen die Vorstellungen von »gut« und »böse«. Verstöße gegen Wertesysteme werden durch das schlechte Gewissen geahndet. Dies ändert nichts an der Tatsache, dass die Wertesysteme – wie die Varietäten bei der Entstehung von Arten – durch Zufall entstanden sind und ihre »Legitimation« aus der Tatsache beziehen, dass sie sich über Generationen hinweg bewährt haben.

Die Wertesysteme ahnden Fehlverhalten von Individuen. Das Phänomen Gewissen reicht nicht aus, die Ordnung einer Gruppe aufrechtzuerhalten; es wird durch die Angst vor Strafe unterstützt. Je nach System wird als Strafe verbannt, verprügelt, eingesperrt, verstümmelt, gehenkt, gesteinigt oder sonst wie getötet. Auch die Straftatbestände variieren; je nach Wertesystem ist beispielsweise Homosexualität, Blasphemie, Abtreibung oder Bigamie strafbar oder nicht. Dies untermauert die Erkenntnis, dass es unterschiedliche Wertesysteme auf der Welt gibt; die Frage, welches das »richtige« ist, stellt sich nicht.

2. Der vernebelte Blick in die Zukunft

Es ist das Arbeitsprinzip der Biosphäre, das weiterzuführen, was sich in der Vergangenheit bewährt hat. Wir Menschen als Teil der Biosphäre handeln nach diesem Prinzip; seit unserer Entstehung in der Savanne haben wir das Urvertrauen, dass die Umwelt konstant bleibt und sich nicht verändert. Abläufe, die sich in der Vergangenheit für uns oder unsere Kleingruppe nicht bewährt haben, vermeiden wir jetzt, solche, die sich als erfolgreich erwiesen haben, praktizieren wir jetzt. Falls wir die Zukunft planen, tun wir dies kurzsichtig und immer nur für irgendeinen Teilaspekt unserer Existenz. Wir wollen den Umsatz der Firma steigern, bei der wir im Lohn stehen, oder wir wollen nach der laufenden Legislaturperiode die nächsten Wahlen gewinnen.

Die Zukunft ergibt sich aus unserem heutigen Tun, aus dem Ergebnis der vielen kleinen Bemühungen aller Menschen, private Teilaspekte der Biosphäre in ihrem Sinne zu verändern. Die Bevölkerungsexplosion und die zunehmende Veränderung der Umwelt, die wir als Menschheit oder als Industriestaaten selbst hervorrufen, erschrecken uns. Ich weiß, dass über Abhilfe nachgedacht wird; gelegentlich werden Maßnahmen eingeleitet. Sie greifen bislang nicht merklich. Die überwiegende Mehrheit von uns Menschen ist im Urvertrauen befangen und verfolgt private Ziele wie eh und je. Wir müssen feststellen:

Die Natur läuft ab. Wir Menschen sind nicht planende Akteure des Geschehens; wir vollziehen es.

3. Gibt es kulturelle Todsünden?

Viele Naturforscher, die uns aus ihrer Sicht die Biologie erklären, ermahnen uns, dieses oder jenes zu unterlassen und hier oder dort aktiv zu werden, um den Untergang der Zivilisation zu verhindern. Der Nobelpreisträger Konrad Lorenz hat ein Buch unter dem Titel »Die acht Todsünden der zivilisierten Menschheit« geschrieben.[1] Aus seiner Sicht prangert er die Fehlentwicklung unseres Kulturkreises, der ganzen Menschheit an und ruft uns zu: Haltet ein!

Das Wort »Fehlentwicklung« verstört. Nur der kann von Fehlentwicklung sprechen, der weiß, wie die »richtige« Entwicklung verlaufen sollte. Ich bezweifle, dass eine richtige Entwicklung überhaupt definiert werden kann. Was uns die biologischen Mahner empfehlen, läuft meist auf eine Beschwörung der guten alten Zeit hinaus; es sollte eben alles so gesund und biologisch weitergehen, wie es früher der Fall war. Dies ist aber unmöglich; die Biosphäre wandelt sich, wie sie sich immer gewandelt hat.

Wir Menschen beschleunigen den Wandlungsprozess. Die Neugier an der

Umwelt, den Wunsch, alles zu begreifen und zu verstehen, verspüren alle Menschen. Die Neugier hat unsere biologischen Ahnen in die Lage versetzt, mit der Umwelt zurechtzukommen, sie hat uns Forscher werden lassen, sie lässt uns nach *der Wahrheit* suchen. Mit der Forschung aber schaffen wir den »Fortschritt«, der unsere Umwelt verändert und den Konrad Lorenz als Fehlentwicklung betrachtet. Ein Aufhalten dieser Entwicklung ist unmöglich. Die liebenswerte Auffassung, dass bei Einhaltung der göttlichen Gebote und bei Ehrfurcht vor der Schöpfung alles geordnet ablaufen wird, scheitert an dem Wissensdurst, der Experimentierfreudigkeit und dem Ehrgeiz der Forschung. Wir haben diese Antriebe, weil sie sich früher bewährt haben. Können wir sie abschalten? Es werden fortwährend neue Erkenntnisse gewonnen, die das menschliche Leben und die Erde weiter verändern werden. Das menschliche Genom wird mehr und mehr ergründet, und aktive Eingriffe zur Vermeidung von Erbkrankheiten und zur Hervorhebung von günstig eingeschätzten Eigenschaften sind unausweichlich. Die Todsünde nach Konrad Lorenz ist, dass wir uns so verhalten, wie wir uns entwickelt haben, dass wir so sind, wie wir sind.

Wir folgen unseren genetischen Vorgaben, und deswegen forschen wir. Die Konsequenzen unserer Forschung verändern die Umwelt und sie verängstigen uns.

4. Die reale Welt im Bewusstsein der Menschen in den modernen Industriestaaten

Wenn wir heute die menschliche Gesellschaft betrachten, dann gehen wir ohne uns darüber Rechenschaft abzulegen von der Richtigkeit einiger Annahmen aus, die teils genetisch fixiert, teils dem kulturellen Sozialcode zuzurechnen sind. Wir trennen »gut« von »böse«, wir trennen Zugehörige von Fremden, wir sind bereit, unsere Kultur vor vermeintlichen Unterwanderungen zu bewahren, wir sind verstört von Manipulationen an der Sprache, wir sind von dem Wunsch beseelt, die Welt als etwas Ordentliches, Ergründbares, ein einheitliches Ganzes zu sehen. Auch wenn wir die Existenz anderer Kulturkreise und Religionen akzeptieren, glauben wir, im Besitz der »richtigen« Wahrheit zu sein. Wir bemerken nicht, das wir von Voraussetzungen ausgehen, die sich einer naturwissenschaftlichen Betrachtung entziehen, die Sackgassen auf der Suche nach der Wahrheit sind. Wir sind in Wertesystemen befangen, die uns die Welt, die Gesellschaft, unsere eigene Situation in der Gesellschaft in einem Bild so sehen lassen, dass wir sie ertragen können. Wir wünschen Ordnung, klare übersichtliche Verhältnisse. Weil die Verhältnisse aber gerade nicht so sind, korrigieren wir die Realität durch Wunschvorstellungen, verbale Kompromisse, durch Weigerung, die Gegebenheiten zur Kenntnis zu nehmen. Wir halten uns die Ohren zu, wenn die Gefahr besteht, etwas zu hören, was unser Weltbild aus dem Gleis werfen kann.

Wir werden durch offensichtliche Ungereimtheiten nicht verstört. Nach dem abendländischen gültigen Wertesystem sind alle Menschen gleich und haben gleiche Rechte, wir bekennen gelegentlich, unsere Nächsten zu lieben wie uns selbst. Tatsache aber ist, dass wir fremde Menschen ausbeuten. Die Bananenpflücker in Nicaragua sind nicht unsere Nächsten, so wenig wie Asylbewerber, die wir abschieben. Die Straßenkinder in einigen Großstädten Südamerikas haben keinen Anlass, uns als ihre Nächsten wahrzunehmen. Die ethischen Forderungen sind nicht realisierbar. Warum stellen wir sie?

Strafrecht dient zur Aufrechterhaltung der gesellschaftlichen Ordnung. Wir sprechen aber Recht, als ob »Gut« und »Böse« Naturgesetze wären, als ob persönliche Schuld objektivierbar wäre. Unser kodifiziertes Recht ist aber nur eine Sammlung von *menschengemachten Verabredungen.* Es ist eben nur eine Verabredung, dass der Handel mit einem Rauschgift verboten ist und der mit einem anderen staatlichen Schutz genießt. Es ist eine Verabredung, suchtkranke Beschaffungstäter als »böse« einzustufen und einzusperren.

Unsere moralischen Instanzen – sie sind auch an den Universitäten angesiedelt – beschäftigen sich mit Idealismus, geordneten Verhältnissen, mit moralischen Vorgaben. Unser abendländischer Idealismus ist aber ein Filter vor der Wirklichkeit: Die Kenntnis, wie es eigentlich sein müsste, was »gut« und »böse« genau ist, vermindert ganz offensichtlich die eingeforderten Anstrengungen, sie zur Richtschnur des eignen Handelns zu machen. Zu wissen, was wünschenswert wäre, genügt. Wir machen uns was vor. Wir bauen Filter um uns herum auf, die uns die Welt als Modell so sehen lassen, dass wir deren Anblick ertragen können.

5. Ein Denkanstoss

Die moderne Naturwissenschaft hat uns gelehrt, dem Augenschein zu misstrauen. Wir haben Geräte entwickelt, die physikalische Phänomene erfassen und so verwandeln, dass wir sie mit unseren Sinnesorganen wahrnehmen können. Ein ganzer Forschungszweig, die *experimentelle Physik*, dient diesem Zweck. Wir müssen allerdings beim Experimentieren unseren Messgeraten und Teleskopen größeres Vertrauen schenken als unserem Augenschein. Dies stellt uns nicht vor grundsätzliche Probleme, denn wir sind hierbei emotional nicht involviert.

Bei der Betrachtung unserer gesellschaftlichen Wirklichkeit aber trauen wir unserer subjektiven Wahrnehmung; wir sehen die Welt so, wie wir sie sehen wollen. Wir sind in unsere biologische und kulturelle Existenz eingebunden, die uns eine Wunschwelt anbietet, die wir an die Stelle der realen Welt setzen. Die Physiker tun sich leicht bei ihrer Forschung; bei der Handhabung ihrer Geräte müssen sie keine Hemmschwelle überwinden. Bei der Wahrnehmung unserer gesellschaftlichen Umwelt haben wir es schwerer.

Im ersten Kapitel dieses Buches habe ich angekündigt, dass das Ergebnis der Überlegungen nicht Verhaltensanweisungen sein können. Antrieb sei die Neugier, herauszufinden, wie es gewesen ist, welchen Umständen wir unser So-Sein verdanken.

Eine Anregung möchte ich aber doch geben, nicht zum Handeln, aber zum Denken, zum *wertfreiem Denken*. Wir sollten uns bemühen über den Tellerrand unserer Kultur und über unsere biologische Einbindung hinaus zu denken. Wir sollten uns auch in dem kulturellen gesellschaftlichen Umfeld um *intellektuelle Redlichkeit* bemühen.

Wertfreies Denken soll frei sein von allen Implikationen, allen Fehlerquellen, allen Gewohnheiten, denen wir auf Grund der Tatsache unterliegen, dass sich unser psychischer Apparat zur Anpassung an eine frühere Umwelt entwickelt hat. Wir sollten verinnerlichen, dass wir mit dem Wissen unserer Kultur geprägt sind, das uns historisch gewachsene Auffassungen als Wahrheiten erscheinen lässt.

Der stammesgeschichtliche Sozialcode ist das gemeinsame biologische Erbe aller Menschen. Er ist *Wirklichkeit*, die Basis für alles menschliche gesellschaftliche Geschehen auf diesem Planeten. Wir sollten die Tatsache in unser Bewusstsein heben, dass der stammesgeschichtliche Sozialcode Antriebe in uns wirksam sein lässt, die früher nützlich gewesen sein mögen, es heute aber nicht mehr sind. Wir erleben glückliche, sogar emphatische Gemeinschaftsgefühle, freudige Aggression gegen Fremde und den Wunsch, Abweichler und Egoisten in den eigenen Reihen zu bestrafen. Wir sollten uns Rechenschaft darüber geben, dass es sich um Atavismen handelt, denen man nicht folgen muss. Wir sollten mit dieser Erkenntnis »natürlichen« Antrieben, wie dem »gesunden Volksempfinden«, misstrauen.

Wir sollten lernen, fremde Kulturen als gleichberechtigt anzuerkennen. Die »Menschenrechte« sind ein Konstrukt des abendländischen Idealismus, das dazu angetan ist, uns über Kulturen, die sich anders entwickelt haben, erhaben zu fühlen. Mit vollen Taschen verlangen wir von Völkern anderer Kulturen, sich zu *unseren* »Menschenrechten« zu bekennen. Wir sollten fremde kulturelle Sozialcodes ernst nehmen und durch Diskussion eine Übereinkunft anstreben.[2] Was gut gemeint und für uns verständlich ist, ist deswegen noch nicht für alle geeignet.

Wir müssen uns von dem Grundgefühl frei machen, dass jede Frage zu einer Antwort führen muss. Wir sollten intellektuell akzeptieren, dass es unbeantwortbare Fragen gibt. *Wir sollten uns bemühen, unbeantwortbare Fragen unbeantwortet zu ertragen.* Wir wissen nicht, wer oder was die Welt erschaffen hat. Wir wissen nicht, ob die Abläufe, die wir als chaotische klassifiziert haben, von irgendwoher doch gesteuert werden. Wir wissen nicht, ob eine mentale Komponente der Menschen unsterblich ist. Wir wissen nicht, ob diese Komponente, wenn es sie denn gibt, nach dem Tod für gesellschaftliches Fehlverhalten mit Sanktionen belegt wird, ein Sünder also vielleicht in die Hölle kommt. Wir sollten uns mit Fragen nicht ernstlich beschäftigen, deren Unbeantwortbarkeit offensichtlich ist. Die Frage nach dem Sinn des Lebens sollten Wissenschaftler nicht stellen.

Wir sollten uns bemühen, unsere Gesetze als Verabredungen zu verstehen; sie sind erforderlich, um unsere Staatswesen funktionsfähig zu erhalten. Benötigen wir die Verbrämung mit moralischen Bewertungen, um Sanktionen verhängen zu können? Den Versuch, die persönliche Situation eines Täters zu berücksichtigen, schließt dies nicht aus.

Es gibt auf unserem Planeten nur *eine* Biosphäre und nur *eine* Menschheit. Deshalb lohnt sich der Versuch, zumindest intellektuell, wenn schon nicht emotional, uns über unsere kulturelle Einbindung zu erheben und zu versuchen, zu dem kalten, biologischen Kern unseres Menschseins vorzustoßen, zur Wirklichkeit, die nicht mehr Gegenstand unterschiedlicher Auffassungen sein kann.

6. Besteht ein Widerspruch zur Kultur?

Die kulturelle Vielgestaltigkeit der menschlichen Gesellschaften ist ein wertvolles Gut. Mit jedem Verschwinden einer Religion, einer Sprache, einer Kultur wird die Welt ärmer, so wie sie mit jeder biologischen Art, die verschwindet, ärmer wird. Wir brauchen unseren abendländischen Kulturkreis, er ist Teil unserer Geschichte und geht zurück auf die Götter Ägyptens, die jüdische Religion in Palästina, die homerischen Götter auf dem Olymp, auf das Christentum, auf den idealistischen Humanismus.

Ein Leben ohne kulturelles Umfeld ist nicht vorstellbar. Das alltägliche Leben bedarf gesellschaftlicher Regeln. Die Sprache und die Fähigkeit, Werke der darstellenden Kunst, der Literatur und der Musik wahrnehmen zu können, sind Voraussetzung für unsere Einbindung in die Gesellschaft, sind Teil unseres Lebens.

Das *wertfreie Denken* steht hierzu nicht in Widerspruch. Es soll uns aber anregen, über das kulturelle Umfeld hinaus zu denken, uns über die relative Begrenzung unserer Kultur klar zu werden. Es sollte neben der Einbindung in unsere kulturelles Umfeld eine *zweite Denkebene* entstehen. Die intellektuelle Redlichkeit der Forschung, sich *der Wahrheit* nähern zu wollen, sollte uns leiten. Wir sollten die Filter, die uns umgeben, als solche wahrnehmen. Wir sollten unsere Kultur, wenn sie Verhaltensweisungen gibt, kritisch betrachten können. Moral und Sitte sind kulturell, deswegen aber nicht verwerflich; sie als absolute Wahrheiten anzusehen versperrt den Zugang zu Erkenntnissen. Ich möchte wiederholen, was ich am Ende von Kapitel 30 gesagt habe:

Wir brauchen eine Kultur, die uns den Umgang mit uns selbst lehrt. Wir müssen lernen uns selbst zu misstrauen.

7. Die Zukunft

Wir schwimmen in einem zeitlichen Strom für kurze Zeit mit. Weder wissen wir, wie er entstanden ist, noch wohin er führt. Wir können unser kulturelles

Umfeld mitgestalten, wissen aber nur schemenhaft, welche Konsequenzen sich hieraus für die Zukunft ergeben. Alles, was wir über die Zukunft wissen, ist, dass sie kommt und dass sie noch eine Zeit lang Menschen einschließt. Unsere Fähigkeit, sie zu gestalten, ist unterentwickelt. Nicht einmal Zielvorstellungen können wir formulieren. In welcher Umwelt könnten wir Menschen Glück empfinden, wo wir doch programmiert sind, uns zu plagen, Ungemach zu akzeptieren, Verzicht zu leisten und zu forschen? Voraussetzung für eine geplante Zukunft wäre eine Bestandsaufnahme des bestehenden Zustandes, der ein Begreifen der Vergangenheit voraussetzt.

Für die Zukunft habe ich zwei sehr persönliche Gedanken. Ich glaube nicht, dass es Sinn macht, Tier oder Mensch zu quälen oder leiden zu lassen. Weiterhin glaube ich, dass wir uns bemühen sollten, die Möglichkeit für eine zukünftige Existenz der Art Homo sapiens zu erhalten, in der Hoffnung auf weitere Einsichten.

Anmerkungen

[1] Lorenz, Konrad: Die acht Todsünden der zivilisierten Menschheit, München 1973
[2] Galtung, Johan: Die Zukunft der Menschenrechte, Frankfurt am Main 2000.
Galtung versucht, die Voraussetzung dafür zu schaffen, dass die Menschenrechte als interkulturelle Übereinkunft formuliert werden können.

Die Merksätze

1/3 Zur Freiheit des Handelns von menschlichen Individuen
In unseren Wünschen steckt unsere biologische Vergangenheit.

3/3 Zur Artenentstehung
Neue biologische Arten entstehen durch sich rückkoppelnde reproduktionsfördernde Merkmale.

4/3 Zur Evolution
Bei der Evolution kommt es nicht auf Individuen an, sondern auf Merkmale.

4/4 Der Rückblick auf Merkmale
Jedes eine Art kennzeichnende Merkmal war bei seiner Entstehung reproduktionsfördernd.

4/9 Zur Beziehung zwischen biologischen Individuen
Kommunikation zwischen den Individuen der gleichen Art und zwischen Individuen unterschiedlicher Arten – freundliche, neutrale und unfreundliche – ist ein Merkmal der Biosphäre.

5/1 Zur Erkenntnis der Wahrheit
Es gibt die Wahrheit, aber wir besitzen sie nicht, wir können uns ihrer nicht sicher sein. (Adolf Tarski)

5/3 Zum Induktionsproblem
Noch so viele wahre Prüfaussagen können die Behauptung nicht rechtfertigen, eine erklärende allgemeine Theorie sei wahr. (Karl Popper)

Zur Widerlegung einer Theorie
Wenn bestimmte Prüfaussagen wahr sind, kann dies die Behauptung rechtfertigen, eine erklärende allgemeine Theorie sei falsch. (Nach Karl Popper)

5/4 Zu allgemeinen biologischen Aussagen
Zweckangaben bei der Schilderung biologischer Vorgänge erläutern, sie sind häufig keine kausale Erklärung.
Abläufe in der Biosphäre geschehen.
Das Wort »Selektion« bezeichnet einen biologischen Vorgang bei der Artenentstehung; er wird durch die ursprüngliche Bedeutung des Wortes nicht erklärt.
Äußerste Behutsamkeit bei der Verallgemeinerung von Beobachtungen einer beschränkten Zahl von Arten.

Verhaltensweisen – analog zu morphologischen Phänomenen – müssen keine unmittelbar erkennbare Funktion haben; es könnte sich um Atavismen aus der Vorgeschichte handeln.

6/3 Zur Artenkonstanz und Artenentwicklung durch sexuelle Selektion
Es gibt bei einer Reihe von Arten ein im Genom verankertes und die Art stabilisierendes und/oder ein die Entwicklungsrichtung eines Merkmales festlegendes Normbild, das durch die Wahl des Geschlechtspartners seine Wirksamkeit entfaltet.

8/4 Zu konkurrierenden Varietäten
Das Zahlenverhältnis zweier oder auch mehrerer Varietäten gleicher Umweltanpassung ist labil; geringste Tendenzen einer Varietät, bei der Zeugung unter sich zu bleiben, führt zu deren Behauptung.

8/6 Zur Beschleunigung der Verbreitung von Merkmalen
Die begrenzte Lebenszeit der Individuen, die sexuelle Fortpflanzung und schließlich die Abgrenzung sind Beschleunigungsmerkmale, die, jedes für sich und in dieser Reihenfolge, die Geschwindigkeit der Verbreitung von Merkmalen erhöht haben.

9/4 Zur Entstehung gruppendienlichen Verhaltens
Durch die Bewährung von Gruppen hat sich bei den angehörigen Individuen das gruppendienliche Verhalten durchgesetzt, es wurde zum standardisierten Verhalten der Individuen gruppenbildender Arten.

9/5 Biologie und Geschichte
Die Gruppenselektion ist ein biologisch–historisches Phänomen. Sie hat zu dem gruppendienlichen Verhalten geführt, das wir heute beobachten.

10/1 Zur Streuung der Messwerte von Merkmalen
Mutation verbreitet die Glockenkurve der Messwerte von Merkmalen, Selektion verengt sie.
Die Streuung der Messwerte von Merkmalen einer Art sind Merkmale dieser Art.

11/2 Zum Verhalten im Artwohl
Genetisch fixierte Verhaltensweisen von Individuen, die wir heute als der Art dienlich wahrnehmen, erklären sich dadurch, dass sie dieser Art in der Phase ihrer Entstehung, in Konkurrenz zu gleichzeitig existierender Varietäten, von Nutzen waren.
Ganz allein durch die Aufklärung der Vergangenheit lässt sich die Gegenwart begreifen. (Johann Wolfgang v. Goethe)

11/8 Zur Gruppenselektion
Die Gruppenselektion ist ein Spezialfall der Entstehung von Arten; sie hat zu stabilen Gruppen geführt und fügt sich lückenlos in das System der Biologie ein.

11/9 Biologie und Geschichte
Die Biologie ist eine historische Wissenschaft. Ohne Betrachtung des geschichtlichen Ablaufs sind viele heute beobachtete Phänomene nicht zu verstehen.

16/5 Soziales Verhalten
Gruppenselektion – gruppenegoistisches Verhalten – hat unser soziales Verhalten entstehen lassen. Egoistische Gruppen haben sich durchgesetzt. Sie brachten Individuen hervor, die solche Gruppen bilden konnten.

20/1 Geschlossene Gruppen
In geschlossenen Gruppen erkennen sich die Individuen als zur Gruppe gehörig; sie verhalten sich gegenüber Zugehörigen und Fremden unterschiedlich.

23/2 Wofür das Bewusstsein gut ist
Mit dem Bewusstsein treffen wir Entscheidungen für unser Verhalten.

28/1 Wofür das Gewissen gut ist
Das Gewissen ist der Anwalt der Gruppe.

28/2 Kulturelle Wertesysteme
Zum Verständnis des menschlichen sozialen Verhaltens ist es unerlässlich zu akzeptieren, dass es verschiedene kulturelle Wertesysteme gibt und gegeben hat.

28/3 Wertesysteme und Arten
Wertesysteme (und somit auch Religionen), sind – analog zu Arten – Erscheinungen der Evolution, sie sind chaotisch entstanden und der Selektion unterworfen.

30/4 Neue Kultur
Wir brauchen eine Kultur, die uns den Umgang mit uns selbst lehrt. Wir müssen lernen uns selbst zu misstrauen.

32/3 Zu biologischen und kulturellen »Gebilden«
[1] Alle Gebilde kommunizieren mit ihrer Umwelt (~Stoffwechsel).
[2] Alle Gebilde reproduzieren sich, wobei neue Merkmale oder Veränderungen an Merkmalen erscheinen können (~Mutation).

[3] Die Reproduktion steigt mit dem Ausmaß der Kommunikation.
[4] Es ergibt sich, dass reproduzierte Gebilde miteinander konkurrieren (~Selektion).
[5] Etablierte Gebilde verharren; sie werden nur durch einen Entwicklungssprung einer Neuerung verdrängt.
[6] Je öfter Merkmale unverändert weitergegeben wurden, umso geringer ist die Tendenz zu ihrer Veränderung.
[7] Es ergibt sich, dass Gebilde mit neuen Merkmalen komplexer und differenzierter werden.

32/7 Biologische und kulturelle Phänomene
Die menschliche Kultur besteht aus »Gebilden«, die zufällig entstanden sind, sich evolutionär entwickelt und behauptet haben. Sie kommunizieren mit Menschen und erfüllen deren genetisch entstandene Bedürfnisse. Wenn sie dies nicht mehr vermögen, verschwinden sie.

33/2 Das Tempo der Evolution
Es ist ein Merkmal der Evolution, dass sich deren Entwicklung beschleunigt.

33/4 Zur Zukunft
Die Biosphäre entwickelt sich dadurch, dass sich die Organismen – unter Einschluss der menschlichen Gesellschaften – an der Vergangenheit orientieren.

34/2 Was gestaltet die Zukunft?
Die Natur läuft ab. Wir Menschen sind nicht planende Akteure des Geschehens; wir vollziehen es.

34/5 Vorschlag
Wir sollten uns bemühen, unbeantwortbare Fragen unbeantwortet zu ertragen.

34/6 Wiederholung von 30/4
Wir brauchen eine Kultur, die uns den Umgang mit uns selbst lehrt. Wir müssen lernen uns selbst zu misstrauen.

Literatur

Adler, Alfred: Das Problem der Homosexualität und sexueller Perversionen, Frankfurt am Main 1977
Alcock, John: Das Verhalten der Tiere aus evolutionsbiologischer Sicht, Stuttgart /Jena /New York 1996
Apfelbach, Raimund: Döhl, Jürgen: Verhaltensforschung, Stuttgart/New York 1980

Bellebaum, Alfred: Soziologische Grundbegriffe, Stuttgart/Berlin/Köln/ Mainz 1980
Bickerton, Derek: Language & Species, Chicago, USA 1990
Bischof, Norbert: Gescheiter als all die Laffen, Hamburg /Zürich 1991
Braitenberg, Valentin; Hosp, Inga (Hrsg): Evolution, Entwicklung und Organisation in der Natur, Hamburg 1994
Brem, Bruno: Soldatenbrevier, Wien/Leipzig 1939
Broszat, Martin (Hrsg.): Kommandant in Auschwitz. Autobiographische Aufzeichnungen des Rudolf Höss, München 1963

Darwin, Charles: On the Origin of Species by means of natural Selection or the Preservation of favoured Races in the Struggle for Life, London 1859
ders.: Die Entstehung der Arten, Stuttgart 1995
ders.: The Descent of Man, and Selection in Relation to Sex, London 1871
ders.: Die Abstammung der Menschen, Stuttgart 1966
ders.: The Expression of the Emotions in Man and Animals, London 1872
Dawkins, Richard: Das egoistische Gen, Reinbek bei Hamburg 1996
Diamond, Jared: Der dritte Schimpanse, Frankfurt am Main 1994

Ebeling, Werner; Engel, Andreas; Feistel, Rainer: Physik der Evolutionsprozesse, Berlin 1990
Eibl–Eibesfeldt, Irenäus: Liebe und Haß, München 1970
ders.: Galapagos, München 1973
ders.: Der Mensch – Das riskierte Wesen, München 1988
ders.: Die Biologie des menschlichen Verhaltens, München 1997
Eigen, Manfred; Winkler, Ruthild: Das Spiel – Naturgesetze steuern den Zufall, München /Zürich 1983
Everett, Susanne: Geschichte der Sklaverei, Augsburg 1998

Fischer, Helen: Anatomie der Liebe, München 1993
Freud, Sigmund: Abriß der Psychoanalyse. Das Unbehagen in der Kultur, Frankfurt am Main 1972
Feustel, Rudolf: Abstammungsgeschichtes des Menschen, Jena 1990
Friedlaender, Ludwig: Sittengeschichte Roms, Essen 1996
Galtung, Johan: Die Zukunft der Menschenrechte, Vision: Verständigung zwischen den Kulturen, Frankfurt/New York 2000
Goethe, Johann Wolfgang von, Artemis–Gedenkausgabe der Werke, Zürich/ Stuttgart 1958
Goodall, Jane: Ein Herz für Schimpansen, Reinbek bei Hamburg 1991
dies.: Wilde Schimpansen, Reinbek bei Hamburg 1991

Goodwin, Brian: Der Leopard, der seine Flecken verliert, München 1997
Gould, Stephen Jay: Zufall Mensch, München 1991
Grießler, Margareta: China. Alles unter dem Himmel, Sigmaringen 1995

Haffner, Sebastian: Anmerkungen zu Hitler, Frankfurt am Main 1981
ders.: Geschichte eines Deutschen. Erinnerungen 1914–1933, Stuttgart/München 2000
Henke, Winfried; Rothe, Hartmut: Paläoanthropologie, Berlin/Heidelberg/New York 1994
Hitler, Adolf: Mein Kampf, München 1934, 85.–94. Auflage
Höss, Rudolf: Kommandant in Auschwitz. Autobiographische Aufzeichnungen, München 1963
Holm, Tetens: Geist, Gehirn, Maschine, Stuttgart, 1994

Illig, Herbert: Das erfundene Mittelalter, Düsseldorf/München 1996

Jonas, Hans: Das Prinzip Verantwortung, Frankfurt am Main 1997

Kaestner, Alfred; Starck, Dietrich (Hrsg.): Lehrbuch der speziellen Zoologie, 5. Teil, Jena/Stuttgart/New York 1995
Keller, Werner: Und wurden zerstreut unter alle Völker, München/Zürich 1966
Kohl, Karl-Heinz: Ethnologie – die Wissenschaft vom kulturell Fremden, München 1993
Kortschal, Kurt: Im Egoismus vereint? München 1995
Kühn, Erich: Schafft anständige Kerle, Berlin/Leipzig 1938

Le Bon, Gustave: Psychologie der Massen, Stuttgart 1982
Leakey, Richard; Lewin, Roger: Der Ursprung des Menschen, Frankfurt am Main 1992
Lorenz, Konrad: Das sogenannte Böse, Wien 1963
ders.: Über tierisches und menschliches Verhalten. Gesammelte Abhandlungen, Band I und II, München 1965
ders.: Leyhausen, Paul: Antriebe tierischen und menschlichen Verhaltens, München 1968
ders.: Vom Weltbild des Verhaltensforschers, München 1968
ders.: Die Rückseite des Spiegels, München 1973
ders.: Vergleichende Verhaltensforschung, Wien, 1978
ders.: Die acht Todsünden der zivilisierten Menschheit, München 1973
ders.: Der Abbau des Menschlichen, München 1983

Markl, Hubert: Evolution des Bewußtseins. Jahrbuch der Heidelberger Akademie der Wissenschaften für 1994, Heidelberg 1995, S. 51–69
Marais, Eugene N.: Die Seele der weißen Ameise, Berlin 1949
Mayr, Ernst: Das ist Biologie, Heidelberg/Berlin 1998
McFarland, David: Biologie des Verhaltens, Weinheim 1989
Mentzos, Stavros: Angstneurose, Frankfurt am Main 1991
Merkelbach, Reinhold: Mithras. Ein persisch-römischer Mysterienkult, Wiesbaden 1998
Müller, Ingo: Furchtbare Juristen, München 1987

Pirenne, Henri: Geschichte Europas von der Völkerwanderung zur Reformation, Frankfurt 1956
Popper, Karl R.: Objektive Erkenntnis, Hamburg 1995
Portmann, Adolf: Das Tier als soziales Wesen, Zürich 1953

Reichholf, Josef H.: Leben und Überleben, München 1988
ders.: Das Rätsel Menschwerdung, München 1990
ders.: Der tropische Regenwald, München 1991
ders.: Der schöpferische Impuls, Stuttgart 1992
ders.: Erfolgsprinzip Fortbewegung, München 1992
Riedl, Rupert: Die Ordnung des Lebendigen, Hamburg/Berlin 1975
Ridley, Matt: Die Biologie der Tugend, Berlin 1997
Rind, Michael M.: Menschenopfer – Vom Kult der Grausamkeit, Regensburg 1996
Ruelle, David: Zufall und Chaos, Berlin/ Heidelberg/New York 1993
Ruspoldi, Mario: Die Höhlenmalerei von Lascaux, Augsburg 1998

Schmidt, Klaus; Walter, Roland: Erdgeschichte, Berlin/New York 1990
Singer, Peter: Praktische Ethik, Stuttgart 1993
Smith, John Maynard: Biologie, Probleme–Themen–Fragen, Basel/Boston/ Berlin 1992
Spengler, Oskar: Der Untergang des Abendlandes, München 1919

Tattersall, Ian: Puzzle Menschwerdung, Heidelberg/Berlin 1997

Ulrich, Bernd; Ziemann, Benjamin (Hrsg.): Krieg im Frieden – Die umkämpfte Erinnerung an den ersten Weltkrieg. Quellen und Dokumente, Frankfurt am Main 1997

Voland, Eckart: Grundriß der Soziobiologie, Stuttgart/Jena 1993

Weiner, Jonathan: Der Schnabel des Finken, München 1994
Wenzl, Aloys: Zeitgeist zweier Generationen, München, 1946
Wickler, Wolfgang; Seibt, Uta: Das Prinzip Eigennutz, München 1991
ders.: Die Biologie der Zehn Gebote, München 1991
Wilson, Edward O.: Sociobiology – The new Sythesis, Cambridge, MA USA 1976
ders.: Die Einheit des Wissens, Berlin 1998
Wynne–Edwards V. C.: Animal Dispersion in Relation to social Behaviour, Edinburgh/ London 1962
Wuketits, Franz M.: Evolutionstheorien, Darmstadt 1988
ders.: Konrad Lorenz, München 1990
ders.: Die Entdeckung des Verhaltens, Darmstadt 1995

Zimmer, Dieter E.: So kommt der Mensch zur Sprache, Zürich 1986

Index

Aasfresser 28, 43, 62
Aasjäger 116
Abgrenzung 6, 35, 73, 75, 77–79, 84, 100, 104, 133f., 143, 163, 166f., 174, 205, 209, 222, 224, 265
Adler, Alfred 144, 268
Äthiopien 109f.
Aggression 17, 45, 85, 124, 129, 130f., 133, 205, 261
Agoraphobie 7, 112f.
Akteur 53f., 215, 225, 258, 267
Alimentation 7, 123, 138
Alphaboss 132f.
Alphatier 7, 84, 87, 93f., 132, 207
Altersbestimmung 146
Aminosäuren 31
Anthropologie 15, 20, 21
Antibiotika 67
Antisemitismus 10, 223–225
Antrieb 2, 9, 16, 19f., 22, 24, 35, 97, 99, 115f., 120, 122, 138, 161, 163, 173, 180, 184, 191, 198, 200f., 203–205, 208, 210, 216, 218, 221, 228, 231, 236, 252, 259, 260f.
Arbeit, mechanische 19, 26f.
Arbeitsprozess 27, 29, 192
Argusfasan 62
Arndt, Ernst Moritz 17
Artenentstehung 5, 8, 23, 25, 33–38, 49, 55, 67f., 72–78, 93, 95, 98–100, 104, 106, 136f., 149f., 155, 157, 174, 196, 220, 229, 247, 251f., 257, 264, 266, 268
Artenentstehung, chaotische 6, 67f., 70–73, 149
Artenentstehung, klassische 6, 67f., 149
Assoziation 10, 201, 212f., 242
Atavismus 77, 100, 108, 113, 124, 210
Atommodell 57
Aufmerksamkeit 10, 61, 138, 163, 167, 169, 201, 215f., 247
Aufnahmeprüfung 44, 66, 69
Australopithecus 8, 110, 151, 153
Australopithecus aethiopicus 153, 155, 181
Australopithecus afarensis 8, 110f., 115, 151, 152–154, 181
Australopithecus africanus 47, 153f., 159
Australopithecus boisei 153, 155, 181
Australopithecus robustus 153, 155, 181
Autokatalyse 251

Bagemihl, Bruce 106, 144
Bakterien 28, 43, 112, 252
Befindlichkeit 165, 172, 186–188, 190, 193f., 201, 211, 229

Begabung 94, 161, 163f., 182, 184, 215
Begabung, soziale 133, 178, 181
Beißhemmung 98
Beutegreifer 78f., 82f., 97f., 111, 119, 142, 161
Bewertungscode 194–196, 198, 201, 203
Bewusstsein 9, 11, 13, 17, 23, 38, 56, 74, 119f., 129, 147, 166, 173, 185–190, 194–199, 212f., 249, 259, 261, 266
Biber 55, 121
Bickerton, Derek 161f., 165, 170, 268
Biene 44, 87, 95, 106, 143, 202, 242
Bienenstock 44, 95
Biosphäre 5, 7, 10, 18, 21, 25, 28f., 39, 42–45, 49, 54, 56, 60, 73f., 78f., 82, 93, 100, 102, 104f., 129, 135, 137, 175, 192, 220, 228, 239, 241–244, 246, 249–255, 258, 262, 264, 267
Blutkreislauf, geteilter 71f.,
Bohr, Nils 57
Bonobos 124, 132
Böse 10, 13, 15, 24, 65, 79f., 106, 186, 188f., 215, 217–220, 223, 226f., 231f., 235, 239, 257, 259f., 269
Brutkolonien 82
Brutparasitismus 8, 23, 135–138, 149
Buchfink 6, 60f., 72, 76, 104, 243
Büffel 83
Buntbarsch 6, 68–70, 98

Chaos 6, 69, 71, 73, 203f., 214, 270
Chemie 26, 35, 48f., 54f., 249
Christentum 10, 171, 219, 224, 229–231, 262
Computer 49, 57, 76, 120, 195f., 199f., 211

Dampfmaschinen 245f.
Darwin, Charles 5, 18, 23–25, 33–42, 46, 53f., 61, 63, 66f., 69–71, 78–80, 101f., 106, 149f., 202, 268
Darwin-Finken 70f.
Darwin-Fitness 101f.
Dawkins, Richard 45f., 268
Differenzialgleichung 57, 211
DNA 179f.
Dohlen 97, 100, 206
Druck, selektiver 40, 56, 94, 140, 149, 171
Dynamik 73, 105

Egoismus 87, 129f., 269
Ehre 17, 114, 118, 214, 233
Eibl-Eibesfeldt, Irenäus 138f., 166, 170, 268
Eigengesetzlichkeit der Biosphäre 93, 255
Einheit der Selektion 55, 85f., 95, 143
Einzelgänger 6, 37, 45, 82–83, 85, 94, 103, 128, 131, 133, 198f., 204f., 212, 222, 252
Eiweißstoffe 31

Elefant 37, 55, 110, 121, 137, 159
Energie 5, 19, 22, 26–31, 43, 58, 66, 97, 103, 115, 129, 135, 186f., 189, 191, 251, 255
Energieaustausch 42
Entropie 27–31, 58, 74
Entropiezunahme 28, 30, 58, 74
Entscheidungen, individuelle 9, 191–193, 197
Entwicklungsgeschwindigkeit 9, 132, 196
Ethik 186, 190, 207, 270
Ethnien 220
Ethnologie 268
Ethologie 6, 21, 23, 80
Evolution 5f., 9, 11, 13, 15, 17, 18–21, 23–25, 32–38, 43, 45, 51, 66, 71, 75, 80, 84, 86, 96, 104, 120, 141, 168, 175, 178, 181, 196, 199, 220, 226, 249, 251–255, 264, 267, 269
Evolution, multiregionale 178, 181
Evolutionslehre 23, 33, 38, 41f., 70

*F*ähigkeit, mentale 89, 161, 183, 216
Fahnen 214
Familie 18, 83, 85, 95, 104, 151f., 173, 188, 224, 229, 231, 236, 240, 248
Feindbedürfnis 10, 222
Feindbild 10, 222, 226
Firma 18, 73, 239, 258
Fischer, Helen 118, 127, 268
Fitness 101–103, 136, 139
Fledermaus 55, 103
Flirten 65, 138, 163, 181
Forschung 5, 11, 21–23, 32, 37, 41–43, 47–49, 56, 69, 74, 80, 103, 135, 141, 146f., 156, 175, 180, 186, 239, 242, 249f., 253–256, 259f., 262, 268f., 275
Fortpflanzung 6, 9, 44, 64, 66, 70, 75, 79, 93, 94, 119, 122, 124, 132, 140, 178, 181, 198, 203, 265
Fortpflanzung, sexuelle 6, 75, 79, 122, 140, 178, 265
Fossilien, Fossil 8, 17, 20f., 23, 28, 32f., 37, 47, 63, 72, 108, 110f., 146–149, 151f., 154f., 157f., 161, 177, 180f., 183, 253, 255
Fotosynthese 26, 28, 42
Freier Willen 53, 192
Fremdenabwehr 133f., 223, 241
Fremdenhass 133
Fremdenscheu 226
Fressfeind 33f., 39, 43, 62, 66, 70, 72, 115, 120, 206, 240
Freud, Sigmund 200, 212, 268
Fuchs 68, 81

*G*alapagos 6, 70f., 268
Galtung, Johann 263, 268
Gazelle 83, 110, 240
Gebilde, (kulturelle) 56, 242–244, 247–249, 252, 266f.

Gedächtnis 8, 10, 40, 54, 132, 164, 194–196, 201, 212, 216
Gemeinde 18
Gen, Genom 20f., 23, 36, 46, 51, 61, 64f., 85, 93, 101f., 112f., 117, 136, 140, 205–208, 216, 222, 241, 252f., 259, 265, 268
Gen, egoistisches 23, 46, 102, 268
Generalist 95, 110, 155, 158, 181f.
Genfluss 149f., 175, 181, 183
Gepard 83, 95, 115
Gesamtfitness 101f.
Geschichtswissenschaft 20, 49, 236
Geschwindigkeit 23, 73, 79, 104, 117f., 148, 207f., 255f., 265
Gesellschaft 5–9, 11, 13, 15–23, 35, 51, 81–84, 96, 113f., 119, 122, 124, 128, 130, 132, 141–143, 146, 162–166, 168f., 171, 182, 185, 188, 195, 204f., 208, 210, 213f., 218, 223f., 226, 229f., 235, 237, 239–242, 248f., 252, 254f., 257, 259, 262, 267
Gewissen 9f., 17, 23f., 185–187, 208, 217f., 221, 232, 241, 257, 266
Giraffe 63f., 68f., 89, 110, 159f.
Giraffenhals-Saurier 62
Glaubensgemeinschaft 17, 56
Glockenkurve 89, 91–94, 104, 265
Goethe, Johann Wolfgang von 12, 99, 106, 218, 265, 268
Goodall, Jane 45f., 93, 123, 126, 130, 134, 268
Gorilla 84, 132, 151
Grabenbruch, großer 109f., 119, 142
Graufischer 97
Gruppe 5, 7–10, 13, 15, 17f., 20, 22, 25, 44f., 51, 55, 84–87, 93–95, 100, 103f., 106, 111, 113f., 116, 123, 128–130, 132f., 138, 143f., 156, 161–167, 169, 171–175, 180–182, 184, 193, 198f., 201f., 205f., 211f., 214, 217f., 220–224, 228, 231f., 235, 237f., 244, 252–254, 256f., 266
Gruppenselektion 6, 55, 86f., 103f., 144, 265
Gut und Böse 10, 13, 24, 186, 215, 266

*H*amilton, William D. 101, 103
Hase 68, 81, 83
Helfer-am-Nest 97
Henke, Winfried 127, 134, 150, 162, 184, 269
Herde 82f., 85, 110, 113, 116, 140, 206
Hierarchie 36, 131f., 184, 204, 209, 223, 237, 248
Hirsch 44, 77–79, 118, 122
Historiker 39, 228
Hitler, Adolf 46, 225, 227, 235, 269
Hominiden 7f., 13, 18, 20, 22f., 64, 107, 109f., 112f., 115–120, 122–126, 128, 132, 135, 138f., 142f., 145–153, 155, 159–161, 163f., 166, 175, 177f., 181, 183, 196, 199, 208f., 211, 215, 220, 222, 228, 232, 244, 257

Hominoiden 126, 151
Homo erectus 8, 148, 153, 157–159, 161, 163, 165, 169, 177–181, 184
Homo eregaster 148
Homo habilis 8, 115, 148, 153f., 157–159
Homo rudolfensis 157
Homo sapiens 8f., 23, 37, 65, 94, 119, 124, 138, 145f., 148, 151–153, 159, 164, 174, 177f., 181–184, 206, 240, 252, 262
Homosexualität 8, 23, 103, 106, 140–144, 257, 268
Horde 82, 128
Höss, Rudolf 227, 268f.
Hund 68, 77, 82–84, 88, 98, 100, 108, 112f., 117, 121, 163, 177, 188, 191, 214

Igel 6, 37, 45, 81, 100, 129, 229
Imponierveranstaltung 131
Individuum 5–7, 9, 15, 17–19, 23, 33–35, 37–45, 52, 54–56, 66–68, 73–79, 82–85, 87, 89, 93–97, 99–104, 106, 120, 122, 125, 129–133, 136, 140, 143f., 155, 159–161, 163f., 166f., 169, 172–176, 178f., 181, 184, 186, 188, 192–194, 196, 198f., 201f., 205f., 212, 214, 217f., 220, 222f., 226, 228, 232, 235, 238, 241, 248f., 252, 256f., 264–266
Infantizid 99f., 174
Insektenstaaten 77, 82, 104, 206
Instinkthandlung 192
Intellekt 10, 160, 211f., 215, 226
Intelligenz 17, 111, 120, 160f., 183, 195f., 253
Inzucht, positive 75f.
Isotope 146f.

Jagd 43, 48, 84, 97, 116, 123, 135, 209, 247
Juden 168, 223–227, 230, 235

Kampf 5, 16f., 23, 33, 40–46, 64, 78f., 119, 129, 142, 172f., 176, 208, 220, 223
Kampf, innerartlicher 45
Kampf ums Dasein 5, 23, 33, 40–42, 44, 46, 78
Kenia 109f., 116, 157f.
Kinselection 101
Kirche 10, 18, 57, 204, 214, 231–233, 237, 248
Klade 148
Klan 45, 77, 82–85, 99, 104, 123, 126, 129–133, 139, 142f., 166, 173, 204, 213, 217–220, 248
Klasse 104, 151, 230, 234
Klima 39, 51, 54, 56, 109, 146, 163, 180, 182f.
Ko-Evolution 43, 83
Kohlendioxid 26, 28, 42f., 254
Kohlenstoff 42, 146
Kohlenwasserstoffverbindung 26, 28f., 42
Kohlmeisen 188f.
Kommunikation 42–45, 52, 161, 165, 168, 184, 208, 237, 240, 243–247, 252, 264, 267
Kommunizieren 18, 42, 158, 228, 238, 242–245, 247–249, 266f.
Kontinuum 9–11, 24, 34, 64, 71, 99, 185, 215f., 241, 249, 252
Kopfdurchmesser 89
Kraftmaschinen 244–246, 252f.
Krankheitskeim 39f.
Kreationisten 32
Kreidezeit 6, 71, 151, 203, 253
Krieg 4, 9, 13, 17, 42, 45f., 143, 163f., 171–176, 178, 181, 183, 208–210, 222, 225f., 230, 232–236, 239, 270
Kultur 10f., 16f., 46, 105, 134, 141, 169, 179, 200, 207, 217, 227–229, 236f., 241f., 247, 249, 259, 261f., 266–268
Kuss 124
Kussfütterung 124

Languren 99
Laufen 7, 19, 23, 64, 108f., 114–118, 121, 166
Lebewesen 15, 27, 30, 32, 36, 40f., 56, 71, 96, 135
Leib-Seele-Problem 9, 195
Leibniz, Gottfried Wilhelm 57
Lichtquanten 26, 28
Lorenz, Konrad 15, 36, 62, 65, 79f., 97, 106, 258f., 263, 269f.
Löwe 37, 82f., 86, 99, 104, 111, 116, 123, 207, 213
Lucky mother 180f.
Lucy 111

Malthus, Thomas Robert 41f.
Männerbünde 8, 10, 131, 143, 172, 201, 209f.
Männerbündelei 143, 210
Marais, Eugene N. 95f., 269
Marathonlauf, -läufer 114f., 118
Massai mara 110, 116
Masse 20, 191, 251, 269
Materie, lebende 5, 26–32, 75, 192, 241
Mayr, Ernst 148, 150, 269
Mendel'sche Gesetze 75
Merkmal 5–7, 19, 21, 23f., 34–41, 45f., 54–56, 61–64, 66–69, 73–80, 82f., 89, 92f., 95, 98, 100, 103f., 106, 108f., 112–114, 119, 129, 132, 135f., 140, 143f., 146, 148f., 159f., 164, 167, 174, 179, 181–183, 196, 200f., 206, 208, 211, 220, 224, 228, 234, 237f., 241–244, 246, 249, 254, 257, 264–267
Merkmal, positives 41, 73, 75
Merkmal, reproduktionsförderndes 35, 264
Missempfindungen 19
Missgeburt 69, 82
Mithraskult 209, 230
Mitochondrien 179
Modelle 9, 49, 57, 66f., 82, 174, 177, 187, 194, 199f., 213, 260
Moleküle 18, 27

Monogamie 125f., 219
Moore, James 46
mtDNA 179f.
Murmeltiere 111
Mutant 66f., 69, 86, 136, 149
Mutation 5, 33–36, 39, 43, 46, 66f., 74f., 86, 92f., 106, 120, 122, 154, 159, 182, 243, 245f., 265f.

Nachkommen 15, 19–21, 29, 34, 38–42, 44, 54, 60f., 64, 66, 71, 75, 79, 83, 85, 93, 99–101, 108, 116, 119, 122f., 125f., 128f., 133, 135, 140f., 143, 168, 172, 175, 180, 184, 186, 188, 191, 193, 198, 201–203, 220, 222, 228, 248
Natur 10, 16, 24, 34, 38, 40, 42, 45–47, 58, 67, 72, 79–81, 120, 122, 134, 140, 148, 158, 160, 167, 217, 219f., 230, 255, 257f., 267f.
Naturgeschichte 21, 35, 87, 104, 113, 146f., 190, 192, 228
Naturgesetz 23, 32, 47, 50, 52, 69, 203, 260, 268
Naturwissenschaft 6, 16, 21f., 47, 52, 190, 229, 250, 260
Nazis 13, 56
Neg-Entropie 31
Nektar 43, 95
Nische, ökologische 71, 73, 76, 78, 98, 135, 182, 245
Normbild 6, 61, 63–65, 69, 71f., 76f., 178, 265

Opportunisten 135, 138f., 142, 235
Orang-Utan 128, 151
Orden 173, 207, 214
Ordnung 10, 15, 20, 27f., 36, 52, 71, 85, 104, 115, 148, 150f., 157, 169, 199–201, 203–206, 209, 212, 214–216, 228, 231f., 237, 240, 242, 248f., 257, 259f., 270
Ordnungsliebe 203, 254
Organisation 7, 11, 50, 74, 82, 84, 128f., 132, 231, 241, 248, 268
Ostafrika 50, 82, 109f., 146, 152, 156f.
Out-of-Africa-Theorie 178, 180f.
Oxidation 26, 28

Paarbildung 7, 125f.
Paläoanthropologie 8, 20f., 23, 120, 127, 134, 145–148, 150, 153, 162, 180, 184, 269
Paläogenetik 9, 179f.
Parasitismus 8, 135f.
Paarungsbereitschaft, empfängnisunabhängige 122
Persistenz 61, 112
Perversion 141, 144, 268
Pfau 61–63, 78, 118, 123
Pflanzen 18, 26–28, 32, 42f., 49, 51, 53, 56, 66, 82, 100, 106, 108, 112, 155, 174, 191, 241
Phänomene, biologische 5, 30, 120, 186, 267
Phänotyp 102

Philosophie 20, 22, 207, 231, 250
Phobie 113
Phosphatverbindung 29f.
Physik 26, 29, 35, 48f., 53, 55, 146, 150, 249, 260, 268
Physiker 27, 31, 47, 51, 53, 57, 240, 244, 260
Planck, Max 57
Platzangst 113f.
Polarfuchs 68
Polarhase 68
Popper, Karl R. 50, 59, 264, 270
Population 23, 34, 40f., 55, 57, 67, 72, 74–77, 87, 89, 93, 103f., 119f., 129, 160f., 175, 178
Positionskämpfe 133
Prägung 205, 208, 224, 229, 241
Primaten 18, 22, 64, 85, 104, 125, 128, 140, 151, 169, 204, 206
Prostitution 124
Psychischer Apparat 9, 199f., 211, 213, 261
Psychoanalyse 20, 113, 203, 213, 268
Psychologie 15, 20f., 269
Purismus 204
Purismus, kultischer 17

Quantenphysik 48, 57

Rasse 23, 33, 46, 68, 151, 168, 175, 177, 226
Reichholf, Josef H. 5, 16, 72, 118, 182, 184, 270, 275
Relativitätstheorie 48, 52
Reproduktion 19f., 35, 38, 43, 61, 63, 73, 83, 86f., 93, 95f., 100f., 103f., 124, 129, 135, 140f., 143, 159–161, 172, 174f., 183, 187, 193, 196, 201f., 210, 243, 267
Reproduktionstreue 6, 60f., 66, 71, 76
Reptilien 56, 61, 71f., 75, 104, 151, 203
Riedl, Rupert 36, 270
Riesenkranich 44
Rothe, Hartmut 127, 134, 150, 162, 184, 269
Rückkopplung 5f. 34f., 62, 65, 73, 93, 123, 160f., 174, 253
Russell, Bertrand 50

Sauerstoff 26, 42f., 71f.
Säugetiere 36, 49, 56, 61, 68, 72, 136, 151, 245f., 253
Savanne 7, 22f., 50, 52, 63f., 82, 107, 109, 111, 113, 115f., 119f., 123f., 126, 128, 131–133, 138, 142, 154f., 164, 215, 231f., 236, 254, 248
Savannenläufer 7, 64, 108f., 111
Schimpansen 7, 18, 45f., 84, 93, 111, 122–125, 127f., 130–134, 143, 151f., 154, 163, 165, 172, 175, 180, 207, 253, 268f.
Schreien 19, 127, 213
Sekten 230
Selbsterhaltung 9, 121, 198, 201, 203

Selektion 5f., 8f., 15, 23, 34f., 38f., 46, 54f., 63, 67, 69–73, 78, 85–87, 92–95, 98, 100f., 103f., 129, 143f., 149, 155, 159–161, 163, 166, 172, 174f., 178, 181–184, 220, 243, 246, 257, 264–267
Selektion, sexuelle 46, 60, 62–65, 69, 76–78, 265
Selektionsdruck 40, 67, 69, 91f., 149, 155, 157, 159, 178
Serengeti 110, 116
Sexualdimorphismus 111, 128, 146, 157
Sexualität 7, 23, 119, 121, 123f., 138, 149, 181, 196, 207f., 232
Sexualität, zeugungsunabhängige 119, 124, 138
Sippe 55, 85, 119, 123, 128
Soldaten 171–173, 228f., 234
Sonnenlicht 26–28
Sozialcode, kultureller 10, 201, 205, 207f., 215, 217f., 220, 226, 228f., 254, 257, 259, 261
Sozialcode, stammesgeschichtlicher 10, 201, 205f., 217f., 222, 228f., 234, 257, 261
Sozialverhalten, menschliches 21, 24, 35, 87, 104, 114, 190
Soziobiologie 7, 15, 23, 59, 87f., 101–104, 139, 270
Soziologie 15, 20f.
Spekulation 22, 111, 150, 154, 159, 165, 190
Spencer, Herbert 38, 44
Spermakonkurrenz 100
Spezialisierung 154, 252
Spezialisierungsfalle 95
Spezialist 95, 105, 110, 181–183
Spielregeln, klein gedruckte 8, 168f.
Sprache 8, 30, 52–54, 133, 138, 158, 161, 165f., 182–184, 199, 207f., 224, 230, 237, 241, 259, 262, 270
Staat 11, 16, 18, 33, 77, 82, 84, 95f., 104, 106, 109, 171, 199, 204, 206, 210, 228, 233–235, 237–239, 249, 258f., 262
Stammesentwicklung 19, 158
Stammesgedächtnis 195f.
Standardabweichung 92
Steppenschliefer 55
Steuersystem 9, 191
Stoffwechsel 10, 26, 104, 159, 238, 243, 266
Streuung 6, 89–93, 95, 104, 265
Substitution 10, 201, 213–215
Survival of the fittest 38, 40
Syntax 53, 165f.
System, sich selbst aufbauendes 73, 93, 238f., 250–252
System, genzentriertes 51
System, lebendes 26–28, 46

*T*abu 168f.
Tarski, Adolf 48f., 59, 264
Territorium 15, 45, 84f., 93, 131, 139, 199, 222
Tertiär 54, 56, 72, 151, 253

Teydefink 73
Theorie 6, 9, 47f., 50–52, 58
Thermodynamik, Hauptsatz 27f., 58, 64
Todsünden, kulturelle 11, 258f., 263, 269
Tsetsefliege 67f.
Tüchtigste 5, 38, 40, 44
Tugend, soldatische 173, 234
Tukana-See 110

*U*ferschwalbe 55
Umwelt 6f., 10, 18–20, 23, 26–28, 31–36, 38–41, 44, 52, 54, 56, 60, 62f., 67f., 71–73, 76–80, 83, 94, 105, 109–113, 115f., 119, 126, 132, 137, 149, 151, 155, 158, 178, 182f., 191, 193, 195f., 198, 201, 204, 209, 211, 214f., 228, 233, 235, 237, 240, 242–245, 247f., 252, 254, 258–261, 263, 265f.
Unschärferelation 49
Unterschied, individueller 38f.
Urklan 7f., 23, 128f., 132f., 139, 142f., 163–165, 211, 213, 232, 237, 248

*V*ampir 97
Varietät 41, 43, 68–78, 81, 86, 98, 99f., 104, 148–150, 155, 157, 174f., 183, 196, 208, 220, 228f. 247, 257, 265
Verabredungen, menschengemachte 260f.
Verbindungen 26, 149, 219, 224, 251
Verbindungen, autokatalytische 18, 56, 251
Verbindungen, chemische 18, 26, 54, 56, 251
Verdrängung 44f., 113, 129
Verein 18, 214, 237f.
Vergangenheit, biologische 19, 187, 264
Vergewaltigung 8, 23, 137–139, 142, 149, 181
Verhalten, gruppendienliches 6, 84–87, 89, 95, 100, 103, 143, 161–164, 166, 175, 178, 184, 200, 202, 217f., 222, 257, 265
Verhalten von Tieren 6, 23, 35, 80f., 205f., 210, 270
Verhalten, soziales 6, 20f., 35, 45, 93, 100, 103, 144, 166, 200f., 208, 218, 228, 266
Verhaltensmerkmale 89, 112, 146
Verhaltensnormen, menschliche 46, 205, 208
Verhaltensrepertoire 83
Verhaltensweisen, menschliche 7, 13, 19–21, 23, 107, 114, 171, 184
Vermehrung 8, 15, 46, 52, 55, 101, 155, 247
Vermehrung, autokatalytische 54
Vermehrung, geometrische 5, 40f.
Vermehrungsstreben, individuelles 52, 77, 101
Vielfalt, genetische 94
Viktoria-See 6, 68–70, 97f.
Voland, Eckart 59, 87f., 93, 102f., 139, 270
Vor-Sprache 165f.

*W*ahrheit 6, 16, 47f., 50, 56, 59, 120, 168, 190, 212, 259, 261f., 264

Warzenschwein 110, 121
Was-ist-Fragen 52, 186
Weidetiere 44, 77, 82f., 85, 95, 108, 121, 142, 154
Welpe 84, 93, 98, 191
Wenzl, Aloys 250, 270
Wertesystem 10, 208, 212, 217–221, 228f., 231–233, 236, 241, 249, 257–259, 266
Wesen, biologisches 77, 93, 104, 179, 238
Wettrennen 117f.
Wilson, Edward O. 36, 101, 106, 270
Wirklichkeit 16, 23, 48f., 57, 59, 101, 172, 213, 260–262
Wissen 16, 20, 22, 32, 207, 208, 254, 261, 270

Wissenschaft, vom Menschen 5, 20
Wohl der Art 15, 97
Wolfsrudel 44, 143
Wynne-Edwards, V.C. 88, 106
Xenophobie 10, 133, 225f.

Zebra 36, 67f., 83, 110
Zellen, biologische 18, 54, 56, 82, 96, 104, 130, 159, 244, 251–253
Zeugungsprivilegien 132, 142, 207
Züchter 33f., 54, 60, 67f., 160
Zuchtwahl 33f., 38, 53f., 60f., 63, 67, 69, 78
Zustand, quasistationär 66, 70, 86

Danksagung

Dank schulde ich vielen Freunden und Diskussionspartnern in den letzten 50 Jahren, einige zu nennen würde andere zurücksetzen.
Meiner Frau Paula danke ich für viele Anregungen und Hinweise. Meine Tochter Petra war mir als aufmerksame erste Leserin von unschätzbarem Wert. Ohne Zuspruch und Ermunterung von Professor Reichholf hätte ich die Arbeit nicht beendet; ihm verdanke ich neben der Durchsicht des Manuskripts auch viele Hinweise auf Literatur und neue Forschungsergebnisse. Frau Anne Enderlein danke ich herzlich für ihr engagiertes und strenges Lektorat.

Paul Morsbach